소수자운동의 새로운 전개

소수자운동의 새로운 전개

초 판 1쇄 인쇄 2013년 2월 28일
초 판 1쇄 발행 2013년 3월 10일

지은이 윤수종 외
발행인 황 세 연
교 정 김 영 권
디자인 EG 디자인
인 쇄 예일정판
제 본 대명제책
발행처 도서출판 **중원문화**

주 소 서울특별시 마포구 서강로 11-24(창전동 2-33)
주문처 02-325-5534 FAX 02-324-6799

ISBN 978-89-7728-964-2(03300)

소수자운동의 새로운 전개

윤수종/이하영/정정훈/윤삼호/김효진
친구사이/한채윤/임정섭/임재성 지음

도서출판 중원문화

소수자운동의 새로운 전개 ◆ 차례 ◆

서 문 : 소수자운동은 실질적 민주주의를 확장한다

1987년 노동자 · 농민 대투쟁 이후 한국사회의 민주화 과정이 궤도에 올랐다. 우여곡절이 있었지만 권력의 전횡을 막고 사회 각 부문의 억압적인 틀을 바꾸려는 민주화 과정이 진행되어 왔다. 민주화의 주체로서 노동자계급을 비롯한 여성, 농민, 빈민 등 전통적인 계급과 시민들은 정치권력의 민주화와 각 제도의 민주화를 추구해 왔다.

그러나 그 과정에서 계급적 범주와 시민의 범주로는 파악되지 않던 다양한 새로운 주체들이 색다른 문제들을 제기하고 해결해 나가려고 하면서 사회변화를 추구하게 되었다. 그들 가운데 이른바 소수자들은 기존의 권력혁명의 상에서 벗어나 사회 각 부문의 주류적 흐름에 대해서 소수적 흐름을 강조해 왔다. 소수자들은 비가시화되었지만 다양한 차별이 존재하는 영역에서 새로운 관계를 만들어 가려고 노력하였다. 소수자운동은 한편으로는 1997년 IMF를 계기로 비보장된 사람들이 확산되면서 다른 한편으로는 차이에 근거한 다양한 정체성의 확인 및 인식이 확산되면서, 점차 활성화되어 왔다.

소수자운동은 2000년대 중반 이후 새로운 양상으로 전개되고 있다. 성매매금지를 축으로 하여 전개되어온 성매매여성운동은 성매매금지특별법(성특법) 제정을 계기로 성노동자운동으로 전환되었다. 이주자운동에서는 이주자들이 지원조직들의 대상에서 벗어나 스스로 주체가 되어 노조운동을 벌여가게 되었다.

한편 성소수자운동은 자신들의 삶의 방식을 실험할 뿐만 아니라 다양한 제도의 변화를 추구하는 미시정치를 수행해 나가고 있다. 장애인운동도 시설개선운동과 법제개선운동, 이동권 투쟁 등에서 이제는 점차 독립생활운동, 탈시설운동으로 나아가고 있다. 또한 병역거부운동은 강고한 '양심'에 근거한 거부에서 점차 평화를 지향하는 거부로 넘어가고 있다. 이러한 소수자운동의 새로운 전개는 사회 전체의 변화를 추동하는 주요한 동력이 되고 있으며 실질적인 민주주의를 확장하는 과정이라고 할 수 있다.

2005년에 『우리 시대의 소수자운동』(이학사)을 펴낸 이후 필자는 ≪진보평론≫ 49호(2011년 겨울)에서 이처럼 변해가고 있는 소수자운동에 주목하고 '소수자운동의 새로운 전개'라는 특집을 꾸렸다. 이 책은 ≪진보평론≫ 특집에 실렸던 글들과 이후 몇 가지 글을 보완하여 묶은 것이다. 『우리 시대의 소수자운동』의 후속편이라 할 수 있겠다.

먼저 1장. '입문 : 인권, 소수자 그리고 욕망의 정치'에서 윤수종은 국가폭력에 저항하는 인권 문제를 국가인권위원회 출범의 역사적 맥락을 살피면서 제시하고 있다. 그가 보기에 이것은 인권이 국가에 포획되었음을 의미한다. 이런 점에서 인권은 명백한 한계를 가지고 있다. 인권 개념이 근거한 근대적 인간형은 표준/비표준, 정상/비정상의 이원화 속에서 작동한다. 여기서 표준이자 정상은 '백인-남성-본토박이-건강인-지성인-이성애자-표준어를 쓰는 사람'이다. 그는 '근대적 인간상, 표준화된 인간'에 근거한 인권 개념의 확장을 주장한다. 인권의 확장은 이런 개념에서 벗어나 소수자의 관점에서 보는 것이다. 물론 소수자의 관점도 정체성의 정치를 넘어서 차이의 정치, 욕망의 정치에 근거하여 '소수자 되기'를 해야 한다고 역설한다.

2장. '성노동자운동의 전개'에서 이하영은 성특법 시행 이후 나타난 성노동자들의 운동을 다루고 있다. 성매매금지를 위한 여성운동의 결실로 이루어진 성특법의 시행이 오히려 성매매관련 여성들의 새로운 움직임을 만들어 내게 되었다고 본다. 집창촌 성판매여성을 중심으로 전개된 성노동자운동은 성매매를 성노동으로 규정하고 자발적인 주체인 성노동자에 의한 행위임을 강조하게 된 것이다. 특히 도시개발 지역의 성판매여성들이 성매매공간에서 안전하게 일할 수 있는 권리를 보장하고 나아가 그들의 목소리가 들릴 수 있는 공간을 만들어 내는 방향으로 성노동자운동은 나아가야 할 것이라 주장한다.

3장. '이주노동자운동 혹은 국가를 가로지르는 정치적 권리투쟁'에서 정정훈은 2000년대 이후 이주노동자운동의 전개과정을 분석하고 있다. 이주노동자들의 노조운동은 이주노동자 독자노조로서 이주노조의 형식, 지역일반노조 안에서 활동하는 형식(대구 성서노조), 2007년 금속노조가 산별노조로서 활동하기 시작하면서 금속업종 이주노동자들을 조합원으로 조직하는 형식 등으로 이루어지고 있다. 이주노조운동은 한국노동운동과 연대하고 소수자운동과도 접목하면서 '노동허가제 도입'과 '미등록 이주노동자 전면 합법화 및 사면'을 핵심적인 요구사항으로 제기하고 있다. 이러한 이주노동자운동의 주체들은 탈국가화된 정치적 주체와 권리의 가능성을 제시하고 있다고 주장한다.

4장. '장애인운동의 어제와 오늘'에서 윤삼호는 장애인운동을 '장애-민중주의'와 '장애-당사자주의'로 구분해 살펴보고 있다. 전자는 장애인운동을 민중운동의 한 갈래로 생각하는 것이고 후자는 장애 문제에 대한 전문가의 개입에 저항하며 장애인운동의 이론·실천·조직을 장애인 스스로 판단·결정·통제해야 한다는 주장이다. 청년장애인운동에서 시작하여 이동권 투쟁을 계기로 장애인운동 안에서 이 두 가지 흐름이 나타났고, 정립회관 사건을 계기로 두 흐름이 거리가 멀어진다고 한다. 이후 자립생활운동이 나타나면서 서비스의 제도화와 소비자주의의 확산이 두드러졌다고 한다. 장애인운동의 역사는 이 두 입장 사이의 대립으로 점철되어 있는데, 이제 양자의 강점과 한계를 논하고 대립을 넘어선 종합으로 나가야 한다고 주장하고 있다.

5장. '장애여성운동의 의제와 도전'에서 김효진은 비가시적고 다중차별을 받는 장애여성들이 차이의 정치학에 근거하여 장애인운동 안에서 소수적인 운동을 전개해 나가고 있다고 강조한다. 그는 장애여성공감, 한국여성장애인연합, 장애여성네트워크라는 세 개의 자조단체의 의제들을 검토하고 있다. 각 단체들의 의제를 독립생활운동과 문화운동, 반성폭력·모성권과 풀뿌리지역운동, 임파워먼트와 소수자운동 등으로 정리하여 보여주면서, 장애여성운동이 직면하게 된 새로운 도전들을 지적하고 있다. 제도화를 넘어서 체계를 바꾸는 운동으로 나아가야 하며, 다양한 차이와 요구를 더욱 제기하고, 나아가 대안적인 삶을 추구해 나가야 할 것이라고 한다.

6장. ''친구사이'와 게이운동'에서 한국게이인권운동단체인 '친구사이'는 자신의 탄생과 활동을 되돌아보면서 게이운동의 흐름을 정리해 주었다. 친구사이는 그동안 단체의 다양한 활동과 게이운동의 주요쟁점들을 제기하였다. 게이커뮤니티의 형성, 커밍아웃 프로젝트, HIV/AIDS 관련활동, 청소년 동성애자의 인권, 군관련 동성애자 인권활동, 대안문화의 형성, 동성애에 대한 검열과 표현의 자유, 동성애자의 가족구성권, 성소수자 인권

교육과 사회적 지지의 조직 등의 활동을 해온 친구사이는, 성과 섹슈얼리티에 대한 새로운 상을 제시해 갈 것을 주문한다. 또한 게이운동을 비롯한 성소수자운동은 인권운동을 넘어서 대안사회를 향해 나아가는 데서 주도적인 활동을 해 나가야 할 것임을 암시하고 있다.

7장. '레즈비언 커뮤니티의 역사'에서 한채윤은 레즈비언 커뮤니티 내부의 이야기를 연대기적으로 정리해 주고 있다. 게이운동과의 차이를 자세하게 지목하면서 레즈비언 운동의 최근 동향을 설명해 주고 있다. 특히 2007년 차별금지법 싸움을 계기로 성소수자운동의 내부에 청소년층의 활동이 드러나기 시작하였고, 더욱이 레즈비언 운동은 다양한 차별과 소수자들과의 연대를 확장해 나가게 되었다고 한다.

8장. 'HIV/AIDS 감염인 운동의 흐름과 쟁점'에서 임정섭은 HIV/AIDS 감염인 운동은 정부의 지원을 받는 조직들의 에이즈예방활동에 집중되었다고 한다. 그러한 활동에도 불구하고 에이즈에 대한 사회적 낙인과 차별이 전혀 나아지지 않았다. 이러한 상황에 대처하기 위해 자조적인 두 운동단체인 '카노스'와 '나누리+'의 활동을 소개하고 있다. 감염인 당사자들의 소통공간인 카노스와 연대기구인 나누리+는 감염인들에 대한 상담, 의료도움 서비스, 지원홍보뿐만 아니라 사회적인 지원강화 활동을 하였고 인권운동으로까지 나아갔다. HIV/AIDS 감염인 운동은 후천성면역결핍증 예방법 개정투쟁, 치료접근권 투쟁, 감염인 차별과 편견 해소 활동(인권운동) 등의 쟁점에 집중하고 있다.

9장. '반군사주의 언어를 만들어온 병역거부운동'에서 임재성은 강고한 양심과 투철한 정의에 입각한 양심적 병역거부운동에서 점차 반군사주의 언어로의 확장이라는 변화를 발견하면서 평화를 주창하는 양심적 병역거부운동으로의 전환을 강조한다. 종교적 이유로 인한 병역거부가 비종교인의 병역거부로 확장된 이래, 이제는 군대 자체를 문제 삼는 반군사주의 운동으로 나아가며, 더욱이 좀더 넓은 평화운동으로서의 병역거부로 나아가고 있다고 한다. 이제 병역거부운동은 두려움과 나약함을 긍정함으로써 병역거부의 지평을 넓히면서 스스로의 운동의 지평도 넓혀나간다.

10장. "노숙인 점거공동체 '더불어사는집'"에서 윤수종은 노숙인들의 점거운동 사례를 보여주고 있다. 그는 청계천변 삼일아파트에 모여들어 살다가 정릉 다세대주택을 점거해 들어간 노숙인들의 활동을 추적한다. 강력한 시도자에 의해 만들어진 노숙인 점거공동체의 활동 속에서 노숙인 당사자들의 역능이 과연 어느 정도 숙성될 수 있었는지에 대한 탐색을 통해, 소수자운동과 점거운동의 방향에 대해서 생각할 쟁점들을 드러내 준다.

이상과 같이 이 책에서는 성노동자, 이주노동자, 장애인, 장애여성, 게이, 레즈비언, HIV/AIDS 감염인, 병역거부자, 노숙자 등 소수자들의 운동을 탐색하였다. 대표화가 성행하는 현실 속에서 대표되지 않은 사람들을 드러내는 소수자운동이야말로 사회의 실질적 민주주의에 기여할 것이라고 본다.

이 책의 각 장은 최근 10여 년간 소수자운동의 새로운 전개과정에 관해 여러 부문에 걸쳐 연구한 결과물이다. 대부분 ≪진보평론≫에 특집으로 그리고 일반논문으로 실렸던 것들로서, 조금씩 수정하여 다시 묶었다. 운동에 직간접적으로 참여하는 필자들의 노력에 박수를 보내고 싶다.

참고로 각 장이 이미 발표된 제목과 출처는 다음과 같다.

1. 인권, 소수자 그리고 욕망의 정치 / 윤수종(≪진보평론≫ 42호, 2009년 겨울, 140~162쪽)

2. 한국 성노동자운동의 전개/이하영(≪진보평론≫ 49호, 소수자특집, 2011년 가을, 12~34쪽)

3. 이주노동자운동, 혹은 국가를 가로지르는 정치적 권리투쟁/정정훈(≪진보평론≫ 49호, 소수자특집, 2011년 가을, 35~59쪽)

4. 한국 장애운동의 어제와 오늘/윤삼호(≪진보평론≫ 51호, 2012년 봄, 296~319쪽)

5. 장애여성운동의 의제와 도전/김효진(≪진보평론≫ 54호, 2012년 겨울, 234~258쪽)

6. '친구사이'와 한국의 게이인권운동/친구사이(≪진보평론≫ 49호, 소수자특집, 2011년 가을, 60~99쪽).

7. 한국 레즈비언 커뮤니티의 역사/한채윤(≪진보평론≫ 49호, 소수자특집, 2011년 가을, 100~128쪽).

8. 한국 HIV/AIDS 감염인 운동의 흐름과 쟁점/임정섭 · 윤수종(≪현대사회과학연구≫ 15, 전남대학교 사회과학연구소, 2011, 117~138쪽).

9. '죽일지도 모른다는 두려움'을 담은 목소리 : 반군사주의의 언어를 만들어온 양심적 병역거부운동/임재성(≪진보평론≫ 49호, 소수자특집, 2011년 가을, 129~162쪽).

10. 노숙인 점거공동체 '더불어사는집'의 형성과 변화과정/윤수종(≪진보평론≫ 50호, 2011년 겨울, 260~300쪽).

2012년 12월 필자들을 대신해서

윤수종 씀

1. 입 문 : 인권과 소수자, 그리고 욕망의 정치

윤수종

소수자운동을 흔히 인권운동으로 개념화한다. 소수자운동을 하는 활동가들도 종종 자신들의 운동을 인권운동으로 생각한다. 그래서 입문에서는 먼저 인권의 개념과 인권운동의 의미를 소수자에 비추어 살펴보고, 소수자운동의 나아갈 방향에 대해서 생각해 보고자 한다.

1. 인권과 인권운동

역사적으로 보면 인권 개념은 지배로부터의 해방을 통한 권리의 확대과정에서 제기되기 시작됐다. 따라서 인권의 주요 관심사는 자유와 권리였다. 그 자유와 권리는 단순하게는 권력이 행사하는 간섭 또는 억압의 배제를 의미했다. 인권 개념은 보통 '인간의 존엄성에 기반한 고유한 권리'라고 하며 인간이라면 누구나 동등한 보편적 권리로서 가지고 있다는 것을 전제로 한다. 인권의 내용을 구체적으로 나열해 보면, 생명권, 행복추구권, 평등권, 그리고 신체의 자유(신체권), 양심과 종교의 자유, 학문과 예술의 자유, 사생활의 비밀과 자유, 거주와 이전의 자유(통행권), 표현의 자유 등과 관련된 권리들, 재산권, 사회권 등을 들 수 있다(차병직, 2006 : 45~82).

그런데 인권과 관련된 권리 개념은 단일하지 않고 상황과 사안에 따라 달라지기도 한다. 생명권의 핵심은 누구도 타인의 생명을 해쳐서는 안 된다는 것이다. 그런데 이러한 생명권을 해치는 일은 흔히 전쟁을 통해서 일어난다. 외국에서 일어난 것으로는 특히 나치의 아우슈비츠 학살, 캄보디아 폴 포트 정권의 킬링필드, 일본군의 난징대학살 등이 두드러진 사례라고 할 수 있다. 우리의 경우는 한국전쟁 시기에 벌어진 양민학살이 생명권을 침해한 사례일 것이다. 물론 생명권 문제는 낙태 문제나 안락사 문제로까지 확대될 수 있으며 또한 사형제도를 둘러싼 논의를 불러일으키기도 한다.

1) 인권과 국가폭력

그런데 자유와 관련된 인권은 대체로 국가나 정부 또는 지배자들에 의한 침해로 문제가 된다. 신체의 자유와 관련하여 자의적인 체포와 감금, 고문이나 불심검문 등이 인권 문제로 되며, 양심의 자유라는 측면에서 사상전향제도나 준법서약제도가 인권 문제로 된다. 물론 '양심적 병역거부'처럼 개인이 스스로 국가가 요구하는 절차를 거부하고 자신의 행위를 스스로 결정하면서 인권 문제를 제기할 수도 있다.

여기서 인권 문제는 국가폭력과 관련하여 제기되곤 한다. 서구에서 혁명과정에서 봉건사회의 질곡을 뚫고 개인의 다양한 시민적 권리를 보호한다는 의도에서 제기되어 온 인권은 국가권력의 횡포 앞에서 다양한 방식으로 침해되어 왔다. 따라서 인권문제의 제기는 국가폭력에 반대하고 진실위원회를 세워 국가폭력에 의한 인권침해를 확인하며 보상하는 방식으로 나아가고 있다.

문제는 개별 국가에서 인권 문제가 다르게 나타나며 특히 독재국가들에서 인권침해 현상이 빈발하고 자체적으로 해결가능성이 적게 되자 국제사회에서 문제 삼는 일이 일어난다. 그러다보니 '시민권'의 관점에서 개별국가의 국가기관들에 대한 항의를 넘어서 '인권'의 관점에서 국제적이고 전지구적인 기관들에 호소하는 일이 벌어지고 있다(네그리·하트, 2008 : 328~329).

2) 민주화(인권)운동과 진실위원회

국가폭력에 의한 인권침해 상황에서 시민들이 스스로 조직화해서 인권문제를 제기하고 그 해소방안을 추구하게 된다. 아르헨티나의 독재 시기 동안에 실종된 사람들의 어머니들의 운동인 '5월광장의 어머니들' 운동이나 광주의 '5월 운동'은 이러한 구도에서 이루어져 왔다.

반독재투쟁은 많은 희생자들을 만들어 냈다. 독재권력에 의해 체포, 구금, 범죄의 조작, 사상전향의 강요, 고문과 살인 등이 자행되어 왔다. 독재권력에 반대하는 민주화운동과정에서 다양한 사람들이 권력의 억압을 받아 왔고 기본권이 무차별적으로 침해당하곤 하였다. 물론 소수자들이 먼저 차별당할 가능성이 있지만 독재권력은 권력에 반대하는 사람을 무차별적으로 억압하였다. 민주화운동의 진전에 따라서 그 억압대상은 바뀌어 간다. 광주민중항쟁에서처럼 특정 지역의 반정부적 시민들을 폭도로 몰아 탄압하는 것에서부터, 노동운동 · 농민운동 · 빈민운동 등의 활동가들이나 참여자들을 탄압하는 것으로 확대되어 간다. 민주화운동이 단순한 반독재

투쟁에서 다양한 부문운동으로 발전해 나가면서 권력의 탄압대상도 그 폭을 달리해 간다. 이러한 탄압과정에서 한 개인이 지닌 다양한 권리를 침해하는 일이 흔히 일어난다.

민주화운동은 사회 전체의 지형도를 바꾸어 나간다. 즉 민주화운동에 따라 사회가 민주화되면서 권력의 성격도 바뀌게 된다. 문민정부, 국민의 정부, 참여정부라는 이름에서 보듯이 국가권력의 성격이 변해 왔다. 폭력을 자행했던 과거 정권의 인권침해에 대해서 그 폭력성을 인정하고 국민 개인의 인권침해에 대해서 국가가 인정하고 일정한 보상을 하게 되었다. 물론 아직도 국가폭력에 의한 침해라도 여전히 국가권력이 인정하지 않는 부분(예, 여순사건의 경우)이 남아 있다.

독재권력의 인권침해에 대해서는 진실위원회가 만들어지면서 그 침해사실들을 확인하고 보상하는 정책을 수행하고 있다. 물론 이것도 이후의 정권이 민주화되는 경우에 해당하며 국가는 언제든지 다시 국가폭력을 자행할 소지가 있다. 경찰은 일시적으로 민주적일 수 있지만, 언제든지 맘만 먹으면 시민들에게 가해할 수 있는 집단이다. 민주집중제라는 말이 형용모순이듯이 민주경찰은 형용모순이다. 다만 이전 정권들처럼 명약관화한 폭력양식을 쓰지 않고 좀 더 세련되고 간접적인 폭력양식을 사용할 뿐이다. 물론 합법적인 방식을 가장하면서 말이다. 4대강 개발을 부르짖으면서 강변농지의 유기농 단지 농민들을 무차별적으로 몰아내는 것도 합법을 가장한 폭력일 것이다.

'진실화해를 위한 과거사정리위원회'(진실화해위)가 그동안 반독재민주화운동과정에서 인권을 침해당한 사람들의 사실내용을 확인하고 보상하는 여러 활동을 해 왔다. 물론 이명박 정권 아래에서 그 활동이 위축되고 있으며, 의문사유가족대책위 같은 경우는 진실화해위의 조사활동을 중지할 것을 요구하기까지 하였다. 즉 국가폭력기구들이 엄존하는 상황에서 진실위원회들의 활동에 대해 국민이 신뢰하지 못하는 상황이 전개되기도 하였다. 그러나 전반적으로 국가에 의한 인권침해에 반대하는 공감대가 일반 대중에게 퍼져가고 있다.

전지구적으로 볼 때는, 한 국민국가 안에서 일어난 국가폭력(또는 인종폭력)에 대해서 당사자 국가권력이 해소의지가 없는 경우에는 국제사회가 그 진실을 밝히고 가해자에 대한 책임추궁과 희생자에 대한 보호 및 보상을 요구하는 일이 일어나고 있다. 더욱이 역설적이게도 인권의 강화는 지배국가들의 무력에 의존하는 가시적인 경우들(예를 들어 1998년 코소보에 대한 나토의 군사개입처럼)이 있어 왔다. 이런 경우는 인권의 이름으로 오히려 주권침해의 소지가 있다. 그에 따라 국가구조를 넘어서는 제도들을 만들어 대처하려고 하는 시도가 있다. 다양한 진실위원회의 구성, 국제사법재판소, 상설적인 국제형사재판소 등을 설치하여 그러한 문제를 해결하고자 하지만 그 효과가 그리 분명하지는 않다(네그리 · 하트, 2008 : 330~331).

한국의 인권운동은 1990년대 들어 본격화되었다고 볼 수 있다. 다양한 운동단체들이 민주화(반독재투쟁)운동에 집착하던 것에서 1993년 비엔나세계인권대회를 거치면서 인권에 관심을 갖기 시작하였다. 인권운동을 양심수석방운동이라고 생각하던 것에서 "이 사회의 모든 문제를 인권의 시각으로 접근해야 한다"는 생각을 하는 새로운 활동가들이 나타났다. 그럼에도 국가보안법 등 사상 · 양심 · 표현의 자유와 관련된 운동, 과거청산운동, 억압기구의 개혁운동 등에 집착해 왔다. 인권침해에 대한 구제운동에 기울어졌다고 할까. 그러나 1990년대 중반부터 인권교육을 강조하고, 아동의 권리나 사회권, 그리고 소수자 인권 등을 새롭게 제기하기 시작하였다(류은숙, 2002, 81~95). 그리고 2001년 11월 국가인권위원회의 출범은 인권 개념과 일부의 인권실천이 국가에 포획되었음을 알려주었다.

2. 소수자와 인권

1) 소수자

소수자 이야기가 최근 다양한 분야에서 많이 논의되고 있으나, 다수자들의 이야기를 하다가 마지막에 끼워 넣는 식이 대부분이다. 중심을 설정한 운동권에서도 소수자를 자신들의 운동이나 논의에 끌어들이거나 덧붙이려는 대상으로 삼고 있다. 소수노선의 관점에서 보자면 다수자는 없으며 특이한 개별자들만이 있을 뿐이다. 표준적인 인물상을 다수자로 설정하면서 개별자들을 포획해 가려는 것이다. 그렇다면 오히려 소수자를 먼저 이야기 하면서 어떻게 다수자가 구성되는가에 대해서 말해야 할 것이다.

먼저 소수자를 이야기하면 흔히 수적으로 적은 집단을 생각한다. 하지만 여성은 남성보다 수적으로는 많지만 소수자라고 한다. 남아프리카에서 아파르트헤이트(인종차별정책)가 시행되던 시절, 인구의 90% 이상이 흑인이지만 10%도 되지 않는 백인이 다수자이고 흑인이 소수자였다. 그처럼 소수자 개념은 수의 많고 적음만이 아니라 권력관계에서 지배-종속 관계를 일정하게 포함하고 있다. 물론 소수자집단은 수적으로도 소수인 경우가 대부분이다.

또한 소수자를 이야기하면 흔히 사회적 약자라는 개념을 떠올린다. 물론 대부분의 소수자는 현실에서 약자에 속하지만 약자라는 개념은 강자를 전제로 하고 도움의 대상으로 보는 경향을 만들어 낸다. 또한 주변인 개념도 중심을 설정한 위에서 배제되거나 밀려난 사람들을 의미한다. 좀 더 적극적 규정을 위해서는 이러한 개념화에서 벗어나야 한다. 전통적인 약자인 여성, 장애인 등은 스스로 운동에 참여하면서 자신들을 변형시켜가고 있다. 즉 약자로서 자신을 인식하고 자신과 주위를 바꾸려는 능동적인 주체로 되어 가고 있는 것이다. 이러한 능동성을 강조하여 표준화되지 않으려는 사람들을 다수자와 대비되는 소수자 개념으로 포괄하고자 한다(윤수종 외, 2005 : 13).

계급운동에 입각하여 여러 부문운동에서 제기되어 왔던 노동자, 농민, 빈민, 실업자 등의 주체들은 지배적 중심에서 벗어나 있지만 스스로 다른 중심을 만들어 갈 수 있다. 즉 계급적 구분 위에서 지배-종속 관계를 담지한 주체들 가운데 종속적 지위에 있는 사람들을 소수자라고도 할 수 있지만, 이들은 대부분 이해관계 위에서 계급적 지위를 지니지만 표준화되지 않는 정체성에 근거한 집합성을 지니지는 않는다.

근대적인 인간상은 근대적 이성을 중심으로 사람들을 배치하려고 하였다. 표준화를 지향하고, 표준적인 인간을 준거로 설정하였던 것이다. 백인-남성-본토박이-건강인-지성인-이성애자-표준어를 쓰는 사람 등등. 소수자를 표준화를 거부하는 사람들이라고 규정할 수 있다(윤수종 엮음, 2002 : 11~13). 소수자를 흔히 일탈자나 약자로, 다수자에게 인정받으려는 대상으로 보려는 규정에 비해 적극적인 규정이라 할 수 있겠다. 물론 과도한 규정이 아닌가 하고 문제제기하는 사람들이 있다. 또한 현실에서는 많은 소수자들이 표준화되려고 한다. 소수자들은 다수자에 맞추어 자신을 조련하면서 표준화, 다수화 되려고 노력하기도 한다. 그리고 일부 소수자들은 다수화에 성공하기도 한다(국회의원이 되는 장애인).

그러나 소수자운동을 하는 사람들은 그것을 깨 나간다. 소수자들이 아무리 표준화되려고 하지만 아주 일부를 제외하고는 대개 그럴 수 없다. 오히려 소수자들은 표준화될 수 없다는 것을 깨닫게 되면서 소수자 정체성을 강조하게 된다. 더 이상 표준에 맞추어서 자신들을 강박하려 하지 않고 자신들의 준거(자기준거)에 맞추어 표준화의 방식을 거부하고 색다른 방식으로 살아가려고 한다.

다수자의 관점을 염두에 두면서 소수자에 대한 규정을 좀 더 구체적으로 검토해 보자. 예를 들어 도둑, 매춘부, 죄수, 동성애자, 장애인, 이주노동자, 넝마주이, 거지, 병역거부자 등등, 이들을 소수자라고 통칭한다. 한편으로 소수자들을 흔히 이상한 사람, 낙오한 사람, 병든 사람, 추잡한 사람…… (계속 무한히 나열할 수 있을 것이다) 등등으로 생각한다. 이러한 생각 속에는 '정상적'인 '표준적'인 인간상이 굳게 자리잡고 있다.

다른 한편으로 소수자들의 삶과 관련해 보통 이들의 삶을 나의 삶이 아니라 그들의 삶으로 생각한다. 우리 모두는 언제, 어디서나 소수자가 될 수 있는데도 말이다. 더욱이 현존하는 소수자들의 삶을 항상 음성적인 것으로, 쉬쉬해야 할 것으로, 보호 대상으로 인식한다. 또한 이들의 의사와는 상관없이 도와주기만 하면 되는 것처럼 인식한다. 소수자들은 다른 사람들에게 도움을 요청하기도 하지만 자신이 도움을 필요로 할 때, 자신의 방식으로 도움을 받기를 원한다. 그리고 소수자들이 일방적으로 도움을 받기만 하는 것이 아니라 다른 사람을 도울 수도 있다.

그리고 오히려 다르게 말하자면 소수자는 우리 모두가 지닐 수 있는 특성 가운데 특정한 측면을 지닌 사람일 뿐이다. 또한 국가나 사회의 지배적 가치 기준과는 조금 다른 특성들을 지니고 있는 사람일 뿐이다. 우리 모두는 우리가 처한 맥락에 따라서 언제나 소수자가 될 수 있다. "나는 소수자가 아니다"라는 생각은 바로 자신이 지니고 있는 소수자적인 특성을 배제하는 것이며 소수자적인 특성을 드러내는 사람을 배제하는 것이다.

우리의 시대는 소수자들의 시대가 되고 있다. 사람들은 한편으로는 대중매체에 의해 획일화된 주체가 되도록 강요당하고 있지만 다른 한편으로는 각자 색다른 생각과 삶을 추구해 나가고 있다. 위로부터의 거대한 획일화의 강요에도 불구하고, 아래로부터 자기 안으로부터 표준화를 거부하는 사람들이 늘어나고 있는 것이다.

다시 말하자면, 소수자란 표준화를 거부하는 사람이라고 할 수 있다. 다수자는 어떤 표준을 정하고 그것을 중심으로 삼아 다른 사람들을 통제하려고 한다. 그 표준에서 벗어나는 또는 벗어나려는 경향을 지닌 사람들에게 그 표준을 따르도록 강요한다. 다수자는 그 표준을 따르는 사람들을 자신 쪽으로 끌어들이지만, 그 표준을 거부하는 사람들을 배제해 나간다. 결국 다수자의 상은 권력자의 상이며 국가나 사회의 지배적인 가치를 지닌 것으로 나타난다.

반면에 소수자들은 국가권력으로부터 배제된다는 특징을 지닌다. 달리 말하자면 소수자들은 국가의 감시시선에 감지되지 않는 자신들만의 활동을 벌여 나간다. 자신들의 고유한 욕망을 표출하면서 주변으로 향하는 다양한 출구를 찾아 나선다. 그러나 일부 소수자들은 합법적인 공간을 확보하면서 국가장치를 이용하기도 한다. 그러나 기본적으로 소수자들은 국가장치에 포획되기를 거부하는 특성을 보인다.

따라서 자신들의 최소한의 보호막으로 소수자들은 소수자 인권을 제기하게 된다. 그러나 소수자 인권은 국가에 의해 주어지는 것이 아니라 바로 소수자들의 운동을 통해서 확보된다. 소수자에 대한 사회적 편견을 깨는 것도 소수자운동을 통해서 이루어질 수 있는 것이다.

2) 소수자 인권

국가폭력에 의해 희생당한 사람들의 인권 문제가 일정하게 해소되면서, 최근의 인권 문제는 소수자의 인권 문제로 넘어간다. 예를 들어 정규직의 인권 문제는 별로 언급하지 않게 된다. 비정규직과 관련해서는 정규직과의 차별을 문제 삼지 비정규직의 인권 문제를 제기하지는 않는다. 오히려 실업자, 노숙자의 인권을 이야기하게 된다. 더욱이 인권에 대해 생각하려 할 때, 장애인이나 소수자의 인권이 주로 거론된다. 인권 개념이 국가에 포획된 이후에는 보편적 인권의 문제는 어느 정도 해소되는 것 같다. 물론 정권의 성격에 따라 약간의 변동이 있을 수는 있지만 말이다. 물론 서구에서는 소수자 하면 인종적 민족적 소수자를 먼저 떠올린다. 우리나라의 경우도 화교나 혼혈인과 같은 소수자들이 있었다. 대개 미군과 한국여성 사이에서 출생한 혼혈인들은 버틸 수가 없어서 입양가거나 미국으로 이민가는 것이 대세였다. 화교의 경우도 대만으로 가거나 하면서 그 수가 급속히 줄어들었다(박경태, 2007 : 56~79). 물론 최근 이주여성이 결혼해서 한국으로 들어오면서 새로운 혼혈인들이 생겨나고 있다.

인권을 말할 때에는 기본적으로 근대적인 인간상, 표준화된 인간을 생각했다. 소수자에 대한 인식이 별로 없었던 것이다. 그러나 소수자의 인권을 생각하는 순간부터 인간으로서 억압받는 측면이 아니라 소수자라는 이유로 받는 차별과 억압을 문제 삼게 된다. 즉 소수자의 조건을 구체적으로 생각하면서 인권의 문제를 제기하게 된다. 소수자 인권에 대한 문제 제기는 1990년대 중반 특히 IMF 이후 변화된 지형에서 적극적으로 이루어져 왔다.

소수자 인권과 관련하여 좀 더 다른 이야기를 해 보자. 예를 들어 장애인 인권을 말할 때에는 표준적인 사람들의 인권과는 다른 내용을, 또 다른 권리를 이야기한다. 표준적인 사람들은 이동권을 제출하지 않는다. 장애인은 소수자로서 이동이 불편하기 때문에 자연스럽게 이동권을 주장한다. 우리 사회에는 이동이 불편한 사람(특히 노약자들)이 많은데도 이동권을 적극적으로 제기하지 않는다. 장애인이 이동권을 제안해서 가장 크게 이득을 보는 사람들은 사실은 노인들이다. 물론 비장애인도 술 많이 먹고 그 다음날 계단 오르기 힘들 때 경사로로 오른다. 경사로가 만들어지면 비장애인들이 주로 오르내린다. 이제 경사로 만들기에서 좀 더 나아가 계단 없애기 운동을 생각할 수도 있다. 장애인의 입장에서 제출한 이동권은 모든 사람에게 편리함을 가져다 줄 수 있는 방안이며 보편적인 효과를 지닐 수 있다. 그렇지만 소수자만이 그 창의적인 제안을 할 수 있는 것이다.

성매매여성의 인권은 표준적인 인간의 인권으로서가 아니라, 성판매자라는 이유로 차별받지 않을 권리를 의미한다. 더욱이 성매매여성의 인권 문제는 미시적이고 일상적으로 부딪히는 삶의 문제이기도 하다. 일에 대한 대가를 받을 권리, 성폭력 신고시 경찰에게 무시당하지 않을 권리, 단속에 걸려 연행될 때 문단속할 시간을 가질 권리, 구타하는 손님을 신고할 권리, 경찰의 알몸수사에 항의할 수 있는 권리, 건강을 돌볼 권리 등을 포함한다(원미혜, 2005 : 39~40). 성매매여성의 구체적인 상황에 따른 다양한 권리를 포함하며, 이러한 권리를 지키기 위해서는 경찰이나 구매자 등을 대상으로 하는 인권교육이 필요하다. 당사자 스스로도 자신의 인권을 지킬 힘과 권리의식이 필요하다.

성소수자의 경우 겉으로 드러나는 정체성 표식이 (있기도 하지만) 대체로 없으므로 당사자가 함구하는 한 자신의 정체성을 숨길 수 있다. 그렇기 때문에 언제 폭로될지 모른다는 불안감과 폭로하지 말고 살아가라는 억압에 시달리는 차별을 받는다. 또한 원인을 알 수 없는 낙인, 즉 특별한 원인이 없다는 것이 자연스러움으로 읽히는 것이 아니라 공포와 불안, 부도덕이나 금기인양 받아들여져 성소수자에 대한 편견과 차별을 더욱 부추기게 된다(한채윤, 2009 : 45~46). 다시 말해서 성소수자에 대한 차별은 눈에 보이지 않아서 더욱 더 큰 차별이 된다. 성소수자 스스로 끊임없이 자기검열하는 상황에 처하게 된다. 성소수자임이 사회에 드러남으로써 감당해야 할 무언의 폭력, 차별, 격리 등을 피하기 위해서 타인(이성애자)의 기준에 맞추어 거짓된 이중적 삶을 강요당하고 있다.

물론 성소수자 안에서도 성정체성에 대한 인식과 사회적 차별에는 차이가 있다. 성소수자들은 대체로 자신이 성정체성에서 남과 다르다고 인식하게 되는데, 특히 성전환자의 경우 좀 더 빨리 성정체성을 인식하는 것으로 나타난다(한국 성소수자 사회의식조사 기획단, 2007 : 43~50). 성소수자들은 평균적으로 10명 중에서 7~8명이 10세 이전과 10대에 자신의 성정체성을 인식하는데, 성전환자의 경우 10세 이전에 인식하는 비율이 훨씬 높다. 성전환자들은 이미 초등학교 정도에서 자신이 다르다고 느끼며 게이나 레즈비언에 비해서 더욱 눈에 띄게 된다. 그리고 가족이나 사회에 대한 죄의식이나 두려움을 가장 크게 느끼고 있다. 즉 성전환자의 경우는 쉽게 가시적인 차별의 대상이 될 수 있는 것이다. 흔히 통속적으로 성소수자를 성전환자나 여성적인 게이 또는 남성적인 레즈비언으로 생각하여 그러한 성향을 보이는 사람들을 차별하는 것이다.

성소수자의 경우 아주 여성적인 레즈비언이 있을 수 있고 마초게이가 있을 수 있다. 그들은 겉으로 잘 보이지 않는다. 보이지 않기 때문에, 당사자는 자신을 드러낼 것인지 아닌지를 결정해야 한다. 커밍아웃을 하든지 아웃팅을 당할 수도 있다. 남성들이 모여서 여성에게 접근하는 것들에 대해 과시하면서 이야기하다가 "넌 어떠냐?" 라고 단도직입적으로 물을 때, 동성을 좋아하는 남성은 거기에 대해서 발언할 수 없고 공포심을 갖고 그런 모임에 끼지 않게 된다. 관계망에서 드러내기를 판단해야 하고 내재화하여 숨기는 방법을 찾든가 아닌 척해야 하는 상황이 생기는 것이다. 이렇게 되면 성소수자의 인권 문제는 또 다른 문제로 넘어가게 된다. 그만큼 인권 문제는 소수자와 관련해서 이야기하면 무한히 지형도를 넓혀갈 수 있다.

국가가 인권을 포획하고 과거의 국가폭력에 의한 인권억압 문제는 해소되어가지만 소수자인권 문제는 오락가락 한다. 소수자운동이 김대중, 노무현 정부 시절 전진적으로 갔는데 이명박 정부 시절에는 퇴보하고 있다고 할 수 있다. 김대중, 노무현 정부 시절에는 소수자들이 제기하는 법적인 문제들을 대개 명문화하였다. 이명박 정부에 들어서서 정부는 보수세력을 자극하여 발언하도록 부추긴다. 예를 들어 차별금지법에서 성적 지향 조항을 넣는 문제와 관련하여 보수기독교 세력을 자극하여 차별금지법에서 성적 지향 항목을 빼도록 반대운동을 벌인다. 그래서 성소수자운동은 대안운동, 다르게 살기 운동으로 나아가다가 다시 4,5년 전에 했던 운동으로 되돌아간다.

어쨌든 소수자적 입장에서 인권을 제기하면서 전체적으로는 인권 개념이 확장된다고 할 수 있겠다. 사실 소수자를 표준화를 거부하는 사람이라고 규정하였지만, 현실에서는 많은 소수자들이 표준화되려고 한다. 그러나 운동을 하는 사람들은 그것을 깨 나간다. 소수자들이 아무리 표준화되려고 하지만 그럴 수 없다. 사실 표준화될 수 없다는 것을 깨닫게 되면서 소수자들은 소수자 정체성을 강조하게 된다. 그리고 예전에는 전혀 내놓고 말할 수 없었던 것을 말하기 시작한다. 표준적인 사람이 볼 때에는 과도하다고 생각되는 요구들을 계속 제출하게 된다. 표준적인 사람들이 생각할 수 없는 색다른 요구와 욕망을 제출하게 되는 것이다. 적극적으로 말한다면 소수자들이야말로 새로운 욕구와 욕망들을 제시할 수 있다고 생각한다.

어쨌든 현실에서는 소수자들이 소수자라는 이유로 편견에 시달리고 차별을 받는다. 국가와의 관련에서 보호대상, 지원대상이 되고 주변화되기도 한다. 그러나 소수자 당사자들은 자신들의 권리와 욕망을 위해서 다양한 활동을 벌인다.

1990년대 중반 이후 10여 년 동안 소수자운동은 정체성에 기반하여 자신들을 드러내고 쉼터나 상담실 등을 시작으로 하여 여러 조직들을 만들어 내면서 횡적인 연대를 구축해 왔다. 그리고 각 소수자운동 내부에서는 자기결정권을 강조하고 당사자주의를 제시하면서 각종 제도개선운동을 벌여 왔다(윤수종, 2004 : 179~219). 2000년대 중반 이후에는 대안적인 삶의 형식들을 실험하는 방향으로 나아가기도 한다. 그럼에도 여전히 인권을 개선하려는 소수자운동은 필요하다. 새로운 소수자들이 계속 생겨나기 때문이다. 그러다보니 최근 소수자운동의 주요 과제는 청소년 쪽으로 많이 기울어져 있고 청소년교육을 많이 한다. 정체성 문제를 비롯하여 차별에 대한 인식과 그것을 극복해 가는 과정이 필요하기 때문이다. 물론 그러한 과정을 거친 뒤에는 제도적인 문제로 넘어간다.

소수자들은 어른이 되면서는 "안 맞는데 어떻게 억지로 사느냐? 맞는 사람끼리 살겠다"고 나선다. 대안적인 삶을 찾게 된다. 장애인 같은 경우 독립(자립)생활운동으로 나아가고 있다. 과거 중증장애인의 경우 1년에 4번 정도, 한 철에 한번 외출을 하였다. 최근 들어서 장애인이 많이 보인다. 좀 더 자주 밖으로 나오기 때문이다. 일주일에 한번은 나오려고 한다. 지체장애인들이 외출하기 시작하고 일정 장소에 모이면서 건물에 경사로나 장애인용 버스나 리프트, 엘리베이터 등을 요구하게 되고, 다른 요구들도 제출하게 된다. 집안에 갇혀 있거나 시설에 갇혀 있기를 거부하고 자신들의 공간을 만들어 살려고 한다. 같이 살면서도 해결할 수 없을 경우 국가에게 도우미를 달라고 요구하기도 한다. 또 다시 새로운 요구를 제기한다. 국가인권위원회 사람들도 소수자들이 데모하면 "저 사람들은 끝이 없다. 그러니까 어디선가 짤라야 한다"고 말한다. 표준적인 사람들은 어디선가 만족하고 그 요구에 그친다. 그런데 소수자는 또 다른 요구를 하게 되어 있다. 더 이상 인권 개념으로는 포괄할 수 없는 다양한 요구와 욕망을 제출하는 것이다.

이렇게 다양한 욕구와 욕망을 제기하는 소수자는 색다른 주체성에 대한 탐색을 가능하게 한다. 이와 관련하여 들뢰즈와 가타리는 보편철학에서 강조하는 이성적인 개인, 보편성을 전제한 특수성으로서의 개인을 벗어나,

특이성[1](singularité), 개별자의 고유한 속성, 어떤 것으로도 환원·축소할 수 없는 욕망하는 주체성을 강조하려고 하였다.

3. 정체성의 정치를 넘어서

1) 정체성의 정치를 넘어서

소수자운동은 정체성의 확인과 차별철폐를 향한 다양한 권리확보운동을 해 왔다. 소수자운동은 이해관계에 초점을 맞추어 왔던 계급운동 및 부문운동에 대해서 정체성 문제를 제기함으로써, 정체성에 근거한 좀 더 구체적인 투쟁들을 만들어 왔다. 이해관계뿐만 아니라 집단적 주체성(정체성)에 근거한 다양한 권리투쟁영역을 개척해 왔다고 할 수 있다. 그런데 소수자운동의 정치학으로서 표방되는 '정체성의 정치학'은 방어적이고 소극적인 측면을 지닌다. 특정한 정체성에 고정되거나 집착하는 경향이 있기도 하다. 실제로 소수자를 비롯하여 모든 사람은 복수적인 정체성을 갖고 있다. 소수(자)적 정체성으로 한 인간의 인성 전체를 규정하고 차별화하는

---

1) 들뢰즈와 가타리는 특수성(particularité)이라는 개념 대신에 특이성(singularité)이라는 개념을 사용한다. 특수성은 언제나 보편성과 개별성의 이항대립 속에 머물며 보편성과 개별성의 연결고리로서만 인식되기 때문이다. 반면 특이성은 개체에 고유한 특성을 지니는 개별성으로도 동일자나 본질의 관념으로 귀속되는 보편성으로도 환원될 수 없다. 특이성은 오히려 일반적 법칙 혹은 보편적인 구조의 관념을 허물어뜨리고 특정한 시기와 특정한 장소에서 특정한 사회적 실천을 둘러싸고 구성되는 계열에 고유한 가치만을 인정한다. 그러한 실천의 장 및 관계에 고유한 유일무이한 것을 특이성이라고 한다. 그래서 한 개인이나 집단의 특이화(singularisation)나 재특이화(resingularisation)는 바로 스스로 다른 것이 되어 가면서도 서로 소통해 나가는 과정을 일컫는다.

것이 문제일 것이다. 특정한 소수적 정체성을 지키고 보호하는 것을 넘어서 좀 더 포괄적이면서 다른 집단들과 소통할 수 있는 방향으로 나아가야 할 것이다. 다시 말해서 복수적인 정체성을 지닌 개인의 특성을 다면적으로 발전시킬 수 있도록 해야 한다. 개인들은 고정된 정체성보다는 유동적인 정체성을 지니게 되어야 한다. 정체성을 확인하고 고정시키는 것이 아니라 개인이나 집단의 고유한 특성(특이성)으로서 존중하면서 드러내고 소통하도록 하는 것이 중요하다.

물론 정체성의 정치학에 대해 대체로 엘리트주의적이라거나 자신들의 일에만 집착한다는 비판이 있다. 이것은 소수적 정체성에 긴박되어 다른 집단이나 계층과 상호작용하지 못하기 때문에 나타나는 것으로 볼 수 있다. 또한 정체성의 정치학이 빈민이나 노동자계급과의 연계를 만들어 내지 못한다는 비판을 받는다. 이것은 또한 정체성의 정치학이 중간계급의 운동으로 되어가고 있는 것에 대한 비판이기도 하다.

이러한 비판을 감안할 때, 소수자운동 내부에서 나타나는 대안적인 삶의 형태에 대한 실험들은 정체성의 정치학을 넘어서려는 움직임으로 볼 수 있다. 정체성의 확인과 긍정에서 더 나아가 차이들을 받아들이되 서로의 특이성을 활성화하면서 색다른 삶을 만들어 가는 것이다. 소수자운동이 대안운동으로 변신하면서 소수성을 포괄하는 복수성과 다양성을 향해 나아간다고 할 수 있다. 그럼에도 내적으로는 각 특이성을 존중하면서, 차이들을 통일하는 것이 아니라 더욱 확대함으로써 소통통로를 만들어 갈 수 있을 것이다. 내부의 차이를 억압하는 것이 아니라 오히려 확대하면서 어떻게 소통통로를 만들어 갈 수 있느냐 하는 것이 중요하다. 실제 소수자운동에서는 내부의 차이와 분리의 논리가 중요한 메커니즘으로 작동하고 있다. 통합이 아니라 분리를 통해서 연대할 수 있는 방식을 생각해야 할 것이다.

그리고 대안운동의 주체들을 볼 때 체제로부터 밀려나거나 체제에 적응하기를 거부한, 즉 표준화되기를 거부한 소수자들의 특성들을 지니고 있다. 그리고 소수자들은 자신들의 정체성을 확인한 위에서 이제는 다른 삶을 만들어 나가려고 한다. 여기서 소수자운동과 대안운동이 만날 수 있을 것이다. 현재까지 대안운동은 소수자운동에서 제기하는 정체성 문제를 적극적으로 끌어안으려고 하지 않았다. 대안운동이 다양한 소수자를 포괄하는 방향으로 나아갈 때 진정한 대안들을 만들어 낼 수 있을 것이다.

2) 소수자 운동 안에서의 대안적 실험들

기존의 주류 사회에서 배제되어온, 달리 말하면 표준화를 거부하는 소수자들은 운동을 하면서 점차 기존의 주류적인 삶의 방식과는 다른 삶의 방식들을 실험하게 된다. 소수자운동은 대안운동의 성격도 띠어 가게 되는 것이다. 소수자적 정체성을 인식하고 커밍아웃을 하면서 전과는 다른 관계들을 자신들 속에서 그리고 이웃과의 관계 속에서 만들어 나간다. 실제로 대안운동의 주체들은 일단 기존 사회의 삶의 방식에 대해 불만을 가지며 색다른 삶을 만들어 가려고 한다. 그러한 과정에서 대안운동의 주체들은 비판적인 인식과정을 겪으며 주변에 뜻을 같이 하는 사람들과 연계망을 만들어 나가면서 대안적인 움직임에 개입하게 된다.

그러면 소수자운동들 안에서 나타나는 대안적인 실험들이나 경향들을 나열해 보기로 하겠다.

성소수자운동에서는 동성결혼이나 동성커플가족 또는 집합적 주거방식 등이 나타나고 있다. 청소년의 성정체성의 문제, 성소수자의 차별 등의 문제가 여전히 있지만, 이제는 성소수자의 (하위)문화로서 바나 놀이공간에서 자신들의 새로운 삶(놀이)의 방식들을 만들어 나간다. 기존의 이성애적인 가족상에 대해서 색다른 가족의 상을 제시하며 다양한 가족형식(가족구성권)을 제안하고 있다. 또한 성소수자들의 지역커뮤니티나 가상공간 커뮤니티는 이제 비소수자들도 방문하고 탐험하는 세계가 되고 있다. 아직 주거커뮤니티까지 나아가지는 못하고 있지만 말이다.

장애인운동에서는 이동권을 비롯한 다양한 권리확보운동이 활발히 진행되었다. 그러면서 장애인들은 집에 갇혀 있던 상황에서 문밖으로 나오게 되었다. 특히 중증장애인들은 주변의 도움을 필요로 하지만(활동보조인서비스제도 요구) 자신들의 결정에 따른 삶을 살아가려고 노력하고 있다. 점차 장애인운동의 주요 내용이 되고 있는 자립(독립)생활운동은 바로 대안적인 삶을 실험하는 것이라고 볼 수 있다.

성매매여성운동은 성매매특별방지법(성특법, 2005년) 이후 성노동자운동으로 전개되기도 한다. 물론 다수의 성매매여성들이 운동에 나서는 것은 아니지만 어쨌든 '성노동자'라는 정체성을 제기하고 나섬(커밍아웃)으로써 도덕적인 성매매폐지 입장을 견지하던 페미니즘에 커다란 충격을 주었다. 더욱이 집창촌 형태의 성매매에 종사하는 여성들은 성매매거리를 생존을 위한 일터라고 강조하면서 국가의 간섭을 거부하고 '(지역)자율관리'를 하겠다고 나서고 있다. 또한 성매매거리 안에서 성매매여성들이 주체가 되어 아웃리치(outreach) 활동을 통해서 자신들의 동료들과 이웃을 변화시켜가는 운동에 나서고 있다. 성매매거리에서 나타나는 자신들과 동료들의 여러 가지 문제들을 해결해 가면서, 이웃공동체의 삶을 다르게 만들어 가는 운동을 하고 있는 것이다.

이주노동자운동의 경우 노조형식의 조직화가 진전되고 있으며, 특히 이주노동자들의 주거공동체나 연결공동체가 만들어지고 있다. 물론 특정 국가와 연관된 이주노동자공동체만이 아니라 안산의 '국경 없는 마을'처럼 다양한 노동자들이 섞여 살아가는 공동체가 나타나기도 한다. 다양한 색깔의 피부를 가진 사람들이 함께 살기를 실험하고 있는 것이다.

그리고 넝마공동체의 성원들은 일찍부터 공동주거형태를 만들어 갔으며 대안적인 삶을 살아갔다(윤수종, 2003). 노숙인들의 점거공동체 '더불어사는집', 최근 젊은이들의 자유로운 주거공간으로 실험되고 있는 '빈집'(강내영 · 윤수종, 2011) 등은 다양한 소수자들이 모여 살면서 공통적인 것을 실험하고 색다른 것들을 만들어 나가고 있다. 그 외에도 가출한 청소녀들이나 청소년들은 쉼터를 돌아다니기도 하지만 자신들의 주거공동체를 만들고 자신들이 만든 규칙을 지켜가면서 부모에게 얽매이지 않은 삶을 살아가기도 한다. 물론 폭력과 성문제와 생계문제(도둑질) 등이 함께 얽혀 돌아가지만 말이다(추주희, 2008). 대안운동으로 나타나는 다양한 미시코뮨들의 움직임에 주목할 필요가 있다(윤수종, 2007).

한국의 대안운동은 대체로 소수자들과 별 관련 없이 진행되었다. 생태적인 성향, 약간 중간계급적인 성향, 자본주의의 모진 것에 대해서는 반감을 갖고 교육적인 대안을 생각하면서 진행되는 것이 일반적이다. 그러다 보니 소수자를 적극적인 주체로 하는 대안운동이 별로 없었는데, 이제 소수자운동 안에서 대안만들기를 시도하면서 섞일 가능성이 생길 수도 있겠다.

4. 욕망의 정치

1) 욕망의 정치

소수자운동의 방향과 관련하여 '욕망의 정치'에 대해 말할 수 있다. 소수자의 정치를 흔히 '정체성의 정치'라고 말한다. 그러나 정체성이라는 것은 굉장히 위험한 논리인데, 즉 "우리는 숫자가 적은 집단이니까 우리를 인성해 달라"라는 식의 인정논리로 가거나, 우리의 것을 건들지 말라는 식의 게토화의 위험이 있다.

호네트(Honnet)의 인정투쟁 논리를 끌고 들어와서 인정의 정치를 말하는 학자들이 있다(호네트, 2011). 기본적으로 소수자운동을 다수자의 입장에서 보겠다는 것이라고 생각된다. 소수자들은 누구의 인정을 받으려는 것이 아니다. 다르니까 다르게 살겠다는 것이다. 방해나 하지 말라는 것이다.

그렇지만 소수자들은 항상 게토화의 위험에 있다. 그러나 시대가 달라지면서 예전의 게토화 모습이 변하고 있다. 예전의 게토화는 알고 싶은 사람도 들어갈 수 없는 게토화였다. 즉 1970년대에 내가 여성동성애자전용술집을 탐색하려고 한다면, 서울 명동에 가서 엄청난 추성(趨性)을 발휘해야만 찾아낼 수 있었다. 그러나 지금은 내가 어디에 있든지 간에 인터넷 검색을 통해 그곳을 쉽게 찾을 수 있고 (언제든지?) 갈 수 있다. 즉 게토화 문제에서 이제는 그 게토에 접촉하려는 사람을 막느냐 그렇지 않느냐 하는 문제가 핵심이 되었다. 닫혀 있지만 원하는 사람들이 쉽게 찾는 게토? 이런 것이 게토인가? 이렇게 되면 일반인들도 원하는 사람들은 찾아 갈 수 있다. 여기에서 게토는 열리게 된다. 또한 게토지역의 경계선에서는 항상 다수성의 소수화가 이루어지고 있다(성소수자거리의 일반술집에서 성소수자들끼리 사용하는 은어들을 사용하는 것).

인정의 문제와 게토화 문제를 가로지르는 것이 바로 욕망이란 문제제기이다. 욕망이라고 할 때는, 신체에 붙박인 성충동(프로이트, 라이히)뿐만 아니라, 다양하고 사회적인 광범한 욕망(들뢰즈와 가타리)을 생각한다(윤수종, 2009). 그럼에도 불구하고 성소수자에 대해서는 성욕망이 일차적으로 다뤄지는데, 일반인들이 생각하는 것처럼 성소수자가 성충동에 사로잡혀 있는 심적 구조를 지니고 있는 것이 아니다. 그것은 장소마다 다른데, 바(BAR)는 성충동에 사로잡혀 있는 공간이 아니라 그냥 일반 술집과 같은 공간이다. 파트너들이 공공화되어 있거나 '친구사이'로 팀을 이뤄 함께 어울리는 문화이다. 물론 파트너에 대한 물색이 이루어지지만……. 그리고 좀 더 직접적인 신체적 접촉이 가능한 극장(DVD방), 사우나, 찜질방 등이 있으며, 이러한 장소는 성충동을 발산하면서 욕망을 해소하는 공간이다. 아무튼 이러한 측면들을 성소수자 인권운동을 하는 사람들조차도 부정적으로 인식한다. 물론 이런 측면도 깨 나가야 할 문제라고 생각한다. 그런데 이를 먼저 깨고 나오는 것은 여성들이었고, '끼리끼리'였다(한채윤, 2000). 성욕망을 긍정할 뿐만 아니라 성소수자가 지닌 다양한 욕망을 발산하도록 하는 것이 중요할 것이다.

어쨌든 욕망을 신체에서 떼어내 사회적 흐름으로 생각하려 한 들뢰즈와 가타리의 관점에서 볼 때에도, 욕망은 누군가 대신해줄 수 없는 특성을 지닌다. 여기서 욕망의 정치는 기본적으로 욕망의 흐름을 가로막지 말고 주체들이 스스로 관리해 가도록 하는 것이다. 더욱이 소수자와 관련하여 제기하는 욕망의 정치는, 욕망의 흐름을 다수자적 관점에서 제어하려고 하지 말고 흐르는 대로 놔두면서 소수자 당사자들이 스스로 관리하도록 하자는 것이다. 물론 욕망의 정치는 게토화를 넘어서, 정체성을 넘어서 다른 것으로, 되기로 나아가자는 것이다.

이때 이론적 근거를 이성이나 합리성보다는 욕망 개념을 끌고 들어온다. 욕망의 다양한 흐름을 따라가면서 색다른 흐름들을 만들어 내려는 것이다. 그런데 소수자운동하는 사람들 자체가 자신들의 욕망을 다수자적인 관섬에서 세어하려고 한다. 그러니 다수자의 준거를 버리고 소수자의 관점에서 욕망의 흐름에 따라 다양한 흐름(코드)을 탐색하면서 거기에 맞는 사회관계들을 만들어 가는 실험이 욕망의 정치라고 하겠다.

성소수자의 경우 이성애자들에 의해 성충동에 사로잡혀 있는 사람들로 인식된다. 성소수자들도 이러한 시선을 내면화하여 이성애자와 자신들을 구분한다. 항상 엽색기계를 작동시키며 성관계를 한 뒤 곧바로 새로운 파트너를 찾아 나서는 성소수자를 비난하고 오래 관계를 갖는 커플을 칭송하는 등 미묘하게 내부 구분을 하면서 그 가운데 후자에 욕망을 표준화하든가 고정시키려는 커뮤니티 내부의 경향도 있다.

소수자 내부로 들어가 보면 다수자에 비해서 내부 차이가 크다. 내부에서 표준화가 안 된다. 전체 다수자와 표준화되기를 거부하려고 하는 것을 넘어서서, 소수자들 내부에서의 차이들을 동일(통일)화할 수 없다. 장애인들의 경우 속성이 서로 다른 장애를 가지고 있을 때 그들 간에는 비장애인들과 보다 더 소통이 안 된다.

이러한 차이들을 확인하고 서로 알아가면서 색다른 관계들을 만들어 가는 소수자되기는 동일성을 지향하는 방식과는 다른 방향이라고 할 수 있다. 표준화(다수화)하는 방식은 공통성을 끄집어내 동일화하자는 방향으로 나아가서 욕망형식들을 단조화한다. 이에 반해서, 소수화하는 방식은 차이를 더욱 더 분리해 내면서 점점 더 다른 것들 사이에 소통통로를 만들어 나감으로써 색다른 욕망형식들을 발명할 수 있을 것이다. 소수자 세계에서는 분리와 차이들을 오히려 강조함으로써 다양한 표현과 다양한 욕망형식을 만들어 낼 수 있고 그것들을 풍요로운 방향으로 나아가게 할 수 있을 것이다. 이러한 방향에서 누구나 다 소수자되기(가타리, 1998 : 195~228)를 할 수 있다.

2) 소수자되기

소수자 자체는 무엇인가? 바로 색다른 욕망을 지니고 있다는 것이 가장 큰 특징인 것 같다. 표준화되지 않은 어떤 것들을 표현하고 싶어하는 욕망이 있으며, 그래서 내가 동성애자가 되지 않더라도 동성애자되기를 할 수 있다. 다시 말해 소수자적인 속성들을 부정하지 않기 시작하면 다른 사람과의 접속가능성이 높아지는 것이다. 동성애적 욕망이 나타날 때 그것을 남근주의적 전망 속에서 억압할 것이 아니라 자연스럽게 표현하고 색다른 관계를 만들어 갈 수 있다. 소수자 자체를 강조하고 소수적 속성 자체를 특권화하는 것이 아니라 소수적인 속성들을 흩뿌리는 것(분자화과정, 미분화과정, 미분적 특이화 과정에 착수하는 것)이 소수자되기라고 할 수 있다. 나의 정체성을 그렇게 만드는 것이 아니라, 내가 장애인이라는 정체성을 가진 장애인이 되는 것이 아니라, 장애인이라는 속성들이 나에게서 나타날 때 자유롭게 표현할 수 있는 것이 소수자되기의 하나의 방법일 수 있다.

여성되기라고 할 때에도 남성들에게 생물학적으로 수술해서 여성이 되라는 것이 아니라, 여성처럼 행동하고 말하고 싶을 때 여성처럼 하라는 것이다. 그래서 남성들의 여성되기, 권력을 지향하는 여성들의 여성되기를 생각할 수 있는 것이다. 여성적인 분자들을 흩뿌리고 다니라는 것이다. 남성뿐만 아니라 여성의 여성되기도 필요하다. 이러한 여성되기를 통해서 남성지배적 표현양식으로 단조화되는 구도를 깨고 다양한 표현양식들을 드러낼 수 있다. 두생구호를 머리에 두르고 목이 터져라 소리질러대는 투쟁현장에서 구연동화 하듯이 부드러운 이야기로 투쟁정신을 더욱 북돋울 수 있을 것이다. 여성이 되라니까 불알달린 사람이 어떻게 그리하느냐며 목에 힘주고 뻣뻣하게 굴다가는 결국 자신의 욕망표현을 억압하는 결과가 될 것이다. 여성되기는 바로 색다른 관계 맺기의 출발점이 될 수 있을 텐데 말이다.

다른 예로 어린이 되기라고 할 때에, 어른보고 어린이가 되라고 하는 것이 아니다. 어린이를 보고 "너 몇 살이니?" 하고 질문하는데, 그때 대답하는 어린이는 바보탱이라고 생각한다. 대답하지 않고 쳐다보면서 "내가 100번 질문을 받는데 99번 저런 질문을 하던데……"라고 생각하면서 어른의 그 질문에 눈을 흘기는 것이 멋쟁이 어린이일 것이다. 어린이를 당사자 주체로 생각하지 않고 마구 똑같은 질문을 해대는 어른들이 어린이에 맞추어 질문을 하기 시작해야 한다. 그것이 어린이 되기의 시작이다. 또한 어린이가 엄마 등에 엎여 있으면 어른들은 흔히 "까꿍, 까꿍" 하면서 자신을 따라 하도록 요구하는데, 그에 따라 방글거리며 눈동자를 굴리는 아기도 있지만 울어버리는 아기도 있다. 어린이 되기란 바로 그러한 관계 맺기를 다르게 하라는 것이다. 물론 관계 맺기에서 중심축을 당사자인 소수자에 두라는 것이다. 어린이가 최대한 다양하게 자신을 표현할 수 있도록 말이다.

어린이들이 하고 싶은 것을 마음대로 써보라고 하면 '어린이 혁명선언문'이 나온다고 한다. 프랑스의 어떤 라디오 프로그램이 초등학교 교문에서 공부를 끝내고 나오는 어린이들에게 하고 싶은 대로 말하라고 하여 그것을 방송했다가 어른들의 당혹감을 불러일으켰다고 한다. 어린이들은 여기저기서 말문이 막혀 있다.

이주자의 경우도 마찬가지이다. 다문화 운운하면서 한글을 가르치는 데만 집중한다. 몽골에서 온 사람들은 모아서 몽골어를 가르쳐야 한다. 한국 사람과 결혼한 한 몽고여성의 자녀들이 외할머니가 10년 만에 몽골에서 왔는데 전혀 소통하지 못하고 힘겨워하다가 헤어졌다는 이야기는 다문화사회라는 캐치프레이즈의 내막을 잘 보여준다고 하겠다. 한글을 가르치는 것만큼 이주자의 출신지 언어를 파트너나 자녀들에게 가르치는 것이 이주자 되기의 시작일 것이다.

성소수자 당사자들의 운동은 이성애만 염두에 둔 다수자들의 성 통념을 바꿔놓을 수도 있다. 부모들도 자녀가 계속 결혼하기를 거부할 때 한 번쯤은 동성을 좋아하는 것 아닌가 물어 볼 수 있을 것이다. 후배들이 애정에 굶주리고 파트너를 필요로 할 때는, "여자가 필요하니 남자가 필요하니?"라고 묻는 것이 동성애자 되기의 시작일 것이다. 소수자 당사자의 주체의 관점에 설 때 일상적인 과정에서 소수자 되기가 가능하다. 다수자화되는 것을 막을 수 있다는 것이다. 노처녀에게 시집가라고 강박할 때, 그

노처녀가 집에서 엄마에게 "나 여자를 좋아해"라고 말한 순간부터 그 엄마는 고민하면서 소수자 되기를 시작한다. 소수자와의 금을 긋지 않는 순간부터 일상 속에서 소수자 되기가 가능하다. 스스로 변신하는 것이다.

소수자 되기를 강조하는 것은 좌파가 자본주의를 바꾸겠다고, 새로운 사회를 건설하겠다고 하면서 중심화되어 권력화되었고, 노동자를 생각할 때 진짜 노동자를 강조하면서 주변적인 노동자(이른바 룸펜프롤레타리아트)를 배제했던 경험에서 나온 전략이다. 결국 소수적인 것을 주변화시키거나 배제하는 방식은 권력화하는 방식이 아닌가 하고 반문하는 것이다.

그렇게 가지 않으려면, 소수적인 요소들을 끌어안아야 할 것이다. 노조 안에서 정규직/비정규직 구도 하에 비정규직과 이야기하지 않고 노조 안에서 여성을 주변화시킨다면 노조는 약해져버린다. 사회 전체가 풍요로워지려면, 모든 사람이 표준화되고 권력화되는 지형으로 동일화되는 방향으로 나아가는 것이 아니라, 다양한 소수적 특성들을 주체화해야 할 것이다. 남성들도 여성되기를 하고 권력을 향하는 여성들도 여성되기를 함으로써 남성중심의 사회를 바꾸어 나갈 수 있을 것이다. 주변적인 소수적인 요소들을 포괄해 나감으로써 사회의 다양성을 증폭시켜 나갈 수 있을 것이다.

주변화된 다양한 소수자들의 자기주체성 찾기, 자기 정체성 확인과 더불어 그들 나름대로의 대안을, 새로운 자유의 공간을 만들어 가는 방향을 새로운 사회로 나아가는 방향으로서 생각해 볼 수 있다. 그와 더불어 운동의 방향으로서 소수자운동집단 자체의 운동 뿐만 아니라 소수자를 포함한 모든 사람(다수자도 포함)의 소수자되기가 필요하다.

물론 소수자되기는 다수자의 권력화를 깨려는 의도를 지니고 있다고 할 수 있다. 집중화, 초코드화 하는 방향에 대항하여 미분화, 분자화하면서 욕망을 해방하는 방향으로 나아가자는 것이다. 그 결과는 예를 들어 자본주의적 이윤추구양식을 준거로 하여 다양한 표현양식들을 압연하는 방식에 제동을 거는 것이 될 것이다. 물론 적극적으로는 다양한 욕망표현양식을 표출하도록 하자는 것이다.

인권 개념은 소수자와 관련을 맺으면서 좀 더 구체적인 권리들로 확장되어 왔다. 소수자와 관련해서 인권 개념은 여전히 중요한 작용을 하지만, 다르게 살기를 향해 나아가는 소수자들의 삶을 확장해 나가는 데는 한계가 있는 것 같다. 이제 인권 개념을 넘어서 소수자들의 삶을 풍족하게 하는 관계를 만들어 가는, 다양한 조율(욕망의 정치)로 넘어가야 할 것이다.

◆ 참고문헌 ◆

가타리 지음, 윤수종 옮김, 1998, 『분자혁명』, 푸른숲.
강내영·윤수종, 2011, 「빈집」, ≪진보평론≫ 49호.
네그리·하트 지음, 조정환·정남영 · 서창현 옮김, 2008, 『다중』, 세종출판사.
류은숙, 2002, 「한국의 인권운동의 성과와 과제」, ≪세계헌법연구≫ 제7호.
박경태, 2007, 『인권과 소수자 이야기』, 책세상.
원미혜, 2005, 「성판매 여성의 인권 탐색을 위한 시론」, ≪상황과 복지≫ 21호.
윤수종 엮음, 2002, 『다르게 사는 사람들』, 이학사.
윤수종 외, 2005, 『우리 시대의 소수자운동』, 이학사.
윤수종, 2003, 「넝마공동체의 성격과 변화」, ≪진보평론≫ 15호.
윤수종, 2004, 「소수자운동의 전개과정과 그 특징」, ≪진보평론≫ 20호.
윤수종, 2007, 「대안운동의 현황과 방향」, ≪사회이론≫ 제32호.
윤수종, 2009, 『욕망과 혁명』, 서강대출판부.

차병직, 2006, 『인권』, 살림.

추주희, 2008, 「탈주하는 청소년·청소녀의 성과 삶」, ≪진보평론≫ 38호.

한국 성소수자 사회의식조사 기획단, 2007, 『한국 성소수자 사회의식조사』, 서울.

한채윤, 2000, 『한채윤의 섹스 말하기』, 해울.

한채윤, 2009, 「여성 성소수자의 현실과 차별」, 『성소수자와 소외-소외와 여성 그 미래적 비전3』(전남대학교 여성연구소 학술대회자료집).

호네트, 악셀 지음, 문성훈·이현재 옮김, 2011, 『인정투쟁-사회적 갈등의 도덕적 형식론』, 사월의 책.

2. 성노동자운동의 전개

이하영

1916년 일본에 의해 공창제가 도입된 이래 한국사회에서 성매매는 일상화된 문화로 자리잡아 왔다. 비록 1961년 박정희 정권에 의해 '윤락행위등방지법'이 제정되어 성매매가 전면적으로 불법화되었으나 정부는 경제성장과 외화벌이의 수단으로 기지촌 성매매와 기생관광을 육성하는 등 이중적인 성매매 정책을 펼쳐왔다. 특히 1980년대 이후 3차 서비스산업과 향락산업의 성장, 기업접대문화의 발달은 열악한 환경에서 저임금 노동에 시달리던 수많은 여성이 성산업으로 유입되는 계기였다. 2002년 발행된 성매매 전국조사(한국형사정책연구원 · 여성부 정책개발평가 담당관실, 2002)는 성산업에 종사하는 여성의 수가 최소 33만 명이며 이는 같은 연령대 취업 여성인구의 8%에 달하는 수치라고 보고한 바 있다. 또 굳이 청량리 588, 미아리 텍사스촌과 같은 집창촌을 수고를 들여 찾지 않는다 해도 대로변에서 그리고 골목 구석구석에서 룸살롱, 단란주점, 안마시술소, 스포츠마사지 등을 쉽게 발견할 수 있다.

전통적으로 성매매는 남성의 '자연스러운' 성욕과 성판매 여성의 도덕적 타락 때문에 존재한다고 이해되어 왔다. 때때로 성구매를 하는 남성들의 도덕성을 비난하기도 하고 성판매를 하는 여성의 딱한 사정이 회자되기도 했지만 그건 언제나 특별한 '그' 사람에 국한된 것이었다. 여전히 많은 사람은 남성들이 성구매하는 상황을 이해하려 애쓰고, 성판매하는 여성들의 상황과 이유는 외면한다. 이 때문에 성판매 여성은 위선적으로 구성된 도덕적 세계에서 내쳐지고 그녀들의 삶의 권리는 인정받지 못한다. 그렇기에 그녀들은 오늘도 '갈보', '창녀', '양색시', '매춘부', '윤락녀'라는 다양한 이름으로, 남성들의 성적 위안을 위해 필요한 존재이자 동시에 건전하고 깨끗한 사회를 위해 청소되어야 할 존재로 살아가고 있다.

한편 신자유주의라는 거대한 소용돌이 아래에서 생존을 위한 조건은 남성과 여성 모두에게 점점 더 가혹해지고 있다. 계급에 따라 많은 수의 남성들이 성판매에 종사하고 있으며 많은 수의 여성들이 성구매를 하기도 한다. 그렇기에 성판매는 더 이상 여성에게만 국한된 문제처럼 보이지 않는다. 성매매는 처음부터 계급의 문제였지만 더 많은 남성들이 성판매에 종사함에 따라 성매매에게서 계급의 문제는 점점 더 선명해지는 듯하다. 그럼에도 불구하고 성매매는 여전히 '여성'의 문제이다. 가시적으로 성을 파는 대부분이 여성이고 성을 사는 대부분이 남성이라는 사실 때문이다. 이는 여성들이 성별화되어 있는 노동시장에서 주변화되어 있으며, 여타 노동시장으로의 진입이 제한되어 있다는 사실과 연관된다. 즉 우리는 남성권력이 섹슈얼리티를 통해 작동하는 성별화된 사회경제적 토대 위에서 살아가고 있다(원미혜, 2007 : 26).

2004년 '성매매방지법'이 제정되고 시행되면서, 한국사회에서는 격렬한 '성매매' 논쟁이 벌어졌다. 성매매로 인해 억압받고 착취당하는 여성들을 '보호'하기 위해 만든 법이 오히려 성판매 여성들을 억압한다고 주장하는 성노동자운동의 등장 때문이다. 2004년 9월부터 전국 집창촌[1])을 중심으로 성매매방지법에 반대하는 시위가 연일 일어났고, 이러한 움직임은 성매매를 '성노동'으로 개념화하려는 움직임으로 이어졌다. '여성의 피해'를 강조하는 반성매매운동 진영은 성매매 '근절'을 주장했고, '생존권'을 주장하는 성노동자운동 진영은 성매매의 '합법화' 혹은 '비범죄화'를 주장했다. 여성들 간의 분열과 대립으로 보이는 '성매매'를 둘러싼 논쟁과 투쟁들은, 동일한 이해관계를 가질 것으로 상상되었던 '여성'이라는 집단 내부의 차이들이 폭발하는 계기였다. 그리고 '성매매' 역시 '성매매=여성 억압' 또는 '성매매=성적 자기결정권'이라는 단순한 도식으로 이해될 수 없음을 보여주었다.

한편, 도시 미관을 해친다는 이유에서 이루어지는 집창촌의 폐쇄는 여성주의자들의 성매매 근절 의지와 정책 당국의 재개발 의지와 맞물려 현실화되고 있으며, 이에 따른 성판매 여성들의 투쟁도 격렬해지고 있다. 현재 진행되고 있는 집창촌 폐쇄 움직임은 개발자본의 논리에 따라 도시 재개발의 일환으로 추진되고 있기에 더욱 논쟁적이다. 그러나 문제는 '성매매'를 둘러싼 옳고 그름의 논쟁이 오히려 성판매 여성들의 목소리를 배제하고 있지는 않은가하는 점이다. '성매매'의 옳고 그름에 매달림으로써, 성판매 여성들의 목소리의 진정성을 의심함으로써, 오히려 성판매 여성들이 말하지 못하도록 하지는 않는가? 그리고 성판매 여성들의 목소리를 애써 외면하려 하지는 않는가? 따라서 이 장은 '성매매'를 둘러싼 논쟁이나 입장들의 옳고 그름을 보여주려는 것이 아니다. 대신 성판매 여성 혹은

---

1) 집창촌은 소위 '사창가' 또는 '홍등가'로 불리는 성매매업소 집결지역을 일컫는다. 한국의 집창촌은 대개 유리방 형태로 되어 있으며 청량리 588, 미아리 텍사스 등으로 불리는 곳이 잘 알려진 집창촌이다.

성노동자들의 목소리를 미리 차단하려는 어떤 시도도 경계되어야 한다는 문제의식에서 출발한다.

이 장은 크게 세 부분으로 구성되어 있다. 첫째, 2004년부터 전개된 성노동자운동의 등장 배경, 운동 양상, 주장을 소개한다. 둘째, 2011년 격렬하게 전개되고 있는 집창촌 성노동자들의 투쟁 양상을 소개한다. 마지막으로 성매매를 둘러싼 논쟁과 어려움에 관해 간략하게 논할 것이다. 이 장은 2004년 이후의 성매매 '판'의 지형을 모두 담지 못했다. 즉, 집창촌 성노동자들의 투쟁을 중심으로 서술했으며 반성매매운동과 여성주의 내부의 성노동운동 움직임을 포함하지 못했다.[2] 그럼에도 불구하고 성노동자운동을 언어화함으로써 성노동자운동이 논의될 수 있는 지평을 넓히는 데 기여코자 한다.

1. 성노동자운동의 등장과 전개

1) 성매매방지법 제정과 배경

1980년대 후반부터 성매매 공간에서 탈출한 여성들과 이들을 지원해 왔던 쉼터 및 여성단체들은 성매매 공간의 억압성과 성판매여성의 피해를 주장하며 성매매 반대운동을 해 왔다. '탈'성매매여성들은 성매매 공간에서 빈번하게 일어나는 폭행, 감금, 인신매매 및 빚의 굴레를 증언하며 성매매 반대 주장을 뒷받침했다. 특히 2000년부터 성매매 업소에서 화재사

2) 2004년 이후 벌어진 반성매매운동과 성노동운동의 논쟁과 흐름에 대해서는 이하영(2010)을 참조.

건이 잇달아 발생했고, 이로 인해 총 23명의 성판매 여성이 감금 상태에서 숨지는 일이 벌어졌다.[3] 이를 계기로 '한국여성단체연합'과 '성매매 근절을 위한 한소리회', '성매매 문제해결을 위한 전국연대'는 이미 사문화되어 있던 윤락행위등방지법을 폐지하고 성매매를 강력하게 단속할 수 있는 새로운 법 만들기 운동에 착수하였다. 여성계 및 시민사회단체들의 강력한 반성매매운동의 열기[4]와 더불어 2001년 미국무부에서 한국을 인신매매 3등급 국가로 규정한 것, 시민사회단체에 대한 참여정부의 우호적 분위기, 한국여성단체연합 출신의 여성부 장관이라는 상황은 새 법이 제정될 수 있는 우호적 여건을 만들었다. 결국, 「성매매알선 등 행위의 처벌에 관한법률」과 「성매매방지 및 피해자보호 등에 관한 법률」로 구성된 성매매방지법(또는 성매매특별법)은 국회에서 2002년 발의되어 2004년 만장일치로 통과되었다.

2) 성노동자운동의 등장

성노동자운동은 역설적이게도 '성판매 여성을 보호한다'는 취지로 제정된 성매매방지법 때문에 촉발되었다. 2004년 9월 23일, 성매매방지법이 시행되자 정부는 집창촌을 중심으로 대대적인 단속에 돌입했다. 언론은

---

3) 2000년 군산 대명동에서 5명, 2001년 부산 완월동에서 4명, 2002년 군산 개복동에서 14명이 사망하는 사건이 발생했다. 특히 군산 대명동 화재 현장에서 발견된 한 성판매 여성의 일기장에는 업소 안에서 감금, 인신매매, 성매매 강요, 폭행, 성상납에 관한 내용이 적혀 있었다.(한국여성단체연합, 2002)

4) 2004년 11월 18일 발족한 '성매매 없는 사회 만들기 시민연대'에는 총 255개의 시민사회단체가 참여하였다.

연일 '불 꺼진 홍등가'를 대서특필하며 성매매방지법의 효과를 점쳤고, 새로운 법이 과연 성매매를 '없앨' 수 있을 것이냐는 전국민적인 관심사가 되었다. 그러나 집창촌을 중심으로 한 단속은 그곳을 터전으로 살아가고 있던 사람들의 반발을 불러일으켰다. 이 '사람들'에는 집창촌의 업주들, 주변 상인들, 성구매자 남성들뿐만 아니라 성매매방지법에서 '성매매피해여성'으로 규정한 성판매 여성들도 포함됐다(이하영, 2010 : 158).

법이 시행되자 같은 날인 2004년 9월 23일, 서울 하월곡동 집창촌(미아리 텍사스)의 성판매 여성 500명이 생계보장 및 유예기간을 요구하며 시위를 벌인 것을 시작으로 집창촌 성판매 여성들의 시위가 전국적으로 일어났다. 각 지역에서 산발적으로 일어나던 시위는 2004년 10월 7일, 전국 12개 지역에서 모인 3,000여 명이 국회 앞에서 생존권 보장과 성매매방지법의 폐지를 주장하였다. 이후 2004년 11월 1일 전국 17개 집창촌의 성판매 여성을 대표하는 '한터전국여종사자연맹'(이하 한여연)이 출범하게 된다. 집창촌 성판매 여성들의 시위는 10월 7일, 10월 19일, 11월 11일 세 차례에 걸쳐 국회 앞에서 대규모 연대시위를 하는 것에서 73일 동안의 국회 앞 릴레이 단식농성, 삭발 시위, 소복 농성 등 한여연 임원진 중심의 소규모 장기 농성으로 전환하였다. 또 2005년에는 '세계여성행진' 참여, '세계여성학대회' 참석 및 발표 등 활동의 범위와 방식을 다변화하기도 하였다.

전국성노동자연대 '한여연'

생계보장과 단속유예를 주장하던 성판매 여성들이 스스로를 '성노동자'로 규정하며 보다 적극적인 주장을 하게 된 것은 2005년 3월 5일 결성된 '전국성노동자준비위원회 한·여·연'과 같은 해 6월 29일 서울 올림픽체조경기장 야외광장에서 개최된 성노동자의 날에 출범한 '전국성노동자연대 한여연'(이하 전성노련)을 통해서였다. 한여연이 집창촌 업주들의 모임인 '한터전국연합회'(이하 한터)의 하부조직이었던 반면 전성노련은 성판매 여성들의 독자적인 조직을 추구했다. 이들은 "우리는 생존을 위해 스스로 일하는 성노동자다"라고 선언하며, 성노동자운동이 빈민운동이자 사회변혁운동이며, 사회적 오명에 시달려 온 성노동자들의 인간선언이라고 주장했다.[5)]

민주성노동자연대

2005년 8월에는 평택 소재 집창촌 성판매 여성들이 전국단위 활동의 한계와 내부 인식 차이를 이유로 '민주성노동자연대'(이하 민성노련)라는 독자적인 조직을 결성하게 된다(국경희, 2007). 민성노련은 집창촌의 업주들과 단체협약을 체결하고[6)] 성노동자운동을 외곽에서 지원하는 여성주의자

5) 세계여성행진에 참가한 전성노련 대표자의 발언(2005. 7. 3.) 중에서. (출처 : 다음 카페, '민주 노동자연대')

6) 《민주성노동자연대 노동조합 12대 강령》
1. 성노동자들의 생존권 보호를 위해 투쟁한다.
2. 성노동자들의 노동권 쟁취를 위해 투쟁한다.
3. 성노동자들에게 가해지는 각종 인권유린을 저지하기 위해 투쟁한다.
4. 성노동자들이 질병으로부터 보호될 수 있도록 건강권 쟁취를 위해 투쟁한다.
5. 고객인 남성을 성매매특별법에 의거 범죄자로 규정하는 것에 절대 반대한다.
6. 성노동자와 정직한 성산업인 간의 '합리적이며 민주적인 관계'를 추구한다.
7. 인신매매, 감금, 폭행 등이 개입된 범죄적인 성매매 행위에 절대 반대한다.
8. 성노동과 탈성노동에 관한 것은 성노동자 자신이 자율적으로 결정한다.
9. 성노동자를 억압하는 반인권 악법 '성매매특별법' 폐지를 위해 투쟁한다.
10. 민주적인 성노동자들의 전국적 조직화를 위해 지속적으로 노력한다.
11. 성노동운동의 대의와 취지에 공감하는 제 민주세력과의 연대를 도모한다.

들과 적극적인 연대를 모색하였다. 민성노련의 분리 이후 전성노련의 활동이 뜸해진데 반해, 민성노련은 성노동 관련 강좌, 토론회에서의 발표, 행사 참여 등을 통해 성노동자운동을 알리는 활동을 꾸준히 펼쳤다. 또 지속적으로 성명서를 발표하여 자신들의 입장을 적극적으로 표명하고자 하였다. 그러나 생계 문제로 인해 민성노련 임원진들이 뿔뿔이 흩어졌고, 2008년 이후 평택 집창촌 폐쇄가 가시화되면서 민성노련의 활동도 어려움을 겪었다. 이런 어려움 끝에 민성노련은 결국 한터 및 한여연으로 다시 통합되었다.

3) 성노동자운동의 주장들

성노동자들의 주장은 성명서 발표를 통해 꾸준하게 입장표명을 해온 민성노련을 통해 살펴볼 수 있다. 그리고 성노동에 관한 이론적 작업은 성노동자운동의 지지그룹 중 하나인 여성문화이론연구소 성노동팀을 통해 이루어지고 있다(여성문화이론연구소 성노동연구팀, 2007). 민성노련이 발표한 성명서를 통해 성노동자운동의 주장을 간략하게 살펴보기로 하자.

(1) 성매매 규정을 둘러싸고

성매매는 성노동이자 성적 자기결정권의 문제이다

민성노련은 '성매매' 대신에 '성거래'라는 용어를 쓸 것을 제안한다. 성

12. 한국사회의 급진적 여성주의를 개혁한다.
(출처 : 민성노련 카페 cafe.daum.net/gkusdudus)

매매는 "여성계가 성매매특별법을 입법하는 과정에서 모든 '성거래'를 극악한 범죄인 인신매매로 통칭하기 위해 억지로 만든 말"[7]이기 때문이다. "자본주의에서 신성한 노동과 나쁜 노동은 구분하기 어렵고"[8] 성노동 또한 무수한 노동 중 하나일 뿐이기 때문에 노동으로 인정되어야 한다고 주장한다. 나아가 민성노련은 성매매를 성적 자기결정권의 차원에서 이해하는데, 이는 "돈을 주고 성을 사고 안 사고는 성인들의 성적 자기결정권에 관한 것으로 국가가 개입할 성격의 문제가 아니다"[9]는 주장으로 이어진다.

성판매 여성은 자발적 주체인 성노동자다

성매매를 성노동으로 재규정하는 민성노련은, 따라서 성노동에 종사하는 자들을 '성노동자'로 명명한다. 민성노련은 성노동자를 "자발적으로 성적서비스업에 종사하는 노동자"로 정의하고, '성매매피해여성'이라는 용어는 "성노동의 현장에서 성노동자들이 주체가 되는 것을 인정하지 않기 때문에 거부한다."[10] 반성매매운동이 성매매에 부가된 도덕적 낙인을 지우고 기업화된 성매매의 메커니즘을 드러내기 위해 매춘을 매매춘으로, 매매춘을 성매매로 고쳐 부를 것을 주장했다면, 성노동자운동은 성을 파는 여성들의 행위성 및 그녀들의 계급적 위치를 드러내기 위해 '성노동', '성노동자'라는 이름을 주장한다.[11]

7) 성명서, "'노동해방연대'가 진정 싸워야 할 대상은 누구인가? : 노동해방연대의 글, "전철연 비대위의 혁신투쟁을 지지하며"를 비판한다."(2006. 4. 7.)
8) 성명서, "성매매특별법(시행 2년)으로 성노동자 다 죽이는 여성가족부, 한국여성단체연합 등 여성단체 규탄대회 결의문."(2005. 9. 22.)
9) 성명서, "민성노련은 집창촌을 사수한다. 지자체 후보들은 각성하고, 주류여성계는 정계를 떠나라!"(2006. 5. 25.)
10) 발표문, "10. 17. 빈곤철폐의 날 여성행진에 참가하며."(2005. 10. 17.)

(2) 성매매방지법을 둘러싸고

성매매방지법을 폐지하라!

민성노련은 성매매방지법이 자신들의 생존권을 위협하는 직접적인 원인이라고 인식하고, 이를 폐지할 것을 주장한다. 민성노련에 따르면, 성매매방지법은 "국가가 개개인의 성적 자기결정권을 간섭하는 전근대적인 파시스트법"[12]이자, "기독교 윤리주의적 사대주의적 법"[13]이며 "빈곤한 자발적 성노동자들의 삶을 송두리째 잇아가며 또한 남성들을 예비 성범죄자로 규정한 세계적인 반인권 악법"[14]이다. 더구나 "자발적인 성은 그것이 양성 모든 국민의 기본적인 '신체의 자유'에 해당하는 영역으로 어떤 경우에도 국가의 강제가 있어선 안 된다."[15] 그렇기 때문에 민성노련은 성매매방지법을 폐지하고, 이에 대한 대안으로 "국가가 집창촌의 형태로 이를 특정지역 내에서 관리"[16]하는 '비범죄적 규제주의'를 주장한다. 민성노련

---

11) '명명하기'(naming)를 둘러싼 투쟁은 한 사회의 이데올로기를 반영하는 주체/대상을 재정의함으로써 주체/대상을 재구성함과 동시에 그 사회의 이데올로기와 사회구조의 모순을 폭로 하는 정치적 행위다. 즉, 성매매/성노동, 성매매피해여성/성노동자라는 이름을 둘러싼 경합은 각 진영의 '입장'의 차이를 반영하기 때문에 여전히 격렬하고, 여전히 조심스럽다.

12) 성명서.(2005. 9. 22.)

13) 성명서, "조배숙 의원 등 열린우리당 소속 여성의원 10명 주장에 반박한다."(2005. 9. 30.)

14) 성명서, "민주노동당은 '여성위' 배제하고 진보적인 성거래 정책 제시하라 : 비범죄주의, 합법주의 당내 여론 무시한 민노당 '여성위'는 각성하라."(2006. 1. 3.)

15) 성명서, "여성인권중앙지원센터, 여성가족부 주최 성매매방지 국제회의는 혈세 낭비한 정치쇼다."(2006. 9. 8.)

16) 민성노련/평등연대 공동성명, "성특법 실패는 입증됐다. 정부와 여성권력계는 더 이상 국민을 우롱하지 말라!"(06. 2. 24.)

이 주장하는 '비범죄적 규제주의'는 "특정지역에서 성노동자들과 성산업인들이 단체협약에 의해 자율적으로 관리하는 시스템"[17]이다. 이처럼 민성노련이 특정지역을 주장한 것은 특정지역이 "성노동자들의 노동조합을 자유롭게 결성할 여지를 만들어주고 성노동자들의 권리를 보호하기에 용이하다"는 이유에서였다.

여성단체 = 여성 권력계

민성노련이 성매매방지법에 반대하는 또 다른 이유는 이 법을 제정하고 시행하는데 앞장선 여성단체에 대한 불신이 깔려 있다. 민성노련은 반성매매운동 진영을 '여성 권력계'라고 부르면서 자신들의 부와 권력을 위한 수단으로 성노동자들을 이용한다고 주장한다. 그리고 2004년 이후의 상황을 '서민+성노동자+영세성산업인 대 부르주아 여성권력계'[18]로 규정한다. 이러한 주장은 여성단체들이 여성을 '보호'하기 위해 만든 법이 오히려 여성을 '억압'할 수 있음을 보여준다. 그렇기 때문에 성노동자운동이 출현하자 여성계와 여성단체들은 "업주들에 의해 동원된 여성들의 이벤트"[19]라고 일축하기도 했다.

2. 집창촌을 둘러싼 공간정치학

1) 도시개발과 집창촌

17) 성명서, "(반론) 사회진보연대 김정은 여성국장의 민성노련 비판에 대하여 : 한국사회의 성노동자운동에서 '특정지역' 논리는 꼭 필요하다."(07. 1. 16.)
18) 성명서.(06. 4. 7.)
19) "착취당하는 여성이 노동자 인정요구?" <오마이뉴스>, (2005. 7. 9.)

집창촌은 강화도조약 이후 일본인들이 그들의 거류지에 유곽을 설치하면서부터 형성되기 시작하여 박정희 정권이 설치한 '특정지역'을 통해 오늘날까지 이어지고 있다. 성매매방지법은 2004년 법 시행 초기부터 가장 가시적인 성매매 공간인 집창촌에 초점을 맞춰 왔다. 이는 집창촌이 '성매매에 대한 오해와 통념들이 재생산되고 확인되는 상징적이면서 구체적인 공간'이자, '성매매방지법을 무력화하는 동시에 행정적인 무법지대'이기 때문이며 '여성인권을 침해하는 폭력적 공간'이라는 이유에서였다(전북여성인권지원센터, 2007). 그러나 집창촌 폐쇄는 도시재개발의 일환으로 편입되면서 더욱 속도를 내고 있다. 최근 벌어진 집창촌 여성들의 격렬한 시위들은 집창촌 폐쇄가 당면했음을 알려준다.

서울의 경우, 청량리의 588이 청량리역 일대의 도로확장사업과 청량리 균형발전촉진사업을 추진하는 과정에서 2007년부터 폐쇄되기 시작했고 2016년에는 50층 규모의 랜드마크타워가 들어설 예정이라고 한다.[20] 용산역전의 집창촌은 도시환경정비구역으로 지정되어 2007년부터 계발계획이 본격적으로 추진되었고 현재는 대부분의 성매매 업소가 문을 닫았다. 이곳에는 40층 높이의 업무지구가 들어설 예정이라고 한다. 천호동도 뉴타운 계획에 의해 집창촌이 있던 지역에 25층 주상복합 고층타워 단지가 들어설 예정이다. 인천의 경우, 남구 학익동 집창촌을 폐쇄하고 아파트 단지를 건설한다는 계획이 2006년 인천시에서 가결되었고, 2007년부터 공사가 시작되었다. 부산 충무동과 초량동 지역도 2005년 9월 부산시 '도

20) "청량리 588 '상전벽해'… 50층 빌딩 숲 들어선다." <국민일보>, (2011. 3. 30.)

시 및 주거환경정비기본계획'에 포함되어 2006년 4월 도시환경정비구역 지정을 위한 용역에 착수하였다(김경미, 2008 : 83). <표 2-1>은 현재 서울시에서 진행되고 있는 집창촌 폐쇄와 도시 재개발 현황이다.

<표 2-1> 서울시 집결지 개발 현황[21)]

지역명	집결지 개발 과정	비고
성북구 하월곡동 (속칭 미아리 텍사스)	-기본 사업지구 지정(03. 11) -기본계획 수립(05. 4) -도시환경 정비구역 지정 및 조합 설립 추진위원회 승인 예정(06. 12)	미아 균형발전 촉진지구
용산구 한강로 2가	-사업지구 지정(01. 7) -기본계획 수립(06. 1) -조합 설립인가(06. 12) -사업시행인가(07. 6) -착공예정(07. 12)	도시환경 정비 구역
동대문구 전농동 (속칭 청량리 588)	-사업지구 지정(03. 11) -기본계획 수립(05. 5) -도시환경정비구역 지정 및 조합설립추진위원회 승인 예정(06. 12)	청량리 균형발전 촉진지구
영등포구 영등포동	-기본계획수립(99. 2) -정비구역 지정(02. 6) -영등포 부도심권 지구단위계획 재정비계획 추진을 위한 용역 시행 중	지구단위특별계획 구역
강동구 천호동 (속칭 천호동 텍사스)	-사업지구 지정(03. 11) -기본계획 수립(05. 4) -도시환경정비구역지정 및 조합설립추진위원회 승인 예정(06. 12)	천호 뉴타운 지구(2차)

21) (사)전북여성인권지원센터(2007)에서 재인용.

이와 같은 집창촌 폐쇄 정책은 여성계의 성매매 근절의지와 지방자치단체의 재개발 의지가 합해져 가속도가 붙고 있다(김경미, 2008 : 85). 그러나 집창촌 폐쇄는 여성부나 여성 단체에게는 성매매 근절을, 지방자체단체에게는 도심 환경의 개선을, 집창촌의 토지나 건물 주인에게는 개발이익을, 업주들에게는 보상을 뜻하지만, 성판매 여성들에게 일터가 없어지고, 살 곳이 없어지고, 공동체가 사라지고, 보상도 받지 못한 채 어디론가 떠나야 함을 뜻한다(김경미, 2008 : 86). 더구나 집창촌 폐쇄가 철저히 도시재개발의 논리에 따라 진행됨으로써 성판매 여성의 생존권과 목소리는 철저하게 배제되고 있다.

2) 성노동자운동의 전개과정

(1) 전국적 상황

2011년 현재, 한국의 성노동자운동은 업주들의 협의체인 '한터전국연합회'(이하 한터)와 이와 함께 하는 '한터여종사자연맹'(이하 한여연)을 중심으로 전개되고 있다. 민성노련은 집창촌 폐쇄에 직면하여 한터로 흡수되었으며 한터는 성노동자운동을 지원해 왔던 여성주의 그룹과 일정하게 거리를 유지하고 있다. 민성노련의 분리 후, 몇 해 동안 활동이 뜸하였던 전성노련은 집창촌 폐쇄에 맞서 한여연이라는 이름으로 다시 활동하고 있다.

한터는 2002년 9월, 전국 집창촌 업주들의 친목모임으로 결성되었으나 2004년 성매매방지법이 시행되면서 집창촌을 지키기 위한 조직으로 성격이 변했다. 2011년 8월 현재, 전국 11개 집창촌[22)]의 400여 개 업소,

1,000명의 업주가 한터의 회원으로 있다. 또 한여연은 이들 11개 지역에서 일하는 여성 5,000여 명으로 구성되어 있다. 한터의 사무국장 강O준에 따르면,[23] 한터는 월 1회 정기 모임을 하고 있으며 한여연은 정기적인 모임은 따로 없으며 이슈별 투쟁이 있을 때 연대한다. 그리고 현재 지역별로 조직된 여성들의 모임은 별도로 존재하지 않으며 독립적인 활동도 없는 상황이다. 한터의 주요 주장은 1) 성매매방지법 개정(금지에서 관리로) 2) 안전한 질병관리 3) 집창촌 폐쇄 반대(도시외곽으로 이전)로 요약된다. 이러한 한터의 주장은 성노동자운동을 지원하던 여성주의 그룹과 일정한 거리가 있다. 여성주의 그룹이 성노동자의 주체성을 강조하고 남성과 여성에게 다르게 적용되는 성의 이중성을 비판하는 반면,[24] 한터와 한여연은 성판매 여성 및 '건전한' 성산업인의 생존권과 이를 보장하는 집창촌의 유지에 더 강조점을 두고 있다. 따라서 도시재개발을 불가피한 일로 받아들이고 대신 집창촌을 도시 외곽으로 옮겨달라고 요구하기도 한다. 현재 성노동자들의 투쟁을 통해 제기되는 주장들은 대부분 한터로 대표되는 업주들의 목소리이다. 한여연이 별도로 조직되어 있으나 독자적인 활동을 하지 않고 있어서 성판매여성들은 불가피하게 한터와 함께 움직일 수 밖 없다. 그러나 한터가 움직이지 않을 때에는 그녀들의 주장과 목소리를 듣는데 한계가 있다. 이러한 한계는 직접적으로 한여연 및 성판매여성들과 접촉하는 데도 장애물이 된다. 즉, 한터와 한여연이 '전략적' 동맹

22) 소속 지역은 서울 하월곡동(미아리 텍사스촌), 청량리(588), 천호동, 영등포, 평택(쌈리), 포항(중앙대학), 춘천(난초촌), 마산, 파주(용주골), 대구(자갈마당), 원주이다.

23) 한터전국연합사무실에서의 인터뷰(2011. 8. 13.) 중에서.

24) 성노동자운동을 지원하는 여성주의 그룹은 '민성노련'과 연대하여 활동해 왔으나 민성노련이 해체된 후에는 '성노동자 gg(지지)'를 중심으로 활동을 계속하고 있다.

관계를 맺고 있기 때문에 한터를 거치지 않고서는 한여연 및 성판매여성들과 접촉하는 것에도 어려움이 있다. 그러나 이러한 사실이 집창촌을 둘러싼 성노동자들의 투쟁에 성판매 여성들의 이해가 반영되지 않았음을 의미하는 것은 아니다. 단지 일련의 투쟁들과 주장에 한터와 한여연의 주장이 뒤섞여 있음에 주의해야 한다는 것이다.

(2005. 6. 29 제1회 성노동자의 날 출범식)[25]

(2) 지역별 성노동자운동

집창촌 폐쇄가 본격화되면서 일어난 성노동자들의 투쟁을 지역별로 간략하게 살펴보자.

평택

---

25) '민성노련.' 다음 카페.

2006년에 열린 '성노동자의 날' 1주년 행사에서 민성노련은 "성매매여성을 윤락녀가 아닌 노동자로 인정해 줄 것을 촉구"하면서 "성노동자의 생존권을 빼앗고 빈곤하게 살아가는 사람들의 성적 자기결정권마저 박탈해가는" 성매매방지법의 폐지, "집창촌 폐쇄 계획의 즉각적 철회"를 요구했다.26)

그러나 집창촌 폐쇄계획이 가시화됨에 따라 3주년 행사에서는 집창촌 폐쇄를 도시빈민의 철거민투쟁으로 의미화하기 시작했다. 2008년 6월 29일, '성노동자의 날' 3주년 기념식이 평택에 위치한 집창촌에서 열렸다. 민성노련이 주최한 이날 행사는 여성문화이론연구소 성노동연구팀, 사회진보연대, 전국철거민연합, 연분홍치마, 성자공연, 대안영상문화발전소 아이공, 한국인권뉴스, 노점노동조합연대(준) 회원 등 연대단체들이 함께 하였다. 이날 민성노련은 결의문을 통해 1. 성노동자들의 노동권 보장, 2. 집창촌 성노동자의 주거생존권 보장, 3. 집창촌 지역공동체의 주거생존권 보장, 4. 권력과 자본의 집창촌 재개발 결탁 중지, 5. 반인권 악법 성매매특별법 즉각 폐지를 요구했다. 또 전국철거민연합에서도 지지발언을 통해 성노동자운동이 "건설자본의 공세 앞에 주거권과 생존권을 사수하기 위한" 투쟁임을 강조했다.27)

포항

포항 역전의 집창촌(일명 중앙대학)은 6·25 전쟁이 끝날 무렵부터 형성되

---

26) "경기 평택서 '성노동자의 날' 행사", <연합뉴스>, (2006. 6. 30.)
27) "성노동자 생존권 말살하려는 주류여성계와 자본가는 같은 존재," <한국인권뉴스>, (2008. 6. 30.)

기 시작해 약 60여 년간 존속해 왔다. 이 지역에도 최근 집창촌 폐쇄를 목적으로 한 경찰 단속이 강화되면서 업주들 및 주변 상인, 성판매 여성들의 저항이 거세졌다. 2008년 12월, 경찰이 집창촌에 대한 단속을 강화함에 따라 전국 한터여종사자연맹 포항지부는 11월 28일, 연맹 사무국장과 업주, 여종사자 100명이 참석한 가운데 생계대책을 요구하며 정부의 정책을 비판하고 나섰다. 포항 집창촌의 업주와 여성들은 업소마다 차이가 있으나 최소 수천만 원에서 많게는 억대의 빚을 지고 있다며, 최소한 빚을 청산할 있는 기회를 달라고 요구하고 있으나, 경찰에서는 이를 받아들이지 않고 단속을 계속하고 있다. 이들은 "전국 성매매 종사자들과 연대해 집단 움직임에 들어가고 단속에 항의하여 죽음까지 불사하겠다"는 입장을 보이고 있다.[28]

서울 영등포

서울의 대표적인 도심에 있는 영등포 집창촌은 최근 대규모 유통센터인 '타임스퀘어'가 건설되면서 타임스퀘어와 집창촌이 마주보는 형세가 되었다. 1999년부터 부도심권 지구단위 재정비 계획의 일환으로 영등포 집창촌의 폐쇄가 고려되었지만 이것이 본격화된 것은 2011년 3월 들어서부터이다. 2011년 3월 초, 영등포경찰서는 영등포 집창촌의 업주와 건물주에게 영업장 폐쇄 방침을 담은 서한문을 발송했다. 관내 성매매 집결지에 대해 구청, 소방서, 한전 등 관계기관과 합동 점검을 하여 영업장을 폐쇄하고 건물주를 입건하겠다는 내용이었다. 이에 업주들은 2~3개월의 유예

28) "포항 집창촌 과연 문 닫을까." <뉴시스>, (2008. 11. 25.)

기간을 달라고 요구했지만, 영등포경찰서는 3월 말까지 기한을 주겠다고 통보한 후 4월 1일부터 단속에 들어갔다.

한터와 한여연의 저항은 격렬했다. 4월 14일 오후 2시, 영등포 지역 성노동자 150여 명은 마스크와 빨간색 모자로 얼굴을 가린 채 가두시위를 벌였고, 경찰의 집창촌 폐쇄 방침에 반대하며 생존권 보장을 주장했다. 이후 온몸에 까나리 액젓과 휘발유 등을 뿌리고 타임스퀘어로 진입했다. 이 과정에서 타임스퀘어 직원들과 몸싸움이 벌어졌고 "옷이 더러워져 새 옷을 사러 왔는데 왜 막느냐"며 항의했다.29)

또 한여연 회원 10명은 5월 11일 서울 중구 프레스센터에서 공동기자회견을 열고 "성매매여성들의 인권을 억압하는 성매매방지특별법을 당장 폐지하라"고 촉구했다.30) 5월 17일에는 한터와 한여연 소속 회원 400여 명이 타임스퀘어 앞에서 '단속 중단'을 외치며 대규모 집회를 열었다. 이들은 몸에 보디페인팅을 하고 반나체로 거리 시위를 벌였으며, 항의의 표시로 백화점 안으로 진입하려 했으나 백화점 측에서 출입문을 봉쇄해 진입에 실패했다. 영등포의 성노동자들이 이처럼 타임스퀘어와 신세계백화점을 상대로 시위한 것은 경찰 단속의 배후에 이들 업체가 압박을 가했다고 판단했기 때문이었다. 이와 같은 격렬한 저항으로 2011년 5월 현재 영등포 집창촌에 대한 단속은 다시 느슨해진 상황이다. 4월 이후 문을 닫았던 업소들도 현재는 다시 영업을 재개하고 있으며 6월 29일에 예정되어 있던 대규모의 '성노동자의 날' 행사도 9월로 연기되었다.

29) "성매매여성이 까나리 액젓 몸에 뿌려…… 불법 행위에 대책을?" <중앙일보>, (2011. 4. 15.)
30) "성매매여성 '우리에게도 인권이 있다'." <연합뉴스>, (2011. 5. 11.)

(2011. 5. 18 영등포 성노동자들의 집회 현장)[31]

춘천

춘천시가 춘천역 인근 미군부대 '캠프 페이지' 부지의 개발시점인 2012년 말부터 춘천에 위치한 집창촌인 난초촌 일대까지 포함한 도시계획 정비에 나서겠다는 방침을 발표했다. 또 경찰도 이에 발맞추어 "자체적으로 정화계획이 마련된다면 일정 정도 단속을 유예해 줄 수 있지만 이렇다 할 후속조치가 없을 경우 예정대로 7월부터 성매매 행위에 대한 집중단속에 돌입할 방침"이라고 밝혔다. 이러한 계획이 발표되자 2011년 5월 31일, 서울 미아리, 천호동, 경기도 평택, 파주, 경북 포항과 강원 춘천, 원주 등 8개 지역에서 모인 '한터전국연합회'와 '한터여종사자연맹' 700여 명은 춘

31) "성매매여성 시위, '보디페인팅+소복' 퍼포먼스 눈길," <민중의 소리>, (2011. 5. 18.)

천시청 앞에서 집회를 열었다. 이들은 집회를 통해 집창촌 단속 3년 유예와 생계 및 이주 대책을 촉구했다.[32] 또 경찰이 집창촌 출입을 차단하기 위해 난초촌 입구에 CCTV를 설치하려고 하자 40여명의 여성들이 이를 막기 위해 설치 업체와 대치하여 설치를 저지하기도 했다.[33]

3) 사회적 배제에서 공간적 배제로

근대 국가의 성 도덕은 가족 규범 밖에 존재하는 모든 섹슈얼리티를 단죄하고 배제하였으며 이 과정에서 성매매여성은 건전한 시민과 가족을 위협하는 타자로 간주되었다. 왜냐하면 성매매는 '사랑하는' '유일한' 파트너가 아닌 '사랑 없는' '불특정 다수'를 상대로 하는 성을 '파는' 행위이기 때문이었다(이현재, 2008 : 25). 그렇기 때문에 '매춘인'들은 모든 위협을 대신하는 가시적인 위협으로 간주되었으며 도덕적으로 비난받았을 뿐 아니라 도시의 공적 공간으로부터 추방되거나 주변화되었다(이현재, 2008 : 23). 문제는 이러한 비난과 추방이 오늘날에도 유사하게 되풀이되고 있다는 점이다.

영등포 집창촌이 위치한 지역구의 전여옥 의원은 최근 성노동자들의 투쟁에 대해 집창촌 때문에 영등포 구민이 지금까지 피해를 받아 왔다며 "이제는 법이 누구를 더 보호해야 하는지 선택해야 한다"[34]고 발언했다. 이와 같은 발언은 지금까지 우리 사회가 성판매 여성들을 어떻게 바라보고 있는지 적나라하게 보여준다. 보호받아야 할 시민과 '보호'의 경계 밖에

32) "성매매여성 7백여 명, 춘천서 대규모 집회." <노컷뉴스>, (2011. 5. 31)
33) "춘천 난초촌 CCTV 설치 업주 등 반대로 무산." <연합뉴스>, (2011. 7. 5)
34) "성매매여성이 까나리 액젓 몸에 뿌려…… 불법 행위에 대책을?" <중앙일보>, (2011. 4. 5)

있는 자들(비非시민)을 구분하고, 성판매 여성은 후자임을 노골적으로 드러낸 것이다. 그리고 이제 비시민은 생존의 공간에서도 축출될 위기에 있다.

물론 집창촌은 공간을 성별화하고 위계화하는 가부장제의 공간 배치의 결과로 형성되었다(김경미, 2008 : 95). 그러나 공간은 정태적인 현실을 나타내는 것이 아니라 여러 상이한 집단들의 상호작용, 경험, 이야기, 이미지와 표현을 통해서 적극적으로 생산되고 또 변화되는 현실을 나타낸다(슈뢰르, 2010). 그렇기에 집창촌은 여성을 억압하는 공간이라는 하나의 의미에 정박해 있지 않다. 집창촌은 도시재개발업자, '건전한'(하다고 상상되는) 시민, 성상업인, 주변 상인, 성구매자, 정치인, 그리고 성판매여성의 욕망과 이해관계가 교차하는 공간이다.

나아가 우리는 도심재활성화가 원주민과 주변화된 도시 빈민들이 도시의 더 열악한 다른 지역으로 쫓겨나는 대체과정(이현재, 2008 : 43)이었음을 기억해야 한다. 무수한 도시재개발 과정을 통해 경제적 약자들이 그들의 거주와 노동의 공간에서 어떻게 쫓겨났는지 우리는 너무나 잘 알고 있다. 그리고 재개발의 이익이 누구에게 돌아갔는지도 말이다. 이러한 재개발이 '성매매 근절'이라는 여성주의자들의 당위, 그리고 '평범한 시민'들이 품위를 손상당하지 않고 거리를 걸어 다닐 권리(이현재, 2008 : 37)와 결착하여 더 쉽게 정당성을 획득하고 있다.

그러나 과연 집창촌 폐쇄를 주도하는 이들이 주장하는 것처럼 폐쇄가 성매매 근절 혹은 축소에 기여할 수 있을까? 집창촌의 '가시적 효과' 때문에 집창촌을 단지 눈 앞에서 치워 버리려는 것이라면 이것은 누구의 욕망이며, 누구를 위한 욕망인가? 그리고 이 모든 과정에 성판매 여성은 어디에 있는가?

3. 성매매, 끝없는 역설의 공간

영등포 집창촌 인근을 지날 때면 해결되지 않는 불편함을 느낀다. 분명 개발 자본의 욕망과 사회 '정화'의 욕망이 중첩되어 있는 집창촌의 일방적인 폐쇄에 반대하면서도, 느슨해진 단속에 다시 휘황찬란한 불빛을 내며 성업 중인 집창촌을 바라보는 심정 또한 편치만은 않다. 집창촌은 성노동자들의 생존의 공간이기 때문에 인정되어야 하는가(그대로 두어야 하는가)? 아니면 그럼에도 불구하고 여성의 성이 전시되고 판매되는 공간이기에 폐쇄되어야 하는가? 그렇지 않다면, 폐쇄와 존속 이외의 다른 제3의 가능성이 있기는 한 것일까?

사실 이런 양가적인 감정과 입장의 모호함은 '성매매'가 가진 근원적인 문제와 맞닿아 있다. 서구에서는 1980년대부터 페미니즘 안에서 '페미니스트 성전쟁'(sex-war)으로 불리는 성매매 논쟁이 있어 왔다. 반-섹스(anti-sex) 진영에서는 성매매가 성별화된 사회 안에서 발생하는 일상화된 성폭력의 산물이며 남성의 즐거움을 위해 여성이 존재한다는 문화적 인식을 확산시키기 때문에 성매매에 반대한다(Jaggar, 2003). 반면 친-섹스(pro-sex) 진영에서는 성적 자기결정권을 강조하면서 성매매에서 사회적 낙인과 성적 이중기준(요조숙녀와 매춘부)을 제거하면 성매매 자체는 문제될 것이 없다고 주장한다(Pheterson, 1989).

한국 사회에도 2004년 성매매방지법 시행과 성노동자운동의 등장으로 성매매를 둘러싼 논쟁이 촉발되었고, 이 논쟁은 여전히 지속되고 있다. 성매매에서 여성에게 덧씌워진 '도덕' 담론을 걷어내고 여성의 '인권' 담론으로 전환하자는 반성매매운동의 주장은 성매매방지법의 제정으로 상당한 성과를 거뒀다. 그러나 반성매매운동이 주장한 성판매 여성의 '인권'은 "피해자로 구성되어야만 보호되는 인권"(김경미, 2005)이었다는 점에서 한계를 가진다. 성매매방지법은 성판매 여성이 스스로 피해를 입증했을 때에만 면죄부를 줬고, 그렇지 못한 경우에는 범죄자로 처벌했다. 이 때문에 반성매매운동 단체들은 피해사례들을 수집하고 제시하는 일을 반복해야 했다. 결국 이러한 과정은 성판매여성이 보호받아야 할 '피해자'임을 끊임없이 증명하고 강화하는 작업이었다. 그렇기에 성노동자운동은 반성매매운동의 이러한 전략이 성판매 여성을 피해자로 등치시키고 그들의 행위성을 삭제하며, 성매매 공간을 착취와 피해의 공간을 일면화하고 구조적 모순과 실제적 행위 사이의 간극을 간과한다고 비판했다(고정갑희, 2005). 한편 성노동자운동은 성매매 공간에서 발생하는 '착취'와 '피해'는 극소수에게만 발생하는 예외적 일이며 대부분의 성노동자들은 자발적으로 성매매를 선택하고 지속한다고 주장한다. 나아가 성노동을 긍정하는 것이 가부장제가 여성을 통제하는 방식인, 정숙한 '아내'와 '매춘부'를 구분하고 매춘부에게 도덕적 낙인을 찍는 관행을 전복할 수 있을 것이라 주장한다. 성판매 여성이 성적 자기결정권을 확실히 밝히는 것은 사회적으로 용인되는 성과 사회적으로 용인되지 않는 성 간의 경계를 교란시키는 선언이기 때문이다(박이은실, 2006).

이처럼 페미니즘 내부에는 '성매매'에 대한 서로 상반되고 화해불가능해 보이는 두 입장이 존재한다. 성매매를 둘러싼 대립은 '성매매'를 고정된 것으로 상상하기 때문에 더욱 강화된다. 성매매를 고정된 것으로 상상한다는 것은 '성매매는 본질적으로 여성에게 억압적이다' 또는 '성매매는 본질적으로 여성의 성해방에 기여할 것이다'라는 주장 처럼, '본질적으로' 성매매를 어떤 한 속성으로 환원하려는 시도이다. 그렇지만 실제로 성매매 공간 안에서 '억압'과 '해방'의 사례는 동시에 발견되고 성판매여성의 생애 과정에서도 이것은 반복적으로 경험된다. 따라서 성매매는 특정한 맥락을 떠나서 그 자체로 '착취적·폭력적'이거나 '해방적·자유적' 속성을 갖는 것은 아니다(원미혜, 2007 : 21). 성매매에는 성판매 여성을 성산업으로 유입시키는 '빈곤의 여성화'와 '섹슈얼리티의 매춘화'35)라는 남성중심적 실천이 전제되어 있으며(원미혜, 2007 : 41) 동시에 이중적 성규범으로 인한 사회적 낙인이 성판매 여성에게 부과된다. 즉, 성매매에는 여성을 통제해 왔던 여러 층위의 실천들이 겹겹이 쌓여서 동시에 작동하고 있는 것이다. 이 때문에 섹슈얼리티가 매춘화된 사회에서 빈곤한 여성들이 선택할 수 있는 직업의 '자유'란 성매매를 할 자유를 의미할 뿐이다. 이것은 '성매매' 이외에는 빈곤에서 탈출할 통로가 없다는 점에서 선택의 '결여'이기도 하다. 즉, 성매매는 여성 억압의 역사적 산물이자 성별화된 사회의 반영인 동시에 빈곤한 여성들에게는 '불가피한' 또는 그나마 '나은' 생존의 수단이었다. 그러므로 많은 빈곤한 여성들이 성매매를 통해서 살아가고 있기에 성매매를 억압하면 성판매 여성들이 억압당하는 모순적 상황에 놓이게 된다. 결국 '탈'성매매할 수 없는 조건에 놓인 여성들에게 성매매 공간은 양가적일 수 밖에 없다.

---

35) 급진적 여성주의자인 배리에 따르면, 성매매는 사회·정치적으로 여성을 주변화하는 유해한 가부장적 신념과 가치를 집약하고 실행하는 조직화된 제도이다. 가부장제 사회에서 사랑, 결혼, 노동 영역에서 요구되는 여성의 섹슈얼리티는 성매매와 크게 다르지 않다. 이것이 곧 '섹슈얼리티의 매춘화'이다.(캐슬린 배리, 『섹슈얼리티의 매춘화』, 원미혜(2007)에서 재인용)

지금까지 성판매 여성들은 '요보호' 여성으로서 감시받고 선도되어야 할 대상(윤락행위등방지법)이거나 착취의 대명사로서 '보호'되어야 할 피해자(성매매방지법)로 이해되어 왔다. 이러한 이해는 성판매 여성이 '선도'되어 건전한 사회로 복귀해야만, 아니면 다른 누군가에 의해 '대변'될 때에만 우리 사회의 일원으로 인정받음을 의미했다. 그러나 2004년 이후 전개된 성노동자운동은, 비록 제한적일지라도 성판매 여성들은 그녀들에게 드리워진 낙인의 틀을 깨고 나와 스스로 말하기 시작했다. 이제 성판매 여성들은 스스로를 성노동자로 재규정하며 성매매와 집창촌에 대해 다른 방식으로 말하고 있다.

나아가 최근의 '성매매' 논쟁과 성노동자운동의 출현은 '성매매'를 고민하는 여성주의자들에게 '근절'과 '허용'이라는 이분법적 틀에서 벗어날 것을 주문한다. 즉, 성매매가 여성에 대한 여러 차원의 권력들이 교차하고 충돌하는 장이지만 결국은 경제적 자원을 박탈당한 여성들의 생존수단이기에 성매매라는 역설적 공간에 대한 다양한 접근방식의 필요성을 제기하는 것이다. 물론 이분법적 틀에서 벗어난 다른 접근이 무엇인지, 과연 그것이 가능한지 현실은 어렵기만 하다. 그럼에도 오늘날 성매매 문제의 핵심이 성판매 여성들의 현실을 개선시키는 것이라면 출발점은 성판매 여성들이 말할 수 있는 공간 및 그녀들의 목소리가 들릴 수 있는 공간을 마련하는 것에서 시작해 한다. 따라서 집창촌 폐쇄와 이에 따른 성판매 여성들의 '추방'은 성매매 문제를 해결하는 것이 아니며, 단지 이를 비가시화하고 은폐하는 것에 불과하기에 재고해야 한다. 나아가 성판매 여성들이 성매매 공간에서 '안전하게' 일할 권리가 보장될 때 성매매에 대한 다른 상상이 가능할 것이라 생각한다.

◆ 참고문헌 ◆

고정갑희, 2005, 「성매매방지특별법과 여성주의자들의 방향감각」, 《여/성이론》 통권 12호, 여성문화이론연구소.

국경희, 2007, 「한국성노동자운동에 관한 연구」, 중앙대학교 석사학위논문.

국회 여성가족위원회, 2007, 「성매매집결지 재개발이익 환수 및 해외 성매매 방지를 위한 법적, 제도적 방안」 토론회 자료집.

김경미, 2005, 「'피해'와 '보호'의 이중주 : 성매매방지법을 넘어」, 《여/성이론》 통권 13호, 여성문화이론연구소.

———, 2008, 「집창촌 폐쇄와 재개발의 문제점」, 《여/성이론》 통권 18호, 도서출판 여이연.

막달레나공동체 용감한여성연구소, 2007, 『경계의 차이, 사이, 틈새』, 그린비.

박이은실, 2006, 「노동하는 성애 : 성노동」, 《진보평론》 제29호.

슈뢰르, 마르쿠스 지음, 배정희·정인모 옮김, 2010, 『공간 장소 경계 : 공간의 사회학 이론 정립을 위하여』, 에코리브르.

여성가족부, 2007, 「집결지 자활지원사업 평가를 위한 관계자 워크숍 자료」 자료집.

여성문화이론연구소 성노동연구팀, 2007, 『성노동』, 도서출판 여이연.

여성인권지원센터 '살림', 2008, 「지역과 함께하는 집결지 폐쇄 프로젝트 전문가 집담회 : 정부의 성매매 방지 정책 - 지역에서 대안 찾기」 토론회 자료집.

원미혜, 2007, 「성매매, 경계를 두드리는 소수자의 물음들」, 『경계의 차이, 사이, 틈새 : 성매매공간의 다면성과 삶의 권리』 [(사)막달레나공동체 용감한여성연구소.

이나영, 2009, 「여성주의 '성노동' 논의에 대한 재고」, 《경제와 사회》 제84호.

이하영, 2009, 「성매매방지법 전후 시기의 반성매매운동과 성노동자운동 연구」, 성공회대학교 석사학위논문.

———, 2010, 「당신의 '입장'은 무엇입니까? : 2004년 이후 한국의 '성매매' 운동의 지형도 읽기」, 《여/성이론》 23호, 도서출판 여이연.

이현재, 2008, 「성노동자의 도시권 요구와 공간생산을 위한 투쟁의 필요성」, 《여/성이론》 18호, 도서출판 여이연.

전북여성인권지원센터, 2007, 「성매매집결지 문제 해결을 위한 2차 토론회」 자료집.

평택성폭력상담소, 2005, 「성매매 집결지문제 해결을 위한 평택지역 세미나」 자료집.

한국형사정책연구원·여성부 정책개발평가 담당관실, 2002, 『성매매 실태 및 경제규모에 관한 전국조사』, 여성부 정책개발평가 담당관실.

한터전국연합회, 2005, 「9월 23일 이후 국내 집창촌 실태와 변화」 보고서.

Jaggar, Alison M., 2003, "Contemporary Western Feminist Perspectives on Prostitution.", *AJWS*, vol. 3 No.2 pp. 8~29.

Pheterson, Gail, 1989, *A Vindication of the Rights of Whores*, Seal Press.

* 참고사이트

전국성노동자연대 한여연 http://cafe.daum.net/gksdudus

민주성노동자연대 http://cafe.daum.net/gksdudus

한터전국연합회 www.hanteo.or.kr

3. 이주노동자운동 혹은 국가를 가로지르는 정치적 권리 투쟁

정정훈

1. 이주노동자, 고통 받는 타자의 얼굴?

한국 사회의 이주노동자 문제는 이제 더 이상 '새로운' 사회문제가 아니다. 1980년대 후반부터 한국에 이주노동자들이 유입되기 시작하면서 이들이 한국 사회의 일부가 된 지 20년이 넘어가고 있다. 1990년대 들어 이주노동자들의 처참한 현실이 간간이 언론을 통해 알려지고 1993년 명동성당 앞에서 이주노동자들이 착취와 차별 그리고 인권침해에 항의하는 최초의 대규모 농성을 통해 이주노동자 문제를 한국의 '사회문제'로 가시화한지 17년이 되었다. 그러나 여전히 한국 사회를 살아가는 이주노동자의 참담한 현실은 별로 달라진 바 없다.

나는 한국말 맞으면서 배웠어요. 마석 가구공장에서 처음 일할 때였어요. 반장이 나한테 "임마, 일어나봐" 그러더라고요. 그래서 내가 그랬어요. "난 임마 아니에요. 내 이름 C예요." 그리고 하던 일 계속했죠. 반장이 "야, 임마!" 또 그러더라고요. 난 그냥 못들은 척했고요. 그러다 갑자기 코를 주먹으로 맞았어요. 코에서 피가 나왔어요. 한국친구들 몰려들었고, 사장님, 사모님도 달려왔어요. 사모님이 나한테 "너 잘못한 거야. 미안하다 그래."라고 하더군요. 그래서 말했어요. "나는 잘못한 게 아니야. 나 경찰에 신고할 거야." 그 순간 한국친구들 이렇게 말하더군요. "넌 신고 못해. 너 불법체류자잖아." 그 말 듣고 나는 집에 가서 일 안 하고 밥도 안 먹고 며칠 울었어요. 나도 한국 사람이랑 다를 거 없는 똑같은 사람이에요……(정정훈, 2006 : 59)

2004년 이주노동자들의 명동성당 농성 중에 만났던 C씨의 진술이다. 그의 진술은 한국 사회 이주노동자들의 삶을 집약적으로 보여준다. 그들은 노동권과 인권을 보장받지 못하고 한국인에 의해 착취당하고 차별당하는 비인간화된 조건 속에 놓여 있다. 레비나스라면 이러한 이주노동자의 진술에서 '고통 받는 타자의 얼굴'을 발견했을지도 모른다. 사실 레비나스라는 철학자의 사상까지 갈 것도 없이, 양심적인 한국 시민사회의 일반적인 시선은 이주노동자들을 도움과 시혜를 베풀어야 할 대상으로 생각할 것이다. 그러나 이들을 결코 '고통 받는 타자'로만 규정할 수 없다.

이 장은 이주노동자들이 단순히 고통 받는 존재들, 그래서 도움과 시혜가 필요한 무기력한 희생자들이 아니라 자신의 권리를 스스로 구성해가는 정치적 주체들이라는, 이주노동자들에 대한 한국 사회의 통념에 반하는 질문을 제기하고자 한다. 물론 그들이 처한 상황과 조건은 매우 어렵고 열악하다. 그러나 투쟁하는 이주노동자들은 비록 매우 더디고 힘겨운 과정이지만, 자신의 활동을 통해 한국 사회를 향하여, 정치에 관하여 근본적으로 새로운 질문을 제기하는 능동적이고 구성적인 정치적 주체들임을 살펴보고자 한다.

2. 이주노동자 통제 체제

1) 이주노동자 통제체제의 역사적 변화과정

1980년대 말 이주노동자가 유입되기 시작[1]한 이후부터 1991년 '외국인산업기술연수사증발급등에대한업무지침'이라는 법무부 훈령이 발효되기 전까지 한국 사회에서 공식적인 이주노동자에 대한 관리제도가 존재하지 않았다. 이 훈령에 의하여 비로소 이른바 '산업연수생제도'라는 것이 시작되었고, 이 제도는 1993년 관계법령이 마련되면서 '외국인산업기술연수제도'로 변형되어 시행되다가 1998년 다시 '외국인연수취업제도'로 변화되어 운영되었으며 2007년 폐지된다.

한국 이주노동자운동의 역사에서 산업연수생제도의 폐지라는 과제는 중요한 쟁점이었다. 이 제도가 '현대판 노예제'(송수진, 2002 : 1)라는 비판을 받을 만큼 이주노동자의 인권과 노동자로서의 권리를 철저하게 억압하는 제도였기 때문이다. 기본적으로 산업연수생제도 아래에서 이주노동자들은 노동자가 아니라 학생으로 규정되며 연수생에게 지급되는 임금은 최저임금에 준하고 그 가운데서도 매달 15만원에서 20만원을 강제 적립시키고 연수생의 관리업체는 관리비로 매월 2만 4천 원씩을 월급에서 공제하였다.

더욱이 산업연수생제도 하에서는 이주노동자가 취업할 수 있는 사업장

---

1) 한국사회에서 이주노동자의 존재에 대한 최초의 보고는 1987년의 동아일보에 실린 '필리핀 가사도우미'에 대한 기사에서 확인된다(설동훈, 2005).

이 정해져 있고 사업장 이동의 자유가 없었다. 그렇기 때문에 사용자가 고용조건과 노동조건을 악화시키고 강제노동을 시켜도 이주노동자가 이에 대응할 수 있는 방법이 없었다. 물론 이 제도도 원칙적으로는 연수취업자의 쟁의 권리를 허용하고 있기는 하다. 그러나 사용자는 일방적으로 연수취업자에 대해서 계약해지를 할 수 있는 권한이 있고 계약이 해지된 연수생은 15일 이내에 출국하게 되어 있었기 때문에 실제적으로 연수생들이 자신의 노동조건의 향상을 위해서 집단행동을 할 수 있는 여지는 거의 없었다.

2) 현 시기 이주노동자 통제체제

(1) 고용허가제

고용허가제는 1995년 이후 '외국인이주노동자운동협의회'[2](이하 외노협)가 중심이 되어 전개해온 이주노동자 관련 법제도 개선 투쟁의 일정한 성과다. 산업연수생제도를 폐지하라는 이주노동자들의 줄기찬 투쟁 끝에 정부는 폐지를 약속하였고 '외국인근로자의고용등에관한법률'의 제정을 통

2) 외노협은 1995년 명동성당 들머리에서 진행된 이주노동자들의 농성이 해산되면서 이주노동자들과 이주노동자 지원단체들이 '외국인노동자대책협의회'라는 조직을 결성함으로 탄생한다. 외노협은 1995년 농성에 결합하였던 단체들 가운데 10여 개 단체가 네팔, 방글라데시, 태국, 스리랑카 등 외국인노동자 커뮤니티와 함께 1995년 7월 결성한 최초의 이주노동운동의 연대조직이다. 외노협은 결성 이후 그 외연을 꾸준히 확대하였으며 이주노동자의 인권 개선과 보장을 위한 여러 활동들을 전개해 왔다. 산업연수생제도 폐지, 이주노동자의 노동권 보장, 노동허가제 도입 등을 쟁점화 시키며 이주노동운동을 이끌어왔다고 할 수 있다. 특히, 고용허가제의 도입 과정에서 외노협의 역할은 매우 컸다. 현재는 조직명을 '외국인이주노동자운동협의회'로 바꾸었고, 이주노동운동 진영에서 가장 큰 영향력을 가지고 있는 조직으로 자리잡고 있다.

해 '고용허가제'를 도입했다. 고용허가제는 2004년 8월부터 시행되어 2006년까지 산업연수생제도와 함께 시행되다가 2007년 이후부터는 산업연수생제도가 폐지되어 고용허가제만이 이주노동자 관리제도로 단독 시행되고 있다.

표면적으로 고용허가제는 이주노동자의 '근로자성'을 인정하고 노동3권을 비롯하여 노동자로서 보장받아야할 제반 권리를 인정하는 법안이다. 그러나 고용허가제가 보장하는 노동권은 명목적일 뿐, 실질적으로는 이주노동자 노동3권 행사를 막고 있다.

고용허가제 하에서도 이주노동자들은 장시간, 저임금 등의 노동조건을 감수하고 있다. 2008년 고용허가제 실태 조사에 의하면 1일 평균노동시간은 10.96시간이며, 1달 평균임금은 109만 635원이다. 이는 2008년 현재 최저임금이 시간당 3,770원임을 고려할 때 이들의 임금은 근무시간을 대비하면 최저임금 미달 수준이다(이주노동자 차별철폐와 인권·노동권 실현을 위한 실현을 위한 공동행동 & 외국인이주노동자운동협의회, 2008).

이러한 악조건을 고용허가제 하의 이주노동자들이 감수할 수밖에 없는 가장 큰 이유는 이주노동자의 자유로운 사업장 이동 제한 때문이다.3) 더욱이 이주노동자의 사업장 이동이 체류 자격과 연동되어 있어 이주노동자들의 사업장 이동 권리를 박탈하게 될 경우 법이 보장하는 노동3권의 행사는 사실상 불가능하며, 사용자는 이러한 제도적 한계를 이용해 임금 등 노동조건을 일방적으로 결정할 수 있다. 고용허가제는 이주노동자에게 형식적으로 노동3권을 보장하지만 사업장 이동 제한의 규정에 의하여 실질

3) 고용허가제 하에서 사업장의 이동은 사업주의 허가 하에 최대 4회 가능하며 구직기간은 2개월로 한정되어 있다.

적으로는 노동3권을 행사할 수 없도록 하는 장치이다.

또 하나의 문제는 고용허가제가 단기순환정책의 일환이라는 것이다. 고용허가제는 이주노동자의 합법적 체류기간을 기본 3년, 최장 5년이 넘지 않는 범위로 제한하고 있다. 3년이 지난 이후에는 1년마다 계약을 2회까지 갱신할 수 있다. 출입국 관리법에 따르면 5년 이상 한국에서 합법적으로 거주한 외국인에게는 영주권 신청 자격이 주어진다. 만약 이주노동자들이 5년 이상 한국에서 합법적으로 거주하면 영주권 신청 자격자가 되는 것이다. 이주노동자들이 영주권을 취득하게 되면 한국인에 준하는 권리주제가 되기 때문에 이들을 복종적인 저비용 노동력으로 활용하는 것이 불가능해진다. 고용허가제가 이주노동자의 합법적 계약기간을 기본 3년, 최장 5년 이하로 제한하는 것은 이주노동자의 정주화를 방지하여 그들을 여전히 비보장 노동자로 묶어두기 위함이다. 결국 고용허가제는 산업연수생제도 보다 진일보하기는 했지만 여전히 한국 정부가 이주노동자를 한국인 노동자들보다 손쉽게 통제하기 위하여 만든 법적 장치라고 할 수 있다.

(2) '불법체류자' 단속·추방 정책

2008년 현재 한국에 체류하고 있는 이주노동자 69만 4천 명 가운데 23만3천명이 미등록 상태이며 이는 전체의 33%를 차지하는 숫자이다(권은영, 2010 : 33). 한국의 이주노동자 관리제도는 근본적으로 '단기순환정책', 즉 이주노동자의 정주화 방지를 중요한 목적으로 삼기 때문에 이러한 제도로부터 이탈한 미등록 이주노동자들은 고용허가제의 테두리에 속한 이주노동자들보다 한국 사회에 장기적으로 체류하는 경우가 많다. 이렇게 고용허가제를 이탈하거나 그 제도 밖에서 이주노동을 하고 있는 이들에 대한 강력한 통제장치가 강제단속추방이다.

미등록 이주노동자에 대한 강제단속 행태는 심각한 인권침해 경향을 보이고 있다. 이들에 대한 강제단속과 추방은 법무부 산하 출입국관리사무소에서 담당한다. 이들은 경찰과 같은 사법기관이 아님에도 '단속전담반'을 구성하여 미등록 이주노동자 단속 시 그물이나 수갑 등의 공안장비를 활용한다. 이러한 폭력적 단속으로 인해 많은 이주노동자들이 상해를 당하거나 심지어 사망에 이르기도 한다.

현재 한국 정부는 형식적으로는 미등록 이주노동자에 대해서는 산업재해보상법 적용, 퇴직금 지급, 근로기준법 적용 등의 정책을 취하고 있다. 그러나 이주노동자를 고용하는 사업장에 대한 근로감독의 소홀과 미등록 이주노동자에 대한 단속 및 추방의 강화는 미등록 이주노동자들이 근로기준법상 권리를 실제로 행사하기 어렵게 만들고 있다. 미등록 이주노동자들이 이러한 권리를 요구하기 위해서는 스스로 미등록 노동자임을 노출시켜야 하는데 이 경우 폭력적인 강제 단속과 추방의 대상이 될 가능성이 매우 높다. 결국 강제적인 단속추방 역시 미등록 이주노동자들이 노동자로서의 권리를 누릴 실제적 가능성을 봉쇄하는 장치로 사용되고 있을 뿐이다.

더욱이 이주노동자의 노동3권과 인권을 제도적, 문화적으로 쟁취하기 위한 투쟁의 전위에 있는 이주노동조합 활동가들에 대하여 단속과 추방이 집중적으로 행해져 왔다는 점도 주목해야 한다. 이는 특히 국내 최초의 이주노동자 독자 노동조합인 '서울경기인천이주노동조합'(이하 이주노조)의 지도부에 대한 단속에서 극명하게 드러났다. 2005년에 초대 위원장이, 2007년에는 2대 위원장, 부위원장, 사무국장 등이, 그리고 2008년에는 위원장과 부위원장이 단속에 의해 강제추방을 당하였다. 이는 명백히 이주노동자 당사자들의 권리쟁취 운동을 무력화하기 위한 조처로 '표적단속'이라는 비판을 받을 수밖에 없다.

(3) 비공식적 차별기제 - 위계화된 식민주의

이주노동자들은 법과 제도에 의해서 뿐만 아니라 일상적인 삶에서도 한국인에 의한 차별과 억압을 경험하고 있다. 이는 서구의 백인들을 척도로 하여 이루어진 한국인의 국민적 주체 형성과정과 매우 밀접한 관련이 있다. 한국인의 국민적 주체 형성은 근본적으로 식민이후 제 3세계의 국민국가 형성 프로젝트의 자장 안에서 이루어졌다. 국민적 주체의 생산은 같은 국가에 소속된 이들의 문화적, 역사적 동일성에 대한 상상을 바탕으로 하여 이루어진다. 특히 한국 사회의 경우는 거기에 혈연적 동일성에 대한 상상까지 더하여 '대한민국 국민=한민족'이라는 등식이 성립된다. 여기서 중요하게 등장하는 문제가 국민과 비국민의 경계를 나누는 것이다. 국민적 주체는 비국민들과의 분리를 통하여 자신의 동일성에 대한 상상을 실체화한다. 이는 '비국민을 상정하지 않고서는 국민은 성립될 수 없는 개념'이며 한국 사회에서 이러한 비국민은 '북한인, 매국노, 반역자, 반민족분자, 외국인 등'이다(권혁범, 2004). 국민국가라는 경계를 중심으로 '우리'로서 한국인을 상정하고, '남' 즉 타자로서 비국민을 규정하여, 양자를 분리하고 비국민을 배제하는 과정이 '남'과는 구별되는 동질성을 가진 '우리'라는 국민적 주체를 형성하는 과정이다.

그러나 이렇게 동일자와 타자를 구별지음으로써 만들어지는 한국의 국민적 주체에게 모든 외국인은 동일한 의미에서의 타자가 아니다. 한국 사회에서 국민적 주체의 동일성을 형성하기 위해 분리되어야 하고 배제되어야 하는 타자의 범주에 서구의 백인은 속하지 않는다. 오히려 서구의 백인은 국민적 주체를 형성하는 데 기준이 되는 척도로 기능한다. 한국 사회의 국민적 주체는 '우리'가 아닌 '남'을 규정하여 '우리'의 경계를 구획짓는 방식, 대한민국이라는 근대 국민국가 경계 내부의 주민들이 가지는 역사, 언어, 문화, 정치, 경제적 이해관계 등의 동일성을 상상하는 방식에 의해서만 형성되는 것이 아니다. 대한민국 고유의 동일성에 대한 상상과 결합하여, 준거이자 척도로서의 서구적인 국민적 주체처럼 되고자 하는 욕망 역시 대한민국의 국민주체성, 국민정체성을 형성하는 주요 근거이다.

이는 대한민국이 속한 비서구로서의 아시아를 극복해야 할 상태로 상정하는 것이고 서구를 도달해야 할 상태로 설정하는 것을 의미한다. 그리고 서구라는 척도로부터 멀어질수록 그것은 열등한 것으로 인식된다. 그러므로 서구를 척도로 형성된 가치체계에서 비서구인 아시아는 대한민국의 국민적 주체에게 자신의 정체성과 주체성을 형성하는 과정에서 배제되고 배척되게 된다.

비서구는 벗어나야 할 상태일 뿐이다. 이는 정확히 식민적 욕망이다. 서구의 식민강자에 의해서 인정받고 그와 같은 주체가 되고 싶다는 식민화된 욕망, 서구가 아닌 지역을 타자화시키고 그들과의 분리를 통하여 자신의 동일성을 구성하고자 하는 식민주의적 욕망이 한국 사회의 국민적 주체성과 정체성의 형성과정에 내재해 있는 것이다. 한국 사회에서 아시아의 이주노동자가 자본에 의한 노동의 착취라는 문제뿐만 아니라 일상적인 차별과 억압 그리고 배제와 기피의 대상이 되는 질곡을 겪는 맥락에는 이런 대한민국의 국민적 주체가 가지는 식민적 욕망이 자리하고 있다. 그리고 이 식민적 욕망이 가난한 나라 출신의 이주노동자에 대한 인종주의적 차별과 배제의 형태로 나타나고 있다.

3) 이주노동자 통제체제의 성격

이러한 통제 체제는 이주노동자를 값싸고 통제하기 쉬운 노동력의 자리에 배치한다. 이러한 배치 속에서 결국 이주노동자들은 대한민국이라는 정치체의 권리체계에 참여할 자격이 없는 비시민이 되며, 문화적 동일성에 포함되지 않는 비국민이라는 상태로 고착화된다. 이주노동자는 비시민이며 비국민이기에 자신들의 노동조건과 생활조건을 형성하는 정치적 의사결정에 참여할 수 있는 합법적 자격을 갖지 못하며 이들에 대한 차별과 배제는 식민화된 국민주의의 성향이 강한 대다수의 한국인들에 의해서 묵인되고 있는 상황이다. 이주노동자에 대한 통제 체제는 이처럼 법률 및 제도와 더불어 식민화된 인종주의가 착종되어 형성되고 있으며 이러한 착종은 이주노동자를 초과이윤을 위해 수탈할 수 있는 최하층 비보장 노동자로 만들고 있다.

바로 이러한 이주노동자에 대한 통제체제 속에서 고통 받는 타자의 얼굴을 한 이주노동자들이 양산된다. 팔다리가 잘려나가는 산업재해를 당하고도 보상금도 못 받은 채 추방당한, 매 맞고 욕먹으면서 어렵게 번 돈을 불법체류에 대한 벌금으로 한 순간에 날려버리고 육교위에서 투신자살한, 단속반의 추적을 피해서 도망가다 실족해서 건물 옥상에서 추락사한, 사장과 동료 한국인 노동자에게 강간당하고 자살한 이주노동자의 얼굴들로……. 이러한 이야기들이 주로 언론매체에 의해 대중적으로 전달되면서 희생자로서의 이주노동자의 형상을 확산시키고 있다.

그러나 이주노동자들은 이런 희생자의 형상에 머무르지만은 않는다. 우리는 이제 이주노동자 당사자들을 중심으로 전개되는 이주노동자들의 노동운동을 통하여 자신들을 값싸고 통제하기 쉬운 노동력, 무기력한 희생자로 만드는 통제체제에 맞서 자신들의 권리를 스스로 구축해가는 새로운 형태의 정치적 주체로서의 이주노동자들을 만날 수 있다.4)

3. 이주노동자운동의 전개양상

1) 노동운동으로서 이주민노조운동의 성립과 전개과정

(1) 이주노동자운동의 성립과 분화

이주노동자운동이 본격적으로 시작된 시기는 1994년이라고 할 수 있다. 1987년 이후 이주노동자는 한국사회로 꾸준히 유입되었다. 이주노동자들의 유입이 증가하면서 이주노동자들에 대한 차별과 착취 그리고 인권침해가 서서히 사회 문제로 제기되기 시작했다. 1994년 네팔과 방글라데시 출신 이주노동자 11명이 경실련 강당을 점거하고 산재피해 보상 요구 농성을 하면서 한국 사회의 중요한 이슈 가운데 하나로 이주노동자문제가 등장하였다.

1995년에도 이주노동자들의 농성이 이어졌다. 1995년 1월 9일부터 1

4) 2000년대 이후 한국 사회의 이주민 운동은 다양한 경향을 띠고 있다. 이주민 인권운동, 이주민 문화운동, 여성이주민 권리운동, 난민운동, 그리고 이주노동자운동 등으로 이주민 운동이 분화되고 있는 중이다.

월 17일까지 네팔 산업연수생 13명이 이주노동자 지원 단체 활동가들과 함께 명동성당 앞에서 농성을 진행했다. 이 농성의 사회적 파급력은 매우 컸다. 농성단은 여권반환과 자유로운 행동보장, 재취업보장, 원치 않는 잔업·시간외 근무 강요 금지, 업무상 질병 재해 시 보상 및 치료, 연수수당 직접지급, 미지급 임금 즉시 반환, 애로신고센터 설치 및 활성화 등 9개 항에 걸쳐 한국 정부와 합의하였다.

그러나 1995년 농성의 가장 큰 성과는 농성에 연대하였던 지역의 이주노동자 지원단체들이 외노협을 결성한 것이다. 외노협은 결성 이후 그 외연을 꾸준히 확대하였으며 이주노동자의 인권 개선과 보장을 위한 활동을 전개했다. 산업연수생제도 폐지, 이주노동자의 노동권 보장, 노동허가제 도입 등의 문제를 쟁점화시키며 이주노동자운동을 이끌어 왔다. 특히 고용허가제의 도입 과정에서 외노협의 역할은 매우 컸다고 평가된다. 현재도 외노협은 이주노동자운동 진영에서 가장 큰 영향력을 가지고 있다.

그러나 외노협을 중심으로 한 이주노동자운동 내부에서 운동을 바라보는 시각과 운동의 방향에 대한 입장 차이들이 나타나기 시작하였다. 1996년 이후 이주노동자운동이 본격적인 이주노동자 관련 법제도 개선투쟁에 돌입하면서 갈등은 증폭되며, 외노협 내부 분열로 이어지게 된다. 이주노동자들의 인권과 복지 등의 문제를 시민사회 차원에서 풀어가야 한다고 생각하는 진영과 노동자 계급의 권리 쟁취투쟁으로 풀어가야 한다는 진영으로 나뉘게 된 것이다.

그러한 가운데 2000년 10월 노동허가제 투쟁 국면[5]에서 민주노조운동

5) 이주노동자운동 진영은 이주노동자 관련 법제도 개선을 위하여 외노협을 중심으로 산업연수생제도 폐지와 노동허가제 도입을 주장하였다. 이러한 투쟁과정에서 한국

노선 속에서 이주노동자 운동을 해야 한다고 생각하는 한국인 활동가들과 이주노동자들이 외노협에서 분리해 독자적 조직을 결성한다. 그리고 이주노동자의 문제를 노동의 시각에서 뿐만이 아니라 젠더의 시각에서 접근하고 여성의 성별화된 권리의 필요를 주장하는 이주여성인권연대가 출범한다. 이어서 노선차이, 주도권 문제, 서울중심의 활동, 다양해지는 운동을 수렴해내지 못하는 구조 등의 문제를 제기하며 외노협에 가입해 있던 많은 단체들이 탈퇴했다.

2004년에는 이주여성인권연대와 안산 외국인노동자센터, 부산 외국인노동자인권을 위한 모임 등, 외노협을 탈퇴하거나 외노협과 일정한 거리를 두고 만들어진 이주노동자 지원단체들 중 일부가 '이주노동자 인권연대'(이하 이주인권연대)를 조직하였다. 이주인권연대는 소속 단체에 따라서 입장의 차이를 가지고 있지만 이주노동자의 문제가 이주(migration)로 인해 발생하는 문제라는 데 주목하고 이주자들에게 적합한 권리 개념을 개발하고 보장하는 문제를 중심으로 활동하고 있다. 특히 이주인권연대는 한국 사회에서 이주노동자에게 적합한 시민권 보장에 집중하고 있다. 이주인권연대는 2004년 6월 '이주노동자의 시민권'과 관련하여, 2004년 11월 '세계화, 이주노동, 시민사회'라는 주제로 심포지엄을 개최하여 이주노동자의 시민권 문제 공론화를 시작으로 이주노동자의 시민권, 다문화주의, 이주민공동체에 관련된 의제를 이주노동자운동 진영의 주요 의제로 제기해오고 있다.

이주인권연대에서 주도적으로 활동하는 안산 외국인노동자센터(이하 안

정부는 고용허가제안을 제시하였다. 외노협은 현실적 여건상 진일보한 제도인 고용허가제를 수용하겠다는 입장을 밝혔고, 이에 반발하여 노동허가제를 주장하던 활동가들과 외노협 소속 단체들이 외노협을 탈퇴하게 된다.

산센터)는 이주인권연대의 지향과 활동내용을 잘 보여준다. 안산센터는 이주노동자 문제가 이주노동자의 인권이나 노동권을 보장하는 문제에 국한될 수 없다고 본다. 제도적 변화와 더불어 이주노동자가 한국 사회의 일원이 될 수 있는 문화적 변화가 이주노동자 문제의 해결을 위해서 필요하다는 입장이다. 이를 위해 안산센터를 중심으로 이주노동자들의 밀집지역인 안산 원곡동을 '국경 없는 마을'로 만들고자 주민운동을 전개하고 있다. 이주노동자와 한국인 간의 국제결혼과 이주노동자 가정이 생기면서 이주노동자 문제는 이주노동자의 가족문제, 자녀 교육문제, 문화적 권리 문제 등으로 확대되고 있다. 이런 상황 속에서 이주노동자의 총체적 권리를 어떻게 구현할 것인가가 '국경 없는 마을' 프로젝트의 기본 문제의식이다.[6] 국경 없는 마을은 1) 국경 없는 평화(신인간운동) 2) 국경 없는 공동체(국경 없는 마을) 3) 국경 없는 인권(국경 없는 시민권) 4) 국경 없는 노동(노동의 축제)을 목적으로 이주노동자와 지역주민의 문화적 소통과 공존을 위한 활동을 전개하고 있다.

(2) 이주민 독자노조로서 이주노조

외노협 중심의 이주노동자운동으로부터 다양한 흐름이 분화되는 과정에서 이주노동자들의 독자적인 노동조합을 결성하려는 시도 또한 존재한다. 외노협은 이주노동자 지원단체를 운영하는 한국인 활동가들이 중심이 된 단체였다는 점과 노동자로서의 권리보다는 일반적 인권의 주체로서 이주노동자들에게 접근했다는 점에서 이주노동자 당사자들 중심의 노동자운동

6) http://www.migrant.or.kr/ville/

이라고는 할 수 없다.[7] 이런 한계로 인해 이주노동자들 사이에서 지원단체 중심의 운동을 넘어서야 한다는 문제의식이 형성되었고, 이들의 운동에 연대단위로 결합해 있던 민주노조운동 노선의 활동가들이 '이주노동자 노동권 완전 쟁취와 이주·취업의 자유 실현을 위한 투쟁본부'(이하 이노투본)를 결성하게 된다.

이렇게 결성된 이노투본이 2001년 5월 서울여성노조와 결합하면서 '서울경인지역 평등노동조합'(이하 평등노조)이 설립되고 이노투본은 평등노조의 이주노동자지부(서울경인지역 평등노동조합 이주노동자지부, Equality Trade Union Migrant worker's Blanch, 이하 이주지부)가 되어 노조로서의 조직형태를 갖추게 된다. 이주지부는 2003년 11월부터 2004년 12월까지 380일간 명동성당 들머리에서 강제추방저지와 미등록 이주노동자 전면합법화를 요구하며 농성을 진행했다. 이 농성 과정에서 이주노동자들의 독자노조 필요성이 공유되었고 2005년 4월 마침내 이주노조가 결성되었다.

(3) 성서노조-지역일반노조

이주노조가 이주노동자들의 독자적 노동조합이라면 대구지역의 성서공단노동조합(이하 성서노조)과 평택·안성지역노동조합은 이주민과 한국인이 함께 노조를 구성하는 경우이다. 이 가운데 성서노조는 이주노조와 이주노동자운동의 방향이 전반적으로 일치하며 양 노조 사이의 연대도 적극적으로 이루어지고 있다(권은영, 2010 : 14).

성서노조는 2002년 설립된 지역일반노조이다. 성서노조를 결성하던 당

---

7) 외노협의 이러한 한계에 대한 이주노조 활동가의 인식에 관해서는 정정훈(2006 : 58~59)과 권은영(2010 : 51~52)을 참조하라.

시 활동가들은 이주노동자 문제에 주목하지는 못했으나 당시 성서공단 안의 비정규직 노동자들을 조직해 나가면서 이주노동자의 존재를 고민하게 되었다.

처음에는 사실 이주노동자들에 대한 관심이 그다지 크지 못했습니다. 우리뿐이 아닐 겁니다. 대부분의 노동운동 활동가들이 아주 최근까지도 이주노동자 문제에 그다지 적극적이지 못한 것이 사실이니까요. 그런데 현장에서 보니깐 이들이 노동자 계급 중에서도 가장 하층에 있는 사람들이더라구요. 사장한테 착취당하고, 또 같이 일하는 동료 한국인에게 멸시받고 …… 우리는 이주노동자 문제를 노동조합의 조직화 문제로 받아 안고……. 성서노조 C씨(권은영, 2010 : 85).

이러한 문제의식 속에서 성서노조는 이주노동자를 적극적으로 조직화하기 시작하였고, 현재 한국 사회의 이주노동자운동을 대표하는 노동조합 가운데 하나로 자리잡고 있다.

(4) 금속노조의 이주노동자 조직

이주노동자의 노동조합 조직 형태는 2007년 금속노조가 실질적으로 산별노조로 활동하기 시작하면서 새로운 전기를 맞이하였다. 금속노조는 금속업종에 종사하는 이주노동자들을 산별노조 틀에서 조합원으로 조직하기 때문이다. 2007년 8월 금속노조 대구 지부 삼우정밀지회는 한국인 노동자들과 이주노동자들이 함께 노조를 결성한 경우이고, 2009년 경남지부 마창지역금속지회 한국보그워너씨에스 분회는 이주노동자들을 조합원으로 받아들였다.

금속노조가 이주노동자들을 조합원으로 받아들인 것은 한국 사회의 이주노동자운동사에서 적지 않은 의미가 있다. 이주노동자들이 산별노조의 일원이 됨으로써 단체협약이라는 법적 형식으로 이주노동자의 권리 보장 체계를 만들 계기가 되었기 때문이다. 가령 2007년 체결된 삼우정밀지회의 단체협약 요구사항은 '유니온 샵, 금속노조 최저시급 적용(700,600원-인용자), 상여금인상, 근로조건 저하 없는 주 40시간 노동, 노조 전임자 1인 보장, 이주노동자 재계약 보장'이었는데, 이 가운데 상여금을 제외한 나머지 조항은 이주노동자에게도 동일하게 적용되었다.

2) 이주노동자 노조운동의 활동 방식

(1) 노동3권 쟁취와 단속추방 저지투쟁

이주노조를 비롯한 이주노동자 노조운동의 핵심적인 요구사항은 '노동허가제 도입'과 '미등록 이주노동자 전면 합법화 및 사면'이다. 노동허가제는 대한민국 정부의 외국인 인력 운용 제도를 비판하며 이주노동자 노조운동 진영이 제시하고 있는 대안적 제도이다.

먼저 비자 문제를 살펴보자. 2011년 현재 일반적으로 '이주노동자'로 지칭되는 단순노동에 종사하는 이주노동자들에게 발급되는 비자는 외국인 인력 관리 제도에 따라 2가지 종류가 있다. 고용허가제에서는 외국인 이주노동자들에게 비전문취업비자(E-9)가 발급되고, 해외동포에 대해서는 방문취업비자(H-2)가 발급된다. 결국 이 비자들은 모두 이주노동자의 체류기간을 5년 이하로 규정함으로써 이주노동자들이 한국 사회의 구성원이 되는 것을 예방하고자 한다.

다음으로 노동3권 문제가 있다. 이주노동자 노조운동 진영은 고용허가제 법안을 노동허가제 법안으로 대체 입법할 것을 주장하고 있다. 이미 살펴보았듯 고용허가제는 이주노동자의 사업장 이동의 자유제한과 단기순환제도라는 문제점 때문에 이주노동자 노조운동 진영은 이에 대해서 강력하게 반대하고 있다. 노동허가제는 이주노동자의 사업장 이동의 자유를 보장함으로써 이주노동자가 실질적인 노동3권을 행사할 수 있는 제도적 조건을 마련하고 이주노동자에게 5년 이상의 합법적 체류기간을 보장함으로써 한국에서 안정적인 노동을 할 수 있는 여건을 구축할 수 있게 한다.[8)]

이러한 요구조건을 쟁취하기 위하여 이주노동자 노조운동은 집회와 시위 그리고 성명서 발표 등 다양한 방식의 투쟁을 전개해 왔다.

현재 이주노동자 노동운동의 대표적 단위인 이주노조는, 노조결성 이후 매년 이주노동자들에 대한 강제적 단속·추방 반대 활동을 진행해 왔다. 2005년 5월 이주노조의 초대 위원장이었던 아노아르가 단속에 의해 보호소에 구금되자 이주노조는 규탄집회와 기자회견을 개최하는 등 아노아르 위원장의 석방을 위한 활동을 벌였다. 그해 12월 이주노조와 연대 단위들은 국가인권위원회를 점거하고 17일간 농성을 진행하였다. 그 결과 아노아르 위원장은 2006년 4월 석방되었지만 11개월간에 걸친 외국인보호소 구금의 후유증으로 한국 생활을 정리하고 자신의 고국으로 돌아갔다.

그 후 이주노조는 후임지도부를 결성하고 고용허가제규탄, 노동비자 쟁취, 단속추방 정책 반대를 위한 활동을 꾸준히 전개해 오고 있다. 2005년

8) 노동허가제 내용에 대한 구체적인 법률안에 대해서는 정정훈(2005 : 49~52)을 참조하라.

8월 17일 이주노조는 '고용허가제 파탄선언 이주노동자 결의대회'의 개최를 시작으로 고용허가제의 문제점을 지적하고 노동허가제와 같은 대안적인 이주노동자 정책수립을 요구하는 집회와 기자회견 등을 매년 8월 개최해오고 있다. 특히 12월 18일 세계이주민의 날을 즈음하여 개최되는 이주노동자 대회는 이주노조와 이주노동자운동 진영이 이주노동자들의 합법적 권리 쟁취를 위하여 연대하고 투쟁하는 자리이다. 이 행사는 2006년 이후 현재까지 매년 계속되고 있다.

한국 정부의 이주노동자 단속추방 정책에 반대하여 진행된 이주노동자들의 투쟁 중에서 특기할만한 것이 '여수 외국인보호소 화재참사 공동대책위원회'(이하 여수공대위) 활동이다. 2007년 2월 11일 전남 여수에 위치한 외국인보호소에서 화재가 발생하여 당 보호소에 구금 중이던 이주노동자 9명이 사망하고 18명이 부상당하는 사건이 발생하였다. 이 참사는 이주민들이 구금되어 있던 철문의 열쇠가 정해진 장소에 있지 않는 등 관리상의 문제로 일어난 인재의 성격이 강하였다. 2월 13일 이주노조와 민주노총을 비롯한 노동단체와 시민단체 그리고 학술단체들이 여수공대위를 구성하고 여수 외국인보호소 화재참사의 진상규명과 책임자처벌 촉구, 희생당한 이주노동자에 대한 국가배상 요구, 외국인 보호소 폐쇄, 한국 정부의 이주노동자 강제단속추방 정책 중단, 미등록 이주노동자의 합법화를 촉구하는 활동을 전개했다. 그 후 정부에 의해 사망자 가족이 요구한 배상금 지불이 이루어졌고 청주 외국인보호소에 구금된 이주노동자 7인에 대한 구금이 해제되었다. 또한 여수공대위는 미등록 이주노동자들에 대한 법무부의 선별합법화 방안을 끌어내었다. 이후 여수공대위는 '이주노동자 차별철폐와 노동권·인권 실현을 위한 공동행동'(이하 이주공동행동)으로 재

편되었다.9)

이주노동자 운동의 역사에서 또 하나 주목해야할 투쟁은 2010년 G20 국면에서 전개된 농성투쟁이다. 정부는 G20 개최를 앞두고 2010년 6월 1일부터 8월 31일까지 미등록 이주자 집중 단속을 벌이는 한편 'G20 정상회의와 치안 확립'을 위해 5월 2일부터 50일간 '외국인 범죄' 일제 단속을 벌이겠다고 발표했다. 이에 대응하여 이주노조, 외노협, 이주인권연대 등의 이주노동자 운동 진영과 사회진보연대, 다함께 등의 노동운동 단체들은 5월 14일 광화문에서 'G20을 빌미로 기만적인 이주노동자 합동단속 및 인권침해'를 중단할 것을 요구했다. 이후 이들은 조직을 확대하여 'G20을 빌미로 한 인권탄압 공동대책위'를 구성하고 이주노동자, 노점상, 노숙인 등의 권리를 방어하는 투쟁을 전개하였다.

그리고 7월 17일 이주노조는 명동 향린교회에서 "우리는 범죄자가 아니다! 우리는 테러리스트가 아니다! G20을 빌미로 한 단속추방 중단하라"는 플래카드를 내걸고 농성을 시작하여 그해 8월 30일까지 50여 일간 농성을 진행하였다. 이 농성은 2004년~2005년의 명동성당 농성이나 2005년 12월의 국가인권위 농성에 비해 참여 인원이 많지는 않았다. 그러나 이주노동자를 잠정적인 범죄자로 인식하는 한국사회의 인종주의적 편견을 이주노동자에 대한 강제적 단속과 추방의 한 원인으로 명시하였다는 점에

9) 이주공동행동은 2007년 여수공대위 활동이 종료되면서 이 단체에 참여하였던 단위들이 일상적인 이주노동자연대체로 구성한 조직이다. 이주공동행동은 '이주노동자 단속 추방 중단, 미등록 이주노동자 전면 합법화, 반인권적 외국인보호소 폐지, 이주노동자 노동권 보장(직장이동의 자유보장, 1년 단위 재계약 폐지, 3년 단기체류정책 폐지, 동일노동 동일임금 보장, 노동기본권 보장), 모든 이주자들의 차별 없는 인권보장'(권은영, 2010 : 80) 등을 주요 요구사항으로 현재까지 활동을 전개해 오고 있다.

서, 즉 이주노동자 운동이 반인종주의 투쟁이라는 새로운 의제를 제기했다는 점에서 주목해야 한다.

(2) 한국 노동운동과 연대

이주노조의 규약 전문은 자신의 설립 목적과 활동 방향을 다음과 같이 규정하고 있다.

> 우리는 한국에서 다양한 산업에 종사하는 이주노동자로서 우리의 노동이 한국 사회발전은 물론 전 지구적 역사 진보의 원동력임을 깊이 인식하고 있다. 우리는 명동성당에서 투쟁하였던 동지들의 투쟁 정신을 계승하며, 연수제도 철폐, 고용허가제 반대, 단속추방 반대와 노동비자 쟁취, 이주노동자 합법화 쟁취, 노동 3권을 완전히 쟁취하는 한편, 이주노동자의 정치·경제·사회·문화적 지위향상을 이루어내고 나아가 이주노동자의 문화적 다양성이 내재된 자주, 민주, 평화를 이루어내기 위해 '서울경기인천 이주노동자노동조합'을 결성하고 규약을 제정한다.10)

이러한 문제의식은 성서노조의 규약에도 분명하게 드러난다.

> 성서공단 노동조합은 노동권의 사각지대에 있는 중소, 영세사업장 노동자와 비정규, 장애, 이주 노동자의 노동조건을 확보하기 위해서 사업장 내의 현장 활동과 단협 쟁취뿐만 아니라 반노동자적인 법과 제도의 개선투쟁을 자신의 주요 과제로 인식하고 실천한다.11)

위의 규약에서도 나타나듯이 이주노동자 노조운동 활동가들은 이주노동

10) 서울경기인천 이주노동조합규약 전문, 2005.
11) 성서노조 규약.

자의 문제가 단순히 당사자들인 이주노동자들만의 문제가 아니라 노동자 계급 전체의 이해와 관련된 문제라고 파악하고 있다. 이는 역으로 한국 노동자 계급의 문제가 자신들의 문제와 불가분의 관계라는 인식이기도 하다. 이들에게 노동자들은 국적으로 환원될 수 없는 공동의 이해관계를 가진 하나의 계급이다. 그리고 노동자로서의 계급의식에 따라 이주노동자 노조운동 활동가들은 자신들의 문제를 넘어서 한국 사회의 다양한 노동자 운동에 결합하고 있다. 이주노조, 성서노조, 한국보그너씨에스노조는 모두 민주노총 산하의 노동조합으로 민주노총이 주도하는 한국노동자운동의 일원으로 활동하고 있는 것이다. 성서노조의 C씨는 다음과 같이 진술한다.

쌍용 자동차 결국엔 합의했죠. 희망퇴직금, 근데 만약 한국 노동자 하루만 멈추면 가능한데, 쌍용 자동차 혼자만 싸우니까, 현대도 기아도 마찬가지예요. 한국에 있는 노동자 모두가 한 번만 멈추면 노동자 맘대로 살 수 있어요. (그런 기회가 있다면 참여 하실 거예요?) 네. 당연하죠 ……. 그렇게 하면, 바꿀 수도 있잖아요. 한국 노동자들이 혼자 싸우면 힘들잖아요. 그렇게 하나 싸울 때 다 같이 하면 힘 많잖아요. 그렇게 하면 좋겠어요. - 성서노조 C씨(권은영, 2010 : 129).

이들은 특히 비정규직 투쟁에 대한 연대에 매우 적극적이다. 이주노조 활동가들은 비정규직 문제를 해결하기 위해 조직된 '전국비정규직노조연대회의[12]'(이하 전비연)의 일원으로 활동하고 있으며, KTX여승무원의 투

12) 전비연은 2005년 출범한 비정규직 노동조합과 비정규직 노동운동단체들의 연대운동조직이다. 전비연은 정규직 노동기본권 보장을 위한 5대 요구로 정부의 기간제법안 폐기와 기간제 엄격 사유제한, 파견법 완전 철폐와 불법파견 정규직화, 특수고용 노동자성 인정과 노동3권 보장, 불법하도급 근절과 원청의 사용자책임 인정, 이주노동자 단속추방 중단과 노동허가제 쟁취 등을 요구하며 투쟁하고 있다.

쟁[13] 등과 같은 대표적인 비정규직 투쟁에 함께 했다. 이주노조의 활동가인 J씨는 자신들의 연대에 대해서 다음과 같이 설명하고 있다.

> 쉽게 말하자면, 우리가 이 일(한국의 노동자운동과의 연대활동)을 하는 거는 우리를 탄압하고 착취하는 것이 사실은 이 한국노동자들을 탄압하고 착취하는 것과 똑 같다고 생각해서예요. 고용허가제가 도입되면 아주 싼 값의 노동자들이 한국에 많이 들어 올 건데, 그러면 어떤 문제가 생기냐하면 한국 노동자들이 투쟁을 하거나 협상할 때 요구하거나 그랬을 때 바로 옆에 싼 값의 노동자들이 있으니까 아무래도 협상력이 떨어지게 되겠죠. 고용허가제 이 문제는 그래서 당장은 우리의 문제일 수 있지만 장기적으로 봤을 때는 한국 노동자들에게 문제가 될 거거든요. 그래서 이렇게 생각하는 사람들은 우리와 연대하고 또 그렇게 우리도 "이거 똑 같은 한 문제다"고 생각하기 때문에 이렇게 비정규직 문제에도 연대하죠. 우리도, 30만 명이 넘는 이주노동자들이 다 비정규직들이잖아요. 이 문제는 한국인과 우리 이주노동자가 같이 풀어야 한다고 생각을 해요. 이주노동자문제 해결하지 않으면서 비정규직 문제 쉽게 대응하지 못하듯이 비정규직 문제해결 해야 이주노동자문제도 해결되는 거예요. 그래서 비정규직 투쟁에 연대하는 거예요. 그래서 이런 연대들이, 비정규직 노동자들 투쟁하고 연대하거나, 또 지하철의 아주 싼 값의 노동자들하고 연대하고 또 모든 아주 착취당하고 바닥에 있는 노동자들이 같이 투쟁해서 같이 풀어나가야 할 문제라고 보거든요. — 이주노조, J씨(정정훈, 2006 : 79~80).

(3) 소수자운동과의 접속

---

13) KTX 고속철도 여승무원들이 2004년 4월 고용되어 2006년 5월에 계약 만료로 일방적으로 해고되자 이에 반발하여 시작된 쟁의이다. 원래 철도공사는 여승무원들을 2년 이후에는 정규직으로 전환하여 주겠다고 약속하였지만, 2년이 지난 후 일방적으로 해고통지를 하였다. 해고당한 여승무원들은 정규직화를 위해 2년에 가까운 시간을 점거농성을 비롯한 현장투쟁을 전개하였다.

이주노동자들은 노조라는 조직형태를 통해 자신들의 권리쟁취 운동을 하면서 연대투쟁을 지속적으로 전개해 왔다. 이 과정에서 이들은 다양한 소수자 운동과 접속되기 시작했다. 비정규직 철폐투쟁을 비롯한 소수자적 노동운동과의 연대는 물론 장애인차별 반대투쟁, 동성애차별 반대투쟁 등 한국 사회의 주요한 소수자 정치에 적극적으로 연대하고 있다.
그 가운데서도 '장애인이동권연대'(이하 '이동권연대') 및 '동성애자인권연대'(이하 '동인련')와 이주노조의 연대활동은 노동운동의 범위를 넘어서는 정치적 활동에 접속하고 있음을 보여준다. 이 두 단체와의 연대는 2003년 11월에 명동성당에서 시작한 농성에 '이동권연대'와 '동인련'이 지지방문을 하면서 시작되었다. 이 농성기간 동안 두 단체는 지속적으로 농성장을 방문하였고 현재까지도 이주노조의 활동가들과 연대하고 있다.

4. 이주노동자 노조운동과 국가를 가로지르는 정치

1) 권리적용의 대상을 넘어서

이주노조 활동가들의 사례에서 보듯이 이주노동자들은 국민국가와 자본에 의해 일방적으로 억압당하고 착취당하는 무기력한 희생자가 아니다. 적극적인 투쟁과 정치적 활동을 통해 자신들의 권리를 쟁취하기 위해 투쟁하는 능동적인 정치적 주체들이다. 그들은 대부분 불법체류자들, 즉 비국민임에도 한국 정부와 사회에 대항하여 자신들의 권리를 주장하며 투쟁하고 있다. 이처럼 비국민으로서 행하는 정치는 종래의 한국 사회운동의 정치와는 분명 다른 성격을 가진다. 이들에겐 국가가 보장하는 정치적 권리가 주어져 있지 않다. 이주노동자들은 대한민국 법률상 대한민국의 정치적 문제에서 권리주체가 될 수 없다.

그렇다면 우리는 비국민인 이주노동자들이 수행하고 있는 정치와 그들의 정치적 주체성을 어떻게 이해할 수 있을까? 그들은 고통 받는 타자로서 한국인의 지원과 원조에 의해서 한국인에 준하는 권리를 적용받아야 하는 수동적 존재일 때, 다시 말해 권리부여의 대상이 될 때에만 정치적 의미를 가지는 것일까? 그들의 권리요구는 한국인에 의해 창설되어 이미 법제화된 권리체제에 자신들도 편입시켜달라는 것인가?

이주노동자들의 권리 요구를 그러한 관점에서 이해하는 입장이 이주노동자운동 진영에도 존재하고 이주노동자 지원단체 운동에서도 나타난다. 많은 이주노동자 지원단체들은 이주노동자의 문제를 기본적으로 국가가 보장하는 권리의 적용이나 확대의 문제로 파악한다. 물론 이주노동자 지원단체들은 심각한 인권 침해의 상황에 있는 이주노동자들의 인권을 한국인과 동등한 수준으로 격상시키기 위한 중요한 노력들을 해왔고 적지 않은 성과를 만들어 온 것도 사실이다. 하지만 이주노동자 지원단체들이 전개하는 권리투쟁의 방식은 대리주의라는 문제를 안고 있다.

이주노조의 한 활동가는 이주노동자 지원단체들이 보여주는 대리주의적 경향에 대해 비판하면서 “이주노동자 운동은 우리가, 우리 원하는 대로 해야 하잖아요.”라고 말한다. 이주노동자들은 스스로의 권리는 스스로가 쟁취해야 한다고 생각하고 있다. 그러나 대부분의 지원단체들은 한국인이 중심이 된 활동을 통하여 쟁취한 권리를 이주노동자에게 적용하는 방식을 취한다. 이러한 구도에서 이주노동자들은 자신들에게 필요한 권리의 구성과 쟁취 과정에서 부차적인 역할만을 하게 된다. 권리구성의 직접적인 주체로 참여하지 못하게 되고 한국인들에 의해 구성된 권리의 적용대상이 될 뿐인 것이다.

2) 탈국가화된 정치적 주체와 권리의 가능성

이주노동자들은 국민이 아님에도 대한민국 정부를 향해 고용허가제와 같은 법안을 폐기하고 노동허가제라는 법 제정을 요구하며 모든 미등록이주노동자(불법체류자)에 대한 전면합법화를 주장하고 있다. 뿐만 아니라 비정규직제도 철폐 투쟁, 장애인 이동권 쟁취 투쟁, 국가보안법 폐지 투쟁, 양심수 석방 투쟁, 이라크파병 저지 투쟁에 연대하여 왔다. 또한 촛불집회와 희망버스에 함께하며 한국 사회의 중요한 정치적 사안에까지 개입하고 있다.

이러한 이주노조 운동가들의 활동은 법적으로 법의 제정과 개정 요구 자격이 없는 자들이 법의 제정과 개정을 요구하고 있음을 보여준다. 한 국가에서 법의 제정과 개정은 전적으로 주권의 문제이다. 근대 국민국가 체제에서 주권의 참여자는 오로지 '국민'들로만 규정된다. 그 주권에 참여하지 않는 자들이 한 국가의 법에 대해서 제정과 개정 그리고 폐기를 요구하는 것은 일종의 주권침해에 해당한다.

그러나 이는 국민국가에 대한 법적 소속 여부가 정치적 권리의 보유 여부를 결정하는 근대적 정치제도—즉 국민국가체제—아래에서 성립된 정치적 주체 개념이자 정치적 권리 개념이다. 하지만 오늘날 전 지구적 차원에서 진행되는 이주는 국민국가 중심의 정치적 주체 개념과 권리 개념이 한계에 달했음을 보여주고 있다.14)

한국 정부와 자본의 입장에서는 그저 낮은 비용과 통제가 쉬운 노동력 상품으로서의 이주노동자들로 인식하겠지만, 그들은 인간으로서 보다 나은 삶을 위한 욕망과 그 욕망을 실현하기 위한 의지를 가진 존재들이다. 그리고 다양한 활동과 만남을 통해 그 욕망의 실현을 위해 활동하는 주체들이다. 또한 이주노동자들은 그저 노동력 상품이 아니라 자신이 처한 열악한 조건 속에서도 자신의 권리를 구축하기 위해 투쟁하는 정치적 주체들이기도 한 것이다.

이주노동자들은 노동자운동 및 다른 정치적 활동과 접속하면서 스스로의 상황을 변화시키고 자신들의 권리를 쟁취할 수 있는 존재가 되었다는 생각을 하게 되었다. 그리고 이러한 생각은 더욱 적극적인 투쟁의 형태로 표현되었다. 이들은 이주민 노조활동을 통해 무기력한 희생자에서 활력 있는 정치적 주체로의 변화를 경험했던 것이다. 이는 국가제도에의 소속과 국민적 동일성에 근거하는 것이 아니라 그러한 소속과 정체성을 가로지르는 운동과 연대에 근거한 정치적 주체화라고 할 수 있다.

3) 국가를 가로지르는 정치

2010년 국내에 거주하는 이주노동자의 수는 55만여 명으로 추정된다.[15] 그 가운데 노조로 조직된 이주노동자의 수는 300~350여 명 선이다(권은영, 2010 : 68). 수적 차원에서 보자면 극히 미미한 수준이다. 더욱

---

14) 전지구적 차원의 이주라는 현 시기가 새로운 정치적 주체와 권리 개념을 요구하는 상황에 대해서는 김현미(2010)를 보라.

15) http://www.slowalk.co.kr/158

이 이주노동자들의 독자노조로서, 이주노동자운동 과정에서 실제적, 상징적 대표성을 띠고 활동해온 이주노조는 정부의 강한 탄압을 받아 왔다. 다수의 중심 활동가들이 표적 단속으로 강제추방을 당하였으며 이주노조 위원장에게도 출국명령이 내려지는 등 이주노조를 무력화하기 위한 정부의 시도는 끊이지 않아 이주노동자들은 매우 어려운 조건에 처해 있다.

그러나 이와 같은 상황에서도 이주노조는 꾸준히 임금체불, 불법단속, 인권침해 등의 사안에 대응하며 조직화를 진행하고 있다. 또한 국내의 중요한 사회적, 정치적 이슈에 개입하며 자신들의 목소리를 내고 있다. 더욱이 금속노조가 이주노동자를 조합원으로 조직하기 시작하면서 이주노동자와 한국노동자의 계급적 연대가 제도적으로 확보되기 시작했다. 이주민과 한국인이 함께 노조를 이루어 활동하는 성서노조는 모범적 사례라고 할 수 있다.

그리고 이러한 투쟁과 운동의 과정에서 이주노동자들은 국가가 규정한 법적 권리의 한계를 넘어서 자신들에게 필요한 권리를 구성하고 쟁취하기 위해 활동하고 있다. 이들의 활동은 국가제도에 소속된 자들에게만 보장되던 정치를 넘어서 국가에 대한 제도적 소속을 가로지르는 정치를 보여준다.

◆ 참고문헌 ◆

권은영, 2010, 「이주노동자의 노동조합 활동을 통한 정치적 주체화 연구」, 서울대학교 사회학과 석사학위논문.

권혁범, 2004, 「'우리'는 누구인가?-'국민'적 정체성의 문화를 넘어서」, ≪자율평론≫ 7호, http://jayul.net/view_article.php?a_no=440&p_no=1.

김현미, 2010, 「국경을 넘는 노동자들과 이주 통행세」, 『친밀한 적』, 이후.

설동훈, 2005, 「한국의 이주노동자 운동」, 『우리 시대의 소수자운동』, 이학사.

송수진, 2002, 「이주노동자의 상태와 투쟁과제」, 이주노동자투쟁본부

이주노동자 차별철폐와 인권·노동권 실현을 위한 실현을 위한 공동행동 & 외국인이주노동자운동협의회, 2008, 『2008 고용허가제 실태보고』.

정정훈, 2006, 「탈국가적 정치주체로서 이주노동자에 관한 연구 - 서울경기인천 이주노동조합 활동가들의 사례를 중심으로」, 연세대학교 문화학협동과정 석사학위 논문.

4. 장애인운동의 어제와 오늘 :

장애-민중주의와 장애-당사자주의를 중심으로

윤삼호

영국의 1세대 장애학자 마이크 올리버는 장애인 단체를 등장 순서에 따라 5단계로 유형화한다(올리버, 2006). 정부기관과의 파트너십에 기반하여 장애인들을 지원하는 후원·자선단체가 맨 먼저 생긴다. 그 다음은 주로 장애인의 경제적 문제와 관련하여 의회를 설득하는 로비단체가 등장한다. 이런 단체는 대부분 비장애인들이 조직하고 통제하는 '장애인을 위한 단체(organizations for the disabled)'다.

그 뒤 소비자주의에 기반한 자조단체들이 등장하는데, 서구 장애인운동에서 소비자주의 단체가 본격적으로 등장한 것은 대체로 1970년대 초반이었다. 영국 장애인들의 탈시설화운동과 미국 장애인들의 자립생활운동이 촉매제였다. 이어서 민중주의에 기반한 활동가 조직들이 나타나고, 최종적으로는 소비자주의 및 민중주의 조직들이 연대한 우산조직[1](umbrella organisations)이 등장한다. 1981년에 설립된 BCODP(British Council of

1) 단일 지도체계 없이 강·온·중도파 등 많은 조직들이 느슨한 형태로 묶여 있으며, 때로는 각 조직들이 독자적인 의사결정으로도 행동하는 조직으로 도표로 그렸을 때 우산처럼 보인다 하여 붙여진 이름이다.

Organisation of Disabled People, 영국장애인조직위원회)와 DPI(Disabled Peoples' International, 국제장애인연맹)가 대표적인 우산조직이다. 올리버는 자조단체 단계부터는 '장애인 당사자 단체'(organizations of the disabled)로 분류하고, 이런 단체들이 신사회운동으로서의 장애인운동을 이끌었다고 주장한다.

한편, 한국의 장애인운동 조직은 서구와 달리 민중주의 지향이 강한 울림터(1986년), 장애인청년운동연합회(1991년) 등 청년장애인운동 조직이 먼저 결성되고, 이어 우산조직을 지향하는 통합된 한국DPI(1998년)가 1990년대 후반에 등장한다. 그리고 자립생활센터를 비롯한 소비자주의 단체들은 2000년 이후에야 본격적으로 나타난다. 이 같은 발전 양상은 한국 장애인운동의 특성을 잘 보여준다. 서구 장애인운동은 흑인운동, 게이운동, 여성운동 등 소수자운동의 맥락에서 출발한 까닭에 인권과 복지 이슈 중심으로 발전했다. 반면, 한국 장애인운동은 1980년대 비장애인-민중운동의 영향 아래 시작된 까닭에 처음부터 '장애-민중주의' 전통이 강했다.

먼저 '장애-민중주의'와 이에 대응하는 '장애-당사자주의'를 정의하고 넘어갈 필요가 있다. 한국의 민중운동이 이른바 PD-NL 대립의 역사였다면, 장애인운동은 '장애-민중주의'와 '장애-당사자주의'의 대립으로 설명할 수 있다. '장애-민중주의'란 장애인운동을 민중해방운동의 한 갈래로 인식하고 이를 토대로 실천하는 이념을 아우르는 '잠정적' 개념이다.[2] 이

2) 장애-민중주의 성향의 운동가들이 즐겨 사용하는 '진보적 장애인운동'이란 용어는 다소 모호하고 모순적이다. '진보적 장애인운동'이란 개념이 성립하려면 '보수적 장애인운동'이란 대응 개념이 존재해야 하는데, 사회과학적 의미로서의 '운동'은 그것이 어떤 것이든 '진보'의 형식과 내용을 이미 포함하기 때문에 그런 용어는 존재하지 않는다. '보수적 노동운동' 또는 '진보적 노동운동'이란 용어법이 없듯이 '진보적 장애인운동'은 진보의 가치를 선점하기 위한 정치적 수사일 수는 있어도 사회학적

주장에 동조하는 단체에는 노들장애인야학, 전국장애인자립생활센터협의회 소속 자립생활센터들, 장애여성공감, 전국장애인부모회 등이 있고, 이들은 2007년에 전국장애인차별철폐연대로 결집했다. 이 연대체에는 장애인 단체 뿐만 아니라 (구)민주노동당, (구)진보신당, 사회당, 행동하는의사회, 전교조 등도 참여하고 있다.

한편, '장애-당사자주의'는 장애 문제에 대한 전문가의 개입에 저항하며 장애인운동의 이론·실천·조직을 장애인 스스로 판단·결정·통제해야 한다는 주장이다. 좀 더 구체적으로 말하면, "장애인의 정치적 연대를 통해 장애인을 억압하는 사회 환경과 서비스 공급체계의 불평등한 권력관계를 비판·견제함으로써 장애인의 권한과 선택 및 평가가 중시되는 장애인 복지를 추구하며, 그 결과 장애인의 권리, 통합과 독립, 그리고 자조와 자기결정을 달성하려는 장애인 당사자 주도의 발전된 권리운동"(이익섭, 2005)을 하자는 것이다. 당사자주의를 내건 단체로는 한국DPI, 한국장애인자립생활센터총연합회 소속 자립생활센터들, 한국장애인인권포럼, 장애여성네트워크, 한국정신장애인협회, 한국지체장애인협회 등이 있으며, 이들은 한국장애인단체총연합회와 한국DPI를 중심으로 연대하고 있다.

한국 장애인운동에서 장애-민중주의 그룹과 장애-당사자주의 그룹은 그 뿌리가 동일했음에도 1990년 말엽부터 지금까지 사사건건 대립하고 있다. 이 장은 위의 두 그룹이 등장하고 발전해 가는 과정을 따라가면서 한국 장애인운동사를 정리하고, 최근 장애인운동의 위기 상황에 대해 질문을 던지는 것으로 끝맺을 것이다. 따라서 이 글은 한국 장애인운동사를

용어로는 부적합하다.

총평하되 해답을 제시하는 데 목적이 있는 것이 아니라 더 많은 논쟁을 위한 문제제기를 하려고 한다.

한국 민중운동사에서 큰 주목을 받지 못했지만, 지난 25년 간 장애인운동가들은 쉼 없이 저항하고 조직하고 연대했다. 투쟁 열의에 비해 운동 자원과 경험이 부족하여 많은 시련과 불화를 겪었지만, 장애인운동은 꿋꿋이 살아남아 2000년대 이후 화려한 꽃을 피웠다.

1. 청년장애인운동의 시대(1986년-1998년) : 장애-민중주의의 등장과 투쟁

1987년 이전에는 조직적인 장애인운동이 거의 없었다. 장애 유형별 장애인단체가 일부 있었지만 그들은 이익집단의 한계를 벗어나지 못했다. 또 대학, 병원, 장애인 시설 등에서 자생적으로 생긴 동아리나 동문회 조직들이 전국에 산재해 있었고, 1978년에는 장애 대학생 동아리들이 연대하여 전국지체부자유대학생연합회(이하 '전지대련')를 만들지만 이 조직은 운동단체라기보다 친목단체에 가까웠다.[3)]

이런 수준을 뛰어넘어 본격적인 장애인운동 조직이 등장한 것은 1986부터다. 그해 서울에서는 울림터와 한국DPI(한국장애인연맹)가 출범하는데, 이는 이동권 투쟁 이전의 한국장애인운동사에서 가장 중요하게 기록될 부분이다. 울림터는 정립회관 고등부 동아리 '밀알' 출신 10여 명[4)]의 대학

3) 서울의 '대학정립단'과 '5-4모임', 익산의 '청솔', 대구의 '푸른샘', 대전의 '다크호스', 부산의 '디딤돌'과 '청애회', 춘천의 '예맥' 등이 초창기 전국지체부자유대학생연합회에 참여하였다.

4) 최옥란 열사, 김대성 한국DPI 사무총장, 이안중 한국DPI 이사, 김병태 전 민주노동당 장애인위원장, 신용호 전 장애우권익문제연구소장, 위문숙 서울DPI 회장, 이석구

생 주도로 만든 작은 단체지만 기존 장애인 조직들과 달리 운동 조직의 구성과 면모를 갖춘다. 특히 기관지 ≪함성≫을 통해 장애 문제의 원인은 개인이 아닌 자본주의적 모순 때문이라고 제기하는 등 당시로는 상당히 급진적인 주장들을 연이어 내놓는다.[5] 따지고 보면 ≪함성≫의 주장은 독창적인 장애이론이 아니라 당시 민중운동의 논리를 장애인운동에 '기계적으로' 대입한 것인데, 이는 장애-민중주의의 이론적 토대가 되어 지금도 유력한 장애 담론의 하나로 기능하고 있다.

1987년 울림터는 장애인운동의 대중화를 위해 전지대련에 가입하고 이 조직을 이념적, 실천적으로 주도하려고 하지만, 이들의 '급진적 관념'과 다른 소속 단체 구성원들의 '가족적 성향'은 쉽게 융화되지 않는다. 장애대중운동을 이끌 리더십의 한계가 드러나고 조직 내 불화까지 겹치면서, 결국 울림터는 1992년 해산된다.

해산 뒤 울림터 구성원 대부분은 장애인청년운동연합회(이하 '장청')에 가입한다. 장청은 1988~1989년 장애인올림픽거부 투쟁과 장애인복지법 개정 및 장애인고용촉진법 제정 투쟁을 거치면서 전국적 청년조직 건설의 필요성을 느낀 울림터 등 서울지역 장애 청년들이 1991년에 결성한 조직이다. 장청은 출범선언문에서 "억압받고 소외받는 400만 장애민중의 생존권 쟁취를 위해 투쟁할 것이며, 이를 통해 민중이 주인 된 새 세상 건

한국장애인재단 사무총장, 김동호 전 보건복지부 장애인권익지원과장, 유영호 강북참세상장애인자립생활센터 소장, 박춘우 한국장애인개발원 경영본부장, 손복목 전 한국장애인단체총연합회 사무처장, 이상호 서울시의원, 나은화 전 서울시의원(이상 무순) 등이 울림터 출신이다. 이 가운데 최옥란(뇌성마비인) 열사를 제외하면 모두 소아마비인들이다.

5) 가령 정태호(1987), 김동호(1988), 김칠득(1988), 김한배(1989)를 보라.

설을 목적으로 투쟁하는 제 민족민주세력과 연대하여 장애해방의 깃발을 반역적, 반민중적 집단과 투쟁하는 전선이면 그 어느 곳이든 가열 차게 휘날릴 것이다"[6]고 밝히는 등 장애-민중주의를 전면에 내세운다. 그러나 장청 역시 소수 운동가에 의한 선도투쟁의 한계를 드러내면서 애초 목표로 삼았던 전국 장애인청년조직 건설에 실패하고, 설립 2년 만에 울림터가 그랬듯이 장애 대중 조직과 통합을 모색한다.

1991년에 결성된 전국장애인한가족협회(이하 '전장협')는 친목회 수준의 조직이었지만 전지대련에 비해서는 조직력이 강했다. 전지대련처럼 여러 동아리가 연합한 조직이 아니라 소아마비 전문 치료 및 재활시설인 여수 애향병원 출신자들의 모임 '밀알들'이 주축이 되었기 때문이다. 1993년 장애-민중주의 관점을 가진 장청과 전국 조직망을 갖춘 전장협이 통합하면서 전장협의 장애청년 운동가들이 1998년까지 한국 장애인운동의 주축이 된다.

이들은 장애자올림픽거부투쟁(1988년), 장애인고용촉진법 제정 및 장애인복지법 개정 투쟁, 즉 '양대법안투쟁'(1989년), 정립회관 비리 투쟁(1990년, 1993년)[7], 최정환 열사 분신 투쟁(1995년)[8], 이덕인 열사 의문사 투쟁

6) <장애인복지신문>, 1991. 4. 19.

7) 1990년 정립회관 관장의 공금 유용과 착복, 불투명한 회계 처리 등 개인 비리가 불거지자 서울장애인운동청년연합회(준)는 관장 퇴진, 국정조사 등을 요구하며 회관을 45일 동안 점거했다. 당시 관장퇴진 요구는 관철시키지 못하고, 그 대신 '정립회관 발전을 위한 특별위원회'를 구성하는 성과를 얻었다. 하지만 그 뒤로도 관장의 전횡과 비리가 계속되자 1993년 장애인운동청년연합회와 직원들이 중심이 되어 다시 회관을 점거했다. 이번에는 비리 관장을 퇴진시키고 새 관장을 선임함으로써 투쟁을 승리로 이끌었다.

8) 1995년 3월8일 최정환(37세, 지체장애 1급)이 서초구청의 노점 단속에 항의하며 분신자살했다. 사건이 나자 전국장애인한가족협회, 전국노점상연합회 등은 비상대책기구를 만들고 민중운동단체들과 함께 화염병까지 사용하면서 노점상 생존권 등을

(1995년)[9] 등 숱한 대중투쟁 현장에서 때론 단독으로 때론 민중운동과 연대하여 치열하게 투쟁한다.

당시 청년 장애인운동가들은 거리 집회를 통해 장애인들의 요구를 알리는 한편, 주요 고비에서는 '점거투쟁'을 적극 활용하였다. 장애인을 기만하는 서울장애인올림픽에 헌금을 기부한다며 연동교회를 점거하고, 양대 법안 투쟁 때에는 삼육재활원, 장애자올림픽조직위원회, 공화당사, 야당 당사를 돌아가면서 점거한다. 또 시설 비리와 관련하여 1989년에 서울장애인종합복지관을, 그리고 1990년과 1993년에 두 차례 정립회관을 점거하고 농성을 벌인다. 이 같은 점거 전술은 2001년 이후 이동권 투쟁에 고스란히 계승된다. 장애인운동에서 유독 점거투쟁이 많은 까닭은, 비장애인들과 달리 기동력에 의존하는 투쟁전술을 사용할 수 없어서 점거전술이 가장 효과적인 투쟁수단이기 때문이다.

청년 장애인운동가들은 1990년대 초반까지는 노동권, 생존권 등 포괄적인 요구를 내걸고 투쟁했는데, 1990년대 후반부터는 조금씩 일상의 삶 문제에 눈을 돌린다. 전장협 대전지부는 1996년에 이동편의권 투쟁을 전개하여 대전시장으로부터 모든 대전지하철 역사에 승강기를 설치하겠다는 약속을 받아낸다. 서울에서도 비슷한 투쟁이 전개된다. 1997년 서울시에서는 전장협, 장애인편의시설촉진시민모임, 뇌성마비연구회가 '장애인교통

요구하며 격렬하게 저항했다.

9) 인천 아암도에서 노점단속에 항의하는 투쟁을 진행하던 이덕인(29세, 지체장애 6급)이 1995년 11월 28일 두 손이 묶인 채 해변에서 변사체로 발견되었다. 이에 전국장애인한가족협회, 장애인자립추진위원회는 민중운동단체들과 연대하여 비상대책기구를 만들고 진상규명 등을 요구하면서 인천과 서울 곳곳에서 거리투쟁을 전개하였다.

권확보를위한운동본부'를 결성하고 저상버스(또는 리프트 장착 버스) 도입을 요구한다(전장협, 2002 : 113~114). 당시 장애인들이 외쳤던 "장애인도 버스를 타고 싶다!"는 요구는 그 뒤 이동권연대의 주요 슬로건이 된다.

이상에서 보았듯이 울림터, 장청, 전장협으로 이어지는 청년 장애인운동 조직들, 그리고 장애-민중주의 성향이 강한 장애청년운동가들이 1980~90년대 한국 장애인운동을 주도하였다. 따라서 이 시기를 '청년장애인운동의 시대'라고 정의해도 무방할 것이다.

2. 장애인운동의 분화(1999~2007년) : 장애-민중주의와 장애-당사자주의의 대립

치열하던 청년장애인운동은 1995년 이덕인 열사 의문사 투쟁 이후 소강상태로 접어든다. 점거농성은 사라지고 대중교통이용권, 참정권, 노동권 등을 청원하는 운동이 그 자리를 대신했다. 30대 후반에 접어든 주요 활동가들이 생활고에 시달려 하나둘씩 이탈하고, 투쟁의 열기는 식어가고, 새로운 전망은 요원했다. 결국 전장협은 또 한 번 통합을 통해 난관을 돌파하려고 했다. 이번에는 한국DPI가 그 대상이었다.

1) 전장협과 한국DPI의 통합 : 청년장애인운동 시대의 마감

1980년 캐나다에서 개최되던 RI(Rehabilitation International, 국제재활) 총회에 참가한 세계 각국 장애인 250여명은 이사회 의석수의 절반을 요구하지만 거절당한다. 이에 장애인들은 별도의 모임을 갖고 전문가들이 주도하는 RI에 대응하기 위해 장애인 당사자가 주도하는 국제 장애인 조직을 만들기로 결의한다. 이 결정은 신속하게 추진되어 그 이듬해 싱가포르에서 51개국 400여명이 모여 DPI를 결성한다. DPI는 "우리가 없는 자리에서 우리에 대해 말하지 말라!(Nothing about Us without Us!)"는 슬로건 아래 전 장애 유형의 포괄, 국제 장애인운동의 연대, 반전문가주의-장애인 자결권을 추구하는 세계 최대 규모의 장애인 우산조직이다.

한국DPI는 1980년 RI 총회에서 국제 장애인들의 움직임을 직접 보고 돌아온 송영욱 변호사(당시 한국소아마비협회 이사)를 중심으로 1986년 설립된다. DPI 정신에 따라 각 장애 유형을 대표할만한 지체장애인, 시각장애인, 청각장애인 등 20여명이 발기인으로 참여했다. 하지만 초기 DPI는 경제적, 사회적으로 성공한 중년층 장애인들로 구성되었다는 점, 대중운동보다 소수 엘리트 중심의 운동이었다는 점, 그리고 국내문제보다 국제연대에 주력하였다는 점에서 그 당시 청년장애인운동과 맥락이 달랐다.

바로 이런 시점에 장애인운동의 새로운 돌파구를 찾고 있던 전장협과 국내문제로 눈을 돌리기 시작한 한국DPI가 만난다. 전장협은 몇 차례 물밑 접촉을 거친 뒤 1998년 7월 한국DPI와 정식으로 통합협상을 시작한다. 그 뒤 중앙위원회 3차례, 통합추진위원회 4차례, 통합실무대표자회의 3차례를 거쳐 1998년 10월 20일 대의원총회에서 통합을 결의한다.

전장협-한국DPI 통합은 1993년 장청-전장협 통합과 정반대 방식으로 진행된다. 청년장애인운동의 입장에서 볼 때, 전자가 대중투쟁 동력을 확보하기 위한 통합이라면 후자는 장애인운동의 이념성과 국제연대를 위한 통합이라고 할 수 있다. 그러니까 당시 청년장애인운동은 그동안 견지하던 장애-민중주의 대신 한국DPI의 장애-당사자주의를 선택한 것이다. 이렇게 하여 1980~1990년대 한국 장애인운동을 주도한 청년장애인운동의 시대는 막을 내리고 새로운 시대가 열렸다.

그렇지만 통합과정이 원활하지는 않았다. 통합을 주도한 울림터 출신자들과 조직구성방식, 운동노선 등을 둘러싼 갈등 때문에 (전장협 부설기관인) 노들장애인야학의 교사 등 일부 활동가들이 통합대열에서 이탈한 것이다. 게다가 전장협 지역조직 8곳 가운데 광주, 울산, 강원도, 대전 지부가 통합에 합류하지 못한다.[10] 바야흐로 청년장애인운동과 국제 장애인운동이 한 배를 탔으나 '불안한' 출발이었다.

이런 과정을 거쳐 한국DPI에 통합된 그룹과 이탈한 그룹은 각자의 길을 가다가 2년 뒤 마침내 이동권 투쟁 현장에서 만난다.

2) 이동권 투쟁의 전개 과정

2001년 1월 22일, 수도권 지하철 4호선 오이도역에서 고재영(74세) 박소엽(72세, 지체장애 3급)씨 부부가 역사 내 수직형 리프트[11]를 타고 이동하다가 7m 아래로 추락한다. 이 사고로 남편 고재영씨는 중상을 입고 아내 박소엽씨는 병원에서 치료받던 중에 사망한다. 부부는 설을 쇠려고 순천에서 올라와 시흥에 사는 막내아들 집에서 하루 묵은 뒤 서울 큰 아들

10) 당시 전장협에는 서울, 대전, 광주, 울산, 강원, 충남, 충북, 제주 지부가 있었다. 통합 논의 초기부터 친목모임으로 남겠다고 선언한 광주지부를 제외하고 처음에는 모두 통합에 찬성하였으나 통합 과정에서 전-후임 지부장의 알력 다툼(울산지부), 회장의 투병(대전지부, 강원 지부) 등의 이유로 지부의 절반이 통합에 참여하지 못했다.

11) '수직형 리프트'는 엘리베이터와 외형은 비슷하지만 엘리베이터와 달리 기계실과 추락 방지용 안전시설에 대한 규정이 없어서 저렴하고 설치가 용이한 대신 안정성이 떨어지는 이동수단이다.

집으로 가던 중이었다.

어디에서나 일어날 수 있는 사고였지만, 이 사건으로 한국 장애인운동의 흐름이 급선회한다. 사건 직후 서울DPI(서울장애인연맹), 노들장애인야간학교, 서울지체장애인협회, 장애인실업자연대, 장애인편의시설촉진시민연대는 '오이도역장애인수직형리프트추락참사대책위원회'(이하 '오이도대책위')를 구성하고 철도청, 보건복지부, 산업자원부 등의 항의 방문을 시작으로 투쟁에 들어갔다. 2월 6일에는 서울역 광장에서 100여 명이 참여한 가운데 규탄 집회를 개최한 다음 장애인 수십여 명이 지하철 서울역 철로에 뛰어들어 약 30분 동안 점거한다.

지하철을 이용하는 시민들이 30분 늦는 것을 이유로 우리의 선로점거가 비난 받아야한다면 감수하겠습니다. 그러나 30년 넘도록 집밖으로 나오지 못하는 장애인의 현실에 대해 우리 사회는 함께 책임을 져야 합니다." 누가 먼저랄 것도 없이 시작된 외침은 선로를 따라 퍼져나갔다. 하지만 장애인들의 몸이 휠체어와 함께 경찰에 의해 끌어올려지면서 외침은 곧 비명으로 변했고, 시위는 32명이 경찰에 연행되면서 끝이 났다. 이날 시위는 사회적으로 적잖은 파장을 불러일으켰다. 그러나 어느 누구도 이날의 시위가 오이도역 문제를 넘어 지하철의 엘리베이터 설치 투쟁으로, 저상버스 도입 투쟁으로, 그리고 장애인 이동권 보장을 위한 법률제정투쟁으로 이어지는 '장애인 이동권 투쟁'의 서막이 될 거라고 예상하지 못했다.[12]

이렇듯 장애인 이동권 투쟁은 그야말로 순식간에 또 격렬하게 폭발하였다.

---

12) 유해정, 2009, 《월간 함께 걸음》 홈페이지.
(http://www.cowalkne ws.co.kr/news/articleView.html?idxno=8437#).

오이도대책위는 그해 4월 20일 '장애인이동권쟁취를위한연대회의(이하 '이동권연대')'로 명칭을 바꾼다. 서울지체장애인협회가 빠진 대신 장애인실업자종합지원센터, 한국뇌성마비장애인연합, 민중복지연대 등이 새로 참가했다. 참가단체는 꾸준히 늘어 이동권 투쟁이 막바지로 치닫던 2005년에는 전국민주노동조합총연맹, 전국민중연대, 민주노동당, 희망사회당, 행동하는의사회 등이 참여하여 35곳으로 늘었다.

이동권 투쟁은 크게 이동권 법률 제정 운동과 직접행동으로 전개되었다. 직접행동의 핵심 전술은 '점거'와 '천막 농성'이었다. 2001년 3월부터 장애인과 함께 지하철 타기 운동이 시작되고, 7월부터 시작된 '장애인도 버스를 탑시다!' 행사는 2005년 1월까지 모두 41차례 진행된다. 특히 2001년 8월에는 세종문화회관 앞에서 시내버스를 4시간 동안 점거하다가 시위대 85명이 경찰에 연행된다. 당시 노들장애인야학 박경석 교장은 1970년대 미국 장애인들처럼 버스 안에서 자신의 몸을 쇠사슬로 묶고 저항했다. 이후 쇠사슬은 장애인의 억압과 저항을 상징하는 이미지가 되었다.

2001년 7월 1차 버스타기 행사가 끝나고 시위대는 서울시청으로 몰려가 천막 농성에 들어간다. 일주일 동안 세 차례 천막을 철거당하고 이 과정에서 시위대 45명이 연행된다. 결국 장소를 서울역 광장으로 옮겨 천막 농성을 계속하다가 한 달 뒤 경찰에 의해 강제 철거된다. 2002년 5월 서울 지하철 5호선 발산역에서 중증 지체장애인이 경사형 리프트[13) 추락사고로 또 사망하자, 이동권연대는 5호선 광화문역사에서 무기한 천막 농

13) 지하철 역사에서 흔히 볼 수 있는 '경사형 리프트' 또는 '고정형 리프트'는 엘리베이터가 없는 건물 내부에 휠체어를 싣고 이동할 수 있도록 계단 벽면을 따라 레일을 설치하고 휠체어를 실을 수 있는 발판을 부착한 이동수단이다.

성에 들어간다. 9월에는 서울 지하철 1호선 시청역 철로를 약 1시간 동안 점거하다가 76명이 연행된다. 그러던 중 2003년 5월 수도권 국철 송내역에서 시각장애인이 선로에 추락하여 사망한다. 이번에도 이동권연대 소속 장애인들은 시각장애인단체와 함께 지하철 선로를 점거하여 항의한다. 그리고 10월부터는 이동보장 법률 제정을 요구하며 국회 앞에서 68일 동안 천막 농성을 한다. 뿐만 아니라 국가인권위원회, 한나라당사, 서울시청, 이순신장군 동상, 정부기관 행사장을 점거하고 영등포로터리와 마포대교를 비롯하여 서울 시내 차도 곳곳을 점거한다.

이동권연대는 현장투쟁과 더불어 법률제정운동도 전개한다. 2001년 6월부터 이동권 확보를 위한 백만인 서명운동을 시작하여 2004년 12월까지 약 55만여 명의 서명지를 국회에 전달한다. 또 2002년 10월에는 '장애인 · 노인 · 임산부등의교통수단이용및이동보장에관한법률'(이하 '이동보장법) 입법 투쟁을 선언하고 2003년 초부터 전국 순회 간담회를 조직하고 공동대책위를 구성한다. 마침내 2004년 7월 국회의원 16인이 이동보장법을 공동 발의하자, 정부는 11월에 '교통약자의이동편의증진법안'을 국회에 제출한다. 결국, 정부 법안을 토대로 그해 12월 31일 이동편의증진법이 만장일치로 국회에서 통과된다.

이동편의증진법이 제정됨에 따라 '이동권'14)이 법적 권리로 정의되고, 정부는 5년마다 교통약자이동편의증진계획을 수립해야 하고, 지방자치단

---

14) 이동편의증진법은 이동권을 '장애인 등 교통약자가…… 교통약자가 아닌 사람들이 이용하는 모든 교통수단, 여객시설 및 도로를 차별 없이 안전하고 편리하게 이용하여 이동할 수 있는 권리'라고 정의한다. 그런데 국제 장애인운동은 이동권(rights to movement) 대신 교통수단 접근성, 건축물 접근성, 정보 접근성 등을 포괄하는 접근권(rights to access) 개념을 주로 사용한다. 동등한 교통수단 이용권에 제한되는 '이동권'은 한국 장애인운동의 특수성을 반영하는 개념이다.

체는 저상버스와 특별교통수단(이른바 '장애인 콜택시')을 단계적으로 도입해야 한다. 또 전국 모든 지하철 역사에 엘리베이터 설치가 의무화되었다.

3) 이동권 투쟁 : 한국 장애인운동의 변곡점

이동권 투쟁은 몇 가지 측면에서 한국 장애인운동의 변곡점으로 평가할 만하다.

첫째, 이동권 투쟁을 거치면서 장애인운동의 선봉이 고학력-경증-소아마비인에서 저학력-중증-뇌성마비인으로 교체되었다.

당시만 해도 비가시적인 존재였던 중증 장애인들은 가족과 함께 살더라도 집밖 출입조차 어려웠고 상당수는 시설에 수용되어 사회와 완전히 격리되어 있었다. 이런 처지에 놓인 중증 장애인들이 사회에 참여하고 사회관계를 맺는 거의 유일한 통로는 야학과 자립생활운동이었다.

당시 노들야학(서울), 질라라비야학(대구) 등 장애인 야학이 약 10여 곳 있었는데, 그곳은 동등한 인간으로서 함께 삶을 살아가고자 하는 장애인들과 진보적인 활동가들이 결합한 공간이었다. "장애인 야학을 찾는 이들은 학습을 통해 배움의 욕구를 충족시켜 나갔다. 그리고 동시에 자신의 삶을 억압하고 있는 세상과의 소통 방식으로 삶이 곧 운동이 되는 과정을 경험하면서 점차 세상을 새롭게 볼 수 있게 되었다"(김용욱, 2009 : 3). 이렇게 의식화된 중증 장애인들이 오이도역 사건이 터지자 자기 문제로 인식하고 거리로 뛰쳐나와 위력적인 '휠체어 부대'가 된 것이다. 또 당시 막 시작된 자립생활운동에서 배출된 중증 장애인 활동가들도 이동권 투쟁의 주역으로 활동하였다. 이렇게 중증 장애인들이 전면에 나서면서 장애인운

동의 상징도 '목발'에서 '휠체어'로 바뀌었다.[15]

이동권 투쟁을 통해 현실 참여에 눈을 뜬 중증 장애인들은 이후 장애인 차별금지법 투쟁, 탈시설화운동, 자립생활운동에 주도적으로 참여하면서 장애인운동의 주도 세력으로 급부상한다.

둘째, 이동권 투쟁을 통해 장애인운동과 비장애인-민중운동의 연대가 더 강고해졌다.

이동권 투쟁에는 많은 비장애인 청년들도 참여하였다. 자신의 존재 기반을 뛰어넘어 투쟁에 동참한 비장애인들은 '에바다 투쟁'[16] 참여 대학생, 장애인야학 교사, 학생운동가, 진보정당 활동가 등 그 구성이 다양했다. 이들은 중증 장애인들의 활동보조 같은 개인적 지원은 물론이고 선전물 배포, 몸싸움 등 직접 투쟁에도 가담하다가 구속되는 경우도 있었다. 사회당, 민주노동당, 민주노총 등 시민사회단체들도 투쟁을 지원하였다. 일부 비장애인 활동가들은 투쟁 지원에 그치지 않고 투쟁을 기획하고 주도하거나 '프락션'을 하기도 했다. 이들을 매개로 상당수 장애인들이 진보정당들의 장애인위원회로 흡수되었다.

하지만 장애-비장애 운동가들의 연대는 어디까지나 외형적 통합일 뿐

15) 이동권 투쟁 과정에서 중증 장애인들이 장애인운동의 '선봉'으로 등장한 것은 확실하지만, 그렇다고 이들이 이 운동 전체를 주도했다고는 할 수 없다. 여전히 고학력-경증-남성 장애인들의 발언권이 운동 내부에 강하게 남아 있다.

16) '에바다 투쟁'은 에바다복지회가 운영하는 경기도 평택의 장애인 시설 원생들이 1996년 재단의 비리를 폭로하면서 촉발되었다. 시설 종사자들과 부설 학교 교사들이 원생들을 지지하고 나서자 재단 측은 몇몇 교사를 해임하고 원생들을 시설 밖으로 추방했다. 하지만 지역 시민사회단체들은 공동대책위를 구성했는데, 이때 장애 관련 학과 학생들을 중심으로 대학생대책기구도 결성되었다. 이 투쟁은 2001년 공동대책위원회가 추천하는 7인이 재단 이사로 선임되고, 2003년 재단 소유 일가가 물러나면서 7년 만에 승리로 끝났다.

일상의 삶 속에서 동지적 관계로 발전하지는 못했다. 또 주류운동과의 연대가 강화되면서 장애인운동의 정체성에 대한 고민이 깊어지고 있다. 오늘날 장애인운동은 비장애인 운동가와 똑 같은 어투로 구호를 외치고 집회 사회를 보고, 똑 같은 논리로 국가와 정부를 비판한다. 적어도 장애-민중주의 그룹에 국한해서 보면, 노동자 계급을 중심으로 여타 민중 세력이 종적으로 연대하는 구사회운동적 기획이 인종, 여성, 소수자 등 다양한 운동세력이 횡적으로 연대하는 신사회운동적 기획을 압도하는 양상이다. 이것이 장애인들이 스스로 결정한 선택인지, 아니면 비장애인 운동가들의 '과도한' 개입인지 따져 볼 필요가 있다.

셋째, 이동권 투쟁을 거치면서 한국 장애인운동은 '장애-민중주의'와 '장애-당사자주의'로 분화되기 시작했다.

이동권 투쟁이 한창일 때, 장애-당사자주의라는 새로운 노선을 채택한 한국DPI는 (이견이 있을 수 있으나 대략적으로 볼 때) 투쟁 방식과 연대기구 운영 방식을 놓고 장애-민중주의 그룹과 갈등을 빚다가 결국 이동권연대를 탈퇴한다. 1980~90년대 청년장애인운동을 주도하고 제1차 지하철 선로 점거 때 가장 많은 연행자를 배출했던 한국DPI 활동가들이 탈퇴하면서 장애-민중주의와 장애-당사자주의의 대립이 점화되었다.

이동권연대를 탈퇴한 한국DPI는 2003년 12월 한국뇌성마비장애인연합, 장애인편의시설촉진시민연대와 서울 · 제주 · 양천 · 상화자립생활센터 등과 함께 '중증장애인전동휠체어국민건강보험확충적용추진연대'(이하 '전동연대')를 결성하고 '전동 휠체어 보험 적용 투쟁'에 나선다. 전동연대는 "1대당 전동휠체어의 평균 가격은 350만 원이며, 내구연한 5년 간의 부품교체비용을 더하면 400만 원 이상"이라며 전동휠체어 의료급여를 보장하라고 요구했다(중증장애인전동휠체어국민건강보험확대적용추진연대, 2005 : 111). 이들은 집회, 공청회, 기자회견 등 다양한 압력 수단을 동원하여 투쟁을 전개한다. 특히, 2004년 11월에는 소속 단체 장애인 29명이 국민건강보험관리공단의 로비와 이사장실을 점거하고 하루 만에 전원 연행된다. 이 투쟁의 결과, 2005년 4월 보건복지부는 중증 장애인이 전동휠체어와 전동스쿠터를 구입할 경우 각각 209만 원과 167만 원까지 지원한다는 내용을 담은 의료급여법 개정안을 공포한다. 이로써 중증 장애인들은 저렴한 가격으로 전동휠체어를 구입할 수 있게 되었고, 덕분에 이들의 이동 속도와 범위가 크게 향상되었다.

이동권연대 내부의 갈등과 이어진 탈퇴, 독자 투쟁의 전개 등의 과정을 거치면서 장애-민중주의와 장애-당사자주의가 서서히 분화되더니, 마침내 정립회관 사건을 거치면서 두 그룹은 완전히 갈라선다.

4) 정립회관 사건 : 장애-민중주의와 장애-당사자주의의 단절

(사)한국소아마비협회가 운영하는 정립회관은 1975년 10월에 개관한 국내 최초의 장애인 이용시설이다. 정립회관은 설립 초기부터 예능경연, 웅변대회, 체육대회, 방학 캠프 등 당시로는 획기적인 청소년 프로그램을 운영하였고, 특히 장애 학생 체능검사를 주관하였기 때문에 당시 장애 청소년들이 많이 이용하였다. 수용시설만 있고 이용 시설이 전무하던 시절, 학교와 지역사회는 물론이고 심지어 가족으로부터도 철저하게 배제되던 시절, 장애 청소년들(특히 소아마비 청소년들)에게 정립회관은 그야말로 육체와 영혼의 안식처나 다름없었다. 정립회관은 이들에게 단순한 장애인

시설이 아니라 운동 공간이자 놀이 공간, 사교 공간이자 토론 공간이었다. 또 시설 내 수영장에서 '왜소하고', '뒤틀리고', '볼품없는' 벗은 몸들을 마주보면서 장애인으로서의 동질성을 확인하는 공간이기도 했다. 이렇게 같은 공간에서 집단화와 동질화의 경험을 한 어린 장애인들은 성인이 되어 사회적, 문화적으로 '한 가족'이 되었다. 정립회관 고등부 동아리 밀알 출신 10여 명으로 출발한 울림터가 그 후 활발하게 청년장애인운동 시대를 이끌 수 있었던 것은 우연이 아니다.

2004년, 바로 이곳 정립회관에서 장애-민중주의 그룹과 장애-당사자주의 그룹이 맞붙는다. 이동권 투쟁 당시에도 두 그룹은 갈등을 빚었고 그때는 한 쪽이 이탈하는 수준에서 끝났지만, 이번에는 장애인운동을 바라보는 관점 뿐 아니라 '감정'까지 정면충돌한다.

외형, 이 사건은 2004년 4월에 당시 정립회관 관장이 정년을 2개월 앞두고 관장의 임기를 65세 정년제에서 3년 임기제로 규정을 바꾼 게 발단이다. 규정이 바뀌면 관장 임기가 연장된다며 노조가 반발한 것이다. 하지만 노사 갈등의 불씨는 사실 그 이전으로 거슬러 올라간다. 1년 전 '서울경인사회복지노동조합 정립회관지부'(이하 '정립노조')는 회관 측과 임금 문제로 다투다가 실패하고, 노조 간부까지 해고된 적이 있다. 그런데 마침 관장의 정년 문제가 불거지자 노조는 기회를 놓치지 않은 것이다.

정립노조는 6월에 노들장애인야학, 몇몇 이용자 모임 등과 함께 '정립회관민주화를위한공동대책위원회'(이하 '정립공대위')를 구성한다. 이동권 투쟁이 법제정 단계에 접어든 상태였던지라 여력이 생긴 이동권연대도 지원에 나선다. 정립공대위는 출범 열흘 뒤에 관장 연임 철회와 명예로운 퇴임, 새 관장의 공개 채용, 이용자 대표의 이사회 및 운영위원회 참여, 노조 활동 보장 등을 요구하며 정립회관 사무실과 관장실을 점거한다. 그러자 다른 이용자들과 비조합원들이 여기에 반발하여 양측이 물리적 충돌까지 빚는다. 한국소아마비협회 이사회는 관장 연임제는 정년제보다 선진적인 제도이고 관장 퇴임을 앞두고 규정을 바꾼 건 후임 관장의 임용 조건을 미리 정해두기 위한 것이라고 반박한다. 관장을 계약직으로 전환하여 일시적으로 업무를 연임하게 한 것은 합법적인 조치라고 주장한다. 이에 정립공대위는 "우리는 …… 한국소아마비협회 이사회를 폐쇄적이고 비민주적인 집단으로 규정한다. 그들은 장애인당사자주의를 가장하여 장애대중을 대상화하고 기만하였나"고 천명한다.[17] 이제 정립공대위와 한국소아마비협회 간의 싸움으로 번진 것이다.

이 과정에서 정립공대위 소속 장애인들은 송영욱 이사장(한국DPI 초대 회장), 이익섭 이사(당시 한국DPI 회장), 채종걸 이사(당시 한국DPI 부회장)의 사적 공간에까지 몰려가 시위를 하는 바람에 이들이 차례로 이사직에서 물러난다. 국제장애인운동과 당사자주의의 주요 이론가이자 실천가들이 다른 사람도 아닌 장애인 당사자들의 공격 대상이 되었다는 것은 한국DPI로서는 참을 수 없는 상심이었을 것이다. 처음에는 개입을 자제하던 한국DPI는 청소년 시절 정립회관에 대한 기억을 간직한 장애인들을 규합하여 '정립회관이소중한사람들의모임'(이하 '정소모')을 만들어 대응한다. 정소모는 사건의 본질을 시설민주화의 문제가 아닌 노사문제로 보고, 관장에 대해서도 개인 비리가 전혀 없고 재임 기간 동안 한국에 자립생활운동을 소개한 공로를 인정해야 한다는 입장이었다. 특히 이들은 같은 장애인

---

17) "정립공대위 성명서 전문", <에이블뉴스>, 2004. 8. 6.

이면서 이사들의 사적 공간까지 가서 집회를 개최하고 인신공격을 한 것을 크게 비난한다. 이로써 1990년대 초반 두 차례 정립회관 비리투쟁 때 동지였던 사람들이 이제 정치적으로 또 감정적으로 대립하게 된다.

이 사건은 2005년 2월 5일 광진구청의 중재로 230여일 만에 타결된다. 합의안에는 점거 농성 해제, 적절한 시기에 관장 퇴임, 조합원 1명 해고 및 7명 정직 처분 등이 포함된다. 양측의 입장이 '적절하게' 조정된 내용이다.

이렇게 하여 사건은 마무리되었지만, 장애인운동의 입장에서 보면 그 결과는 참담했다. 핵심 노조원들이 해고되거나 퇴사하면서 노조가 와해되고, 정립회관 본관 3층을 무료로 사용하고 있던 노들야학과 한국DPI는 2007년 12월과 2008년 4월에 각각 퇴거당한다. 그 이후로 '시설민주화' 담론이 '탈시설화' 담론으로 대체되고 장애-민중주의 그룹과 시설노조와의 연대투쟁도 사라진다. 무엇보다 쓰라린 것은, 문제의 관장은 약속대로 관장직을 그만두지만 그 대신 한국DPI를 지지하는 이사들이 떠난 소아마비협회의 이사장 자리를 차지한다. 얼마 후 그는 폭력사태의 배후로 비난받던 인물을 새 관장으로 임명한다. 관장을 쫓아내려다 되레 그에게 법인과 시설을 통째로 넘긴 꼴이다.[18]

전국 최대 규모의 장애인 이용 시설이 이제 장애인운동의 영향력에서 완전히 벗어났고, 더불어 청소년 시절 정립동산을 뛰놀던 숱한 장애인들의 '마음 속 고향'도 사라졌다. 정립회관 사건은 이 공간에 대한 기억을 지키려는 자들과 새로운 기억을 만들려는 자들의 '슬픈 투쟁'이었다.

---

18) 그들은 아직도 그 자리에 있으며, 사단법인 이사장의 임기는 제한이 없다.

5) 자립생활운동의 분화

자립생활운동은 1960년대 말에서 1970년대 초 미국 캘리포니아 주에서 중증 장애인들에 의해 처음 시도된 운동이다. 당시 장애인들은 아무리 중한 장애인이라도 어디서, 누구와 살고, 어디에서 일하고, 건강을 어떻게 유지할지를 스스로 선택하고 완전히 자립적인 삶을 살아갈 권리를 가져야 하고 또 실제로 그런 삶을 영위해야 한다고 주장한다. 이 운동의 철학은 소비자주권(consumer sovereignty), 자기-의존(self-reliance), 정치 · 경제적 권리(political and economic rights)로 요약된다(Dejong, 1979).

미국의 자립생활운동 이념은 일본을 거쳐[19] 한국에까지 소개되는데, 이때 정립회관이 중재자로 나선다. 정립회관은 1997년에 세계 최초 자립생활센터인 버클리자립생활센터에 직원들을 연수 보내고, 1998년에는 일본 최초 자립생활센터인 휴먼케어와 공동으로 '한일장애인 자립생활세미나'를 개최한다. 또 2000년에는 대구, 광주, 제주, 서울 등을 돌면서 '한일자립생활 전국순회 세미나'를 개최하였다. 또 정립회관과 휴먼케어는 '한일자립생활지원기금'을 공동으로 조성하는데, 이 기금으로 2000년 8월과 9월에 피노키오자립생활센터(서울)와 우리이웃자립생활센터(광주)가 한국에서는 처음 문을 열고, 이어서 제주센터(2002년), 서울센터(2003년) 등이 설립된다. 특히, 이동권 투쟁을 경험한 중증 장애인들이 자립생활운동에 대거 참여한다. 그 결과, 2004년 약 20곳이던 자립생활센터가 2009년

---

19) 1986년 미국의 자립생활운동가들이 일본을 방문하여 일본 열도를 돌면서 '미일자립생활 지역순회 강연회'를 개최하여 자립생활을 소개하였다.

에는 170곳으로 증가한다(윤삼호, 2010 : 7).

자립생활운동에서도 장애-민중주의 그룹과 장애-당사자주의 그룹의 대결 구도가 만들어졌다. 2003년 전국 11곳 센터가 모여 '한국장애인IL단체협의회'를 결성하고 그 다음해에 명칭을 '한국장애인자립생활협의회'(이하 '한자협')로 변경한다. 이 과정에서 노들장애인자립생활센터(준)가 중심이 된 장애-민중주의 그룹과 제주장애인자립생활센터와 서울DPI 부설 양천장애인자립생활센터(준)가 중심이 된 장애-당사자주의 그룹이 격돌한다. 한자협의 활동 방향에 대하여, 장애-민중주의 그룹은 활동가 조직이 중심이 되어 강력한 현장 투쟁을 전개하자는 입장이었고, 장애-당자시주의 그룹은 다양한 형태의 조직이 참여하여 운동과 서비스를 병행하자는 입장이었다. "한자협은 전국장애인차별철폐연대를 중심으로 투쟁에 매진하면서 자립생활 서비스의 개발과 교육에 소홀하였고, 센터에 대한 안정적인 제도와 지원 체계를 갈망하는 지역 센터들의 기대를 묵살하면서 반발을 사게 되었으며, 이후 협의회의 중심 센터들과 연합회의 중심 센터들 사이의 통합 논의가 진행되었다"(고관철, 2012 : 58).

결국 장애-당사자주의 성향을 가진 서울센터, 제주센터, 양천센터 등이 한자협과 결별하고 2005년에 한국장애인자립생활센터연합회를 결성한다. 이들은 장애-민중주의 그룹의 민중투쟁노선에 비판적이었다. 결국 2006년에 10개 센터가 추가로 한자협에서 탈퇴하여 한국장애인자립생활센터연합회에 가입함으로써 '한국장애인자립생활센터총연합회'(이하 '한자연')가 만들어진다. 그 뒤 지금까지 자립생활운동에서 한자연과 한자협의 경합 구조가 지속되고 있다. "한자연은 권익 옹호 활동과 각종 서비스 제공의 조화를 주장하며 한자협과 별도의 연합체를 구성했으며, 이는 현장 투쟁

중심의 이동권연대와 한국DPI 간의 경쟁 구도로 인식되기도 했다."(김도현, 2007 : 141).

초창기 자립생활운동의 분화는 내부의 입장 차이 때문이기도 하지만, 장애-민중주의와 장애-당사자주의가 맞붙었던 이동권 투쟁과 정립회관 사건 같은 외부 요인도 많이 작용했다고 볼 수 있다. 그 후 한자협은 장애인차별금지법, 장애인 교육권, 민중연대, 탈시설 문제 등에 주력하며, 한자연은 장애인복지법 개정, 활동보조인 및 자립생활 제도화, 서비스 체계 개선, 자립생활모형 개발 등에 주력하고 있다.

3. 장애인운동의 위기(2007~) : 서비스의 제도화와 소비자주의의 확산

구체적인 검증이 있어야 하겠지만, 줄곧 상승 곡선을 그리던 한국 장애인운동이 2007년을 전후하여 뚜렷한 퇴조기를 맞이하는 것 같다. 시위의 횟수가 줄고, 신진 활동가 수혈이 점점 더 어려워지고, 운동보다 사업에 치중하는 단체들이 늘고 있다. 장애-민중주의 그룹이든 장애-당사자주의 그룹이든, 운동하는 단체에게 이런 현상은 분명 위기다. 이 위기는 어디서 오는 것일까?

첫째, 법제화와 제도화의 진전으로 인한 위기일 가능성?

이동권 투쟁의 성과로 2005년에 교통약자의이동편의증진법이 제정되었는데, 그 뒤로 장애인 관련 법률이 봇물을 이루고 있다. 장애인운동에서 '현장 투쟁→법제화 또는 제도화'가 하나의 공식처럼 고착되고,[20] 심지어

20) 가령, 이동권 투쟁→교통약자편의증진법(1995년), 장차법 투쟁→장애인차별금지법 제정(1997), 권리협약추진연대 활동→UN장애인권리협약 제정(1996), 연금법 투쟁→

법률안부터 만들어 놓고 현장 투쟁에 돌입하는 경우도 있다. 장애인운동의 최종 도달지점이 법률 제정이나 서비스의 제도화로 귀결되는 셈이다. 하지만 입법화 전략은 한편에서는 복지의 확대를 가져다줄 수 있지만, 그 결과로서 운동의 필요성을 기각 또는 각하시킬 수도 있다.

둘째, 소비자주의가 몰고 온 위기일 가능성?

미국 장애인운동이 발전시킨 소비자주의는 장애인의 선택권과 자기결정권을 강조한다. 특히, 자립생활운동이 활성화되고 개별지원서비스(personal assistant service, PAS)가 확대되면서, 센터는 센터대로 활동보조서비스 사업에 더 치중하고 서비스 이용자는 이용자대로 개인 활동을 더 중시하고 있다. 장애-민중주의 그룹이든 장애-당사자주의 그룹이든 최근 자본주의 복지전달체제에 경쟁적으로 뛰어들고 있다. 여전히 혁명적인 상층 구조와 점차 자본주의 체제로 포섭되고 있는 하층 구조 사이에는 커다란 진공 상태가 존재한다. 앞으로 이 불안정한 공간은 장애인운동의 위기를 더 조장할 수 있다.

셋째, 장애이론이 빈약해서 생긴 위기일 가능성?

어떤 운동이든 운동은 고유한 자기 논리가 있어야 발전을 기대할 수 있다. 이론은 실천의 실패 확률을 낮출 뿐 아니라 그것을 평가하는 척도로 기능하기 때문이다. 그러니 당연한 말이겠지만 장애이론에 대한 이해 없이는 지속가능한 장애인운동을 기대하기가 어렵다. 최근 장애학(disability studies)이 속속 번역되고 있지만,[21] 한국 장애인운동은 여전히 민중주의

장애인연금법 제정(2010), 교육권 투쟁→장애인교육법 전면 개정(2007), 자립생활운동→장애인활동지원법 제정(2010), 부모 투쟁→장애아동지원법 제정(2011) 및 발달장애인법 제정(진행중), 주거권 투쟁→주거약자지원법 제정(2011), 장애여성운동→여성장애인지원법 제정 운동(진행중).

또는 당사자주의라는 다소 앙상한 논리 체계에 갇혀 있는 모양새다.

넷째, 장애인운동의 지나친 정당화가 초래한 위기일 가능성?

선거철만 되면 장애인 사회는 온통정치판이 된다. 아무런 준비 없이 느닷없이 나서고, 평소 소신과 다르게 유불리에 따라 정당을 바꾸고, 자신의 존재를 부각시키기 위해 무작정 비례대표 후보를 신청한다. 2012년 총선 당시 한나라당 비례대표에 신청한 장애인만 60여 명이었는데, 이 같은 정치 과잉은 각 정당들이 장애인위원회를 만들어 놓고 장애인들을 꼬드긴 결과다. 시민사회 중에서 장애인 사회만큼 정치권 리그와 운동권 리그를 구분하지 못하는 곳이 있을까 싶다. 장애인들이 지나치게 정치화(사실은 정당화)될 경우 장애인운동의 분열과 현장 투쟁의 약화를 초래할 수 있다. '장애 정치'는 '장애인의 정당정치 참여'를 때론 긍정하지만 때론 부정하는 개념이기도 하다.

4. 몇 가지 질문

장애-민중주의와 장애-당사자주의 둘 다 한국 장애인운동의 소중한 가치를 포함하고 있는 건 자명하다. 장애-민중주의는 급진성, 운동성, 변혁지향성, 헌신성을 강조하고 장애-당사자주의는 정체성, 자기결정권과 자기주도성, 국제연대 정신을 강조한다. 그럼에도 한국 장애인운동사를 되돌아보면 이 두 흐름은 건강한 경합 관계라기보다 살벌한 적대 관계에 있

21) 지금까지 국내에서 번역되어 소개된 장애학 서적은 올리버(2006), 바톤 · 올리버(2006), 존스톤(2007), 스기노 아키히로(2010), 잉스타 · 휘테(2011), 샤피로(2011)이 있다.

는 듯하다. 물론, 지향이 다른 운동들이 하나로 통일될 필요는 없지만, 그렇다고 소아병적 적대를 지속하는 것도 소모적이다.

이 사태를 중재할 만한 유력한 세력을 찾기 어려운 상황에서, 장애-민중주의 그룹과 장애-당사자주의 그룹에 각각 몇 가지 질문을 던지는 것으로 이 장을 마무리하고자 한다. 이 질문에 대한 답변을 찾는 과정이 상대를 이해하는 과정이 되었으면 한다.

먼저, 장애-민중주의 그룹에게.

첫째, 장애인들이 사회적, 문화적, 정치적으로 경험하는 모든 문제를 국가의 문제로 환원시키는 경향이 있는데, 그렇다면 개인이 손상 그 자체 때문에 당하는 고통과 비통함은 어떻게 해야 하는가?

둘째, 장애-민중주의 논리를 끝까지 밀고 나가면 결국 '노동해방/민중해방이 되면 장애해방이 된다'는 주장을 만나게 되는데, 정말 그런가? 그렇다면 민중해방된 국가들, 이를테면 구소련, 중국, 북한 장애인들의 삶의 질이 서구 자본주의 국가 장애인들의 그것보다 높다는 증거는 있는가?

셋째, 장애-당사자주의 그룹이 정부 예산에 타협적이고 권력 지향적이라고 비판하는데, 그렇다면 본인들은 어떤가? 한국 장애인운동사에서 언제나 장애-민중주의의 선봉에 섰던 노들장애인야학조차 연간 수억 원의 예산을 지원받는데, 이것은 어떻게 설명할 수 있나? 또 장애인운동이 보수적 권력은 탐하면 안 되고 진보적 권력은 탐해도 되는 건가?

장애인운동은, 정치체제에 대한 대표성이 무시되거나 조작될 위험이 도사리고 있는 사회 정책과 법률 안에서 작은 이익이나마 챙기기 위해 국가 활동에 체제내화되는 것을 감수해야 하는가? 아니면, 주변화와 고립의 위험을 무릅쓰고 국가로부터 분리되어 정책과 실천의 장기적 변화와 장애인의 권한강화를 이끄는 의식화 활동에 집중해야 하는가?(올리버, 2006 : 174).

그 다음, 장애-당사자주의 그룹에게.

첫째, '장애인 당사자주의'는 장애인운동의 지도 이념인가, 아니면 조직 운영 또는 투쟁의 원칙에 불과한 것인가? 한국지체장애인협회, 한국시각장애인연합회, 한국농아인협회 같은 단체들이 장애인 당사자주의를 앞세워 복지관 위탁에 적극적인데, 복지관은 대표적인 반-당사자주의 시설이 아닌가? 이처럼 당사자주의가 광범위하게 악용될 가능성에 대한 대안은 있는가? 당사자들은 전문가들에 비해 전문성이나 책임성이 부족한 것 아닌가?

둘째, 그동안 국제연대사업을 거의 독점해 왔는데, 그것이 한국 장애인운동에 구체적으로 어떤 영향을 주었는가? 일부 영향을 주었다고 해도, 해외사업에 들인 예산 대비 효과를 분석해 볼 때 긍정적이라고 할 수 있는가? 그리고 지금처럼 국제연대사업에만 치중하고 국내 투쟁 현장을 등한시한다면, 그것이 진정한 운동인가?

셋째, 장애-당사자주의자들은 울림터 시절부터 단 한 번도 포기하지 않았던 안정적이고 전국적인 대중조직 건설의 꿈을 지금도 꾸고 있다. 하지만 지금까지의 노력에도 한국장애인단체총연합회는 노골적으로 장애인운동에서 멀어지고 있고, 한국장애인자립생활센터 같은 대중조직은 한국DPI 운동 방식에 아직은 유보적인데, 그렇다면 진정한 우산조직의 건설은 어떻게 가능한가? 당사자주의 이념은 여전히 위력적이지만 그것을 실천할 조직의 실체는 흐릿한 것 같은데, 이를 어떻게 극복할 것인가?

◆ 참고문헌 ◆

고관철, 2012, 「장애인자립생활센터의 한국적 발전방안 논의」, 동국대학교 석사학위논문.

김도현, 2007, 『차별에 저항하라』, 박종철출판사.

김동호, 1988, 「한국장애자운동론」, ≪함성≫ 6호.

김용욱, 2009, 「장애인 야학의 전개와 학생·교사 문화 : 두 야학 이야기」, 대구대학교 박사학위논문.

김칠득, 1988, 「장애해방이란 과연 무엇인가?」, ≪함성≫ 7호.

김한배, 1989, 「사회변혁운동으로서의 장애운동과 울림터」, ≪함성≫ 8호.

바톤, 렌과 올리버, 마이크(Barton, Len & Oliver, Mike) 지음, 윤삼호 옮김, 2006, 『장애학 : 과거 · 현재 · 미래』, 대구DPI.

샤피로, 조지프 P.(Shapiro, Joseph P.) 지음, 윤삼호 옮김, 2011, 『동정은 싫다』, 한국DPI.

아키히로, 스기노(杉野昭博) 지음, 정희경 옮김, 2010, 『장애학 : 이론 형성과 과정』, 한국장애인단체총연합회.

올리버, 마이크(Oliver, Mike) 지음, 윤삼호 옮김, 2006, 『장애화의 정치』, 대구DPI.

윤삼호, 2010, 「한국 자립생활운동의 현황과 과제」, 『자립생활발전방안 토론회 자료집』, 한국장애인인권포럼.

이익섭, 2005, 「장애인 당사자주의와 장애인 인권운동 : 그 배경과 철학」, 『장애인 당사자주의 대토론회 자료집』, 한국장애인인권포럼·한국장애인단체총연합회.

잉스타, 베네딕테와 휘테, 수잔 레이놀즈(Ingstad, Benedicte & Whyte, Susan Reynolds) 지음, 김도현 옮김, 2011, 『우리가 아는 장애는 없다』, 그린비.

전장협, 2002,『전장협 활동기록집 '장애해방 그 한 길로!'』.

정태호, 1987,「한국 사회운동과 장애자운동」, ≪함성≫ 4호.

존스톤, 데이비드(Johnstone, David) 지음, 윤삼호 옮김, 2007,『장애학 개론』, 대구DPI.

중증장애인전동휠체어국민건강보험확대적용추진연대, 2005,『전동휠체어쟁취투쟁 자료집』.

<장애인복지신문>, 1991. 4. 19.

"정립공대위 성명서 전문", <에이블뉴스>, 2004. 8. 6.

Dejong, Gerben, 1979, "The Movement for Independent Living Origin, Ideology and Implications for Disability Research," Heller Graduate School Brandeis University Waltham, Massachusetts.

유해정, 2009, ≪월간 함께 걸음≫ 홈페이지, (http://www.cowalkne ws.co.kr/news/articleView.html?idxno=8437#)

5. 장애여성운동의 의제와 도전

김효진

이제 10년의 역사를 지니게 된 장애여성운동은 어느 정도 독자적인 영역을 구축하게 되었다. 장애여성운동 초기에는 장애여성 문제를 거론하는 것 자체만으로도 운동의 분열이며 장애여성운동은 결국 장애인운동을 약화시킬 것이라는 우려와 비난이 지배적이었다. 당시에 비해 장애여성운동의 독자성이 인정받게 된 것은 커다란 발전이라 하겠다. 이는 척박한 토양에서도 자신의 문제를 드러내는 데 주저하지 않았던 몇몇 장애여성 활동가의 헌신성과 자기조직화 원리를 고수했던 철저함의 결과로 보인다.

활동보조인제도가 시행된 이래 중증여성들의 운동 참여가 늘어나고 있어 운동의 주체도 확대되고 있다. 장애여성운동 태동기부터 장애여성공감의 핵심멤버들과 부산여성장애인연합의 장향숙 대표 등 중증장애여성들이 활동하기 시작하였고, 최근에는 자립생활운동에 힘입어 언어장애가 있는 뇌성마비장애여성들도 운동에 뛰어들고 있다. 유형별, 정도별로 다양한 차이가 존재하는 장애여성운동이야말로 밑으로부터 추동되는 대중운동으로의 성장 가능성이 풍부한 운동이라고 하겠다.

운동이 발전하면서 각 운동세력의 방향과 노선에서 차이가 드러나고 있다. 이는 이념과 주체설정, 운동방식 등의 차이에 따른 당연한 결과로서,

장애여성운동이 성장하고 발전해가는 과정으로 보아야 한다. 초창기 장애여성운동에는 오로지 "이대로 차별에 순응하며 살아갈 수 없다, 그것은 죽은 삶이다"라는 절박함만 있었다. 하지만 운동의 실천과정에서 시행착오도 있었지만 성과가 축적되면서 각자의 특성을 살려 운동의 방향을 잡아나가고 있다.

다양한 실천 속에서 변화·발전해가고 있는 장애여성운동의 역사를 서술하는 것은 어려운 일이다. 그러나 누구도 소외되지 않는 사회를 이루고자 하는 공통 목표에 도달하기 위해서는 장애인운동, 여성운동, 그리고 여러 소수자운동과 공감하고 소통해야 하기에 부족하나마 장애여성운동의 역동적인 활동상을 소개하고자 한다. 먼저 장애여성운동 안에서 장애여성의 차이와 경험에 대해 고찰하고, 장애여성공감, 한국여성장애인연합, 장애여성네트워크 등 세 자조단체 단위별 활동을 중심으로 장애여성운동의 주요 의제(議題)에 대해 정리하겠다. 이러한 작업을 통해 장애여성운동이 직면하고 있는 도전들에 대해 살펴보려 한다.

1. 장애여성의 차이와 경험

1) 비가시성(非可視性)

어느 사회에서나 장애여성은 숨겨진 존재로 살아간다. 장애여성은 그들을 가치절하하는 사회 환경 때문에 세상 속에 나타나는 경우가 적고, 공공연히 나타나는 일은 거의 드물다. 그들은 신체적으로 보이지 않을 뿐 아니라 심리적으로도 보이지 않게 된다. 또 소수집단으로서 종종 다수의 사람에게 무시당한다(Lonsdale, 1990 ; 곽지영, 2005 : 18~19에서 재인용).

장애여성들은 두 가지 방식으로 차별 대우를 받는다. 장애인으로서 의존적이고 비생산적이라는 관념의 대상이 되며, 여성과 성인으로서 이중적 무능력자라는 낙인으로 인해 기대되는 역할을 박탈당한다. 장애여성들은 근로자나 로맨틱한 애인, 양육자 또는 어머니로 기대 받지 못한다. 사회적으로는 어린이도 아니고 성인도 아닌 중간 상태의 존재로 규정된다. 이러한 미묘하고 다양한 종류의 억압에 맞서 투쟁하는 것은 매우 어렵다. 이러한 억압들은 장애여성들의 싸움에 필요한 자기에 대한 감각을 훔쳐가기 때문이다. 장애여성들은 가치절하된 지위를 경험함으로써 스스로를 눈에 보이지 않는 존재처럼 느낀다(Gill, 1996 ; 곽지영, 2005 : 18~19에서 재인용). 이러한 장애여성들의 비가시성은, 어린 시절의 교육적 선택의 문제, 즉 장애치료가 우선되어 교육이 등한시되는, 일반학교가 아닌 특수학교의 교육에서부터 시작된다. 그리고 취업하는 데도 제약을 받기에 성인이 되어서도 비가시성은 마찬가지로 나타난다. 각종 장애인 관련 정책과 제도, 서비스에서도 장애여성의 욕구가 반영되지 못한다.

2) 다중차별

지난 10년 사이 장애여성이 여성과 장애인으로서 장애차별과 동시에 성차별을 받는 이중적인 사회적 약자라는 점에 대해서는 어느 정도 사회적 합의가 이루어졌다.[22]

---

22) 한국에서는 1990년대 말과 2000년 초에 걸쳐 김정애(1999), 오혜경 외(1999), 김미옥(2002) 등이 이중차별론을 제기한 바 있다.

이러한 주장이 반영되어 장애인고용촉진 및 직업재활에 관한 법률에서 장애여성에게 고용장려금을 두 배로 지급할 수 있는 근거가 생겼다.[23] 하지만 장애라는 조건과 여성이라는 조건을 같은 비중으로 보기는 어렵다. 따라서 단순 조합으로 장애여성의 문제를 설명하는 것은 무리다. 이중차별론으로는 장애유형별, 장애정도별, 계층별로 장애여성 안에 엄연히 존재하는 다양한 차이를 반영하기 어렵다. 게다가 장애 문제와 여성 문제 모두 개인의 문제가 아니라 사회적인 상호작용 속에서 발생하기 때문에, 그 두 가지 조건은 단순하게 합쳐질 뿐만 아니라 조건 자체가 상호작용하는 가운데 복합적인 문제를 만들어낼 수밖에 없다. 가령, 장애가 있는 여성이 제도교육의 기회를 갖지 못한 채 고립되어 살 수밖에 없다면, 어느 정도의 교육을 받은 장애남성과 비교했을 때 두 배가 아니라 그 이상의 차별을 경험할 수밖에 없다.

결국 이중차별론은 '여성으로서의 경험'과 '장애인으로서의 경험'을 분리하여 구체적인 경험을 드러낸다. 따라서 비장애여성 또는 장애남성의 경험과 비슷할 수도 있지만 결코 같은 것으로 환원될 수 없는 장애여성의 고유한 경험을 드러낼 수 없다. 한국의 장애여성들은 그동안의 운동성과를 집약하여 유엔장애인권리협약 제정 시 여성장애인들의 차별경험을 다중차별로 개념화하는데 전 세계의 합의를 이끌어냈고, 이를 장애여성 조항에 반영시켰다.[24]

---

23) 제30조(장애인 고용장려금의 지급) 3항에서 다음과 같이 명시하고 있다. '…… 다만 중증장애인과 여성장애인의 지급단가는 중증장애인 및 여성장애인이 아닌 장애인에게 적용되는 지급단가의 2배 범위에서 따로 정할 수 있다.'

24) 유엔장애인권리협약 제6조(장애여성) 제1항에는 '당사국은 장애여성과 장애소녀가 다중적 차별의 대상이 되고 있음을 인정하고, 이러한 측면에서 장애여성과 장애소

장애여성은 다중차별을 당하기 때문에 장애인 가운데 거의 절반에 해당하는 숫자임에도 소수자[25]에 해당한다. 현재 지체장애, 경증(輕症), 남성이 장애인 집단을 지배하고 있어 소수 유형과 중증(重症) 장애인, 장애여성들의 소외와 차별을 낳게 된다. 따라서 장애여성이 스스로를 소수자로 정체화하는 것은 장애차별과 성차별을 종식시키려는 운동에서 중요한 의미를 갖는다.

3) 차이의 정치학

'장애'라는 정체성을 가진 사람들 안에는 장애유형, 젠더, 계급, 나이, 학력 등 무수한 차이가 존재한다. 따라서 '장애'라는 공통점만으로 어떤 보편적인 욕구나 특성을 가진 집단으로 묶기에는 무리가 있다. 게다가 다양한 존재들 간의 차이는 위계성을 띠면서 차별로 이어진다. 중심적인 위치에 있는 집단의 관점에서 기준이 만들어지고, 그 기준에 따라 다른 집단을 소외시키고 배제하는 경우가 발생한다. 따라서 장애여성운동에서는 '차이의 정치학'(politics of difference)[26]이 매우 유용한 전략이 될 수 있

녀가 모든 인권과 기본적인 자유를 완전하고 동등하게 향유하도록 보장하기 위한 조치를 취한다'고 되어 있다.

25) 소수자는 '신체적 또는 문화적 특징 때문에 사회의 다른 성원들에게서 차별을 받으며 차별받는 집단에 속해 있다는 의식을 갖고 있는 사람들'이라고 정의내릴 수 있다. 소수자임을 결정하는 기준은 수의 많고 적음이 아니라 편견과 차별의 여부에 달렸다고 할 수 있다(박경태, 2007 : 19~20).

26) '차이의 정치학'은 1980년대 미국 페미니스트 그룹 내부 논쟁에서 시작되었다. 흑인 페미니스트인 벨 훅스는 그의 초기 저작『페미니즘 — 주변에서 중심으로』에서 백인 페미니스트들이 남성과 같은 자격을 부여받기 위해 페미니즘을 성별 억압으로 단일화함에 따라 나머지 여성들의 목소리를 외면했다고 지적하면서, 여성 억압의

다.

물론 차이를 강조하다 보면, '장애'라는 동일한 정체성을 바탕으로 변화를 도모하는 운동과는 멀어지는 것처럼 보일 수도 있다. 그러나 비장애 남성 중심 사회에서 열등한 존재로 보호와 은폐의 대상으로 구분되었던 장애여성에게는 장애남성과는 다른 차이가 결국 차별로 이어졌다. 이것이 집단적인 정체성을 형성하는 데 걸림돌로 작용하여 왔기에, 장애여성 고유의 차이가 존중되는 과정이 필수적이라고 생각된다. 결국 차이의 존중은 차별로 인한 억압을 없애고자 하는 노력이 수반될 때 완성될 수 있을 것이다.

하지만 장애여성의 다양한 차이를 드러내기에는 장애여성을 대변하는 장애여성 자조단체는 턱없이 부족하다. 특히 내부장애여성,[27] 지적장애여성, 정신장애여성들의 목소리는 거의 드러나지 않고 있다.

2012년 현재 장애여성 자조단체는 모두 7개이다. 장애유형을 포괄한 전국조직으로서 '한국여성장애인연합'과 '내일을 여는 멋진여성'[28]이 있고, 서울시 기반의 '장애여성공감'과 '장애여성네트워크', '장애여성문화공동체'[29]가 있으며, 유형별 단체로는 '한국시각장애여성연합회'[30]와 '청각

원인이 젠더(성별성)에 있다고 주장하는 지배적인 흐름에 피부색과 인종 문제가 간과되었음을 주장하였다. 즉, "가정(사적 영역)에서 벗어나 직장(공적 영역)으로"라는 백인 페미니스트들의 구호는 가사와 돈벌이를 함께 해온 하층계급 흑인 여성들의 삶을 무화하며, 직장 여성들이 많아졌다고 해도 남성 억압이 줄어들지 않았다는 것에 주목하였다(벨 훅스, 2010). 현재 페미니즘 운동은 '차이'를 인정하며 전지구적 연대를 구상하는 단계로 발전해왔지만, 한국의 장애여성운동 안에서는 장애여성이 지닌 여성 혹은 장애남성의 차이가 간과되고 있다.

27) 신장, 심장, 간, 호흡기, 장루, 요루, 간질 관련 장애여성.

28) '내일을 여는 멋진여성'은 한국지체장애인협회라는 장애인단체에서 활동해왔던 장애여성들이 주축이 되어 2004년에 결성하였으며, 장애여성들의 인력개발과 역량강화 교육, 가족지원사업 등을 하고 있다. 홈페이지 www.wsbt.or.kr 참조.

장애인여성회'[31]가 있다. 한국여성장애인연합과 장애여성공감, 장애여성네트워크는 차이가 차별로 이어지는 사회 전체의 변화를 추구하는 '차이의 정치'를 추구한다. 반면 내일을 여는 멋진 여성과 한국시각장애여성연합회, 청각장애인여성회는 장애여성이라는 동일한 정체성을 강조하며 내부적으로 결속을 다지는 '정체성의 정치'[32]를 추구한다.

장애여성공감은 장애민중주의에 기반한 민중해방 계열에, 장애여성네트워크는 장애인당사자주의에 기반한 장애해방 계열에서 출발했기에, 두 단체는 방향성과 연대활동에서 상당한 차이를 보이고 있다. 한편 한국시각장애여성연합회와 청각장애인여성회는 장애여성 중에서도 소수그룹에 해당한다.

2. 장애여성 자조단체의 의제들

29) '장애여성문화공동체'는 2000년 결성된 국내 최초의 장애여성 극단 '끼판'으로 출발해서 장애여성의 인권과 소통의 문제를 문화와 예술을 통해 풀어가는 단체이다. 퍼포먼스, 창작극, 국제장애인예술워크샵, 영상워크샵 등 다양한 문화영역에서 장애여성이 문화주체가 되는 활동을 해왔으나 최근 몇 년 동안에는 장애계 연대활동 외에 외부에 드러나는 자체 활동을 거의 하지 않고 있다.

30) 1976년 창립된 '한국시각장애인여성연합회'는 여성시각장애인들의 평등한 사회참여와 복리증진 및 권익옹호를 이루기 위하여 상담사업, 정보화교육사업, 각종 교육사업, 출판·홍보사업, 생활체육진흥사업 등을 실시하고 있으며, 현재 전국에 6개 지부(서울, 울산, 전북, 광주, 인천, 대전)를 두고 있다. 홈페이지 http://kbwu.net 참조.

31) '청각장애여성회'는 1998년 농아인여성회로 시작해 청각장애여성들의 권익옹호를 위해 활동해오고 있으며, 한국여성장애인연합의 회원단체로 연대하고 있다.

32) '정체성의 정치'는 특정 정체성을 가진 개인이나 집단이 다른 사람들과 구별되는 정체성을 중심으로 그것에서 파생되는 여러 가지 문제점과 사회구조의 모순을 드러내고 해결하려는 활동이라고 할 수 있다(장미경, 1999 : 85).

장애여성운동 초창기 활동은 주로 장애여성이 겪고 있는 차별을 드러내는 데 초점을 두었다. "장애여성이 겪는 차별이 장애인의 그것과 다를 바가 없다는 장애인운동의 논리로 인해 스스로의 정체성을 확인할 기회를 갖지 못하고, 장애여성으로서의 권리 찾기를 유보해야 했던 장애여성들에게는 무엇보다 자신들이 겪는 차별을 드러내고 그것을 차별로 이름 짓는 가운데 장애여성의 이름으로 다시 태어나는 과정이 필요했던 것이다."(김효진, 2005). 장애단체별로 차이를 드러내는 방식과 과정에는 약간의 차이가 있지만, 그 과정은 장애여성의 이름으로 집단적 정체성을 확인하고 문제해결의 주체로 나서기 위한 필수적인 과정이었다.

아래에서는 장애여성공감, 한국여성장애인연합, 장애여성네트워크 세 자조단체의 최근 5년간 활동의 주요 의제를 살펴봄으로써 장애여성운동의 지형을 개관하려 한다.[33)]

1) 장애여성공감

장애여성공감은 장애여성이 동등한 사회구성원으로서 존중받고 장애인의 선택과 결정이 존중되는 사회를 만들기 위하여 1998년 창립한 단체이

33) 필자는 2009년에 장애여성공감과 한국여성장애인연합 10주년 기념토론회에 참여하여 장애여성운동이 걸어온 길, 앞으로 나아가야 할 길에 대해 함께 고민할 수 있는 기회를 가졌다. 이 절의 내용은 그 당시 고민과 성찰의 연장선상에 있다고 할 수 있다. 나머지 단체들과는 접촉점이 거의 없거나 있다 해도 단편적이어서 감히 다루지 못하였다.

다. 장애여성공감은 『장애여성공감 10년운동사』를 통해 자신들의 운동을 크게 몸/섹슈얼리티, 독립생활운동, 반성폭력운동, 문화운동의 범주로 나누어 정리하였다. 이 글에서는 독립생활운동과 문화운동 중심으로 장애여성공감의 지향에 대해 살펴보겠다.

(1) 독립생활운동

장애인운동에서 자립생활운동(Independent Living Movement)이 차지하는 비중은 큰 편이다. 최근 5년 사이 자립생활운동이 급속도로 발전하다 보니 자립생활운동=장애인운동이라고 불릴 정도이고, 다른 운동은 불필요하다거나 덜 중요한 운동으로 취급되기도 한다. 자립생활은 의식적이든 무의식적이든 모든 장애인의 기본적인 요구에 해당한다. 자립생활운동은 장애인이 시설에 살지 않고 지역사회에서 비장애인과 동등한 권리를 누리며 자기결정권과 선택권을 충분히 보장받는 삶을 지향한다.

장애여성공감은 '가족으로부터 독립해서 자신의 삶의 주체가 되어 스스로 결정한 생활방식으로 살고자 했던 세 명의 장애여성들'이 창립한 단체로서 한국에 자립생활운동이 전파되기 이전부터 장애여성의 '독립'을 주장해 왔고 '독립생활운동'을 실천해왔다. 장애여성공감에서는 아래와 같은 이유로 '자립'이라는 용어 대신 '독립'이라는 용어를 사용한다.

공감에서는 예전부터 '자립'이라는 용어 대신 '독립'이라는 용어를 선택했다. 일반적으로 비장애인들은 '독립한다'는 표현을 하는 데 반해 장애인들은 '자립해야 한다'는 얘기를 한다. 이것은 장애인들에게 '누구의 도움도 받지 않고 스스로 살 것'을 사회가 강요하는 맥락에서 나온 것으로 보인다. 그리고 '자립'이 누군가의 도움을 전제로 하는 제한적인 의미를 담고 있다면, '독립'은 자신의 의사가 존중되고 자신의 삶을 결정하고 자신에게 주어지는 도움을 선택할 수 있다는 보다 능동적이고 주체적인 의미를 담는다고 할 수 있다(장애여성공감, 2010 : 59).

장애여성공감의 구성원들은 '자립'이라는 용어가 '자립하고 싶다'는 욕구로 표현되기 보다는 (의존적이게 만드는 차별과 편견에도 불구하고) 의존적으로 살아가서는 안 된다는 암묵적인 강요 때문에 '자립해야 한다'고 강요받는 현실에 주목하고 있다.

장애여성공감에서는 기존의 자립생활서비스가 장애여성의 감수성을 전혀 고려하지 않기 때문에 장애여성의 독립에 대한 의지를 떨어뜨린다고 보았다. 즉 서비스를 제공하는 자립생활센터와 기관에 성인지적 관점이 없어 장애여성의 선택권이 존중되지 못한다고 보았다.

한편 장애여성공감은 단순한 서비스 제공으로 장애여성의 독립이 이루어질 수 있다고 여기지 않았다. 독립을 가족, 경제, 사회활동, 성적 권리 등을 포함한 삶의 전반을 포괄하는 광범위한 개념으로 보았다. 따라서 장애여성 본인이 무엇을 원하는지, 어떻게 살아가고 싶은지 스스로의 결정과 선택을 독립의 목표로 삼았다. 그리고 다양한 장애와 개인적인 욕구를 가진 장애여성 한 명 한 명에게 가장 적합한 독립생활을 지원하며, 독립적인 삶이라는 보다 장기적이고 근본적인 문제까지 함께하고자 하였다.

이러한 문제의식을 실현코자 2005년 3월 장애여성독립생활센터 숨(이하 숨센터)를 개소하였다(장애여성공감, 2010 : 61~62). 숨센터는 장애여성에게 필요한 활동보조 지원, 주택 개조 등 독립에 필요한 실질적인 서비스

제공과 담론 형성과 연구를 위해 꾸준히 노력해왔다. 숨센터는 다른 자립생활센터들이 장애여성의 독립에 대해 좀 더 많은 고민을 하게 하는 활동에 중점을 두었고, 활동보조 서비스에 대한 성인지적 관점과 활동보조인 교육 커리큘럼에도 관련 내용을 반영케 하는 성과를 거둘 수 있었다(장애여성공감, 2010 : 82).

특히 활동보조 서비스를 제공하는 활동보조인을 '장애여성 독립생활을 지지하는 사람 혹은 파트너'(장애여성공감, 2010 : 72)로 정의한 시각은 주목할 만하다. 자립생활운동 내부에서 이용자와 활동보조인의 관계를 고용인 대 피고용인과 같은 위계적인 관계로 설정함으로써 발생하는 억압적인 문화와 비장애 활동보조인 역차별에 대한 문제제기가 담겨 있다.

활동보조인 역차별은 오랫동안 억압당해 온 장애인집단이 권력부재(powerless)[34]를 경험하면서 자신이 겪어왔던 억압을, 자신들과 관계 맺고 있는 타자를 억압하여 자아정체성을 재현하는 부정적인 현상으로 여겨진다. 장애인들에게 돌봄서비스를 제공하는 위치이면서도 사회적으로는 약자인 사람들[35]을 억압하는 것은 누구도 소외되지 않는 세상을 만들고

---

34) 아이리스 영(Iris Young)은 '정의와 차이의 정치학'(Justice and the Politics of Difference)에서 억압의 5가지 '얼굴', 즉 노동과정에서 나타나는 억압인 착취, 자신들의 정치적·경제적·문화적 삶 속에 특정 집단을 포함시키지 않거나 포함시키기를 바라지 않는 경제체계인 주변화, 집단의 권력과 권위의 결여인 권력부재, 지배문화의 가치에 따른 특정 집단의 행동양태인 문화적 제국주의, 그리고 특정 집단에 대한 조직적인 공격을 의미하는 폭력을 이야기하고 있다(찰턴, 2009 : 27~28). 장애인들은 이 모든 억압을 복합적으로 경험하고 있다.

35) 활동보조인들은 비정규직, 임시직으로 노동강도는 센 반면 보수 혹은 직업인으로서의 자부심 등은 낮은 실정이며 중년 이상의 여성 비율이 높다. 이는 사회적 서비스를 저임금의 고연령 여성노동으로 해결하며 취업률을 높이려는 정부 정책과 관련이 있다. 이러한 정책으로 인해 고연령 여성들은 강도 높은 노동에 종사하면서 고용불안에 시달리고 있다는 점에서 사회적으로 취약한 위치에 있다고 하겠다.

자 하는 장애해방의 이념과 가치로 볼 때 뛰어넘어야 할 과제이다. 소수자 감수성을 바탕으로 언어와 관계, 문화를 재규정해내고 있는 숨센터의 실천이 장애인 내부의 권위주의적이고 가부장적인 문화에 대한 성찰로 이어지는 것은 다행한 일이다.

(2) 문화운동 : 춤추는 허리

『장애여성공감 10년 활동사』에 의하면, 장애여성공감은 사회적으로 장애여성의 문제를 알리기 위해 문화운동을 한다. 문화운동은 장애여성의 삶과 경험을 담은 민감하고 독특한 이미지를 선보이고, 기존의 남성중심적인 정상 중심 사회의 주류화된 문화에 저항하면서 역동적이고 창의적인 장애여성의 모습을 표현하고자 하는 시도이다.

장애여성을 위한 문화적 환경이나 문화생산 주체로서 접근할 수 있는 기회는 더더욱 없는 현실에서, 장애여성공감은 잡지와 다큐멘터리 '거북이시스터즈' 제작, 회원캠프, 난장과 연극팀 '춤추는 허리' 결성 등의 활동을 진행했다. 장애유형뿐 아니라 장애정도, 나이, 학력, 지지기반, 정치적 성향, 운동 경험 등의 다양한 차이를 이해하고 그 차이를 뛰어넘는 입장을 도출하는 것은 쉬운 일이 아니다. 장애여성공감에서는 자신들의 문화운동을 "다양한 차이를 드러내고 극복하는 노력"으로 평가하고 있다(장애여성공감, 2010 : 137~139).

'춤추는 허리'는 2003년 5월 결성된 이래 여러 실험적인 시도를 꾸준히 해가고 있는 장애여성공감의 대표적인 문화운동팀이다.

'춤추는 허리'는 첫째, 다양한 형식의 실험을 하였다. 장애여성의 문제를 낯설어하는 관객들이 직접 개입하여 해결책을 고민하도록 유도하는 토론극의 형태를 취하는가 하면 뮤지컬 형식과 거리공연 시도까지, 장애여성에게 맞는 표현방식을 찾으려 하였다.

둘째, 주제별로는 장애여성의 연애, 생애사, 독립, 섹슈얼리티(결혼, 연애, 성폭력 이슈), 가정폭력, 장애여성/재생산, 이동권리, 반성폭력, 명절 등 다양하다. 장애여성의 몸과 언어로 직접 전달하는 방식은 한국사회에서 없었던 시도였는데, "묻혀진 자아 찾기를 통해 목소리를 울리고 편견의 벽이 우리의 연극을 통해 조금씩 부서지는……"(장애여성공감, 2004 : 113) 그러한 시도이다.

셋째, 초기에는 기획력과 실무력이 없어 외부 연출가의 결합은 필수였다. 그러나 3차례의 정기공연을 거치면서 "장애여성이 일상과 삶에서 경험하는 차별들을 조금 더 적나라하게 드러내고 싶다는 춤추는 허리의 입장은 연극적인 표현이나 일반관객에 대한 배려를 생각하지 않을 수 없는 연출가의 입장과 충돌"하였다(장애여성공감, 2010 : 167). 이후 장애여성인권운동이라는 목적성을 더욱 분명히 하고 '장애여성 연출가, 연극인, 스텝'을 원칙으로 삼고 독립적인 생산 체제로의 전환을 모색하고 있다.

넷째, 춤추는 허리는 2005년 세계여성학대회 전야제, 2006년 시흥장애인자립생활센터 개소식, 2007년 여성전용 파티 시청 앞 밤마실 초청공연, 전국장애인차별철폐연대 반성폭력 문화제, 2008년 4.20장애인차별철폐문화제, 안티페스티벌, 달빛시위 등 장애와 여성 관련 단위의 초청공연을 하였다. 수많은 문화제에서 "높이 쳐든 깃발과 힘찬 팔뚝질과 문선대의 공연을 보면서 낯설음과 왠지 모를 불편함을 느꼈던" 장애여성들이 "'나'에게 맞는 표현방식은 없을까 생각"하면서 시작한 공연들이다. 투쟁가 일

색이었던 투쟁문화 속에서 차별화된 몸짓과 메시지를 담은 대안적인 투쟁문화로 사회와 소통하려 한 것이다.

2) 한국여성장애인연합

'한국여성장애인연합'(이하 '여장연')은 한국 최초의 전국조직이자 장애유형을 포괄한 연합조직으로서 장애여성 대표조직으로 발전해왔다. 여장연은 17대 열린우리당 장향숙 의원, 18대 민주노동당 곽정숙(3대 상임대표) 의원 등을 배출하였고 여장연 활동가 가운데 국가인권위원회 상임의원으로 최경숙(3대 공동대표), 장향숙(1대 공동대표), 장명숙(4대 상임대표)이 임명되었다. 현재 여장연은 장애인정책조정위원회 등 정부의 기구에서 장애여성을 대표해 의사결정을 할 수 있는 권한을 갖고 있다.[36)]

자기대표성(self representation)과 참여(participation)라는 의제는 장애여성운동에서 매우 중요한 의미를 갖고 있다. 이는 장애여성이 장애인 집단 안에서조차 권력 부재를 경험하는 대표적인 집단이기 때문이다.[37)] 따라

36) 그러나 전체 장애인 중 42%(한국보건사회연구원, 2011)에 해당하는 장애여성의 의사결정권이 충분히 보장되고 있지 못한 상태이므로, 장애 관련 의사결정기구에서 장애여성의 참여를 보장하기 위한 적극적인 조치가 필요할 것이다.

37) 장애인의 권력부재는 장애 그 자체로 인한 문제가 아니라 장애를 이유로 차별하는 사회 환경과의 상호작용에 따른 결과물로서 장애인의 무기력과 의존성을 강화하고 무력화시키는 사회체계를 유지하게 만드는 요소로 작용한다. 하지만 장애인들은 이에 순응하지 않고 자신들을 억압하는 사회체계에 저항하기 시작했다. "Nothing about us without us"라는 슬로건 하에 장애인이 장애 문제의 전문가임을 내세우기 시작한 것이다. 장애인이 자기 자신과 공동체에게 무엇이 최선인지를 스스로가 알고 있다고 선언하기 시작한 것은 이제까지 열등하고 비정상적인 존재로 취급받으며 살아온 장애인에게 혁명과도 같은 일이었다. 또한 인류 역사상 처음으로 장애를 가진

서 장애여성계의 대표성을 갖고 있는 여장연은 장애여성이 비장애여성, 장애남성과의 차이가 차별로 이어지지 않도록 장애 관련 의제에서는 성인지적 관점을, 여성 관련 의제에서는 장애인지적 관점을 관철해야 하는 과제를 안고 있다.

여장연은 10년이 넘는 역사를 통해 느리지만 자신들에게 부과된 과제를 묵묵히 풀어내고 있다. 그 과정에서 장애인차별금지법 장애여성 단독조항과 유엔장애인권리협약 장애여성 단독조항 제정, 성폭력특례법 항거불능 조항 삭제 등의 법률 제개정 활동을 하였으며, 출산지원금 제도화를 이뤄냈다.

(1) 반성폭력에서부터 모성권까지

'여장연'하면 성폭력, 가정폭력 추방운동을 떠올리게 된다. 여장연에서는 2001년 한국 최초로 '여성장애인전문성폭력상담소'를 설립했다. 그 후 수많은 장애인성폭력 사건을 지원하면서 구 '성폭력특별법 제8조'와 '성폭력특례법 6조'로 이어졌던 장애인 간음조항에서의 '항거불능'이란 용어의 삭제를 주장해왔다.

성폭력특례법 제6조 '항거불능' 용어 앞에서는 성폭력사건의 피해정황, 나이, 장애유형, 장애정도 등 그 어떤 것도 무용지물이었다. 조사자들과 법조인들은 장애인

이들이 정치적인 활동을 시작한 것이라는 점에서 사회적 의미가 매우 크다고 할 수 있다(곽지영·김효진·이광원, 2010 : 1). 장애여성들 역시 집단적인 정체성을 형성하기 시작하면서, 장애여성의 자기대표성을 부정하며 전문가와 서비스 제공자의 조언이 장애여성 당사자들의 견해를 적절히 대변하는 것으로 여기는 사회체계에 저항하고 있다.

성폭력피해자의 특수성을 간과한 채 오직 성폭력피해의 범죄 상황에서조차 피해자가 죽을 힘을 다해 저항했는지 여부와 저항할 수 없는 '항거불능' 상태에 있었음을 입증할 것을 강요했다. 특히 지적장애의 경우 지적 특성(IQ 70 이하, 우리시회 13세 이하의 나이 수준)보다는 비장애인과 다름없는 신체에 주목한 채 항거불능의 상태가 아니라며 가해자의 형량감소 혹은 무죄판결로 몰고 가기도 했다.[38)]

마침내 2011년 10월 국회에서 '성폭력범죄의 처벌 등에 관한 특례법 일부개정법률안'이 통과됨으로써 오랫동안 장애인 성폭력 사건에 많은 논란을 일으켰고 수많은 장애여성의 분노를 일으켰던 '항거불능'이라는 용어가 삭제되기에 이른다. 그리고 위계위력에 의한 장애인 간음조항 등을 추가함으로써 장애인성폭력 사건의 가해자 처벌의 의지를 보였다. 장애인과 13세 미만의 아동을 대상으로 한 범죄의 공소시효도 폐지되었다. 그러나 아직도 형법에 의한 '친고죄' 적용 등의 법률적인 문제가 있고, 근본적으로는 장애여성에 대한 성폭력이 지속되는 우리 사회의 가치와 시스템을 바꾸는 어려운 과제가 남아있다.

출산지원금 제도의 실시도 여장연의 성과이다. 여장연에서는 2010년부터 2년 동안 사랑의 열매 후원으로 '저소득층 여성장애인 건강한 모성권 확보를 위한 출산지원사업'을 하였다. 이 사업의 종료를 앞두고 보건복지부는 2012년 2월부터 소득기준 없이 1~3급의 등록 장애여성 중 출산한 사람(2012년 1월 1일 이후 출생신고 기준)이라면 누구나 1인당 100만원의 출산비용을 지원하게 되었다. 이는 임신과 출산 과정에서 많은 어려움에

---

38) "장애인 성폭력 '항거불능' 용어 삭제와 공소시효 폐지를 환영한다!", 한국여성장애인연합, 2011년 10월 31일 논평.

직면한 장애여성의 어려움의 일부를 덜어주는 조치이다. 장애여성과 같은 고위험 산모군은 그렇지 않은 산모군보다 더 많은 의료비를 지출하고 있다. 제왕절개수술 등 입원치료가 필요한 상황에 놓이게 됨에도 불구하고 이를 개인이 부담해 왔다.

최근 몇 년 사이 기초자치단체 차원에서 장애여성과 그 가정의 임신과 출산을 지원하기 위한 법적 근거를 마련하려는 움직임이 있었다. 234개 기초자치단체 중 53개 지역에서만 현실화되었고 지역별로 지급액도 편차가 심했다. 이에 중앙정부차원에서 소득수준과 상관없이 여성장애인을 위한 출산지원금 예산을 책정해 전국적으로 확대 실시한 것은 커다란 발전이라 하겠다. 그러나 출산전후 건강관리 및 장애등급과 무관한 출산지원, 그리고 출산지원금 역시 장애로 인한 추가비용 지원이란 수준으로의 현실화도 빠른 시일 안에 이루어져야 한다.

비장애여성의 기준에서는 출산지원금제도가 지나치게 보수적인 접근이라거나 저출산 문제 해결에 크게 도움이 되지 않는다는 비판이 있다. 그러나 무성(無性) 혹은 중성(中性)으로 취급되는 장애여성의 모성권은 비장애여성의 모성권과는 다르게 접근할 필요가 있다. 출산지원금제도는 장애와 여성이라는 이중 차별에 놓인 장애여성이 부담해야 하는 추가비용 중 하나를 보전해주는 것으로 장애여성의 모성권 보장의 길을 열기 시작한 것이다.

모성권은 모성보호뿐만 아니라 성, 임신, 출산, 건강의 문제를 포괄하는 개념이다. 모성권은 성적 주체로서의 권리(안전하고 만족스러운 성생활을 영위할 권리)까지를 포함하는 재생산권 차원에서 접근할 때 인권으로 완성될 수 있다. 그러나 장애여성은 성적 주체로서의 가능성이 무시됨은 물론 전통적 의미에서의 여성의 성역할이 없다며 기회를 제한하거나 실제 성역할을 수행하고 있어도 가치를 인정하지 않는다. 이로 인해 장애여성의 문제는 대부분 성폭력의 피해자로서만 부각되어 왔다. 최근 들어서야 장애여성의 모성보호 문제가 주목받기 시작하였다. 따라서 앞으로는 성폭력이나 학대로부터의 보호 권리에서 임신, 출산, 성생활 등 재생산과 관련된 모든 영역에서 차별, 강제, 폭력으로부터 자유로운 결정의 권리를 보장해야 한다. 또한 성인지적 관점에서 정보, 교육 수단을 지원받을 수 있는 재생산권을 확보해야 한다.

한편, 반성폭력과 모성권 이슈는 젠더(gender)를 간과하고 생물학적인 성(sex)에 집중하고 있는 것처럼 비춰지기도 한다. 우리사회가 생물학적인 차이에 근거한 임신, 출산, 성폭력 이슈 외에는 관심을 갖지 않아서 아직도 젠더 이슈들은 공론화되지 못하기 때문이다. 장애여성의 인권이 완성되기 위해서는 장애여성계에서 제안하는 교육, 노동 관련 정책 및 제도의 정착과 장애여성 한 사람 한 사람의 삶의 질 향상도 이루어져야 한다.

(2) 풀뿌리지역운동

한국여성장애인연합은 전국 열 개의 지부39)를 기반으로 지역운동을 펼치고 있다. 1999년 창립 이전에 이미 지역조직을 갖춘 대구와 부산을 시작으로 10년 동안 총 10개 지부가 결성되었다. 장애여성의 속도처럼 느리게 지역에 뿌리를 내리고 있는 것이다. 지역의 특성과 장애여성들의 욕구에 따라 실천의 내용과 방식은 조금씩 다르다. 하지만 여장연 지역운동

39) 대구, 부산, 광주, 충북, 전북, 충남, 경남, 전남, 대전, 통영에 지부가 있다.

은 장애여성의 욕구에 긴밀하게 부응하는 서비스 제공을 통한 조직화 운동이라고 볼 수 있다.

대중운동으로서의 장애여성운동은 기본적으로 복지서비스와 긴밀한 관련을 지닌다. 오랫동안 차별받고 고립되었던 장애여성들에게 필요한 긴급지원을 통해 장애여성들에게 다가가는 활동이 자연스럽게 대중운동으로 이어지기 때문이다. 관청과 복지관 등을 통한 복지전달체계에서 배제되거나 서비스에 불만족한 장애여성들에게 장애여성 자조단체를 통한 직접 서비스는 새로운 변화의 계기가 된다. 공급자 중심의 일방적인 서비스에 갈증을 느껴온 선구적인 장애여성 당사자들이 자조단체를 통한 서비스의 직접 제공자가 되어 지역의 장애여성들을 조직화함으로써 지역운동을 활성화하게 된 것이다.

한편, 장애여성 대중들의 공통적인 욕구이자 최종목표라고도 할 수 있는 '고용' 문제 해결을 위해 대구지부에서 운영하고 있는 '여성장애인공동작업장'의 사례는 주목할 만하다. 이는 성인지적 관점이 결여된 장애인고용정책으로 인해 배제되고 소외된 중증장애여성들의 자립지원을 위해 장애여성들 스스로 일터를 만드는 자조(自助) 활동이다.

장애여성들 스스로가 자신을 돌보며 장애여성의 이름으로 힘을 합쳐 나가는 활동은 느릴 수밖에 없다. 장애여성이기에 전문성을 갖추고 있는 것도 아니고 재원을 마련할 수 있는 네트워크도 취약하다. 그럼에도 장애여성들 스스로가 나서는 것은 장애여성이 더 이상 자신과 관련된 문제에서 객체[대상]이자 타자로 머물 수 없다는 선언이자 행동으로 볼 수 있다. 오랫동안 무기력하게 길들여져 왔던 장애여성에게는 자신의 삶을 계획하고 통제하며 선택할 수 있는 힘이 필요하기에 그러한 장애여성의 감수성을 고려한 서비스와 지원을 통해 힘을 기르려는 것이다. 따라서 10년이 지나도록 눈에 보이는 성과가 없다는 장애여성운동 외부의 따가운 시선도 있지만 조금 더디 가더라도 풀뿌리 장애여성들 한 사람 한 사람과 함께 하는 여장연 지역운동을 가벼이 여겨서는 안 될 것이다.

3) 장애여성네트워크

장애여성네트워크는 서울DPI(서울장애인연맹)와 한국DPI(한국장애인연맹)라는 장애인단체에서 장애여성(특별)위원회의 위원 10여 명이 주축이 되어 2006년 설립한 단체이다. 장애여성 이슈가 뒷전으로 밀려남은 물론 단체의 이익에 우선하는 장애남성단체 구조 속에서 장애여성운동을 해 나가기 어렵다는 현실을 뼈저리게 경험한 장애여성 활동가들이 스스로의 단체가 필요하다는 점에 의견을 같이하게 되었다.

> 우리는 장애여성을 평가절하하는 사회적 가치에 더 이상 순응하지 않을 것이며, 장애여성을 소외시키고 배제하는 사회 시스템에 우리 자신을 맞추고자 평생을 소모하기 보다 있는 그대로의 우리 자신을 긍정하고, 우리의 잠재력을 스스로 찾아내고 발휘하고자 한다. 우리는 일상적으로 소통하고 공감함으로써 우리의 경험과 요구를 드러낼 것이며, 장애여성이 잠재력을 발휘할 수 있는 영역개발, 교육사업을 통해 우리 스스로 삶의 주체로 거듭나고 일상에서 우리 자신이 선택하고 결정할 수 있는 삶을 실현하고자 힘을 모을 것이다.[40]

---

40) 장애여성네트워크 창립취지문 중 일부.

(1) 임파워먼트(empowerment)

장애여성네트워크는 창립 이래 글쓰기, 사진전 등의 표현방식을 통해 장애여성관점을 드러냄으로써 장애여성 억압[41]과 다중차별을 없애는 운동을 통해 스스로를 해방하고 임파워먼트를 획득하고자 하였다.

임파워먼트라는 용어는 급진적 행동주의 맑시스트에서부터 보수적인 자본가에 이르기까지 다양하게 사용되고 있다. 보수적인 자본가들은 임파워먼트를 더 나은 삶을 만들기 위한 사람들의 노력에 간섭하지 않는 것이라고 보는 반면, 급진적인 맑시스트들은 복지국가의 틀 속에서 체계적으로 배제당해 온 사람들에게로 힘을 이동시키는 과정으로 보고 있다(김경미, 2005). 한국에서는 전문가들이 '역량강화'라는 용어로 번역해 사용하면서 장애가 있는 개인의 결함 혹은 부족한 점을 보완하는 노력 정도로 의미가 축소되었다. 이렇게 대인관계적, 정치적 맥락을 제외하고 개인적 차원에서의 노력으로 한정하는 것은 임파워먼트 개념에 대한 너무 좁은 접근이다.

'인간이 환경 속에서 개인적, 대인관계적, 정치적 힘을 증가시킴으로써 삶에 대한 통제권을 획득하는 것'(김경미, 2005)이라는 정의에 근거할 때, 임파워먼트는 무기력과 의존성 강화, 무력화에서 벗어나 개인적 또는 정치적인 힘을 획득(혹은 회복)하는 것이다. 협의의 차원에서 전문가에 의해 주도되고 있는 장애인 복지전달체계 안에서 대상이자 객체의 위치만을 강요당해왔던 장애인이 힘과 권한을 갖게 되면서 임파워먼트(역량강화)될 수

---

41) 오랜 세월 동안 우리사회에서는 장애가 차이로 인정되지 않고 열등하고 쓸모없으며 추(醜)하거나 때론 공포스러운 대상으로 인식되어 왔다. 그로 인해 장애인이 경험하는 분리와 배제 등의 억압 외에도 장애여성은 정체성의 드러냄을 억제하는 보이지 않는 억압기제, 무관심과 무배려 등의 억압을 중첩적으로 경험해왔다.

있는 것이다.

장애여성네트워크에서는 장애여성이 임파워먼트되기 위해서는 자신의 문제를 개인적인 문제로 한정하지 않고 억압적 현실을 냉철하게 진단하고 장애여성으로서의 정체성을 확인하며 삶의 주체로 거듭나는 과정이 필수적이라고 보았다.

구체적으로 장애여성네트워크는 장애여성관점[42]을 담은 글로 세상과 소통하고자 2006년 창립 초기부터 글쓰기교육과 글쓰기활동을 전개하였다. 이 과정에서 장애여성의 감수성을 가진 강사를 양성해내고 교육내용과 방법을 전환시켰다. 2008년 장애여성 집짓기 프로젝트, 2009년 제1기 장애여성 기자학교, 2010년 제2기 장애여성 기자학교, 2011년 장애여성 INU[43] 기자학교라는 글쓰기 교육을 하였다. 형식과 내용이 일부 달라졌다 해도 '장애여성정체성, 장애여성관점'이라는 기조는 변하지 않았다(장애여성네트워크, 2011 : 24).

글쓰기교육을 이수한 장애여성들은 2009년 9월부터 2011년 8월까지 에이블뉴스(http://www.ablenews.co.kr/)의 오피니언이라는 코너에 '장애여성네트워크의 같은 생각, 다른 목소리'라는 제목으로 칼럼을 연재하였고, 여성주의 저널 '일다(http://www.ildaro.com)'의 소수자의 시선(이반/십대/장

42) 장애여성관점이란 '사물이나 현상을 관찰하거나 고찰할 때, 장애여성이 바라보는 방향이나 생각하는 입장'이라고 정의할 수 있다. 이는, 장애여성과 관련된 비장애인 중심의 지배적인 관점, 장애차별적인 인식과 사고를 뒤집고 해체함으로써 전혀 다른 새로운 생각을 만들어내는 데 필요한 관점이라 하겠다.

43) INU(이뉴)는 장애여성네트워크의 웹진으로서 2010년 6월에 창간되었다. 이뉴는 '난 하우, 넌 하우'의 줄임말로 장애여성이 삶에서 자연스레 터득한 노하우를 공유하고 그 노하우가 생겨난 배경에 대해 알림으로써 사회환경과 사람들의 인식을 바꾸기 위한 글쓰기 공간이다. 장애여성관점 글쓰기교육을 이수한 회원들의 적극적인 소통의 공간으로 기능하고 있다. http://inuhow.tistory.com 참조.

애) 코너에 연재해왔다. '장애여성의 몸이야기' 칼럼은 2010년 1월부터 2011년 1월까지 1년간 총 20회에 걸쳐 연재되었다(장애여성네트워크, 2011 : 25). 이 칼럼은 『모든 몸은 평등하다』라는 제목의 단행본으로 출판되기도 하였다.

아직도 우리 사회는 장애여성에 대한 관심이 거의 없거나 우리의 몸을 지나치게 무겁게 받아들인다. 『모든 몸은 평등하다』 속에 담긴 글과 사진을 통해 장애여성의 몸에 대해 자연스럽게 사유함으로써 장애가 없는 몸과의 차이를 인식할 수 있는 계기가 마련되고, '이상적인 몸', '건강한 몸'만 강조하는 사회 분위기에서 몸에 대한 차별에서 역시 자유롭지 못한 비장애인들과 함께 '몸'에 대한 담론을 공유할 수 있는 기회를 만들 수 있을 것이다(김효진 외, 2012 : 서문).

또한 2011년부터는 '장애여성 숨은그림찾기'라는 제목으로 '일다'에 칼럼을 연재하기 시작해 2012년 6월까지 총 24편을 연재했다. 다섯 명의 장애여성들이 다양한 '매체 읽기'를 통해 비장애인, 남성 중심의 주류 시각이 놓칠 수 있는 시선을 드러내고자 하였다. 한편, '삶과 노동', 인터넷 베이비뉴스 등에 장애여성관점이 담긴 글을 꾸준히 기고했다. 장애여성의 임파워먼트를 위한 장애여성네트워크의 실천은 장애여성운동의 대중적인 기반을 마련하기 위해 앞으로도 꾸준히 지속될 전망이다.

최근 장애인운동 활동가들이 복지시장에 편입되면서 대중운동의 가능성 약화라는 폐해가 드러나고 있다. 장애여성운동에 대한 스스로의 성찰은 장애여성의 관점을 세상에 알리는 작업뿐 아니라 장애인 스스로 자신의 사고방식에 대한 성찰도 지속적으로 수행해야 한다. 이러한 과정이 있을 때 장애차별과 성차별에 맞서는 힘을 가진 장애여성 집단으로 거듭날 수 있을 것이다.

(2) 소수자운동

장애여성네트워크는 장애여성을 차별과 억압의 피해자로 정체화하거나 보호의 대상이라고 호소하기보다, 차별과 억압의 구조를 바꾸어나가는 데 목표를 두고 다양한 소수자들과의 연대를 도모하고 있다. 이는 차별과 억압의 구조 안으로 편입되어 그 안에서 권력을 갖는 것을 최종 목표로 삼지 않겠다는 뜻이다.

여전히 장애여성네트워크라는 집단의 목소리는 미미하다. 또한 일사불란하고 체계적이고 효율적일 수 없는 조직이기에 내부의 결속력 역시 강고하지 못하다. 그런 가운데서도 장애여성네트워크는 '차이와 다양성을 존중하는 대안적인 삶, 대안적인 사회'를 위한 지속적인 운동을 방향으로 잡고 있다.

장애여성네트워크는 소수자단체들과 함께 '장애소수자연대'를 결성하였다. 장애소수자연대는 2010년 12월 3일 출범선언문을 배포하고 활동을 시작했으며, 2011년 4월 출범식을 가졌다. 장애소수자연대는 근육장애, 정신장애, 저신장장애, 화상장애, 절단장애를 가진 소수자들 외에도 외국인이라는 이유로 차별받는 화교장애인이 함께 연대하고 있다. 장애소수자연대 소속 7개 단체 가운데 하나인 장애여성네트워크에서는 장애소수자연대의 이름으로 2011년 1월에 약제비 성명서, 3월에는 외국인 장애인등록 성명서, 4월에 출범식과 외국인장애인등록 관련 장애인복지법 개정을 요구하는 기자회견 공동주최 등의 활동을 하였다. 이 외에도 2012년 총선을 앞둔 범장애계 연대활동을 개인 의회진출의 도구로 활용한 사태에 대해 장애인운동 진영 대부분이 침묵하고 있는 상태에서 정면으로 문제제기하는 성명서를 배포하기도 하였다.

특히 장애인복지법 개정으로 외국인 장애등록이 현실화되었는데, 장애계 안에서조차 관심을 받지 못했던 외국인장애인의 문제를 이슈화한 것은 높이 평가할 만하다. 장애인 중에서도 주류화되어 있는 경증, 남성, 지체 중심의 장애인단체일수록 소수자 문제에 대해서는 자신들과 무관하다고 여기며 침묵한다. 심지어 자신들의 이권을 빼앗기지 않으려고 기득권 유지에 급급하면서 소수자들의 존재 자체를 부정하고 있기도 하다. 이러한 현실에서 장애소수자연대 활동은 장애계 안팎에서 소소한 파장을 불러일으키고 있다.

장애여성단체의 존재는 소수자가 수적으로 적은 존재가 아님을 알릴 수 있는 상징적인 의미가 있다. 또한 지체, 시각, 청각(지농맹)의 대표성만 인정될 뿐 다른 유형, 성별의 대표성은 인정되지 않는 장애인운동 안에서 장애소수자연대는 새로운 운동방식, 밑으로부터의 운동을 함께 고민하고 모색할 수 있는 연대체로서의 가능성이 높다.

3. 새로운 도전

이제까지 장애여성공감, 한국여성장애인연합, 장애여성네트워크의 활동을 중심으로 최근 장애여성운동의 흐름을 개관하였다. 10년 동안 각기 다른 입장과 지향에 따라 다소 복잡해진 장애여성운동이 직면하게 된 새로운 과제는 무엇일까?

첫째, 차이의 정치학에 바탕을 둔 장애여성운동은 제도화를 궁극적인 목표로 삼지 않는다. 제도화는 장애차별, 성차별에 바탕을 둔 사회체계를 더욱 공고히 하는 데 기여할 위험이 있다. 장애여성의 권리는 장애남성과 같아지는 것으로 확보되지 못하며, 능력과 자격을 갖춘 몇몇 엘리트들이 비장애인과 평등해지는 것은 대다수 장애여성들의 삶과는 무관한 것이다. 또 차이를 강조하다 보면 사회변화를 위한 파급력과 영향력이 미미하게 되며 궁극적으로 추구하는 바가 무엇인지 드러나지 않게 되는 문제도 생긴다. 이 모두가 뛰어넘어야 할 과제이다.

따라서 장애차별, 성차별에 비탕을 두고 유지되고 있는 체계를 바꾸는 운동으로서의 방향성을 분명히 해야 한다. 궁극적으로는 장애차별, 성차별로 인한 착취와 억압을 종식시키기 위한 운동으로서 비장애여성, 장애남성들과의 연대가 필수적이다. 이를 위해서는 목표와 방향을 분명히 하는 강고한 연대가 요구된다. 권력에서 소외된 사람들이 빼앗긴 자신들의 몫을 챙기는 것이 곧 인권운동은 아니다.[44] 공통된 정체성으로 내부 결속을 다지면서 외부로는 다른 집단과 경쟁해서 살아남기 위해 투쟁하는 집단주의를 지양하면서 사회변화를 추구하는 소수 집단들의 강력한 연대가 필요하다.

---

44) 종종 권력의 분점을 모색하기 위한 운동으로 변질되곤 하는 소수집단의 권익운동을 모두를 위한 사회정의운동과 혼동하지 말아야 한다. 미국과 같이 부유한 국가에서는 인종과 성별을 넘어서 단결할 것을 고취시키는 애국주의가 결국 다른 집단의 희생을 바탕으로 특정 집단의 이익을 확대시키는 투쟁으로 변질되어 버리는 경우가 꽤 있다. 오늘날의 정체성 정치에는 다음과 같은 곤란한 의미가 숨어 있다. 즉, "나는 여태껏 부당한 대우를 받아 왔다. 그러니 이제 내 몫을 챙기겠다."는 것이다. 윌러스틴은 우리 시대를 "방어적인 집단을 형성하고, 한 가지 공통된 정체성을 내세워서 내부로는 결속을 다지는 한편, 외부로는 다른 집단과 경쟁해서 살아남기 위해 투쟁하는 집단주의의 시대"라고 했다(파머, 2009 : 311).

둘째, 유형별, 영역별 자조단체를 다양하게 구성하여 다양한 차이와 요구를 드러내고 삶의 변화를 도모해야 한다. 장애여성단체가 너무 많지 않느냐는 문제제기는 장애여성의 현실을 간과한 데서 비롯된다. 장애여성 안에는 너무도 다양한 차이가 존재하며, 아직도 청각, 시각장애여성의 목소리는 미미하고, 지적장애여성 당사자의 목소리는 거의 드러난 적이 없다. 누구도 약자의 목소리를 대변해주지 않으며, 스스로 힘을 모아 만들어낸 결과물이 아니라면 사상누각에 불과하다.

셋째, 이제는 대안적인 삶에 대한 고민을 시작해야 한다. 장애와 여성 관련 의사결정구조에서 장애여성의 참여를 강조하는 것은 그 자체가 목적이어서가 아니라 참여를 통해 장애여성 집단의 임파워먼트를 획득하기 위해서이다. 따라서 장애여성을 차별하고 배제하는 세상에 '끼어들기'가 동의 전부일 수는 없다. 임파워먼트를 획득한 장애여성들이 비장애, 남성 지배적인 우리사회 기준을 바꾸고 다르게 살아가는 방식을 개발해야 한다. 중증장애여성이 대거 세상 밖으로 나오게 되면서 경제적인 문제, 건강상의 문제, 인간관계에서의 문제들이 한꺼번에 쏟아지고 있다. 전체의 이익을 위한다며 운동을 위해 개인의 희생을 요구하기에는 당면한 문제들이 너무 절실하다. 막상 세상에 나오긴 했으나 생각보다 훨씬 힘이 들고, 이러다 아무 전망도 찾지 못하고 예전처럼 숨죽이며 사는 생활로 돌아가는 게 아닌가 불안하기도 하다.

이는 알게 모르게 내면화되어 있는 가치와 기준들로부터 자유롭지 못하기 때문이 아닌가 싶다. 사실 살아가는 데는 그다지 탁월한 능력과 많은 재화가 필요치 않으며, 우리는 필요한 만큼 먹고 살 수 있을 정도로 풍요로운 세상에 살고 있다. '더 많이, 더 빨리, 더 높이……'를 추구하는 가치로부터 벗어나 단순소박하게 살 수 있다면 얼마든지 더불어 살아갈 수 있을 것이다. 생산성과 능력을 기준으로 하는 옛 가치를 버리고 새로운 기준을 만들고 다르게 살아가는 방식을 개발해서 충분히 강해지고, 건강하고, 조화롭게 살아갈 수 있도록 장애여성들은 자신들부터 부단히 깨 나가야 할 것이다.

◆ 참고문헌 ◆

곽지영, 2005, 「여성장애인의 임파워먼트 과정에 관한 연구」, 연세대 박사학위논문.

곽지영 · 김효진 · 이광원, 2010, 「장애인의 정치참여에 영향을 미치는 요인에 관한 연구」, 2010 장애학 한·일 국제세미나 한국측 공동연구 발표논문.

김경미, 2005, 「여성장애인의 임파워먼트」, 『2005년 여성장애인 지원사업 워크숍 자료집』, 한국장애인복지관협회.

김미옥, 2002, 「여성장애인과 이중차별」, 『여성과 사회복지』, 이대출판부.

김정애, 1999, 「여성장애인의 이중차별에 관한 연구」, 가톨릭대 석사학위논문.

김효진, 2005, 「장애여성운동의 흐름」, 『우리시대의 소수자운동』, 이학사.

김효진 외, 2012, 『모든 몸은 평등하다』, 삶이 보이는 창.

박경태, 2007, 『인권과 소수자 이야기』, 책세상.

벨 훅스 지음, 윤은진 옮김, 2010, 『페미니즘—주변에서 중심으로』, 모티브북.

오혜경 외, 1999, 『여성장애우 평등생활과 삶의 질 향상을 위한 정책과제』, 장애우권익문제연구소.

외교통상부, 2009, 「장애인권리협약」, 2009년 1월 9일 공시.

장미경, 1999, 『페미니즘의 이론과 정치』, 문화과학사.

장애여성공감, 2004, 『2회 정기공연자료집 : 연극으로 장애여성의 생애 말하기』.

장애여성공감, 2008, 『장애여성운동 역사』, 장애여성공감.

장애여성공감, 2010, 『장애여성공감 10년활동사』, 한울.

장애여성네트워크, 2011, 『장애여성네트워크 5주년 역사쓰기』.

찰턴, 제임스 지음, 전지혜 옮김, 2009, 『우리 없이 우리에 대한 것은 없다』, 울력.

파머, 폴 지음, 김주연·리병도 옮김, 2009, 『권력의 병리학』, 후마니타스.

한국보건사회연구원, 2011, 『장애인실태조사』.

한국여성장애인연합, 2009, 『사단법인 한국여성장애인연합운동 10년사』.

Lonsdale, S., 1990, *Women and disability : The Expierence of Physical Disability among Women*, St Martin's Press, New York.

Gill, C. J., 1996, “Becoming Visible”, *Women with Physical Disablility*, Paul H. Brookes.

6. '친구사이'와 게이운동

한국게이인권운동단체 친구사이

한국에서 처음으로 동성애자 인권을 거론한 모임인 '초동회'가 생긴 지 햇수로 20년이 됐다. 이후 성소수자운동은 괄목할 만큼 성장했고, 성소수자 관련 환경도 급격히 변화하였다. 이런 흐름에 대한 기록은 이미 정리돼왔지만,[1] 게이(남성동성애자)운동을 독자적으로 다룬 예는 없었다. 물론 게이운동이 성소수자운동과 단순하게 분리될 수는 없다. 그동안 게이운동은 성소수자운동의 일환으로 이뤄졌다. 다만 여타 성소수자와 다르며 게이들에게 특수한 문제의식, 관점, 조건, 환경이 존재할 것이다. 이 장은 이런 게이의 특수성이 투영된 '한국게이인권운동단체 친구사이'(이하 '친구사이')의 활동과 역사를 중심으로 본 게이운동의 약사(略史)이다. 이 장에서는 게이운동이 주목해오고 게이들이 참여해온 여러 활동을 역사적 배경과 함께 살펴보고, '친구사이'가 고민하고 있는 게이운동의 미래를 그려보고자 한다.

---

1) 「한국 동성애 커뮤니티 연대기」, 2000, ≪버디(*Buddy*)≫ 20호. 한국여성동성애자인권운동모임 '끼리끼리'(2004) 등 참고.

1. '친구사이'의 탄생과 활동의 전개

1) '친구사이' 이전의 게이 커뮤니티(공동체)

'친구사이' 혹은 그 전신인 '초동회'가 등장한 1990년 전반, 그 이전의 국내 게이커뮤니티 활동이나 인권운동에 대한 공식적인 기록은 찾아보기 어렵다. 당시 성소수자들의 모습은 지금도 종로 등지에서 나름의 커뮤니티를 형성하고 있는 50대 이상 게이들에게 들은 구술자료, 과거 주간지나 신문 사회면 등에 보도된 기사 등에 의지할 수밖에 없는 것이 현실이다.

한국 게이 게토[2]의 흔적은 해방 이후 생긴 명동의 '동명'이라는 극장에서 처음으로 찾을 수 있다. 얼굴을 드러내지 않아도 되는 익명의 만남을 필요로 했던 게이들에게 도심 한복판의 어두컴컴한 극장은 그야말로 최적의 장소였을 것이다. 이후 경동극장, 왕십리 광무극장 등에도 게이들이 모이기 시작했으며, 코스모스 백화점 옆에 있던 명동극장은 지금도 기억하는 사람이 많을 정도로 전성기를 누렸다고 한다(이송희일, 1998). 극장에 이어 1960년대에는 을지로 인쇄소 골목에 '아담'을 비롯한 게이빠들이 등장했고, 신당동 일대에도 게이빠들이 들어섰다. 극장에 비해 익명성이 덜한 게이빠는 소위 '패밀리'로 불리는 친목집단의 형성을 가능하게 했을 것이다. 1970년대로 접어들면서 명동, 을지로, 신당동에 이어 게이 게토는 종로로 옮겨가는데, 종로 시대의 서막을 여는 데는 파고다극장(일명 'P

2) '게토(ghetto)'란 원래 유럽에서 전통적으로 유태인들을 격리해 거주하게 하던 구역으로, 주류 기독교 사회에 의한 배제와 탄압의 상징이었다. 그러나 이 용어는 현대에 한층 광범위하게 사용돼 강제성 여부를 막론하고 발생하는 소수 집단의 물리적·정신적 고립 상태 또는 집단 거주지를 의미한다.

극장')의 공이 컸다. 또한 1968년 당시 서울시장이 벌인 '나비작전'으로 종로 3가(일명 '종삼') 일대의 사창가가 몰락하면서 발생한 도심의 공동화도 게이들이 모이기 좋은 조건으로 작용했을 것이다(친구사이, 2011 : 135). 파고다극장을 중심으로 종로 낙원동 일대에 형성된 게이빠들은 이후 '초동회'와 '친구사이'가 게이운동의 씨앗을 뿌릴 수 있는 단단한 울타리가 돼줬다고 해도 무방할 것이다. 현재 종로와 함께 서울의 대표적인 게이 지역인 이태원은 종로보다 늦은 1990년대 중반 이후 클럽문화의 유행과 함께 성장했다.

2) '초동회'와 '친구사이' 시작기

'친구사이'의 전신인 '초동회'가 설립되던 1993년은 김영삼 정부가 출범한 해이다. 시민운동이 시작되고 민주화 요구가 강력해졌으나 정권 교체까지는 이뤄지지 않은 격동의 시기에 한국의 동성애자들은 벽장문을 박차고 나올[3] 준비를 하고 있었다. 그 시작은 1993년 12월, 일곱 명의 남녀 동성애자가 모여 '초동회'의 발기를 결의하면서부터이다. 이들은 해외 게이 커뮤니티의 활동을 접해본 이, 국내 에이즈(AIDS) 관련 단체에서 자원봉사를 하던 이, 종로 게이 커뮤니티에서 잔뼈가 굵은 이, 또한 1990년부터 존재했던 주한 외국인 레즈비언(여성동성애자) 모임 '사포(Sappho)'를 통해 커뮤니티의 필요성을 느껴온 이 등으로 구성돼 있었다.

---

3) 동성애자를 비롯한 성소수자가 자신의 성적 지향 또는 성별 정체성을 고백하는 일을 가리키는 용어 '커밍아웃'의 어원은 '벽장 밖으로 나오기'(coming out of the closet)라는 영어 표현이다. 따라서 국내외 성소수자 인권 담론에서 '벽장'과 '벽장문'은 주류 사회가 강요하는 편견과 차별, 그리고 이로 인한 자기 억압과 혐오를 의미한다.

‘초동회’는 결성 한 달 만에 효과적인 활동을 위해 게이 모임과 레즈비언 모임으로 나뉘게 됐는데, 게이 그룹은 ‘초동회’의 후신을 표방한 ‘친구사이’라는 이름으로 소식지를 발간하면서 곧바로 모임을 이어갔고, 레즈비언 그룹은 1994년 후반 한국여성성적소수자인권운동 모임 ‘끼리끼리’(이하 ‘끼리끼리’, 현재 ‘한국레즈비언상담소’의 전신)’라는 이름으로 독자적인 활동을 시작했다.

‘친구사이’와 ‘끼리끼리’의 등장은 그 때까지 한국에서 존재가 부정돼온 동성애자들이 엄연히 존재한다는 사실을 사회에 알렸으며, 성소수자 커뮤니티 내부적으로는 동성애자들이 ‘동성연애’[4] 외에 사회적인 활동, 공개적인 활동을 할 수 있는 장을 열어줬다.

3) 커뮤니티의 성장과 가시화

PC 통신, ‘삐삐’라 불린 무선호출기, 전화사서함 등 통신수단의 발달과 함께 ‘X세대’로 불리던 젊은 층이 선도한 문화적 성장은 성소수자 커뮤니티에도 영향을 미쳤다. 이즈음의 젊은 동성애자들은 과거에 비해 풍부해진 정보를 바탕으로 극장, 게이빠 등의 공간 외에도 ‘친구사이’, ‘끼리끼리’, PC통신모임(하이텔 ‘또 하나의 사랑’, 천리안 ‘퀴어넷’ 등), 전화사서함, 대

---

4) ‘연애질’이라는 단어의 경박한 어감이 시사하듯, ‘동성연애’는 당사자 상호간의 감정과 관계를 배제하는 찰나적 섹스에 대한 탐닉을 연상시키며 영어 표현 ‘same-sex acts’의 번역어이기 때문에 부정적이다. 따라서 국내 성소수자 운동 진영에서는 이와 반대로 성애의 정신적·육체적 측면 모두 고려하며 지속적 관계뿐 아니라 욕망과 정체성 자체까지 망라하는 ‘homosexuality’의 번역어로서 ‘동성애’를 사용해왔으며, 부단히 노력한 결과 언론, 방송을 포함하는 사회 일반에 ‘동성애’라는 용어를 정착시킨 바 있다.

학동아리 등의 다양하고 새로운 커뮤니티에 모습을 드러내기 시작했다.

이런 모임들은 사교, 집단적 목소리의 발화(소식지), 상담 등의 활동을 전개했으므로 '성소수자들의 숨쉬기 투쟁'이라는 내용면에서 '친구사이'와 큰 차이가 없었다고 볼 수도 있다. 다만 '친구사이'의 경우에는 우선 공개단체라는 점에서 일반 사회를 대상으로 공적 활동을 벌여야 했으며, 커밍아웃한 활동가들을 전면에 내세워 성소수자들의 얼굴 역할도 해야 했다. 그런 의미에서 1994년 한국 최초로 대사회적인 커밍아웃을 감행한 서동진은 '친구사이' 활동 외에도 저술활동 등으로 서구의 퀴어담론을 국내에 소개한 인물이기도 하다. 비슷한 시기, 이정우(임근준) 역시 적극적인 대언론 활동을 벌였으며 대학 내 성소수자 동아리의 창립에도 힘을 보탰다. 이들의 활동은 동성애자의 이미지를 '얼굴 없는 변태'에서 '이성애자와 다를 바 없는 사람'으로 바꾸기 시작했다.

4) 연대체의 등장과 성장

1995년 6월에는 국내 최초로 성소수자 연대 단체가 만들어졌다. '친구사이', '끼리끼리', 서울대학교 이반[5]인권모임 '마음001'(현재 '큐이즈'의 전신), 연세대학교 이반공동체 '컴투게더' 등이 함께 결성한 '한국 동성애자 인권단체 협의회'(이하 '동인협')가 그것이다. '동인협'은 스톤월 항쟁[6] 기

---

5) '일반인과 다르다'라는 뜻으로 만들어진 '이반(異般·二般)'은 영어의 '퀴어(queer)'에 해당하는 국내 용어로, 원래 게이, 레즈비언, 양성애자, 트랜스젠더 등 모든 성소수자를 포괄하지만 좁게는 동성애자만을 가리키기도 한다.

6) 1969년 6월 28일에 미국 뉴욕시 게이빠 '스톤월 인(Stonewall Inn)'에서 경찰의 과잉 단속이 촉발한 대규모 시위로, 이후 성소수자 인권운동에 도화선이 된 사건이다.

념일에 맞춰 동성애자 인권선언, 언론의 인권 침해적 보도행태에 대한 비판, 언론 등의 왜곡된 에이즈 관련 선전 중지요구 등을 내용으로 기자회견을 열었다. '동인협'은 '친구사이' 같은 단체의 활동을 내부 활동(상담, 소식지 발간, 세미나, 친목 등)과 외부 활동(집회, 기자회견 등의 대사회적 투쟁)으로 분리해 커밍아웃할 준비가 되지 않은 커뮤니티 구성원들의 부담을 덜어주기도 했다.

이후 전국 각지의 다양한 동성애자 단체의 목소리를 대표할 연대체의 필요성이 대두되면서 1998년 6월 '동인협'은 해소되고, 스물여섯 개 단체의[7] 목소리를 모은 '한국 동성애자 단체 협의회'(이하 '한동협')가 출범했다. '한동협'은 '동인협'보다 대표성은 강화됐으나 너무 많은 단체를 포괄한 탓에 순발력이 떨어지는 한계를 안고 활동해야 했다.

5) 집단적 커밍아웃과 다양한 목소리

한국게이인권운동단체 '친구사이'(2011 : 254) 참고.

7) 이들은 부산·경남 지역 동성애자 모임 '같은 마음', 유니텔 동성애자 인권 단체 '거아사', 원주·강원 지역 동성애자 모임 '거아사', '끼리끼리', 전주·전북 지역 동성애자 모임 '너와 나', 레즈비언 독립 잡지 ≪니아까≫, 대구·경북 지역 동성애자 모임 '대경회', 대학 동성애자 인권 연합 '대동인', 한국 동성애자 의료인 모임 '동의모', 하이텔 동성애자 인권 동호회 '또 하나의 사랑', 나우누리 퀴어·동성애자 모임 '레인보우', 한국 동성애자 기독교 단체 '로뎀 나무 그늘–서울', '마음 006', 동성애 전문지 ≪버디(*Buddy*)≫, 광주·전남 지역 동성애자 모임 '빛동인', 고려대 동성애자 모임 '사람과 사람', 부산 · 경남 지역 레즈비언 모임 '안전지대', 대구·경북 지역 레즈비언 모임 '와이낫', '친구사이', 연세대 동성애자 모임 '컴투게더', 천리안 이반 모임 '퀴어넷', '서울 퀴어 영화제(SQFF)' 사무국, 대전·충남 지역 동성애자 모임 '한울타리', 청주 지역 동성애자 모임 '자루', 인천 레즈비언 모임 '한우리', 그리고 하이텔 트랜스젠더 모임 '아니마'이다.

1997년 1월은 노동법과 안기부법의 날치기 통과로 전국적인 대파업 투쟁이 일어난 시기이다. 대파업 투쟁에는 노동자뿐 아니라 타 부문 단체들도 동참했는데 노동자운동과 성소수자운동의 연결점을 고민하던 성소수자들도 예외는 아니었다. 처음에는 단체 수준에서 참여했다기보다는 단체에서 활동하는 개인의 참여로 시작됐다. 그 후 참가자 수가 늘어나고 무지개 깃발[8]과 성소수자의 인권을 주장하는 유인물이 작성되기도 했다. 이들 중 일부는 '동성애자 인권연대'(이하 '동인련')의 전신인 '대학 동성애자 인권연합'(이하 '대동인')으로 모이게 된다.

성소수자 단체들이 독자적인 이슈로 시위를 벌인 것은 1997년 6월 28일 탑골공원에서 열린 '동인협' 주최 '중고교 교과서 개정 촉구 집회'가 처음이다. 이후 동성애를 소재로 한 영화 <해피 투게더>(별칭 '춘광 사설') 심의 불가 판정에 저항하는 시위, '서울 퀴어 영화제'(SQFF, '서울 LGBT 영화제'의 전신) 무산에 항의하는 '표현의 자유를 위한 서명 운동'(1997년 10월), 왜곡된 언론 보도와 에이즈 예방 정책에 반대하는 범동성애자 결의대회(1998년 1월, '동인협' 주최) 등의 시위가 이어졌으며, 성소수자들의 집단적 목소리를 사회적으로 선언하는 일은 점점 잦아지게 됐다.

1990년대 후반에는 성소수자 관련 문화의 성장도 급물살을 탔다. 국내 최초의 성소수자 종합 잡지인 ≪버디(*Buddy*)≫(이하 '버디')는 1998년 한채윤 등에 의해 창간됐다. 버디는 재정난으로 인해 결국 5년 후 폐간됐지만, 버디 발행에 참여했던 이들 중심으로 설립된 '한국 성적소수자 문화 인권센터'(이하 'KSCRC')는 지금까지 활발한 활동을 전개하고 있다. ≪보릿자

---

8) 국제적으로 무지개 깃발 등 각종 무지개색 상징물은 동성애자를 비롯한 성소수자를 나타낸다.

루(*Borizaru*)≫라는 이름의 게이 대상 무가지는 정식으로 출판 등록된 잡지는 아니었지만 당시 전국의 게이빠를 중심으로 수년간 배포된 바 있다. 퀴어 영화의 세계적인 유행 속에서 서동진, 박기호 등이 준비한 제1회 '서울퀴어영화제'는 1997년 보수적인 미션 스쿨의 저항으로 불발됐다가 이듬해 많은 관심 속에 치러질 수 있었다. 2000년 한국에서는 최초로 '퀴어문화축제'(KQCF)와 퀴어 퍼레이드가 열리게 됐다. '퀴어문화축제'와 퀴어퍼레이드는 많은 어려움에도 한국에 성공적으로 안착해서 지금까지 매년 열리고 있다.

6) '친구사이'의 정체성 확립

초창기 '친구사이' 회원들은 배경이 다양했다. 따라서 이들의 목소리를 하나로 모아 방향성을 찾는 것은 쉬운 일이 아니었다. 커뮤니티의 성장과 함께 동성애자 인권 단체라는 타이틀에 매력을 느끼면서 찾아오는 회원들이 늘어나고 단순한 친목을 원하는 이들은 다른 동호회 등으로 흩어지면서 '친구사이'는 1997년 즈음 인권운동 단체로서의 정체성을 명시하기에 이르렀다.[9] 또한 '친구사이'는 1998년 5월 종로 낙원동 게이 업소들이 밀집한 곳으로 사무실을 옮겨, 게이 커뮤니티에 기반을 둔 단체로서의 정체성도 명확히 했다.

이와 같이 성소수자운동의 불모지에 씨앗을 뿌린 '친구사이'는 여성동

---

9) "친구사이는…… 타동성애자 인권 단체 및 기타 인권 단체와의 연대를 통한 인권운동 등을 주관하는 남성 동성애자들의 모임이다." 한국 남성 동성애자 인권운동 단체 '친구사이', 1997, <친구사이 소식지> 14호.

성애자인권운동 모임 '끼리끼리'와 함께 그 활동을 인정받아 1999년 '국제 게이 레즈비언 인권 위원회'(IGLHRC : International Gay and Lesbian Human Rights Commission, 이하 'IGLHRC')의 '펠리파 드 수자상(Felipa de Souza Award)'을 공동 수상하기도 했다.

이즈음 '친구사이'의 에이즈 관련 활동 변화를 고민하게 한 일이 일어났다. 초기 활동가인 오준수의 HIV 감염인으로서의 커밍아웃 및 활동 정리, 그리고 사망이 그것이다. '친구사이'의 에이즈 관련 활동으로는 예방, 왜곡된 정보 교정, 감염인 인권 보장 등이 있었다. 예방 활동과 왜곡된 정보 교정 활동은 내용이 비교적 명확했다. 그러나 감염인 인권 지원활동은 '희망 나눔터' 등 기존의 감염인 단체를 후원하는 수준에서 더 발전하지 못한 상황이었다. 오준수의 커밍아웃과 죽음은 '친구사이'도 감염인의 인권, 치료 문제에 대해 각성케 하는 계기가 됐다.

7) 연예인의 커밍아웃

2000년대 초반 국내 게이 커뮤니티의 가장 큰 이슈는 성소수자 연예인의 등장일 것이다. 2000년 연기자 홍석천이 동성애자임을 커밍아웃하면서 당시 출연하던 프로그램으로부터 퇴출됐는데, 이는 사회적으로 커다란 이슈가 됐다. 당시 성소수자 진영에서는 임태훈 등 '동인련' 회원, '인권운동 사랑방', 여타 개인들이 모여 '홍석천의 커밍아웃을 지지하는 모임'(이하 '홍커지모')을 결성하고 그의 방송 퇴출에 반대하는 활동을 전개하기도 했다. 바로 다음해인 2001년에는 트랜스젠더 연예인 하리수가 등장했는데, 사회적으로 차가운 비난의 시선을 감내해야 했던 홍석천과는 달리 그녀는 연예인으로서 대중의 인기를 누리는 데 성공했다. 이런 성소수자 연예인들의 등장으로 '게이', '동성애자', '트랜스젠더' 등의 용어는 한국에서 일반 대중에게도 더 이상 낯설지 않게 됐다.

'홍커지모' 등의 연대 활동은 2001년 '친구사이', '동인련', ≪버디≫, '서울 퀴어 영화제' 사무국 등이 참여한 '동성애자 차별 반대 공동 행동'(이하 '동차공')의 등장으로 이어졌다. '동차공'은 인터넷 내용 등급제 및 청소년 보호법(이하 '청보법') 시행령의 청소년 유해 매체물 판단 규정 중 동성애 항목 삭제 요구, 게이 홈페이지 '엑스죤(Exzone)' 폐쇄 항의 및 소송 지원[10] 등의 활동을 벌였다.

8) 국가인권위원회와 운동의 도약

김대중 대통령의 선거 공약이었던 국가인권위원회(이하 '국가인권위') 설립은 2001년 11월, 많은 기대와 우려 속에서 실현되었다. 국가인권위원회법은 우리나라에서는 유일하게 성적 지향을 이유로 하는 차별을 명시적으로 금지하고 있다. 물론 차별 행위에 대한 구제 조치로서 국가인권위가 할 수 있는 일은 권고일 뿐이라는 한계가 있지만, 성소수자 단체들은 각종 사안들을 이슈화했으며 소기의 성과를 거두기도 했다. 국어사전 등의 동성애자 차별 표현 삭제(2002년 '동인련', 대학 동성애자 동아리 네 곳 공동 진정, 2002년 국가인권위 권고), 군대 내 성폭력 금지(2003년 연구 용역, 2004

10) '엑스죤' 소송이란 게이 사이트인 '엑스죤'이 청소년보호위원회와 정보통신윤리위원회를 상대로 '청소년 유해 매체물 고시 무효 확인' 행정소송을 낸 일을 말한다(친구사이, 2011 : 256).

년 한국성폭력상담소 보고), 헌혈자 대상 문진표 중 동성애자 차별 조항 삭제 진정(2003년 '동인련' 진정, 2004년 국가인권위 권고), 건강 가정 기본법 제정(2004년 '가족 연구 모임' 진정, 2005년 국가인권위 권고), 성적 지향을 이유로 하는 교육 시설 이용 차별 금지('부산 여성 성적 소수자 인권 센터'의 부산 여성 센터 이용 금지 관련, 2005년 국가 인권위 권고) 등이 그것이다. 또한 국가 인권위는 2003년 4월 청소년 보호 위원회(이하 '청보위')에 청소년 유해 매체물 심의 기준에서 동성애 조항을 삭제하도록 권고했으며, 마침내 2004년 5월 청보법 시행령에서 이 조항이 삭제됐다. 이 일은 국내 성소수자 커뮤니티의 운동이 이뤄낸 최초의 법령 개정이다.

참여정부 출범 이후, 한국 사회는 각종 사안에서 시민들의 참여가 돋보였다. 효순 미선이 사건이 촉발한 촛불 시위, 이라크 파병 반대 시위 등 기존과는 다른 시위 방식이 등장했는데, '친구사이'와 '동인련' 등도 집회에 무지개 깃발을 들고 동참하곤 했다.

이즈음 HIV와 관련된 두 단체가 등장하는데, 하나는 한국 에이즈 퇴치연맹의 동성애자 사업부인 '아이샵(ISHAP)'이다.[11] 에이즈 예방 사업, 교육·검사, 무료 콘돔 배포 등을 주로 하는 '아이샵'의 활동은 일부 성소수자 운동 단체로부터 '예방에만 초점을 맞추고 감염인의 인권을 등한시한다'라는 비판을 받기도 했으나, 실제로 게이 커뮤니티 안에서 갖는 영향력은 '친구사이'나 '동인련' 못지 않게 크다. 또 하나는 HIV/AIDS 인권연대 '나누리+'(이하 '나누리+')이다. '친구사이', '동인련', '건강 사회를 위

11) '아이샵(iSHAP)'은 '이반 스톱 HIV/에이즈 프로젝트'(Ivan Stop HIV/AIDS Project)의 약자로, 사단법인 한국에이즈퇴치연맹이 2003년부터 운영하고 있는 동성애자 에이즈 사업부의 명칭이다.

한 약사회'(이하 '건약'), '인권운동사랑방' 등의 연대체인 '나누리+'는 2004년부터 감염인의 인권 증진 및 치료권 확보를 목표로 에이즈 예방법 개정 및 의약품 접근권 문제를 개선하기 위한 활동을 벌이고 있다.

9) 인터넷 시대와 '친구사이'의 변화

인터넷 시대에 접어들면서 오프라인 활동을 벌이던 게이들은 쉽게 소통이 가능한 가상공간에 빠져들게 됐고, '엑스죤', '화랑'(현재 '이반씨티' 전신), '티지넷' 등 동성애자 사이트가 호황을 이루기 시작했다. 반면 '친구사이' 등 기존의 동성애자 커뮤니티는 일정 부분 위축됐다. 2000년 이후 만성적인 재정난과 회원수의 급감에 발 빠르게 대처하지 못한 '친구사이'는 회장제를 버리고 사무국장제에 기반하는 실무 중심의 단체로 변신하고자 했으나, 예전에 비해 활발한 활동은 하지 못했다. 연대 활동에서도 '한동협' 이후 '끼리끼리' 등과 함께 2002년에 '한국 동성애자 연합'(이하 '한동연')이라는 연대체를 만들기도 했으나, 실질적인 활동을 하지는 못했으며 단체 중심 연대체의 한계를 보였다.

한동안 재정적, 조직적 어려움 속에서 해체의 위기를 겪은 '친구사이'는 2003년경부터 다시 게이 커뮤니티 안으로의 진입을 시도했다. 사회 운동 단체나 구세대 운동권의 활동 방식의 답습을 버렸으며, 각종 교양 강좌, 행사, 소모임 정비, 게이로서의 장점을 살리는 사업에 무게 중심을 두면서 활동력을 키워나갔다. 재정 안정을 위해 '아이샵'과 함께 게이 업소 무료 콘돔 배포를 시작했으며, 2005년 CMS 제도의 도입은 이후 안정적으로 사업을 할 수 있는 발판이 됐다.

'친구사이' 소모임인 게이 코러스 '지보이스(G_Voice)'를 만든 것도 이 시기이다. 합창을 통한 게이 프라이드(자긍심)의 향상을 기치로 내건 '지보이스'는 지속적인 공개 공연으로 성소수자 이미지 개선에 힘을 보태고 있다.

2000년대 중반 이후 게이 커뮤니티는 연대 활동에서도 단체 중심 연대를 탈피해 사안, 행사 중심으로의 완전한 전환을 이뤘다. 그래서 불필요한 에너지나 인력 소모를 줄이면서 밀도 있는 활동을 해 나갈 수 있게 됐다.

10) 호모포비아[12] 세력의 등장 및 정치 세력화

2007년 이명박 대통령이 집권하면서 한국 사회는 급속하게 보수주의로 선회하게 된다. 국가인권위 역시 위원장이 보수 인사로 교체되고 활동 방향이 우향우로 바뀌었다.

2007년 법무부가 차별 금지법안을 입법 예고하자 일부 기독교(주로 개신교) 및 보수 세력이 반대 압력을 가했으며, 그 결과로 법안은 '성적 지향'을 비롯해 '학력' 등의 차별 금지 사유가 삭제된 채 국무 회의를 통과했다. 이에 성소수자 진영에서도 대규모 집단행동을 시작했다. '차별 금지법 대응 및 성소수자 혐오·차별 저지를 위한 긴급 공동 행동'(현재 '성소수자 차별 반대 무지개 행동'의 전신)이란 이름으로 시작된 연대체는 다양한 조직 단체와 개인이 여러 가지 방식으로 결합해 제대로 된 차별금지법을 제

12) '호모포비아(homophobia)'란 동성애 및 동성애자에 대한 혐오 및 공포를 가리키는데, 이와 유사하게 '트랜스포비아(transphobia)', 즉 트랜스젠더 혐오 및 공포도 있다. 둘 다 여타 소수집단에 대한 편견, 혐오, 공포와 마찬가지로 근거 없고 비합리적이다.

정하기 위한 적극적인 활동을 전개했다. 그러나 차별금지법안은 국회에서 회기 만료로 폐기됐고, 2010년 한 번 더 법무부를 중심으로 법안 마련 움직임이 있었을 때에도 입법이 무산됐다.

차별금지법 투쟁과 함께 성소수자운동의 새 장을 연 것은 국내 최초로 레즈비언이 국회의원 선거에 출마한 일이다. 민주노동당 성소수자위원회(이하 '민노당 성소위') 위원장으로 활동하던 최현숙은 2008년 서울시 종로구 국회의원 선거에서 진보신당 후보로 출마해 1.6%라는 값진 지지율을 획득했다.

11) 가치의 등장과 활동 방식의 체계화

2000년대 후반에 들어서면서 '친구사이'는 상근 간사 체제를 갖추었고 재정, 조직 관리 등에서도 초기의 아마추어리즘에서 벗어나 안정돼갔다.

또한 2006년 회칙 개정을 통해 '한국 남성 동성애자 인권운동 단체'에서 한층 포괄적인 의미의 '한국 게이 인권운동 단체'로 명칭을 변경하고, 이를 계기로 '친구사이'는 남성 동성애자 중심의 활동에서 (남녀)이성애자, 여성동성애자, 트랜스젠더 등 성소수자 이슈에 뜻을 같이 할 수 있는 이라면 누구라도 동참할 수 있도록 폭을 넓히고 있다.

과거 '친구사이'는 해마다 주력 사업을 선정하거나 주변 정세의 변화에 맞춰 활동의 무게 중심을 옮기는 방식을 지켜왔다. 그러나 어떤 비영리 조직이든 확실한 미션이나 비전 없이 생명력을 가지고 성장하기 어렵다는 사실을 인지하면서 2010년에는 단체의 가치와 비전을 수립하기에 이르렀다. 현재 '친구사이'는 '자긍심의 절정', '대안의 공동체', '가슴 벅찬 변화'

를 가치로 삼아 자긍심을 가지고 다양성과 조화를 꿈꾸며 모두가 행복한 변화와 해방을 향해 나가자는 미션을 갖고 있다.

2. 게이운동의 주요 이슈들

1) 게이 커뮤니티의 형성

게이 커뮤니티는 말 그대로 게이들이 모여 형성한 온라인/오프라인의 공간이다. 게이들은 그 중 특히 오프라인 커뮤니티에 진출하는 것을 특별히 '데뷔'라는 은어로 표현한다. 연예인 지망생이 데뷔라는 과정을 통해 연예인이 되듯, 게이 역시 게이 커뮤니티에 '데뷔'함으로써 이전과는 전혀 다른 삶의 무대에 서게 된다. 게이 커뮤니티는 사랑과 연애의 대상을 만날 수 있다는 공간적 의미를 넘어, 자기 긍정을 획득하고 대안적인 문화를 누릴 수 있는 곳이라는 중요성을 갖는다. 사랑과 놀이의 장소이고, 생산과 소비의 공간이며, 성장과 재사회화의 장이고, 참여와 운동의 현장이기도 하다.

이런 의미 때문에 초창기부터 '친구사이'는 게이 커뮤니티를 형성하는 동시에 이를 확장하고 발전시키는 데 많은 관심과 노력을 기울여왔다. '친구사이'는 이미 존재하고 있는 게이 커뮤니티를 알리며, 그 누구에게도 자신의 정체성을 알리지 않고 살아가는 '은둔 게이'들이 게이 커뮤니티에 접근할 수 있도록 하는 통로 역할을 자임해왔다. 특히 '친구사이'가 설립될 당시만 해도 게이들을 만날 수 있는 공간은 그들의 밀회 장소로 알려진 공원 화장실이나 재개봉 극장 밖에 없었기 때문에, 설립 즈음의 가입

회원은 “화장실 같은 데서 게이들을 만났던 만큼, 자긍심을 갖는다는 것 자체가 불가능했다”라고 증언한다. ‘친구사이’는 이런 은밀한 공간을 넘어 자기 긍정을 얻을 수 있는 커뮤니티의 형성을 기획해왔다. 그래서 ‘친구사이’의 초기 활동은 ‘사랑방’의 역할을 하는 데에도 무게 중심을 둘 수밖에 없었다. 작은 방에 불과했던 사무실에는 저녁과 주말이면 신발이 복도를 메울 정도로 많은 사람이 모여들었고, 그곳에서 사람들을 만나고 게이 커뮤니티에 참여할 통로를 얻었다.

초창기 ‘친구사이’에서는 단체가 있다는 사실을 언론에 알리는 것 자체가 커뮤니티 형성 활동이었다. 그리고 전화 상담과 방문 상담 활동을 홍보하고, 홈페이지 개설 후에는 온라인 상담 창구를 열어 접근성을 높이려고 했다. 초창기 회원은 소식지를 발간하고 상담 활동을 하는 것이 게이 대상 사업의 가장 중요한 일이었다고 증언하기도 한다. 이런 과정에서 최초의 게이 수기집 『더 이상 슬프지도 부끄럽지도 않다』(장자못, 1994)를 발간하기도 했다. 또 매년 게이들이 모일 수 있는 캠프, MT, 워크숍 등의 프로그램을 마련해 집단적 만남을 통해 자긍심을 확보할 수 있다는 점을 확인하려 해왔다.

한편 게이 커뮤니티를 구성하는 작은 규모의 커뮤니티를 형성하는 것 역시 중요한 활동이었다. 게이들이 자신의 관심사에 따라 커뮤니티를 한층 친숙하고 쉽게 접근하도록 수영 모임, 문화 모임, 합창 모임 등을 ‘친구사이’ 안의 소모임으로 꾸리기도 하고, 회원들이 게이 커뮤니티 안에서 적극적으로 여러 동호회, 직종별 모임, 동갑 모임 등을 만드는 데 참여하기도 했다. 이런 노력은 게이 커뮤니티가 한층 다양하고 역동적이며 접근하기 쉬운 공간이 되는 데 어느 정도 영향을 미쳤다.

2) 커밍아웃 프로젝트

동성애자에게 커밍아웃은 중요한 문제이다. 커밍아웃은 자신에 대한 긍정과 인정을 전제해야 하는 것이므로 자신의 성적 지향을 적극적으로 수용하겠다는 의미를 갖는 동시에 타인에게도 더 이상 숨기거나 거짓말하지 않겠으며 당당해지겠다는 의지의 표현이다. 그렇다고 해서 커밍아웃이 개인적인 의미만을 갖는 것은 아니다. 커밍아웃은 다른 성소수자에게 자신이 혼자가 아니라는 것을 보여주는 것이고, 이성애자에게 성소수자가 아주 가까이 있는 존재라는 것을 알리는 일이기도 하다. 그래서 커밍아웃은 이성애만을 '정상'으로 여기고 생물학적 성별에 따라 성 역할을 수행하도록 강요하는 사회를 변화시키는 일이기도 하다.

'친구사이'는 초창기부터 이런 커밍아웃의 중요성을 인식하고 회원들의 커밍아웃을 지지하고 사회적인 커밍아웃의 기회를 만들고자 노력해왔다. 이미 1990년대부터 활동하던 서동진, 이정우, 천정남, 이송희일 회원 등은 언론을 통해 '친구사이'의 존재와 자신의 정체성을 드러냈으며, 지금까지도 김조광수, 박재완, 이종걸 등 많은 회원이 대사회적인 커밍아웃에 앞장서고 있다.

'친구사이'가 프로젝트의 형식으로 커밍아웃을 다루기 시작한 것은 2001년에 시작한 '커밍아웃 인터뷰' 시리즈부터이다. '커밍아웃 인터뷰'는 인터뷰 형식으로 공개적 커밍아웃을 하는 프로젝트로, '친구사이' 홈페이지에 인터뷰와 사진을 게재하고 장차 100명의 게이가 참여하게 되면 이를 묶어 책으로 내겠다는 기획에서 출발했다. 현재까지 30명에 가까운 게이가 참여해 자신의 본명과 얼굴을 드러내면서 여태 살아온 이야기와 커밍아웃에 관한 사연을 가감 없이 드러냈다. 이 프로젝트는 각 인터뷰의 평균 조회 수가 2만 건에 달할 정도로 관심을 모았다.

이 같은 '커밍아웃 인터뷰'의 성공은 '커밍아웃 다큐멘터리'의 제작으로 이어졌다. 2007년 '친구사이'는 커밍아웃 관련 활동을 연간 중점 사업으로 선정했고, 그 일환으로 게이들이 공개적으로 자신의 정체성과 삶을 드러내는 다큐멘터리 제작 기획을 내놨다. 이에 '성적 소수 문화 환경을 위한 모임 연분홍 치마'(이하 '연분홍 치마')에 공동 제작을 제안하고 '연분홍 치마' 구성원인 이혁상 감독이 연출한 <종로의 기적>이 완성됐다. 이 다큐멘터리는 영화감독 소준문, 인권활동가 장병권, 요리사 최영수, 회사원 정욜 등 네 명의 게이가 자신의 일상을 드러내면서 스크린을 통해 커밍아웃하는 내용을 담았다. 이혁상 감독 역시 이 다큐멘터리를 통해 공개적으로 커밍아웃하는, 의미 있는 영화이다. 2010년 부산 국제 영화제에서 다큐멘터리 경쟁 부문 최우수상에 해당하는 '피프 메세나상'을 수상하고 한국독립영화협회로부터 '올해의 독립영화'로 선정돼, 그 작품성과 의미를 인정받았다.

2007년에는 동성애자들이 겪는 커밍아웃의 어려움을 덜기 위해 커밍아웃의 의미와 방법을 정리한 ≪커밍아웃 가이드≫를 발간하기도 했다. 커밍아웃하기 위한 단계를 제시하고 친구, 가족 등 대상에 따라 어떻게 커밍아웃하면 좋을지 설명하고 있다. 이렇게 '친구사이'는 커밍아웃에 대해 정보를 제공하고 필요한 경우 상담을 진행하는 활동을 함께 벌이고 있다.

3) HIV/에이즈 관련 활동

현재 게이들이 HIV/에이즈에 대해 갖는 생각을 정리한다면 다음과 같다. 첫째, 게이 커뮤니티에서 활동하는 게이들은 '아이샵'이 무료로 배포하는 콘돔과 젤로 안전하게 성 관계를 맺기만 한다면 HIV/에이즈는 이제 충분히 예방할 수 있는 질환이라고 생각할 것이다. 둘째, 하지만 여전히 HIV/에이즈 감염인 동성애자를 만나 어울리는 것에 대해서는 공포와 두려움이 존재한다. 셋째, 호모포비아들이 HIV/에이즈 감염의 주범으로 게이를 공격할 때 가장 상처받지만, 이에 적극적으로 대응할 자신은 없고 자긍심이 부족하다. 물론 이것이 모든 게이를 대변하는 생각은 아니겠지만, 이만큼의 변화를 만드는 데도 지난 17년 동안 많은 노력이 필요했다. '친구사이' 설립 당시 HIV/에이즈 예방 운동은 단체의 핵심 의제였다. '친구사이'는 에이즈 예방을 위해 게이빠에 전단지와 콘돔을 무료로 배포했고, 성병 예방교육을 진행했다. 하지만 상기했듯 1998년 HIV/에이즈 감염인이자 '친구사이' 활동가이던 오준수 회원의 사망 이후 에이즈 감염인 인권 문제가 대두됐다. 이후 HIV/에이즈 문제는 감염인 인권 문제, 에이즈 의약품 접근권 문제, HIV/에이즈 감염 취약 계층 문제와 맞물려 한층 복잡하게 되었다. 결국 2004년 2월, 이에 대한 문제의식을 같이 한 '동인련', '친구사이', '건약', '공공의약센터', '인권운동사랑방'과 개인 활동가들이 '나누리+'라는 이름으로 모여 HIV/에이즈로 인권 침해를 당하고 차별 받는 감염인과 환자들의 인권과 치료권을 확보하기 위한 활동을 진행했다.

'나누리+'는 국내 문제뿐 아니라 감염인과 환자들이 마땅히 누려야 할 권리 증진 및 보호를 위한 국제적 차원의 활동에도 함께했다. 특히 '나누리+' 대표이자 HIV/에이즈 감염인인 윤가브리엘은 감염인에 대한 잘못된 인식을 바꾸기 위해 적극적으로 방송 및 언론 매체에 자신을 노출했다. 2006년, 에이즈에 대한 잘못된 편견 바로 잡기와 감염인 인권을 침해하는 에이즈 예방법 개정 운동부터 시작해 2008년에는 에이즈 치료제 푸제온의 높은 약가 및 공급 문제 등 의약품 접근권 문제를 국제적으로 알리며 이에 대한 운동을 시작했다. 이런 일련의 HIV/에이즈 운동의 과정을 통해서 게이 커뮤니티는 스스로의 건강권 문제에 관심을 가졌고 안전한 성 관계를 위해 필요한 지식을 적극적으로 받아들였다.

2011년 8월 말, 부산에서는 한국 최초로 제 10회 '아시아 태평양 에이즈 대회'(ICAAP : International Congress on AIDS in Asia and the Pacific)를 개최하였다.

4) 청소년 동성애자의 인권

성 정체성이 확립되는 청소년 시기에 동성애자들은 안팎으로 많은 어려움을 겪는다. 이성애만이 존재하는 것으로 가정하는 매체와 교육 과정 속에서 청소년 동성애자들은 자신의 성적 지향에 대해서 고민하지만, 그들에게 성적 지향에 대한 올바르고 충분한 정보는 제공되지 않는다. 또한 자신의 성적 지향을 드러내는 경우에도 폭력에 노출되는 경우가 많다. 최근 연구에 의하면 청소년 성소수자들이 언어적 모욕이나 물리적 폭력을 당했는지를 묻는 질문에 상당수가 그렇다고 대답했고, 자살 시도를 한 경우는 응답자의 47.4%로 매우 높게 나타났다. 이는 전체 청소년 평균에 비해 거의 다섯 배나 높은 수준이다(강병철 외, 2006 : 80).

이렇듯 어려움을 겪는 청소년 성소수자의 인권을 위해 '친구사이'를 비롯해 거의 모든 성소수자 인권 단체는 다양한 활동을 지속적으로 벌여왔다. '친구사이'의 경우, 일선 교사들을 대상으로 간담회와 교육프로그램을 진행해왔으며, 여타 성소수자 단체들과 연대해 성소수자에 대해 잘못되고 차별적인 내용을 담은 교과서 등의 개정을 요구하기도 했다. 2005년에는 ≪청소년 동성애자 인권을 위한 교사 지침서≫를 제작해 전국 1,500여 중고교에 무료로 배포하기도 했다.

특히 '친구사이'가 주목한 것은 청소년 동성애자들을 지지하고 상담을 제공하면서 이들이 참여할 수 있는 프로그램을 만드는 것이었다. 그 첫 시도는 '청소년 동성애자 인권학교'(이하 '인권학교')였다. '인권학교'는 1998년 처음 열렸다. 당시 10대 레즈비언 커플의 자살 사건이 알려지면서 그 충격파가 성인 동성애자 커뮤니티에 전해졌고, 청소년 동성애자에게 눈을 돌리지 못했다는 반성 속에서 청소년 동성애자를 지지하고 이들에게 자긍심의 언어를 제공하고자 마련된 기획이었다. '인권학교'는 매년 여름 방학을 이용해 2006년까지 9회에 걸쳐 열렸다. 수백 명의 성소수자 청소년이 이 학교를 거쳐 갔으며, 점차 주최 단위도 확장돼 여러 성소수자 단체와 대학 내 성소수자 모임이 결합하면서 기획단의 규모도 커졌다. 그러나 2000년대 초반을 넘어서면서 점차 참가자 수는 줄어드는 반면, 10대 온라인 커뮤니티가 발달하는 양상이 벌어졌다. 또한 청소년 성소수자 모임 자체로 이와 유사한 프로그램이 시도되기 시작했다. 이에 따라 '인권 학교'는 9회 '이반 놀이터'를 마지막으로, 이 '이반 놀이터'라는 이름을 청소년 모임에 넘겨주면서 참여 형식을 지원과 후원의 방식으로 전환하게 된다.

최근 '친구사이'는 서울시 학생인권조례 제정 운동에도 적극적으로 참여했다. 이미 2008년과 2010년 교육감 선거에서 '친구사이'는 전국 교육감 선거 후보자들에게 성소수자 학생의 인권과 관련되는 질의서를 발송해 답변을 받은 후 이를 공개하고 '인권과 다양성을 존중하는 후보자를 뽑아달라'라는 캠페인을 진행하는 등의 활동을 벌여왔다. 이런 활동에 이은 학생인권조례 제정 운동은 성소수자 학생을 포함한 모든 학생에게 안전한 학교 환경을 조성하며, 성소수자에 대한 차별 및 인권 침해의 예방과 구제 절차가 마련돼야 한다는 인식을 바탕으로 한 것이었다.

현재 '친구사이'는 청소년 성소수자 인권 활동을 새롭게 모색하기 위해 한층 체계적인 연구를 진행하며 새로운 기획을 준비하고 있다. 2011년 여름 방학에는 10대 게이들이 사진을 통해 사회적 욕구와 자기 이야기를 드러낼 수 있는 '포토보이스(Photo-voice) 프로젝트'를 진행했다. 또한 최근에는 10대 게이 회원 상당수가 적극적으로 '친구사이'의 활동에 참여하게 되어 그들의 청소년 성소수자 인권을 위한 주체적인 활동이 기대된다.

5) 군 관련 동성애자 인권 활동

징병제라는 현실 속에서 대다수의 한국 게이는 군대를 다녀와야 한다. 그러나 군대 안에서 게이들은 '다름'으로 인해 인권 침해에 상대적으로 취약해진다는 점 때문에 군 관련 동성애자 인권 문제는 게이운동의 중요한 문제로 부각돼왔다. 게이 중 다수가 특별한 어려움 없이 병역을 마치기도 하지만, 직간접적인 차별이나 인권 침해의 상황에 놓이는 경우도 상당수에 이른다. 게이에 대한 폭력으로는 아웃팅,[13] 집단 따돌림, 욕설 등 폭언, 폭행, 성폭력 등이 전형적으로 나타나며, 폐쇄 정신병동 강제 입원

조치 등의 사건도 발생한다.[14]

처음으로 군대 내 동성애자의 차별 문제를 공개적으로 다룬 것은 2004년 '친구사이'가 주최한 '군(軍) 로맨스—친밀성과 폭력의 경계 짓기' 토론회에서였다. 여기에서는 『군대 내 성폭력 실태 조사』(한국성폭력상담소, 2004)에 대한 논의를 바탕으로 군대 내 동성 간 성폭력 문제, 그리고 동성애자들의 군 생활과 차별 경험을 발표하면서 군대 내 동성애자가 겪는 문제들을 논의할 수 있었다.[15]

이후 군대 내 동성애자의 인권에 대한 논의가 촉발된 것은 2006년과 2007년 동성애자 병사에 대한 인권 침해 사건이 벌어지면서였다.[16] 연달아 터진 이 사건들에 '동인련'과 '친구사이' 등 여러 인권 단체는 기민하게 대처하면서, 철저한 진상 조사, 책임자 문책, 재발 방지, 군 관련 동성애자 인권 보장 등을 요구했다. 이런 사건들이 알려지면서 사회적으로 큰 관심을 받게 됐고, 국방부에서도 ≪병영 내 동성애자 관리 지침≫을 내놓는 계기가 됐다. 그러나 국방부는 이 지침에 '이성애자로 전환 희망시 적

---

13) '아웃팅(outing)'이란 스스로 성소수자임을 밝히는 커밍아웃과 달리, 자신의 의사와는 무관하게 제3자에 의해서 자신이 성소수자임이 강제로 밝혀지는 일을 말한다. 이는 성소수자에 대한 편견과 차별이 심한 상황일수록 가정, 학교, 직장, 사회로부터의 배제 등 무시하지 못할 불이익과 탄압으로 이어질 수 있다.

14) 군대 안에서 발생하는 차별 사건에 대해서는 군대 내 동성애자 인권침해사건 진상조사단(준)·최순영 국회 의원실 공동 주최, 2006, 『군대 내 동성애자 차별 철폐 토론회: 금기와 침묵을 넘어 동성애자 차별의 성역 '군대'를 말한다』(자료집) ; 동성애자 인권 연대·한국 게이 인권운동 단체 '친구사이', 2008, 『군 관련 성소수자 인권 증진을 위한 무지갯빛 인권 바람! 군대에서 솔솔~ 프로젝트 모둠 자료집』 등 참고.

15) 「로맨스냐 성폭력이냐」, ≪한겨레 21≫ 510호(2004년 5월 19일) 기사 참고.

16) "동성애 입증 성 관계 사진 내라", <한겨레신문> 인터넷판 2006년 2월 15일 기사 입력. "軍, 성폭력 피해자에 '동성애자와 몇 번 해봤냐?'", <참세상> 2007년 10월 25일 기사 입력 등 기사 참고.

극 지원' 등의 내용을 담아 편견과 차별에 기초한 대응이라는 비판에 직면하였고 결국 위 지침을 폐기하기에 이른다.

한편 군대 내 동성애자 인권 침해 사건을 계기로 '동인련'과 '친구사이'는 군 관련 성소수자 인권 침해에 대한 신고 창구와 지원을 위한 조직이 필요하다는 데 의견을 같이 하고 공익 변호사 그룹 '공감'(이하 '공감'), 한국 성폭력 상담소 등과 함께 2008년 '군 관련 성소수자 인권 침해·차별 신고 및 지원을 위한 네트워크'(이하 '군 인권 네트워크')를 출범시켰다. 동시에 '무지개빛 인권 바람 군대에서 솔솔~'이라는 이름의 프로젝트를 2008년 한 해 동안 공동으로 진행했다. 이 프로젝트를 통해 국방부를 상대로 <병영 내 동성애자 관리 지침>의 올바른 개정 및 구 군형법 92조의 폐지를 요구하고, ≪군대 내 성소수자 인권을 위한 병영 지침서≫를 제작해 일선 부대에 배포했다. 그리고 ≪군 입대를 앞둔 이반들이 궁금해 하는 10가지 질문들≫이라는 팸플릿을 제작해 배포하고 홈페이지에 게시했다.

이 프로젝트를 진행하던 중, 22사단 군사 법원은 구 군형법 92조에 대한 위헌 법률 심판 제청을 직권으로 결정했다. 구 군형법 92조(현행 군형법 92조의 5)는 "계간, 기타 추행을 한 자는 1년 이하의 징역에 처한다"라는 내용이다. 일방적 성폭력과 합의에 의한 성적 접촉을 구별하지 않은 채 동성 군인 간 성 행위를 일괄 처벌하는 조항으로, 합의에 의한 성 관계를 형벌로 규율할 뿐 아니라 이성 군인 간 성 행위는 합의에 의한 경우에 처벌하지 않으면서도 유독 동성 군인만 이처럼 무조건 처벌한다는 점에서 그 위헌성과 형평성 논란이 계속된 규정이었다. '군 인권 네트워크'는 이 헌법 소송에서 이해관계인 측에 참여해 공개 변론 등에서 이 조항의 위헌성을 적극적으로 논증하고, 4,000여 장에 이르는 탄원서를 헌법재판소(이하 '헌재')에 제출했다. 이 조항에 대해 국가인권위가 헌재에 위헌 의견을 제출해 줄 것을 요구해 이를 관철시키는 등 3년에 걸쳐 다각도의 활동을 벌였다. 그러나 2011년 헌재는 이 조항에 대해 합헌 결정을[17] 내려, '인권단체연석회의'(이하 '연석회의')와 'IGLHRC(국제동성애인권위원회)' 등 국내외 인권 단체들로부터 반인권적인 결정이라는 비판을 받고 있다.

6) 대안 문화의 형성

우리가 공기처럼 향유하는 문화 역시 이성애주의로부터 자유롭지 않다. 여기에는 이성을 향한 사랑과 이성애자의 생애는 언제나 녹아들어 있지만, 동성을 향한 사랑과 동성애자의 삶은 배제돼 있다. '친구사이'가 대안적인 문화를 형성하기 위해 지속적으로 노력을 기울여온 것은 이 때문이다. 그 뿐 아니라 차별과 억압에 대한 대항으로서 직접적인 투쟁 외에 문화운동은 대중적이면서도 스스로 즐기면서 운동할 수 있는 방식이라는 인식이 있었기 때문이다.

2000년부터 매년 계속되고 있는 '퀴어 문화 축제'는 성소수자들이 집단적·공개적으로 자신들의 문화를 형성하고 함께 즐기기 위해 벌이는 한바탕 난장이다. 이 축제는 매년 6월을 전후로 세계 여러 도시에서 퀴어 퍼레이드가 개최되는 것[18]에 발 맞춰 한국에서도 퀴어 퍼레이드를 비롯한

17) 헌법재판소 2011. 3. 31. 선고 2008헌가21 결정.

18) 이처럼 세계적으로 비슷한 시기에 성소수자들이 자신을 드러내고 긍정하며 즐기는 시가행진을 벌이는 것은 상기한 '스톤월 항쟁' 및 그로 인해 촉발된 성소수자 인권운동을 기념하기 위해서이기도 하다.

문화 행사를 벌이자는 취지로 시작됐다. '친구사이'는 '퀴어 문화 축제'를 적극적으로 제안하면서 초기부터 퍼레이드 라인 댄스, 전시회, 공연 등을 통해 참여해왔다.

'친구사이'는 영화 제작에도 많은 관심을 기울여왔다. 1990년 중반 이후 한국 영화 산업이 부흥하는 추세에 발맞춰 영화의 힘에 주목하고, 동성애를 다루는 외국 영화들이 '퀴어 영화'라는 이름으로 대중적으로 인기를 끌고 있는 상황에서 영화를 통해 게이들의 시각과 감수성을 드러내고자 하였다. '친구사이'는 단편 영화 <슈가힐>(이송희일 감독, 2000), '친구사이' 10주년 기념 옴니버스 영화 <동백꽃 프로젝트>(최진성, 소준문, 이송희일 감독, 2004), 단편 <소년, 소년을 만나다>(김조광수 감독, 2008)와 <친구사이?>(김조광수 감독, 2009), 그리고 장편 다큐멘터리 <종로의 기적>(이혁상 감독, 2010)을 공동 제작했다. 그리고 이어서 영화사 청년 필름과 공동으로 장편 극영화 <두 번의 결혼식과 한 번의 장례식>(김조광수 감독)을 제작하였다. 여기에 더해 2003년에 '파고다 극장의 유언'이라는 이름으로 '파고다 퀴어영화제'를 개최하기도 했으며, 2010년에는 성소수자에 관한 영화의 제작과 관객과의 소통을 지지한다는 취지로 '올해의 퀴어 영화전'을 인디 포럼 작가 회의와 공동 주최하기도 했다.

한편 2011년에는 게이 문화를 대중적으로 소개하기 위해 『게이 컬처 홀릭(*Gay Culture Holic*) — 친절한 게이 문화 안내서』(씨네 21 북스)을 발간했다. 한국에 꼭 필요한 게이 문화 안내서를 만들어보자는 기획으로, 게이들이 무엇을 즐기며 어떻게 살아가고 있는지를 솔직하게 담고자 했다. 특히 음악, 영화, TV 연속극, 스포츠, 패션 등을 주제로 게이들이 어떤 문화 콘텐츠를 소비하며 게이 감수성이 각 분야에 어떤 영향을 미치는지 등을 짚어냈다. 이 책은 3개월 만에 2쇄를 찍는 등 좋은 반응을 얻었다.

'친구사이'는 노래를 통해 게이 자긍심을 향상하고 성소수자 인권을 옹호하는 활동도 벌여왔다. 2003년 탄생한 '친구사이'의 소모임 '지보이스'는 합창이라는 장르로 성소수자로서의 삶을 노래했다. '지보이스'의 공연은 '무대 위의 커밍아웃'이기도 한데, 회원들은 누구나 와서 관람할 수 있는 공연에서 자신의 얼굴과 목소리를 드러내면서 자긍심을 얻고 성소수자 운동에 다가갈 수 있는 기회를 얻기도 한다. 또 20여 곡의 자작곡을 창작함으로써 현실적이고 솔직한 게이들의 모습을 들려주고자 노력해왔다. 지난 8년간 '지보이스'는 5회의 정기 공연과 길거리 공연을 포함하는 3회의 소규모 공연 등 8회에 걸쳐 단독 공연을 열었고, 3장의 앨범을 자체 제작했으며, '퀴어 문화 축제'와 성소수자운동 진영에서 벌이는 각종 행사에 참여했다. 또한 성소수자 커뮤니티를 넘어 '민주화운동실천가족협의회'(이하 '민가협') 주최 '인권 콘서트'와 각종 인권 영화제를 비롯해 장애인운동 등 소수자운동 현장에서의 연대 공연을 벌여왔으며, 최근에도 한진 중공업 정리 해고 관련 '희망 버스'에 참여해 부산 한진 중공업 앞에서 노래하기도 했다.

7) 동성애에 대한 검열과 표현의 자유

위와 같이 동성애를 다룬 표현물은 계속해서 생산되고 있지만, 동성애가 사회적으로 유해하다는 편견 속에서 청소년의 접근 규제, 상영·방영 금지 조치 등이 아직까지도 내려지고 있다. 상기했듯 1997년, 제1회 '서울 퀴어 영화제'는 작품 상영 예정 장소인 연세대학교 동문회관의 단전,

서대문구청의 공연 불허 처분, 그리고 공연 윤리 위원회(이하 '공윤')의 심의 거부 등으로 인해 무산된 바 있다.[19] 이런 동성애 표현물에 대한 규제가 최근까지도 이어지고 있다.

제1회 '서울 퀴어 영화제' 무산 사건 이후로 다시 동성애와 관련해 매체의 유효성이 문제된 사건은 게이 사이트 '엑스존'에 대한 청소년 유해 매체물 결정 사건이었다. 2000년 정보 통신윤리위원회(이하 '정통윤')는 청보법 시행령상 청소년 유해 매체물 심의 기준인 "수간을 묘사하거나 혼음, 근친상간, 동성애, 가학 · 피학성 음란증 등 변태성 성행위, 매춘행위 기타 사회 통념상 허용되지 아니한 성 관계를 조장하는 것"이라는 조항을 근거로 '엑스존'을 청소년 유해 매체물로 심의 · 결정하고 고시했다. 이런 정보 통신상 검열에 대해 성소수자들은 '동성애자 차별 반대 공동행동'(이하 '동차공')을 꾸려 대응에 나섰고, '엑스존' 운영자는 2002년 유해 매체물 결정 및 고시 처분의 무효를 구하는 행정 소송을 제기했다. 그러나 법원은 고시 처분이 무효 사유라고 보기 어렵다고 봤으며, 이는 대법원 판결로 확정됐다.[20]

위 사건과 관련해 '끼리끼리'와 '동인련'은 청보법 시행령상 유해 매체물 심의 기준의 동성애 항목이 동성애자의 정보 접근을 차단하고 인권을 침해하고 있다며 국가 인권위에 진정했고, 국가인권위는 해당 조항이 행

---

19) 「왜 '소수'의 영화는 안 되는가」, ≪한겨레 21≫ 176호(1997년 10월 2일).

20) 대법원 2007. 6. 14. 선고 2004두619 판결. 행정 처분에 대한 취소 소송의 제기 기간은 단기로 규정돼 있는데, '고시'를 통해 유해 매체물 결정을 알렸기 때문에 운영자는 이를 뒤늦게 알게 되어, 소 제기 기간에 제한이 없지만 판단 기준은 엄격한 행정 처분 무효 소송을 중심으로 소송을 하게 됐다. 취소 소송으로 다루어졌다면 승소할 가능성도 없지 않았다.

복 추구권, 평등권, 표현의 자유 등을 침해한다면서 청보위 위원장에게 청보법 시행령 중 동성애 항목 삭제를 권고했다.[21] 결국 청보위는 이를 받아들여 2004년 유해 매체물 심의 기준에서 '동성애' 항목을 삭제했다.

2009년에는 '친구사이'와 영화사 청년 필름이 공동 제작한 영화 <친구사이?>에 대해 영상물 등급 위원회(이하 '영등위')가 "선정성", "모방 위험이 높다"라는 이유로 '청소년 관람 불가' 등급 분류 결정을 내리는 사건이 벌어졌다. 그러나 이 영화는 공식 초청된 부산 국제 영화제에서는 12세 미만 관람 불가로 상영되었다. 따라서 영등위의 이런 등급 분류 결정이 차별적이라고 판단한 '친구사이'와 청년 필름은 위 등급 분류 결정의 취소를 구하는 행정소송을 제기했고, 서울행정법원과 고등법원은 원고 승소 판결을 내렸다.[22] 법원은 이 영화가 청소년들에게 성소수자에 대한 이해와 성적 정체성에 대한 성찰의 계기를 제공하는 교육적인 효과가 있고, 청소년이 동성애를 내용으로 하는 영화를 수용하기 어렵다고 할 수는 없으며, 동성애를 유해한 것으로 취급해 그에 관한 정보의 생산과 유포를 규제하는 경우에 동성애자들의 인격권, 행복 추구권, 표현의 자유, 평등권 등 기본권을 침해할 우려가 있다고 판단했다. 2012년 말 현재 이 사건은 영등위의 상고로 대법원에 계류 중이다.

동성애를 다룬다는 이유로 교정 시설 안에서 TV 연속극을 시청 금지한 사건도 발생했다. 2010년 8월 9일 법무부는 김수현 작 SBS 연속극 <인생은 아름다워>에 대해 "동성애에 대한 비중이 높아져 교화 방송의 의도

---

21) 국가인권위원회 2003. 3. 31. 2002진차80·2002진차130(병합) 결정.

22) 서울행정법원 2010. 9. 9. 선고 2010구합5974 판결. 서울고등법원 2011. 4. 20. 선고 2010누32237 판결.

와 맞지 않으며 성폭력을 유발하고 미풍양속에 반하며 동성애를 조장한다"라며 일방적으로 방송 중단 조치를 취했다. 형의 집행 및 수용자의 처우에 관한 법률 5조는 "수용자는 합리적인 이유 없이…… 성적 지향 등을 이유로 차별 받지 아니한다"라고 규정한다. 그럼에도 동성애에 대한 내용을 담고 있다는 이유만으로 시청을 금지하는 것은 이 법의 취지를 정면으로 위배하는 것이다. '친구사이'는 천주교 인권 위원회와 'KSCRC' 등 여타 단체들과 연대해 법무부를 비판하며 재발 방지를 요구하고 있다.

8) 동성애자의 가족 구성권

국제적으로 동성 결혼(same-sex marriage) 또는 동성 연인 관계에 결혼과 유사한 지위를 부여하는 동성 동반자 관계(same-sex partnership) 등록 제도가 속속 도입되고 있다. 2010년에만 포르투갈, 아이슬란드, 아르헨티나가 동성 결혼을 인정하는 법률을 통과시켜 동성 결혼을 입법화한 국가가 10개국으로 늘었으며,[23] 독일의 생활 동반자법(Gesetz über die Eingetragene Lebenspartnerschaft), 영국의 시민 동반자법(Civil Partnership Act),

---

23) 2011년 8월 현재 법적 동성 결혼을 인정·실시하는 국가는 남아프리카 공화국, 네덜란드, 노르웨이, 벨기에, 스웨덴, 스페인, 아르헨티나, 아이슬란드, 캐나다, 포르투갈이다. 이와 명칭 및 세부 혜택에서는 차이가 있으나 현재 동성 동반자 관계, 시민결합(civil union), 또는 동반자 등록제(registered partnership)를 인정·실시하는 국가는 뉴질랜드, 덴마크, 독일, 룩셈부르크, 리히텐슈타인(2011년 9월 발효 예정), 브라질, 스위스, 슬로베니아, 아이슬란드, 안도라, 에콰도르, 영국, 오스트리아, 우루과이, 체코, 콜롬비아, 프랑스, 핀란드, 헝가리의 19개국이다. 또한 이 같은 공식 제도가 없는 경우, 이스라엘, 콜롬비아, 크로아티아, 호주는 동성 커플에 대해서도 동거 동반자 관계(domestic partnership), 비등록 동거 관계(unregistered cohabitation), 또는 적어도 사실혼 관계(de facto union)를 인정한다.

프랑스의 시민연대협약(PACS : pacte civil de solidarité)과 같이 법적으로 동성 동반자 관계를 인정하는 국가도 증가하는 추세이다. 이런 해외 소식과 한국에서도 점차 동성 커플이 실질적인 배우자 관계를 맺고 살아가기도 하고 동성애자로서의 정체성을 갖고 새로운 형태의 가족을 꾸리는 경우가 많아지면서, 동성애자의 가족 구성권에 대한 논의가 많은 관심을 끌고 있다. '친구사이' 역시 2006년 중점 사업으로 동성애자 가족 구성권 보장을 위한 프로젝트를 선정한 이래 가족 구성권에 대한 지속적인 활동을 벌여오고 있다.

2006년 5월 개최한 '동성애자 가족 구성 발표 대회 스피크 아웃(Speak Out!)'은 동성애자의 가족 구성과 관련해, 동성애자로서 가족을 구성해 살고 있는 당사자들이 직접 육성으로 자신이 겪은 경험을 발표하고 청중과 이야기를 나누는 행사였다. 가족을 구성하거나 가족 관계를 해소하는 과정의 문제들, 가족 구성권을 보장하지 않아 발생하는 차별과 인권 침해 사례 등을 구체적으로 드러내는 최초의 공개 행사였다.[24]

또 2006년과 2007년에는 '동성애자가 선정한 "예쁜가족" 대회'를 개최했다. 이 대회는 동성애자가 연인, 친구 등과 구성한 가족들을 충분히 '예쁜 가족'이라고 이름을 부여함으로써 동성애자 가족들이 지닌 아름다움과 건강함, 대안성, 진취성 등을 격려하고 고무하자는 취지로 기획됐다. 이 행사에서는 동성애자가 구성한 가족들에게 일종의 대안 인증서인 '예쁜가족증'을 발급하고, 동성애자 가족의 사연을 공모해 이들에게 '예쁜가족상'을 수여했다.

---

24) 이 행사의 발표 내용에 대해서는 한국 게이 인권운동 단체 '친구사이' 편(2006) 참고.

'친구사이'는 이런 사업들의 결과와 연구 작업을 모아 '동성애자 가족 구성권 토론회'를 개최하고, 『동성애자 가족 구성권 자료집』(도서출판 해울, 2006)을 발간했다. 이 책은 동성애자 가족 구성권을 사회적 의제로 설정하는 데 뒷받침할 수 있는 동성애자 가족의 현재, 동성애자 가족 구성권의 법률적 접근, 동성애자 가족 구성권 운동 등 세 가지 주제의 글을 싣고 있다.

이후 '친구사이'는 연대체 '다양한 가족 형태에 따른 차별 해소와 가족 구성권 보장을 위한 연구 모임'(이하 '가족 구성권 연구 모임')을 결성하고, 동성애자의 가족 구성권을 넘어 가족 제도 바깥의 다양한 가족의 가족 구성권 보장과 가족 차별 해소를 위한 제도적·정책적 개선 활동을 하고 있다. 이 모임에서는 성소수자를 포함하는 다양한 생활 동반자 관계(life partnership)에 대해 가족으로서의 권리를 보장하는 입법을 위해 2006년부터 지난 5년간 연구 작업을 진행해왔으며, 현재에는 법률안 작성 작업을 벌이고 있다.

9) 성소수자 인권 교육과 사회적 지지의 조직

최근 '친구사이'는 성소수자에 관한 인권 교육 활동에 관심을 기울이고 있다. 성소수자 존재는 이제 한국 사회에서 새삼스러운 일이 아니지만, 성적 지향과 성별 정체성에 대한 정확한 지식과 정보는 여전히 부족하다. 또한 성소수자 인권에 대한 사회적 지지를 위한 활동에도 주목하고 있는데, 이는 연대를 형성한다는 의미를 넘어 이런 지지의 확산을 통해 성소수자 이슈가 성소수자만의 인권의 문제가 아니라 오히려 이 사회 전체가 노력을 기울여야 하는, 모든 사람의 인권의 문제라는 점을 보여줄 수 있기 때문이다.

이제까지 '친구사이'가 벌여온 교육 활동은 그 대상이 주로 게이 커뮤니티에 집중돼 있었다. 2003년에서 2005년까지 지속됐으며 예술, 노동, 건강 등을 주제로 매월 진행한 교양 강좌 '챠밍 스쿨', 2006년부터 계속하는 프로그램으로서 사진, 일러스트레이션, 공예 등을 통한 게이로서의 자기표현을 위한 강좌 '게이 컬처 스쿨' 등이 이런 활동이었다. 이런 경험과 더불어 기존에 진행해온 대외 교육 프로그램을 바탕으로 2010년부터는 '강사 육성 프로젝트'를 구성해 강의안을 만들고 강사진을 확보함으로써 한층 체계적이고 전문적인 인권 교육을 준비하고 있다.

성소수자 인권에 대한 사회적 지지를 조직하는 활동으로는 '성소수자 인권 지지 프로젝트'를 진행하고 있다. 2010년에 시작한 이 프로젝트는 성소수자 인권을 지지하는 각계각층의 인물이 그 지지 의사를 영상 인터뷰를 통해 드러내는 프로그램이다. 배우 예지원을 시작으로, 조국 교수, 희망 제작소 박원순 상임 이사, 영화 평론가 정성일, 언론인 홍세화 등이 참여했으며, 앞으로도 각계각층의 인물을 대상으로 계속될 예정이다.

'친구사이' 역시 성소수자 인권을 옹호하고 있는 사람들에게 '무지개 인권상'을 통해 지지와 연대를 보냄으로써 성소수자 운동에 대한 지지를 확장하고자 하고 있다. '무지개 인권상'은 2006년 '친구사이'가 제정한 국내 유일의 성소수자 인권상으로 매해 성소수자 인권 신장에 큰 역할을 한 사람에게 수여되는 상이다. 2006년 '공감'의 정정훈 변호사를 시작으로 2010년 TV 연속극 <인생은 아름다워>의 김수현 작가가 그 대상이다.

한편 성소수자에 대한 가장 든든한 지지는 성소수자의 가족과 친구들에게서 나온다. '친구사이'는 2011년부터 성소수자의 가족과 친구들이 성소수자의 커밍아웃을 받아들이는 과정을 함께 나누고, 성소수자에 대한 지식과 정보를 공유하며, 다른 성소수자 가족 및 친구들에게 정보와 정서적 지지를 제공하고, 성소수자 인권 활동에 참여하는 계기가 될 수 있는 성소수자 가족·친구 모임을 적극적으로 준비하고 있다.

마지막으로 '친구사이'는 성소수자에 대한 정보에 쉽게 접근하게 하기 위해 '무지개 도서 캠페인'을 벌이고 있다. 2010년에는 전국 210여 개 공공 도서관에 성소수자에 대한 이해를 도모할 수 있는 도서 5종을 선정해 1,000여 권의 책을 기증했으며, 2011년에는 자신이 살고 있는 지역의 공공 도서관에 '친구사이'가 추천하는 '무지개 도서'를 비치할 수 있도록 희망 도서를 신청하는 캠페인을 벌이고 있다. 이 캠페인의 성과를 이어받아 2011년에는 '올해의 무지개 도서상'을 신설해 매년 발간된 도서 중 성소수자에 대한 이해를 높이고 성소수자 인권 향상에 기여하는 책을 선정해 시상할 계획이다.

3. 게이운동의 새로운 도전과 과제

1) 모습을 드러낸 공격적 호모포비아 세력

2007년 차별 금지법 관련 운동과 2010년 TV 연속극 <인생은 아름다워> 방송, 구 군형법 92조에 대한 헌재 결정 등 동성애 관련 주요 이슈에 적극적으로 반대 목소리를 낸 사람들이 있다. '동성애 허용법안 반대 국민연합'(이하 '동반국'), '바른 성문화를 위한 국민연합'(이하 '바성연'), '나라사랑 학부모연합회' 등의 단체가 바로 그들이다. 최근 5년 내 이명박 정권의 출범과 함께 활동하기 시작한 이 단체들의 주장은 기독교(주로 개신교)의 종교적 가치에서 비롯된 논리로, 동성 간 성행위는 성경에 반하는 행위이므로 그들이 죄를 사죄하고 기도해 하나님 품으로 돌아와야 한다고 주장한다. 또한 그들은 차별 금지법과 최근 주민 발의 운동에 성공한 서울시 학생인권조례안에 포함된 성적 지향 및 성별 정체성과 관련해 학교 안에서 동성애를 '옳지 않은' 것이라고 교육하지 못하는 것에 적극적으로 반대하며 이를 '미션 스쿨 옥죄기'로 과장·왜곡하고 있다. 미국의 기독교 사역 단체 운동을 통해 들어온 '웰스프링'이라는 단체는 동성애 정체성에 대한 자긍심이나 만족감이 부족한 성소수자들에게 '동성애 회복' 프로그램을 제공해 동성애를 '치료'할 수 있다고 주장한다.

한국 사회에서 기존의 성소수자 억압에서 더 나아가 직접적으로 동성애를 공격하는 세력이 등장한 것은 이번이 처음이다. 특히 이들 세력의 성장은 국내적으로는 이명박 정권 안에서 보수 기독교 세력의 성장과 그 흐름을 같이 하고 있다. 또한 동성애 이슈에 대해 아직 무지하고 논의조차 없었던 여타 보수적 종교 교단이나 단체에 동성애 반대 운동에 참여하도록 종용하고 있다. 이들의 운동은 현재 세계적으로 미국의 근본주의적 보수 기독교 교단이 우간다, 나이지리아를 비롯한 아프리카 국가에서 진행하고 있는 반동성애 운동의 움직임과도 유사하다. 이 세력들의 움직임은 성소수자 운동 진영의 가장 큰 걸림돌로 보이며, 앞으로 성소수자 운동이 마주해야 할 난제이기도 하다.

'친구사이'는 지난 2007년부터 '국제 성소수자 혐오 반대의 날(IDAHO : International Day against of Homophobia and Transphobia)'(이하 '아이다호')을

기념하고 있다. 2003년 프랑스에서 시작된 '아이다호'는 1990년 5월 17일 세계보건기구(WHO)가 동성애를 공식 정신 질환 목록에서 삭제한 날을 기념한 데서 비롯됐으며, 호모포비아들이 외치던 동성애의 소위 '비정상성'을 과학적이고 논리적인 언어로 반박하자는 취지에서 결정된 날이다. 이에 '친구사이'는 인권적이고 긍정적인 방식으로 동성애를 받아들이는 방법을 택했다. 동성애자에 대한 사회 인식을 조사하고, '게이 프리 허그', '지보이스'의 거리 공연을 선보여 먼저 한 걸음 다가가는 운동을 펼쳐왔다.

동성애 이슈를 통한 보수 세력 결집의 형태가 도드라져 보이지만, 이들의 '논리'는 결국 동성애자들의 성 정체성을 바꾸겠다는 비논리적이고 반인권적이며 동성애 혐오에서 비롯된 반종교적인 주장이다. 또한 과장되고 시대착오적인 '논리'가 주는 이미지는 정작 이들의 의도와는 반대로 호모포비아에 대한 반감을 불러일으키기에 충분하다. 다만 동성애자 정체성에 대한 자긍심을 획득할 수 없었던 게이들은 무지와 편견에서 비롯된 이들의 '논리'에 큰 상처를 받았을 뿐 아니라 이들의 지속적인 동성애 반대운동으로 인해 자신의 정체성을 '잘못된' 것으로 생각하는 경우마저 있어 적극적 대응이 필요한 시점이다. 한국의 호모포비아들의 역사와 활동, 그리고 주장과 '논리' 등을 분석해 이들의 전략이 종교적 실천이 아닌 동성애 혐오에서 비롯된 것이라는 점을 증명할 필요가 있다.

2) 지역과 공간의 운동

현재 한국 사회의 지역 사회 운동은 노동운동, 농민운동 등을 제외하면

지방 자치체의 무분별한 개발 사업에 대한 감시 활동, 환경운동 등에 집중되고 있고 서울 등 대도시 외부 지역의 성소수자운동은 찾아보기 어렵다.

게이운동의 역사가 오래된 해외에서도 그 운동은 작은 지역보다는 대도시의 게이 게토를 중심으로 발전해왔다. 익명성을 필요로 하는 한국 게이 커뮤니티의 운동 역시 대도시인 서울을 중심으로, 또한 종로/이태원이라는 강력한 지지 세력을 업고 발전해온 것이 사실이다.

사실 부산, 대구, 광주 등의 광역시에는 오래 전부터 게이 업소들이 존재해왔다. 그러나 온라인 네트워크의 성장으로 물리적인 공간이 갖는 중요성은 과거에 비해 대폭 줄었다. 게다가 KTX 등 교통수단의 발달은 물리적인 거리마저 더욱 좁혀 놨다. 이제 조금씩의 수고만 감수한다면 지역성은 과거에 비해 그다지 큰 걸림돌이 아닐 수 있다. 게이 활동가들 역시 아우팅의 부담이 높은 지방에 남아 활동하기 보다는 서울로 이주하는 쉬운 길을 택했다. 인터넷이 활성화되지 않았던 1990년대 중반에 전국 주요 도시 중심으로 발전 가능성이 있는 모임들이 생겨났지만 2000년대 들어서면서 힘을 얻지 못한 것도 이런 연유일 것이다.

그러나 온라인 커뮤니티가 모든 것을 해결해 주리라는 장밋빛 환상에만 젖은 채 지방의 성소수자 커뮤니티의 공간성을 무시하거나 지역 운동의 중요성을 무시할 수는 없다.

1990년대 후반 '대경회' 등의 지역 모임, 2006~2007년 마산의 퀴어 퍼레이드 등 산발적인 모임이나 행사가 추동력을 받지 못한 가운데, 2009년 시작된 대구 지역의 '대구 퀴어 문화 축제'는 기대할 만한 행보를 보여줬다. 이 행사는 대구 지역의 진보정당과 여성 운동단체, 인권 단체가 성소수자 커뮤니티와 연대해 주최했는데, 이런 연대는 게이 커뮤니티 구성원들로만 추진했던 과거와는 달리 꾸준히 지속될 수 있으리라는 새로운 가능성을 열어줬다.

현재 지방 성소수자운동에서 좀 더 요구되는 것은 지방 성소수자 커뮤니티가 갖고 있는 고유의 문화와 성소수자 정체성에 대한 자긍심 문화의 적절한 결합이다. 지난 2년간 행사의 주체가 돼야 할 해당 지역 성소수자 활동가들보다는 서울에서 내려간 사람이 더 많이 모인 것도 사실이다. '친구사이'가 부산, 광주, 대구 등에서 야심차게 주최한 '스톤월 영화제' 역시 해당 지역 커뮤니티의 강력한 지지는 얻지 못한 절반의 성공에 만족해야 했다. 지역의 성소수자운동은 실패와 성공이 반복되는 실험 속에서 진행될 것이며, 활동가들의 충분한 사전 조사와 인내를 요구할 것이다.

3) 공동체 운동 : 상상에서 실천으로

현재 종로, 이태원으로 대표되는 게이 공간은 생활의 공간이라기보다는 소비와 유흥의 공간이라는 성격이 크고, 레즈비언들이 모이는 마포 지역은 결합이 느슨하고 범위가 넓어 커뮤니티라고 보기에는 미흡한 점이 있다.

한국적 상황에 맞는 역할 모형을 갖지 못한 국내 게이운동 1세대의 큰 화두 중 하나는 안정적인 삶에 대한 갈망, 개인의 삶과 게이 커뮤니티 내 삶의 일체화, 불확실한 노후 생활에 대한 고민 등이다. 이런 개인적인 고민은 최근 몇 년 사이 서서히 집단화, 구체화되려는 조짐을 보이고 있다. '마포 레인보우 주민 연대'(이하 '마레연')의 경우, 성소수자 유권자 운동으로 시작했으나 점차 생활권 운동, 의식주 공동체 운동 등으로 발전해나

가려는 조짐을 보이고 있다. 또한 서울 시내 일부지역에서는 성소수자 운동이 이미 국내에서 경쟁력을 갖추기 시작한 생활협동조합, 의료생활협동조합 운동과도 연결점을 찾기 위해 노력하고 있다.

2011년 '친구사이'는 개개인이 막연히 갖고 있던 퀴어 타운, 즉 물리적인 성소수자 지역 공동체에 대한 상상력의 실천화 방안을 고민하는 프로젝트 '퀴어 타운 인 코리아'를 시작했다. 이 모임은 성소수자들뿐 아니라 퀴어적인 삶을 꿈꾸는 모든 사람에게도 열어두고 성소수자들에게 안전하거나 편리한 거주지를 고민하고 대안적 공동체를 이루고자 하는 욕망, 성소수자와 비성소수자가 함께 추구할 수 있는 가치의 발견, 심지어는 직접적인 주거비용의 문제나 노후 대책까지 의제로 삼는다.

물론 이런 상상력은 결국 어떠한 사람들과 어떤 곳에서 어떻게 살 것이냐는, 실체가 있는 상황에서 좀 더 현실화될 문제이다. 그러나 당장 타운을 건설하자는 대규모 계획보다는, 다양한 가치관을 갖는 사람들이 공유할 수 있는 삶의 지점, 혹은 공유할 수는 없으나 존중돼야 할 개인의 삶이나 전망을 서로 확인하는 일 등이 지금으로서는 더 의미 있는 접근 방식일 수도 있다.

4) 인권운동과 성소수자운동의 연대

한국 사회 각종 인권단체들이 모여 함께 다양한 인권문제를 논의하는 '연석회의'는 '동인련', '친구사이', '한국 레즈비언 상담소'(이하 '레즈비언 상담소'), 'KSCRC' 등 네 개 성소수자 단체도 속해 있다.

'군 인권 네트워크'는 군대 내 동성애자 인권 침해 문제를 중심으로 활동하는 네트워크로, 성소수자 단체뿐 아니라 한국 성폭력상담소와 '공감' 등의 법률 전문가, 여성학 전문가, 정신과 전문의 등의 의료 전문가 등이 연대하고 있다. 또한 소위 '정상' 가족 제도에 포함되지 않는 가족 형태로 인해 차별 받는 동성애자, 장애인, 미혼모, 비혼 가구 등의 문제를 해결하기 위해 모인 '가족 구성권 연구 모임'은 성소수자 단체 활동가, 여성주의 단체 활동가, 여성학 전문가, 법률 전문가, 정당 정책 위원 등이 모여 해외의 동성 동반자 관계 제도 등 다양한 사례와 국내 실태 조사를 통해 한국에 어떻게 적용할지에 대해 연구하고 있다. 또한 성소수자 단체는 용산 참사와 홍대 두리반 투쟁 등 재개발 및 주거권 관련 투쟁에도 연대하고 쌍용 자동차 사태에서 시작해 최근의 한진 중공업의 '희망 버스' 운동 등 정리 해고, 비정규직 없는 세상을 위한 노동 문제, 이주 노동자 문제에도 적극 참여하고 있다.

이런 일련의 각종 인권 이슈에 성소수자가 연대하고, 또한 성소수자 관련 문제에 당사자뿐 아니라 여러 단체 및 개인들이 참여하는 것은 성소수자 인권 문제에 대한 적극적 관심과 함께 성소수자 문제를 통한 인권운동이 그만큼 우리 사회에 큰 변화를 가져올 수 있다는 기대에서 비롯된 것이다. 또한 여러 성소수자가 당사자 운동뿐 아니라 차별 금지법, 평화 운동, 청소년 운동 등에 참여해 성소수자 이슈를 적극적으로 표현하는 것도 중요한 흐름이다. 그러나 설령 인권 단체 회원, 활동가라고 하더라도 아직 성소수자에 대한 편견, 반감, 불편함을 지니며, 여기에서 비롯된 연대 활동에 잡음이 없을 리 없다. 눈에 보이지 않는 성소수자 혐오 및 차별의 문제가 인권단체 안에도 존재한다. 이를 통해 인권운동을 하는 사람들 사이에도 이성애 중심적 억압이 얼마나 공고한지 알 수 있으며, 또한 성소수자운동은 이 억압을 해소해 가도록 적극적이고 세심하게 노력할 필요가 있다. 반대로 성소수자운동 역시 정체성을 넘어 연대의 운동을 만들어 나가야 할 것이다.

5) 일상 속 커밍아웃

과거 커밍아웃 운동이 대사회적인 '사건'으로서 기획된 것이었다면, 이제 '친구사이'가 '커밍아웃 인터뷰' 등을 통해 전달하려는 메시지는 바로 일상 속에서의 커밍아웃의 대중적 실천이다. '지보이스' 단원들이 실천하는 수많은 대중 앞에서의 공연 활동, 공연을 보기 위해 공연장에 오는 게이들의 자연스러운 공개적 드러내기, 그리고 '친구사이'가 제작하는 퀴어 영화들을 통해 자신의 게이 정체성을 긍정하며 주위 사람들에게 천천히 자신을 드러내는 행동. 이런 여러 활동을 통해 일상 속에서의 커밍아웃은 그 속도는 더디지만 조금씩 조심스럽게 진전되고 있다. 아직 사회적으로 자신을 드러내기에 위험이 덜하다고 생각하는 청소년 집단들은 트위터, 페이스북, 블로그 등 다양한 소셜 네트워크 서비스(SNS)와 개인 홈페이지를 통해 자신을 표현하기 위해 노력하고 있다. 또한 2011년 이후 여러 성소수자 인권 단체의 각종 동성애 관련 서적 발간,[25] 다큐멘터리 「종로

25) 다음의 목록에서 드러나듯, 국내 성소수자 인권 단체들이 자비로 발간한 자료집 외에 기존 출판사를 통해 발간하고 시중 서점에서 판매한 도서가 특히 최근 3년 내에 급증해 주목을 요한다. 또한 문화 전반, 청소년, 종교(기독교), HIV/에이즈 등 그 사안도 상당히 다양하고 폭넓다. 공식적으로 각 단체의 이름을 걸었든 개별 활동가가 단독으로 또는 공동으로 집필했든, 이 같은 저서는 한국 성소수자운동 진영이 이론적 지식과 실천적 경험 모두 상당히 축적했으며 이를 사회와 공유하고 사회에 적극 대응할 준비가 돼 있음을 시사한다. 권김현영 · 나영정 · 루인 · 한채윤 외(2011) ;

의 기적」의 극장 개봉, 동성애자의 삶에 초점을 맞추는 유선 방송 및 연속극 매체 내 콘텐츠의 점진적 증가 등에 발맞추어 성소수자들은 SNS를 통해 적극적으로 해당 콘텐츠에 대한 의견을 표현했다. 앞으로 다양한 성소수자 관련 콘텐츠가 제작되기를 바라는 사람이 많다.

물론 아직 종로와 이태원을 즐기는 수많은 '주말 게이'[26]의 숫자나 커뮤니티 모임의 규모에 비하면 일상적 커밍아웃의 실천을 체감할 수 있는 기회는 적다. 스마트폰 어플리케이션을 통해 점점 게이들의 만남의 통로, 방식, 형태는 다양해졌으나, 이들의 일상적 커밍아웃에 대한 움직임이 확실하게 증명된 바는 없다. 2010년 이후 매월 1회 진행되는 '친구사이' 신입 회원 오리엔테이션 시간에 '친구사이'에 가입하게 된 계기를 물었을 때, 신입 회원들은 다음이나 네이버에 있는 게이 모임 카페나 '이반 씨티' 같은 큰 게이 사이트 등 온라인을 통해 사람을 만나는 것보다는 개방적이며 신뢰할 수 있는 단체를 통해 게이 커뮤니티에서 활동하는 것이 안전하기에 가입했다고 답한다. 이런 생각은 20대 초중반 대학생들, 갓 고등학교를 졸업했거나 고등학교에 다니는 학생들 사이에서 더 두드러진다. 이는 수도권 외 지역에 살고 있는 게이들에게도 적용되는 문제다. 답답한 이성애 중심적 학교생활과 지방의 보수성에 갇혀 게이 정체성을 드러낼 수 없던 이들은 좀 더 편하게 숨 쉴 수 있는 공간을 필요로 한다. 이들에

권김현영 · 변혜정 · 한채윤 외(2010) ; 성적 소수 문화 환경을 위한 모임 '연분홍 치마'(2008) ; 슘 프로젝트(2010) ; 윤가브리엘(2010) ; 정욜(2011) ; 지승호 · 동성애자 인권 연대(2011) ; 퀴어 이론 문화 연구 모임 '위그(WIG)'(2008) ; 한국 게이 인권 운동 단체 '친구사이'(2011).

26) 주말과 휴일에는 종로, 이태원 등지의 게이 업소를 이용하는 등 게이 커뮤니티에서 활동하나 주중에는 학교, 직장, 가정 등 일반 사회에서 자신의 성적 지향을 숨긴 채 이성애자로 살아가는 사람을 가리킨다.

게 일상적으로 편하게 자신의 정체성을 드러낼 수 있는 문화적인 공간, 표현의 방식이 필요하게 됐다. 즉 앞으로 일상 속의 커밍아웃을 실현하기 위해서는 게이들이 관심 있어하고 자신을 마음 편하게 드러낼 수 있게 해 주는 풍부한 문화적 콘텐츠, 그리고 외부와 연결된 열린 공간이 필요하다. 또한 단순히 더 자신을 드러낼 수 있도록 돕는 것을 뛰어 넘어 게이 정체성에 자긍심과 힘을 갖도록 도와야 한다는 필요성이 제기된다.

6) 법률과 조례 — 제도적 접근

총선과 대선을 동시에 치르는 2012년을 앞두고 성소수자와 관련 의제의 제도화에 대한 관심이 높아지고 있다. 그러나 성소수자 운동 진영은 아직 이렇다 할 입법 운동에서 승리하지 못했다. 아쉽게도 성 전환자 성별 변경에 관한 특례법이 지난 17대 국회에 제출되었으나 제대로 논의조차 되지 못하고 폐기됐다. 차별 금지법은 2007년 이후로 2010년 법무부에서 다시 논의를 시작했으나 보수 기독교 단체와 학부모 단체 등 호모포비아 세력의 방해로 인해 다시 수면 밑으로 사라졌다. 하지만 밑에서 올라오는 움직임이 있다. 바로 조례 제정 운동이다. 2010년 6월 서울 학생인권조례 제정 운동 본부가 진행한 서울시 학생 인권 조례는 주민 발의 정족수를 채워 제정 작업에 들어갔다. 2010년 통과된 경기도 학생인권조례 부문의 차별 금지 사유에도 성적 지향이 포함되었다. 소수자 관련 인권조례제정 운동은 2010년 지방 선거 이후 변화된 지방 의회에서 속속들이 시작되고 있다. 이 같은 조례는 광주광역시, 전라북도, 경상남도의 광역 자치 단체와 부산광역시 해운대구, 수영구와 울산광역시 북구에 존재한다. 이 중 경상남도와 부산광역시 해운대구의 조례에는 국가인권위원회법에 따라 차별 금지 사유 중에 성적 지향이 포함돼 있다.

이렇듯 조례제정에서 나타나는 성소수자의 법적 지위의 변화 움직임을 볼 때, 성소수자운동 진영이 2012년 총선과 대선을 계기로 크게 변화할 수 있을 것이다. 이들 선거에서 성소수자 이슈를 얼마나 부각시키느냐의 문제도 중요하겠지만, 우리가 얼마나 이를 원하며 얼마나 치밀하게 준비할 수 있느냐는 문제가 더욱 중요할 것이다. 장애인 차별 금지법 제정을 위해 장애인 단체들이 쏟은 노력에서 보듯, 조례나 법을 제정하기 위한 운동의 핵심은 당사자들의 적극적인 참여와 조직이다. 이는 운동의 방식의 문제가 아니라 성소수자 커뮤니티가 얼마나 관심을 갖고 있고 절실함을 보여줄 수 있느냐는 문제이다.

4. 앞으로의 지향: 불편하지만 전복적인 이미지

홍석천과 하리수의 등장, 김조광수, 이송희일, 최현숙 등 당사자들의 적극적인 성소수자 인권 지지 발언, 퀴어 영화의 제작, 다양한 성소수자 도서의 발간, 동성 커플의 방송 및 지면 출연, 2000년 대 이후 게이 커뮤니티를 중심으로 진행돼온 이런 적극적 커밍아웃에는 당사자의 발언이 주는 진정성과 퀴어다운 당당함이 녹아 있다. 특히 김조광수, 이송희일 감독은 트위터를 통해 부조리한 한국 사회에 일갈함으로써 주위 성소수자뿐 아니라 이에 공감하는 많은 일반 네티즌에게 시원함을 선물했다. 또한 최근 <경향신문>과 <한겨레신문> 지면에 등장한 '친구사이' 대표 박재완, 신정한 게이 커플의 사진과 삶의 이야기는 큰 감동을 줬다. '친구사이'의 활동

모습과 게이 커플의 사진이 실린 <경향신문>의 "포토 다큐 세상 '게이, 벽장문을 열고 외치다.—우리에겐 남다른 꿈이 있다'" 기사는 2011년 5월 '이 달의 보도 사진상'을 수상하기도 했다. 2010년 방영된 TV 연속극 <인생은 아름다워>는 평범한 게이 커플이 가족들과 동성애자로서의 삶의 이야기를 사실적으로 풀어 가면서 아직도 게이들의 이야기가 '먼 나라 이야기'처럼 들리는 수많은 사람의 가슴을 울렸다. 이는 특히 게이에 대해 무지하고 편견이 있던 이성애자 부모들에게 큰 인상을 남겼다.

게이 퍼레이드와 각종 전시회와 토론회로 12년째 진행하고 있는 '퀴어 문화 축세', 올해로 10년째 성소수자의 다양한 삶을 다룬 영화를 상영하는 '서울 LGBT 영화제', 올해로 6회째 정기 연주회를 진행하는 게이 코러스 '지보이스'의 공연 등 다양한 성소수자 문화 행사가 공개적으로 열리고 있다. 하지만 아직도 이에 참여해본 적도 없을 뿐 아니라 그 존재조차 모르는 성소수자도 많으며, 우리나라에 퀴어 퍼레이드가 있다는 사실을 모르는 이성애자가 대다수일 것이다. 그 이유는 다양하겠지만, 가장 큰 원인 중 하나는 성소수자 운동에 대한 분명하고 적극적인 이미지가 없다는 것이다.

한국 사회의 보수적 문화와 가부장제의 억압 속에서 성소수자에 대한 차별이 존재한다는 것을 부각하고 알리는 것은 지금 성소수자 운동의 주요한 과제이다. 그러나 아무리 성소수자가 각각의 가족 구성의 사회 제도로부터 배제된 현실을 보여주고, 군대에서의 인권 침해 사건을 제기하며, 청소년 성소수자들의 고통을 알리기 위해 열심히 노력하더라도, 성소수자의 전복적이고 긍정적인 이미지를 부각시키지는 못한다. 이제까지 표면적으로 알려진 이슈는 HIV/에이즈, 동성 결혼, 차별 금지법 등이었으나, 이를 적극적으로 끌어안으면서도 전면에는 퀴어들의 당당함과 독창성을 드러낼 수 있는 이미지가 필요하다. 그래서 '친구사이'가 꿈꾸는 앞으로의 활동은 기존에 우리가 알려온 이야기들을 '퀴어적'으로 보여줌으로써 사람들에게 조금은 불편하더라도 긍정할 수 있는 힘과 메시지를 주는 새로운 대안적 이미지를 만드는 것이다.

인권이라는 문제는 상큼하고 안전한 길이 아니다. 또 동성애자의 삶은 어느 비교 대상을 찾을 수 없을 만큼 이성애자가 꿈꾸는 삶과는 전혀 다르다. 그런 만큼 우리 사회에는 성 정체성과 섹슈얼리티에 대한 불편하지만 새로운 상이 필요하다. 바로 이런 전복적인 이미지가 새로운 대안으로 작동해야 하는 시기가 바로 지금이다.

◆ 참고문헌 ◆

강병철 외, 2006, 『청소년 성소수자의 생활실태 조사』, 한국 청소년 개발원.

군대 내 동성애자 인권 침해 사건 진상 조사단(준) · 최순영 국회 의원실 공동 주최, 2006, 『군대 내 동성애자 차별 철폐 토론회 : 금기와 침묵을 넘어 동성애자 차별의 성역 '군대'를 말한다』 자료집.

권김현영 · 변혜정 · 한채윤 외, 2010, 『10대의 섹스, 유쾌한 섹슈얼리티 — 10대와 어른, 섹슈얼리티로 소통하다(섹슈얼리티 강의 세 번째)』, 동녘.

권김현영 · 나영정 · 루인 · 한채윤 외, 2011, 『남성성과 젠더』, 하이브리드 총서 3권, 자음과 모음.

동성애자 인권 연대 · 한국 게이 인권운동 단체 '친구사이', 2008, 『군 관련 성소수자 인권 증진을 위한 무지갯빛 인권 바람! 군대에서 솔솔~프로젝트 모둠 자료집』.

성적 소수 문화 환경을 위한 모임 '연분홍 치마', 2008, 『다큐멘터리 북 3×

FTM-세 성전환 남성의 이야기』, 그린비.

슘 프로젝트, 2010, 『하느님과 만난 동성애-동성애, 이제 밝은 빛 속으로 걷자!』, 한울.

윤가브리엘, 2010, 『하늘을 듣는다-한 에이즈 인권 활동가의 삶과 노래』, 사람생각.

이송희일, 1998, 「서 있는 사람들-극장의 역사」, ≪버디(*Buddy*)≫ 3호.

정욜, 2011, 『브라보 게이 라이프』, 나름 북스.

지승호 · 동성애자 인권 연대, 2011, 『후천성 인권 결핍 사회를 아웃팅하다-두려움에서 걸어 나온 동성애자 이야기』, 시대의 창.

친구사이 편, 1994, 『더 이상 슬프지도 부끄럽지도 않다』, 장자못.

친구사이 편, 2006, 『동성애자 가족 구성권 자료집』, 해울.

친구사이, 1997, <친구사이 소식지> 14호.

친구사이, 2005, ≪청소년 동성애자 인권을 위한 교사 지침서≫.

친구사이, 2007, ≪커밍아웃 가이드≫.

친구사이, 2008, ≪군 입대를 앞둔 이반들이 궁금해 하는 10가지 질문들≫.

친구사이, 2008, ≪군대 내 성소수자 인권을 위한 병영 지침서≫.

친구사이, 2011, 『게이 컬처 홀릭(*Gay Culture Holic*)-친절한 게이 문화 안내서』, 씨네 21(씨네 북스).

퀴어 이론 문화 연구 모임 '위그(WIG)', 2008, 『젠더의 채널을 돌려라』, 사람 생각.

한국 성폭력 상담소, 2004, 『군대 내 성폭력 실태 조사』(국가인권위원회 인권상황 실태 연구 용역 보고서), 국가인권위원회.

끼리끼리, 2004, 「한국 레즈비언 인권운동 10년사」, ≪진보평론≫ 20호, 2004년 여름호.

"군(軍), 성폭력 피해자에 '동성애자와 몇 번 해봤냐?'", <참세상> 2007년 10월 25일.

"동성애 입증 성 관계 사진 내라", <한겨레신문> 인터넷판 2006년 2월 15일.

「로맨스냐 성폭력이냐」, ≪한겨레 21≫ 510호, 2004년 5월 19일.
「왜 '소수'의 영화는 안 되는가」, ≪한겨레 21≫ 176호, 1997년 10월 2일.
「한국 동성애 커뮤니티 연대기」, 2000, ≪버디(*Buddy*)≫ 20호.

7. 레즈비언 커뮤니티의 역사

한채윤

역사는 기억에 의존하는 것이 아니라 기록에 의해 지배받는다. 특히 소수자의 역사는 더욱 그러하다. 기록하는 이가 기억하는 이보다 적고, 그 기록을 해석하고 의미를 찾는 이들은 더 적기 때문이다. 이런 탓에 남성 동성애자 중심, 특정 인권단체 중심, 서울 중심, 성인 중심이라는 한계에 갇힌 그간의 한국 동성애자 역사 정리에 항상 아쉬움이 있었다. 우리에겐 좀 더 전방위적인 기억의 기록이 필요하고, 잘못된 기록이 정설로 굳지 않도록 검증도 필요하며, 여러 시각에서 다양한 해석을 덧붙이는 작업도 필요하다. 살아있는 역사란 아마 이런 것일 게다. 그래서 이 장은 다음과 같은 목표를 가지고 썼다.

첫째, 남성동성애자(게이) 중심의 역사에서 레즈비언의 역할을 발굴하고자 애썼다. 레즈비언들이 주도하거나 적극 참여했음에도 불구하고 게이의 역사로 묻히거나, 레즈비언만의 활동이 아니었다는 이유로 레즈비언 중심의 역사 정리에서 누락된 점을 보충하기 위함이다. 둘째, 상대적으로 인권단체의 활동만이 가시화되기 쉬운 점을 감안해 다양한 레즈비언 관련 이슈들을 전반적으로 기록하고자 했다. 셋째, 이미 발표된 한국 레즈비언의 역사 관련 글에서 발견되는 연도나 사실관계의 오기(誤記)를 바로잡고자 가급적 연월일을 표기하고 각 사건들의 시간적 위치와 연관 관계를 파악할 수 있도록 서술하는데 중점을 두었다. 넷째, 성인 중심에서 벗어나 청소년 동성애자의 역사를 서술하고자 했다.

한꺼번에 모든 한계를 뛰어넘긴 어렵겠지만 조금이나마 넘어서기 위한 고민은 어떤 방식으로 역사를 서술할 것인가에도 맞닿았다. 레즈비언 커뮤니티는 게이 커뮤니티에 비해 레즈비언의 정의와 범주에 대한 내부 지형이 훨씬 더 복잡하다는 특징이 있다. 예를 들어 레즈비언 커뮤니티에서는 '여성만 입장 가능'이라는 표현 하나를 쓸 때도 그 여성이란 범주에 MTF(Male to Female) 및 FTM(Female To Male) 트랜스젠더가 포함되는지, 이렇게 굳이 나누어야 하는지, 대체 여성이란 누구인지 등 매우 복잡한 논쟁이 벌어지곤 한다. 레즈비언 역사가 어디까지이며 무엇을 포함하고 어떤 단어를 대표어로 쓸 것인지 등에 균형을 맞추기란 어려운 일이다. 그래서 독자의 이해를 돕기 위해 전체를 크게 다섯 시기로 나누어 전반적인 흐름을 개괄하였다. 또한 앞으로 더 다양한 레즈비언 역사 분석이 이루어지는데 활용될 1차 기초자료가 되길 바라며 가급적 사실관계를 나열하는 연대기적 서술을 원칙으로 하되, 기존 해석에 다른 의견이 있을 때만 좀 더 깊게 분석하는 방식을 택했다. 그럼에도 지면의 한계가 있기에 이미 다른 글에 자세히 소개되어 있거나 홍석천의 커밍아웃과 같이 널리 알려진 일은 사안의 중대성과는 별도로 간단히 다루고 생략했음을 밝혀둔다.

1. 1990년대 이전 : 여전히 전설로 남은…….

1965년도에 조직된 '여운회'가 지금의 개념으로 말하자면 레즈비언 모임이었다고 한다. 구성원의 나이는 10대부터 50대까지. 레즈비언조직이라는 것이 알려지면서 암암리에 전국에서 사람들이 모여들었다. 나이에 따른 위계질서가 엄격했고, 한번 모임에 몇 천 명씩 모이는데 못 모여도 1,200명~1,300명씩 모였다고 한다. 가족들의 대소사를 서로 챙겨주었고, 결혼식도 왕왕 있었는데 주로 절에서 하거나 천 명이 들어가는 홀이나 예식장을 빌렸다. 결혼 후 아이를 입양해서 키우는 커플도 있었다. 법적 사회단체로 허가를 받으려고 했으나 실패하고, 1984~1985년에 회장 선거로 인해 패가 갈리는 바람에 흐지부지 해체되었다. 회원의 90%가 택시운전기사여서 여자운전자모임이라는 의미로 '여운회'라고 지어졌다고 한다. 이외 개인사업을 하거나 국악, 국구을 하는 여성들도 함께 했었다.[1)]

위의 글은 1996년에 발간된 레즈비언 잡지 《또 다른 세상》 3호에 전해성씨가 쓴 「레즈비언 커뮤니티의 다양성」의 한 부분이다. 이 글을 토대로 우리는 비로소 1990년대 이전의 한국 사회가 레즈비언에게 텅 빈 시공간이 아니었음을 알 수 있다. 1980년대 중반에 여운회가 해체되고 회원들은 작은 지역 단위의 친목모임으로 흩어졌다고 하는데, 필자가 직접 만난 옛 여운회 회원분의 증언에 의하면 여운회가 잘 되던 시절엔 한번 모임에 최소 커플 70쌍은 모였고 회원의 생일잔치는 큰 뷔페를 통째로 빌려야 할 정도였다고 한다(한채윤, 1998). 그러니 여운회가 전국적 조직이었고 회원 수가 천여 명도 넘었다는 말이 결코 과장만은 아닐 것이다. 다만 지금도 이런 규모의 모임을 열지 못하는데 어떻게 그 시절엔 가능했는지, 무엇이 이런 결속을 이끌어냈는지가 궁금할 뿐이다. 여전히 이런 의문을 풀

1) 이해솔(1999)은 여운회가 1970년대에 결성되었고 10여 년간 존속했다고 기술하고 있다. 하지만 이 부분에 대해 저자가 1996년의 전해성씨 글을 참조했음을 각주로 밝히고 있어 혼란스럽다.

지는 못했지만 몇 년 후 우리는 또 다른 증언도 접할 수 있었다. 당시의 레즈비언 커뮤니티가 여운회만 있었던 건 아니었다!

레즈비언권리연구소가 낸 ≪50대 레즈비언, 최명환 이야기≫에서는 또 다른 전설을 발견할 수 있다.[2] 통기타와 청바지, 젊음의 낭만으로 대표되던 1970년대의 명동에 '샤넬'이라는 여성전용다방이 있었다.[3] 이 샤넬은 레즈비언바라고 해도 될 만큼 많은 레즈비언들이 모였고 그 수가 200여 명은 족히 넘었다고 한다. 비록 대마초 흡연이 빌미가 되어 2년 만에 폐업했지만 이곳에서 만난 이들은 또 다른 다방이나 레스토랑을 아지트로 만들거나 때론 직접 술집을 열기도 했고, 혹 레즈비언이라고 무시하는 업소가 있으면 불매운동을 벌이기도 했다. 이렇게 명동을 근거지로 해서 형성된 커뮤니티는 1980년대에 명동이 쇠락하면서 역시 함께 해체되었다. 하지만 이때 친해진 사람들끼리는 친목모임을 만들어 지금도 인연을 이어가고 있다고 한다.

이것만으로도 놀랍지만 여운회와 명동이 전부는 아니었다. 여운회는 택시운전 등 직업 중심의 모임이었고,[4] 명동은 문화를 매개로 대학생, 기

---

2) 이 책은 2006년 5월에 나왔다. 최명환씨와의 인터뷰는 2003년 7월~2004년 10월까지 진행되었다고 한다.

3) 1973년 8월 23일자 동아일보는 1973년 9월 1일에 최초의 여성전용다방 '프로츠 팔러'가 개업한다고 보도했다. 기사에 나온 '프로츠 팔러'의 사장의 이름이 샤넬의 업주와 같은 것으로 보아 가게 이름을 개명한 것이 아닌가 추측된다. 최명환은 샤넬이 1974년에 오픈했다고 증언하고 있다.

4) 아마 이 '여운회'는 지금도 전국적으로 조직되어 있는 동 직종 종사자들의 자조모임으로서의 '여운회'는 아닐 것이다. 당시 택시를 몰던 레즈비언들을 중심으로 여러 직종의 사람들도 모였지만 대외적으로 사람들이 무슨 모임이냐고 물으면 '여운회'라고 답하지 않았을까. 택시 운전은 고된 직업이지만 남녀의 임금차가 심하던 당시로선 여성으로서 자신이 일한 만큼 돈을 벌 수 있다는 점이, 또 하루 종일 자신의 차 안이라는 독립적 공간에서 일할 수 있다는 점에서 여러 명이 한 사무실에 일하는 다른

자, 예술인 등이 많이 모였다는 특징이 있었으니 당연하게도 이 세계와 겹치지 않던 레즈비언들도 또 그 나름의 커뮤니티를 가졌을 것이다. 1980년대 이태원의 게이바를 통해 게이 커뮤니티와 어울리던 레즈비언들이 있었다고 한다(이해솔, 1999 : 366). 하지만 이 지점은 좀 더 신중하게 접근할 필요가 있다. 1980년대까지만 해도 '게이'란 단어는 남성동성애자를 뜻하는 단어가 아니라 지금의 개념으론 'MTF 트랜스젠더'들을 지칭할 때 더 자주 쓰였다. 또 당시 이태원엔 외국인과 내국인을 상대로 한 성산업과 유흥업이 발달했고 소위 '여장 남자'로 불리던 이들이 그 곳에서 일하고 있었다. 이런 지역적 특색과 시대 상황을 고려할 때, '이태원 게이 커뮤니티에 합류한 레즈비언들'의 역사는 트랜스젠더와 레즈비언의 교류의 역사로 다시 해석되어야 할지 모른다.[5)]

또 다른 예로, "여운회에서 만들어진 언어가 바지씨와 치마씨이다"(이해솔, 1999)라고 하지만 바지씨와 치마씨는 레즈비언만이 쓰는 은어는 아니었다. 1960년대부터 바지씨는 단순히 남자라는 단어를 대신해 쓰이거나 특히 젊은 학생들 사이에서는 '남자애인'을 지칭하곤 했다. 치마씨는 그 반대의 의미로 쓰였다(한채윤, 2009).

이렇게 한국 레즈비언의 역사에서 1990년대 이전 시기는 땅 속에서 발굴을 기다리고 있는 셈이다. 그 시대를 회상하고 증언해줄 더 많은 고령자와의 인터뷰와 시대상을 살펴볼 수 있는 옛날 신문이나 잡지 등의 분석이 쌓이면 좀 더 생동감 있는 우리의 과거를 그릴 수 있을 것이다. 이후의 작업을 기대하며 이제 분명한 기록이 남아 있는 1991년 주한외국인레

직업에 비해 동성애자로선 더 좋았을 것이다.

5) 요즘 개념에서의 게이바가 이태원에 생기기 시작한 것은 1990년대 초다.

즈비언모임인 '사포(sappho)'의 결성 시점으로 가보자.

2. 1991년~1995년 : 동성애자 인권운동의 태동

1) 초동회와 끼리끼리의 탄생

1991년 11월, 여덟 명의 외국인 레즈비언이 모여 친목 모임을 만들었다. 모임의 이름은 고대 그리스 시인의 이름을 따서 '사포'라고 지었다. 외국인이지만 한국 사회가 가진 동성애혐오를 의식하지 않을 수 없어 비공개적으로 활동했다. 그러나 알음알음 한국인들도 한두 명씩 합류하게 되었고 이렇게 만난 여섯 명의 남녀 동성애자가 1993년 12월에 의기투합해 '초동회(草同會)'를 결성하게 된다. 마침내 한국 최초의 동성애자 인권운동 단체가 탄생한 것이다.[6)]

'초록은 동색'이란 의미로 출발했지만 초동회는 1994년 1월말에 소식지 1호를 종로 일대의 게이바에 배포하고 곧 해체되었다. 남성동성애자들은 그 해 2월 7일에 한국남성동성애자인권운동단체 '친구사이'를 설립하였고, 한국여성동성애자인권운동모임 '끼리끼리'는 그로부터 9개월 후인 11월 27일에 여섯 명의 레즈비언이 뜻을 합쳐 발족하게 된다. 그동안 이런 남녀 동성애자 분리의 역사는 게이와 레즈비언은 역시 연대하기 어렵다는

6) 1994년 3월에 발간된 '친구사이' 소식지 2호의 기록에 따르면 초동회는 1993년 12월 31일에 7명의 동성애 남성과 여성이 모여 동성애 자체 내의 소식지 발간과 정규적인 모임을 개최하여 보다 나은 각 그룹간의 긴밀한 교류와 소속감 형성을 목적으로 협력하고자 합의를 보았다고 한다. 끼리끼리(2005)에는 초동회의 결성시기가 11월로 적혀 있고, 서울대 '마음003'의 소식지에는 초동회의 공식결성일은 1월 7일로 되어 있다.

불화의 상징으로 인용되곤 했다. 하지만 초동회 해체의 원인을 단순히 젠더갈등으로만 볼 수는 없다. 오히려 초동회의 한계는 공동의 목표나 비전을 명확하게 하지 않고 출발했다는 점에 있었던 듯하다. 예를 들어, 초동회는 소식지 1호에 단체를 소개하면서 스스로를 '한인 동성애자 모임'으로 지칭하고 있다. 한국에서 만들어진 단체가 '한인'이란 표현을 쓰는 것은 어색한 일이다. 아마도 초동회 주축멤버 중에 미국에서 온 교포들이 많았던 까닭도 있겠지만 어쨌든 이런 표현은 초동회가 ('사포'와 같은 외국인 단체가 아니라) 한국인만의 단체를 만들자는 합의로 출발했음을 반영한다. 또 소식지에 실린 광고는 모두 게이바 광고였다. 당시에 레즈비언바는 전무했지만 게이바는 이미 종로지역에만 20~30여 개가 있었다. 그리고 소식지는 레즈비언과 게이 각각 한 명씩의 글을 실으며 균형을 맞추려고 했지만 단체 운영비 마련에 불균형은 어쩔 수 없었을 것이다. 더군다나 게이들에겐 에이즈 예방이라는 너무나도 분명한 과제가 이미 제시되어 있었다. 이런 배경을 염두에 두지 않고 '한인 동성애자'라는 정체성만으로 뭉쳤던 초동회는 금세 현실의 벽에 부딪칠 수밖에 없었다. 이는 친구사이 소식지 2호(1994년 3월)에 실린 초동회 해체의 이유에서 드러난다. 편집후기엔 "초동회가 여성분들도 참여하는 것이라 남성들이 또, 여성들이 꺼려한다는 소식을 접하게 된 뒤, 이래선 발전이 없겠다 싶어 안 되겠다라는 공통된 의견 수렴 결과! 초동회의 남녀 분리!"였다는 회상이 담겨있다. 다시 말해, 초동회는 결성 당시 동성애자로서 무엇을 해야 하고, 무엇과 싸워야 하고, 무엇을 바꾸어야 하는지에 대한 뚜렷한 목표가 없었던 것이다. "동성을 사랑한 경험을 가졌다"는 공통점으로 만났지만 그 순간 느끼게 된 것은 게이와 레즈비언 사이의 더 큰 차이였고, 치열한 논쟁이나 정치적 각성으로 조직을 재정비하는 대신 현실적 선택으로서의 해체를 선택한 것이다.

그러나 후술하겠지만 초동회의 해체는 더 발전적인 선택이었다. 한국의 현실을 고려해 볼 때 게이와 레즈비언이 독자 조직을 꾸리고 그 후에 연대하는 것이 더 다양하고 많은 활동을 펼칠 수 있기 때문이다. 다만 아쉬운 것은 친구사이가 1994년 3월에 단체 소식지를 발간할 때 통권 2호로 명명하면서 초동회의 뒤를 잇는 단체로 명확히 정체화한 것에 비해 레즈비언의 역사에서 초동회는 그저 최초의 인권단체 정도로, 연대의 실패 사례로 다루어졌다는 점이다. 물론 끼리끼리 설립 멤버들이 초동회와의 연결점을 찾고 싶지 않은 다른 이유가 있었을지도 모르지만, ≪또 다른 세상≫ 창간호(1996년 봄)에 실린 '뉴욕 친구사이' 대표 장진석 씨의 글을 간과할 수는 없다. 초동회의 창립멤버이기도 했던 장진석씨는 한국 동성애자 인권운동 단체 발족의 시초는 게이들이 아니라 레즈비언임을 강조하며, 레즈비언들이 이미 동성애인권운동단체 설립을 준비 중이었고 1993년 12월에 자신을 포함한 남성 동성애자 3인이 첫 모임을 가지면서 초동회가 시작되었을 뿐이라고 전한다. 이런 점을 고려할 때 단순히 연대의 실패사례로서가 아니라 한국 최초의 동성애인권단체를 만드는 과정에서 레즈비언 활동가들이 주도적으로 참여하고 기여한 부분을 좀 더 선명하게 기억할 필요가 있다.

2) 동성애자 인권운동 원년 선포

1994년에 힘겹게 틔운 인권운동의 싹은 그 다음해인 1995년에 더 큰 줄기로 성장했다. 1995년 4월엔 연세대학교 동성애자모임 '컴투게더', 서울대학교 동성애자모임 '마음001'이 차례로 조직되었다. "지성의 상아탑에 동성애자 모임이라니!"라는 한탄이 쏟아졌지만 이미 시작한 행보는 멈춰지지 않았다. 6월 26일에 네 개 단체가 모여 '한국동성애자인권운동협의회'(이하 동인협)를 발족하며 2005년을 동성애자 인권운동의 원년으로 선포하는 기자회견을 열었다. 이어 동인협은 제1회 동성애자여름인권학교(8월 12~14일)를 개최하고 후원금 마련을 위한 일일호프(9월 3일)를 열면서 내부 역량을 다져나갔다.

진구사이가 1994년 9월에 독자적인 사무실을 낸 것에 비해 끼리끼리는 사무실도 없는 열악한 상황이었지만 자체 소식지를 발간하고 8월엔 대만에서 개최된 제3회 ALN(아시아 레즈비언 네트워크)에 한국대표로 참가하는 등 뚝심 있게 활동을 펼쳐나갔다. 언론 인터뷰를 할 때마다 조금씩 회원이 늘어났고 드디어 10월에 북아현동에 사무실을 열어 본격적인 상담, 교육 활동을 시작했다. 11월에 열린 단체 설립 1주년 행사에서 단체 회원이었던 커플의 결혼식이 거행되기도 했다.

한편 9월엔 고려대학교 동성애자모임 '사람과사람'이 발족했고 MBC 베스트극장에서 <두 여자의 사랑>(9월 29일)이란 단막극이 방송되기도 했다. 그리고 당시 빠른 속도로 성장하고 있던 PC통신에서도 동성애자 역사에 한 획을 그을만한 혁명이 조용히 움트고 있었으니, 바로 '동성애자 통신모임'의 등장이다. PC통신 중에서 가장 먼저 천리안에서 동성애자모임 '퀴어넷'이 개설되었다. 이는 1995년 8월에 이해솔(당시 끼리끼리 회장)이 의장이 되어 'bbsmeet'라는 서비스코너에 게시판을 개설한 것이 계기가 되어 11월에 정식 모임으로 이어진 것이다. 또 하이텔에서는 오현주(끼리끼리 창립멤버)가 적극적인 활동을 펼치며 채팅방을 이용해 동성애자들을 모았다. 이렇게 모인 하이텔 내 동성애자들은 모임을 결성하기도 전에 12월에 <열린 마음>이란 이름의 소식지를 제작하기도 했다.

3. 1996년~1999년 : PC통신과 153전화동아리의 시대

1) 4대 PC통신과 지역 153 모임의 발전

천리안에 이어 1996년 1월 18일에 나우누리에 '레인보우', 2월 16일엔 하이텔에 '또하나의사랑'이 만들어졌다. 1998년 2월 27일엔 PC통신사로는 후발주자였던 유니텔에도 동성애자모임인 '거치른 땅에 아름다운 사람들'이 생겼다.

PC통신 동성애자 모임의 등장은 그 이전과는 다른 방향으로 동성애자 커뮤니티의 확장을 가져왔다. 이전에는 인권단체의 사무실이나 동성애자 전용 술집 등을 직접 방문해야만 다른 사람들을 만날 수 있었다. 하지만 PC통신을 통해서는 밖에 나가지 않아도 또 서울에 살지 않아도 언제든 자신이 원하는 때에 다른 동성애자들과 소통할 수 있었다. 게시판을 통해 동성애에 관한 국내외의 소식과 학술 정보도 접할 수 있었고 진솔한 삶의 이야기를 나눌 수도 있었다. 정기모임과 번개(즉석모임)는 게시판상의 글로만 보던 사람을 직접 본다는 또 다른 즐거움을 주었다. 그런 덕에 PC통신 모임의 회원수는 빠르게 친구사이나 끼리끼리와 같은 오프라인 인권단체를 뛰어넘었다.

이런 PC통신의 빠른 성장이 인권운동과 친목을 분리시키고 인권운동의 발전을 저해한다는 비판의 목소리도 높았다. 익명성을 보장받고 동성애자 친구를 만나고 연인을 만나는 것이 가능해지자 인권운동에 대한 관심이 그 전보다 떨어진다고 보았기 때문이다. 그러나 이런 비판 역시 다소 게이중심적인 면이 있다. 게이들의 경우엔 서울을 비롯하여 거의 전국 주요 도시별로 이미 게이바와 사우나, 극장 등 알음알음 형성된 소통의 공간이 어느 정도 있었지만 레즈비언들의 상황은 그렇지 못했다. 이런 때에 PC통신은 레즈비언들에겐 다른 세계를 접하는 통로였다. 특히 페미니스트 모임에서 생산되는 레즈비어니즘, 성정치, 퀴어이론 등이 레즈비언 커뮤니티에도 전달되어 공유·학습되는 효과도 있었다.[7)]

1996년에 주목해야 할 또 하나의 통신 문화는 바로 한국통신에서 제공했던 153전화동아리 서비스다.[8)] 1996년 5월에 친구사이가 회원 간의 긴밀한 연락과 친목 도모를 위해 153전화동아리를 개설한 것이 시초인데, 반응은 상상을 초월할 정도였다. 7월에 서울지역 153모임 '퀴어프렌드'가 생기고 10월엔 끼리끼리도 단체 차원의 153전화동아리를 개설했다. 이후 153서비스를 기반으로 지역 모임들이 연이어 생겨났고 당시에는 153이 없으면 단체운영을 할 수 없다는 말이 나올 정도였다. 153전화동아리 서비스의 최대 장점은 PC통신보다 이용하기가 간편하다는 점이다. PC통신

---

7) 당시 성정치, 페미니즘 등은 대학을 중심으로 활발했다. 레즈비언 모임에는 취업준비생이나 직장인들도 많았는데 이들은 대학이 아니라 모임에서 여러 이론과 논쟁을 접할 수 있었다.

8) 한국통신이 1995년 12월부터 제공하기 시작한 서비스 사업이다. 대표자 1인이 한국통신에 전화동아리를 신청하면 7자리 번호와 비밀번호를 부여받는데, 이 번호만 알면 누구나 동아리에 접속해 공지사항이나 다른 사람이 남긴 메시지를 듣거나 자신의 메시지를 남길 수 있었다. 153전화동아리 서비스는 팬클럽이나 낚시 등 취미 동호회에서 회원들끼리의 상시적인 연락망으로 이용하도록 개발되었는데, 특히 익명성과 소통의 편의성이라는 두 가지가 모두 필요했던 동성애자들에게 매우 유용했다.

은 통신사에 실명으로 회원가입을 해야 하는 부담도 컸지만 당시로선 고가였던 컴퓨터를 소유하고, 또 다룰 줄 알아야 한다는 점에서 접근의 한계가 있었다. 그러나 153서비스는 집과 직장 뿐 아니라 길을 가다가 공중전화로도 접속이 가능하다는 매력이 있었다. 전화 통화이므로 PC통신처럼 접속해 있는 동안 다른 사람이 컴퓨터 화면을 보게 되어 동성애자임을 들킬 염려도 없었고, 별도의 회원가입절차가 없었기에 익명성도 더 보장되었다.

1996년 2월에 광주·전남 동성애자모임 '빛동인', 5월엔 대구·경북 동성애자모임 '대경회'가 153전화동아리를 개설하면서 대표적인 지역 기반의 동성애자 모임이 되었다. 이런 추세는 1997년 1월에 전주·전북지역 동성애자모임 '너와나', 5월엔 원주·강원지역 동성애자모임 '거아사', 6월엔 청주·충북지역 동성애자모임 '푸른마을' 등으로 이어졌다. 이상의 모임들은 남녀동성애자 모두 회원 가입이 가능했으나 아무래도 남성동성애자의 이용이 더 우세했다. 이에 여성들만의 모임의 필요성이 대두되어 5월 27일에 부산·경남 여성이반인권모임 '안전지대'가 만들어졌고, 1998년 1월에 대구·경북 여성동성애자 모임 '와이낫', 6월에는 인천 레즈비언 인권모임 '한우리'가 결성되었다. 1999년 4월 19일에는 네 번째 레즈비언 지역모임인 대전여성동성애자모임 '우리들만의 세상'이 탄생하였다.9) 이들 레즈비언 모임은 나름대로 지역적 특징을 기반으로 탄탄하게 잘 운영되었다. 자체 소식지 발간, 영화상영, 강연, 인권지지서명받기 등 회원들을 위한 문화행사나 인권의식고취 작업도 다양하게 시도했다. 이런 분위기를 타

---

9) 광주에서도 레즈비언 모임을 따로 만들려는 시도는 있었으나 정식 발족은 하지 못했다. 이 외에도 인천, 청주·충북, 제주 등에도 153모임은 있었다.

1999년 8월 28일~29일 이틀 동안 끼리끼리는 '레즈비언 활동가 캠프'를 열기도 했다.

2) 레즈비언 커뮤니티의 빠른 성장

1996년 1월, 끼리끼리는 단체 소식지를 넘어 레즈비언 잡지로서 ≪또 다른 세상≫을 창간했다. 그 해 5월 10일엔 레즈비언바 「레스보스」가 오픈했고[10] 이를 기념해 5월 18일엔 PC통신 3개 동성애자 모임의 첫 레즈비언 연합 정모가 열리기도 했다. 또 7월에 이태원 크라운호텔 근처에 두 번째 레즈비언바 「라펠」이 개업했다. 그리고 8월 10일, SBS 「송지나의 취재파일」에서 <여자를 사랑하는 여자—레즈비언> 편이 방영되었다. 레즈비언만을 집중해서 다룬 시사프로그램이란 점에서도 의미 있지만 이 방송을 통해 끼리끼리 활동가들이 합동 커밍아웃을 했다는 점에서도 뜻깊다. 이 날 이후 끼리끼리에는 말 그대로 문의전화가 쇄도하였고 PC 통신 동성애자모임에는 레즈비언 회원이 부쩍 늘어났다.

1997년 7월에는 레즈비언 독립잡지 ≪니아까≫가 창간되었고 두 번째 레즈비언 연합정모가 열렸다.[11] 레즈비언바는 서울의 신촌 지역에 「쇼

10) 서울 중심으로 보자면 「레스보스」가 공개적으로 드러난 최초의 레즈비언바라고 할 수 있다. 그런 탓에 한국 최초의 레즈비언바 「레스보스」로 호명되지만 좀 더 엄밀하게 기록을 찾아보자면 최초의 레즈비언바는 대전에 있었음을 알 수 있다. 1996년 5월 이전에 발행된 ≪또 다른 세상≫에는 레즈비언 전용바라는 타이틀로 「레떼」라는 이름의 업소의 광고가 실려 있다. 하지만 이때만 해도 최초의 레즈비언바라는 점에 관심을 두지 않았는지 이 점을 홍보하지 않았고 「레떼」는 1년을 버티지 못하고 폐업하고 사람들의 기억 속에서 사라졌다. 여기에 대한 자세한 기사는 ≪버디≫ 13호에 실려 있다.

11) 천리안, 하이텔, 나우누리 라는 3대 PC통신사 내 동성애자 모임과 끼리끼리가 공

너」와 「라브리스」가 오픈하면서 네 개로 늘어났다. 이들 레즈비언바의 메뉴판에 음료값에 끼리끼리 후원금이 포함되어 있음을 밝혀놓았는데 이를 통해 그 당시에 끼리끼리가 가졌던 위상이 상당했음을 짐작할 수 있고, 상업적인 가게를 운영하더라도 대의명분을 지키려는 레즈비언 커뮤니티의 특성이 눈에 띈다.

1997년에 외국에서 제작된 레즈비언 영화 두 편이 개봉돼 화제가 되었고, 11월엔 비록 비극적 결말이긴 했지만 두 편의 레즈비언 단막극이 공중파에서 방영되기도 했다.12) 사회적으로 레즈비언이 보다 본격적으로 가시화되기 시작한 해라고 할 수 있다. 특히 끼리끼리에서 그 해 대통령 선거에 맞추어 후보자들에게 질의서를 보냈는데 이는 이후 대통령선거와 국회의원 선거 때마다 인권단체에서 후보들에게 동성애에 관한 생각이나 정책에 관한 질의서를 보내는 계기가 되었다.13)

1998년이 되면서 문화적 움직임은 더욱 활발해졌다. 당시 끼리끼리의 활동가였던 지혜씨의 기획으로 열린 '보지다방'(7월 3일)은 매우 획기적이었다. 또 ≪니아까≫ 주최로 '레즈비언 잡지들의 현황 및 발전방향'(7월 19일)이란 토론회가 열리기도 했고, 두 명의 레즈비언이 의기투합하여 한국

동으로 주최하였다. 이태원의 한 게이바를 빌려서 진행된 이 연합정모에는 60여 명의 레즈비언이 모였는데 당시로는 "이렇게 많은 레즈비언이 모인 건 처음 본다"는 말이 나올 정도로 큰 행사였다.

12) 11월 7일 KBS 금요극장에서 '은비늘'이, 11월 26일 SBS에서 '숙희, 정희'가 방영되었다. 영화로는 <바운드>와 <화이어>가 개봉하였다.

13) 1997년 12월, '끼리끼리'는 당시 이회창, 김대중, 이인제, 권영길 네 명의 대통령 후보에게 동성애에 관한 공개질의서를 보냈지만 김대중 후보만이 답변을 보내왔다. 2002년 대선 때 잡지 ≪버디≫에서 5명의 대통령후보에게 질의서를 보냈을 때는 노무현, 이회창, 권영길 후보가 답변을 보내와 5년 사이에 동성애가 정치적 의제로 뜨는 변화가 있었음을 알 수 있다.

최초의 동성애자 전용 미팅주선회사인 「MEET2」를 설립하기도 했다(8월 7일). 이 「MEET2」는 비록 1999년 2월에 폐업하였지만 이러한 시도가 그 전의 게이 커뮤니티에서는 없었다는 점에서 의미가 있다. 끼리끼리는 최초의 레즈비언바로서 「레스보스」의 의의를 되새기는 『레스보스, 그 섬으로의 여행』이란 단행본을 기획하고 필리핀에서 개최된 ALN(Asian Lesbian Network)에 참가해 외국과의 교류에도 힘을 썼다. 또한 2008년은 '티지넷 TGnet'이라는 첫 레즈비언 웹사이트가 만들어진 해이기도 하다. 8월 21일에 오픈한 티지넷은 얼마 지나지 않아 PC통신과 153모임을 뛰어넘어 회원수가 수천 명에 (현재는 수만 명) 달하는 한국 최대의 레즈비언 사이트가 되었고 현재까지 운영 중이다.[14)]

3) 차별에 저항하고 연대를 시도하라

동성애자 커뮤니티뿐만 아니라 인권운동도 이 시기에 한 단계 성장해 이전과는 다른 역사적 국면으로 들어서게 된다. 1997년 1월, '노동법과 안기부법 개악에 반대하는 노동자 연대투쟁'이 대대적으로 벌어졌을 때, 이 집회 현장에 몇몇 레즈비언과 게이가 무지개깃발과 유인물을 들고 합류했다. 일곱 명으로 시작한 연대시위는 두 달간 이어지면서 70여 명으로 늘어났다. PC통신 동성애자 모임의 게시판으로 매일 현장의 소식이 전해졌고 유인물 제작을 돕자는 모금운동이 전개되기도 했다. 이는 매우 역사

---

14) 티지넷이 만들어지게 된 사연이 재미있다. 당시 PC통신 하이텔 ≪또 하나의 사랑≫에서 활동하던 한 남성동성애자가 자신의 개인 홈페이지를 준비하다 우연히 국내에 레즈비언을 위한 홈페이지가 없다는 사실을 알고 이왕 노력을 들인다면 레즈비언들을 위한 홈페이지를 만드는 것이 더 가치 있겠다고 생각해 오픈하게 되었다.

적인 사건이었다. 1990년대 말 당시로서는 동성애자임을 드러내고 수많은 사람들 사이를 누빈다는 것은 감히 상상하기도 힘든 일이었다. 그런 까닭에 많은 이들이 감동받았고 두 달간의 연대투쟁을 정리하는 토론회에는 150여 명이 참석하기도 했다. 이런 경험은 6월 29일, 탑골 공원 앞에서 한국 최초의 동성애자 대규모 집회라고 할 수 있는 '동성애자에 대한 차별적 중고교 교과서 개정을 요구하는 거리집회'를 여는 힘이 되었다. 도심 한가운데에서 100여 명이 넘는 동성애자들이 차별 시정을 한 목소리로 외쳤던 이 역사적인 사건은 언론들의 외면으로 한 줄도 기사화되지 못했지만, 곧 닥쳐올 또 다른 차별에 저항하는 힘을 키우는 밑거름으로는 충분했다. 7월에 공연윤리위원회는 왕가위 감독의 영화 <해피투게더>에 대해 동성애를 이유로 수입불가 판정을 내리고, 9월엔 '제1회 서울국제퀴어영화제'가 개막일에 구청이 극장 사용을 불허하면서 개최가 무산되는 사태가 벌어지기도 했다. 이에 동성애자 인권단체들은 '동성애탄압 반대와 표현의 자유를 위한 서명운동'을 전국적으로 전개하는 등 사회적 편견에 적극적으로 저항하기 시작했다.

한편, 1995년 6월 결성된 동인협은 1997년이 지나면서 협의체로서의 기능이 거의 소멸되었다. 끼리끼리는 일부 게이들의 가부장적인 태도와 의제 선정, 활동 방식에 대해 의사소통의 한계를 절감하고 있었고, 레즈비언만의 독자적인 운동과 여성주의와의 연대에 대한 요구가 한층 더 높아졌다. 끼리끼리는 이전부터 여성주의 단체인 '또 하나의 문화'에서 주최하는 '페미니스트 캠프'에 참여하는 등 여성주의와의 접합을 모색하고 있었는데, 그 연장선에서 9월 21일엔 '레즈비언과 페미니스트들과의 만남—풀기, 허물기, 마주보기'란 토론회를 주최하기도 했다. 하지만 비슷한 시기에 끼리끼리가 '한국여성단체연합'(이하 여연)에 회원단체로 가입 가능성을 문의하는 과정에서 여연이 난색을 표하면서 가입이 무산되는 사건이 발생했다. 후에 여연에서는 레즈비언 단체의 가입을 거부한 것은 아니라고 밝혔지만 어찌되었든 레즈비언 단체도 적극적으로 회원으로 유치할 의사가 없었던 것으로 드러났고, 여성운동과 레즈비언 운동은 더 오랜 시간 갈등을 겪어야 했다.

다음해인 1998년은 한층 더 활동이 풍성해졌다. 1997년을 노동자총파업 지지연대로 시작했다면 1998년은 '왜곡된 언론보도와 에이즈 정책에 대항하는 범동성애자 비상대책위원회'가 꾸려져 KBS의 에이즈 왜곡보도에 항의하는 시위로 시작했다. 2월 20일엔 정식으로 출판 등록과 서점 배포를 시도한 최초의 동성애 전문지 ≪버디(*BUDDY*)≫가 창간되었고,[15) 6월 27일엔 두 번째 협의체인 '한국동성애자단체협의회'(이하 '한동협')가 종묘공원에서 공개적인 발족식을 가졌다.[16) 한동협은 때마침 '인권법제정을위한민간단체공동추진위원회'에 참여해 2년 후에 국가인권위원회법의 차별금지사유항목에 '성적 지향'을 포함시키는 성과를 거두기도 했다.[17)

15) ≪버디(*BUDDY*)≫는 동성애자, 양성애자, 트랜스젠더 등 모든 이슈를 다루었지만 상근자로 결합한 기자와 편집인은 모두 여성이었다.

16) 동성애전문지 ≪버디(*BUDDY*)≫는 와해된 '동인협'을 대체할 새로운 협의체의 필요성을 느끼고 전국의 동성애자 단체에 연석회의를 제안했었다. 1998년 5월 30일에 인권운동단체, 대학동성애자모임, 153전화모임, PC통신모임, 그리고 문화운동단체 등 다양한 성격의 23개 단체들이 모였다. 장시간의 논의 끝에 각 모임의 지역차나 성격차를 극복하고 수평적 의사소통체계를 갖춘 전국적 연대체를 결성하기로 하고 이름을 한국동성애자단체협의회로 정했다. 협의체 이름에 '단체'를 명기한 것이 특징인데 이는 이전의 '동인협'이 인권운동만을 중심으로 한 것과 차별화하고 이번 협의체는 다양한 목적과 성격을 가진 동성애자 단체들 간의 연합이라는 성격을 명확하게 하기 위해서였다.

17) 2000년 5월에 국가인권위원회법이 공포된다. 이 법의 제30조 2항은 차별금지사유

한 차례 무산의 아픔을 겪었던 서울국제퀴어영화제도 11월에 무사히 1회 행사를 마쳤다.

1999년으로 접어들어 한동협은 1주년 행사를 성황리에 치르고 '단체 대표자 LT'를 가는 등 서울단체와 지방단체, 레즈비언 단체와 게이 단체 간의 벽이 허물어지고 더욱 친밀해지는 듯했으나, 대표 선출 과정의 내부적인 신경전과 의견차가 길어지면서 결국 대표도 선출하지 못하고 점차 소멸의 길로 접어들었다. 하지만 1999년은 새로운 시대로 넘어가는 과도기였다. 인터넷 전용선과 컴퓨터의 보유율이 높아졌고 나모웹에디터 등의 등장으로 웹사이트 제작이 좀 더 손쉬워졌고, 여기에 대형 포털사이트인 다음(DAUM)에서 5월부터 카페 서비스를, 네오위즈에서는 6월부터 세이클럽 서비스를 오픈했다. 이런 변화가 의미하는 것은 이제 모임을 만드는 것이 거창하고 복잡한 일이 아니게 되었다는 것이다. 취미, 사는 지역, 연령, 학교 등 더욱 다양한 주제로 더 많은 동성애자 모임이 만들어지기 시작했고, 이는 필연적으로 153전화사서함 서비스나 PC통신을 기반으로 했던 기존 동성애자 단체들의 약화를 가져왔다.[18)]

4. 2000년~2006년 : 레즈비언 커뮤니티 부흥의 시대

를 열거하고 있는데 여기에 '성적 지향'이 포함되었다.

18) PC통신은 실명 가입의 부담이 있었다면, 153서비스는 전화비가 많이 나오는 단점이 있었다. 이용량을 조절하지 못해 처음엔 이삼십 만원짜리 청구서를 받아보는 일도 흔했다. 이런 까닭에 더 저렴하고 더 익명성이 보호되는 인터넷으로 대거 이동하는 추세는 어쩔 수 없었다. 이에 발맞추기 위해 153모임이나 PC통신모임이 인터넷에 웹사이트를 개설하기도 했지만 옛 영광을 재현하기엔 역부족이었다.

사회의 그 어떤 집단보다 통신 기술의 발전을 가장 빠르게 잘 활용하는 이들이 동성애자라는 평가는 과장이 아니다. PC통신과 153전화서비스를 통해 모임을 만들던 동성애자 커뮤니티는 인터넷 역시 빠르게 받아들였다.[19] 다음 카페와 세이클럽의 등장은 누구나 자신의 뜻대로 모임을 만들 수 있음을 의미했고, 2000년대로 접어들면서 전국의 동성애자 모임이 몇 개인지 파악할 수 없을 정도가 되었다. 또한 이 시기에는 포털사이트가 부럽지 않을 정도의 서비스가 제공되는 대형 동성애자 웹사이트들이 오픈하는 등 커뮤니티의 부흥 시대였다. 특히 이런 사회적 변화는 성인 위주의 동성애자모임에서 환영받지 못하던 청소년 동성애자들이 자신들만의 소통을 하며 독자적인 문화를 형성하는 조건이 되기도 했다.

1) 10대 레즈비언, 그리고 이반검열

성인 중심의 인권운동사에서는 각 단체가 청소년들을 위해서 어떤 활동을 했는지를 중심으로 서술되기 때문에 10대 특유의 문화들이 간과되는 경향이 있다. 그래서 이 장에서는 부족하나마 먼저 10대 레즈비언들의 세계부터 살펴보고자 한다. 대략 이 시기는 팬픽이반, 신공, 이반검열이라는 3개의 키워드로 10대들의 세계를 살펴볼 수 있다.

'팬픽'(fanfic)이란 아이돌(스타)을 주인공으로 삼아 팬이 직접 쓰는 소설을 말한다. 청소년들이 직접 창작하고 소비한다는 측면에서 긍정적인 평

19) ≪버디(*BUDDY*)≫의 조사에 따르면 2000년 10월쯤엔 인터넷 동성애자 웹사이트의 수가 150여개가 넘고, 포털사이트 다음 안에서만 동성애자 카페가 최소 330여개가 개설되어 있었다. 이 숫자는 동성애자 모임임을 명백히 드러낸 경우만 집계한 것이므로 실제로는 훨씬 더 많았을 것이다.

가도 가능하며 2000년대 초반 꽤 영향력있는 10대 문화였다. 이런 팬픽은 다양한 장르가 있었지만 그 중 동성애를 소재로 쓴 작품들이 특히 인기가 높았고 이런 팬픽을 통해 자신이 동성애자임을 인식하게 된 경우를 '팬픽 이반'이라고 불렀다. 팬픽 문화를 기반으로 활동했던 이들에겐 진정성 없이 동성애를 흉내 내는 가짜 동성애자라는 낙인이 강하게 찍혔는데, 이에 대응하여 가짜가 아닌 진짜라는 의미에서 '순수 이반'이라는 단어도 만들어졌다. 이런 팬픽 이반과 순수 이반 사이의 갈등은 '팬픽이반포비아'라는 신조어를 만들어낼 정도였다.[20] 두 번째 키워드 '신공'이란 수도권 지역의 10대 레즈비언들이 모였던 서울 신촌의 한 공원을 지칭한다. 신공엔 일요일이면 수백 명의 10대들이 모였다.[21] 신공 역시 외부적으로 늘 비난의 대상이었다. 청소년들이 몰려와서 담배나 피는 탈선의 공간으로 비춰졌고 방송은 이런 모습을 포착해 청소년 동성애자에 대한 편견을 강화하는 데 활용하곤 했다.[22] 세 번째 '이반검열'은 학교에서 동성애자 학생들을 색출해서 처벌하는 것을 말한다. 머리카락의 길이, 선호하는 의복 스타일이나 누구와 어떻게 친하게 다니는지 등이 검열의 대상이 되었고, 교사들은 숨어 있는 아이들을 잡기 위해 학생들에게 동성애자 친구의 이름을 써내라는 요구까지 서슴지 않았다. 이반검열을 당하면 퇴학, 전학 등의 조치를 받거나 설사 학교에 남는다고 해도 왕따를 당해 힘든 학교

---

20) 이에 대한 자세한 글은 ≪버디(*BUDDY*)≫ 20호에 실린 「팬픽 이반, 가짜 이반?」을 참조할 수 있다.

21) 신공은 1999년 말에서 2000년 초에 형성되기 시작해 10년이 넘은 지금까지 그 명성을 지키고 있다.

22) 2002년 10월 26 SBS 「그것이 알고 싶다」에서 <10대 동성애의 두 얼굴>을 방송했고, 2005년 7월 13일엔 MBC 「뉴스투데이—현장 속으로」에서 <이반 문화 확산>이라는 제목으로 반인권적 보도를 했다.

생활을 해야 했다. 이는 자해나 자살로 이어지기도 했다.

청소년 특히 10대 레즈비언들이 겪는 이러한 열악한 환경과 불안감은 2001년 여름, 전국을 휩쓸었던 헛소문에서 확인할 수 있다. 2001년 6월 갑자기 포털사이트 내 동성애자 모임 몇 개가 1차의 경고도 없이 갑작스레 강제 폐쇄되는 일이 있었다. 얼마 지나지 않아 청소년들 사이에서는 경찰이 통신사로부터 회원명단을 입수했고, 학교나 집으로 찾아가 동성애자를 잡아간다는 소문이 전국적으로 돌았다. 공포감 속에서 청소년동성애자 모임은 자진폐쇄를 하거나 하루에 수백 건의 탈퇴신청이 몰려와 유령의 집으로 변해버렸다. 결국 헛소문임이 밝혀져 다시 진정되긴 했으나 범죄를 저지른 것도 아닌데 경찰이 체포해서 정신병원에 보낸다는 말도 안 되는 소문마저 믿었던 건 10대 레즈비언들이 그만큼 불안하고 취약한 위치에 있었기 때문일 것이다. 이런 현실에 대해 여성영상집단 '움'이 2005년에 '이반검열1'을, 2007년엔 'out : 이반검열 두 번째 이야기'를 10대 당사자들과 함께 셀프카메라 형식의 다큐멘터리로 제작해 신랄하게 고발하기도 했다.

2) 청소년보호법과 엑스존

10대 동성애자들을 비롯하여 국민들에게 큰 영향을 준 것은 홍석천의 커밍아웃이나 하리수의 스타 등극이었다. 하지만 언제나 그렇듯 정부는 검열로 모든 것을 해결하려 했다. 2001년 정보통신윤리위원회가 준비 중인 '인터넷내용등급제'에 동성애가 '퇴폐 2등급'으로 분류되어 있고, 한국 최대의 게이사이트인 '엑스존exzone'마저 청소년보호법에 의해 청소년유해매체물로 지정되자, 인권단체들은 이에 대응하기 위해 7월 31일 '동성애자차별반대공동행동(이하 동차공)'을 결성했다. 동차공은 엑스존의 청소년유해매체물 지정고시 철회 행정소송을 하고, 동성애 사이트 검열이 헌법이 보장하는 양심의 자유와 표현의 자유를 침해한다는 이유로 헌법소원도 제기했다(2002년 1월 9일). 비록 행정소송과 헌법소원 모두 패소하지만 이 싸움은 청소년보호법이 인권침해의 소지가 있음을 여론으로 환기하는 데 성공한다. 그리하여 마침내 2003년 4월 2일 국가인권위원회는 청소년보호법 내 동성애 항목[23)]을 삭제하라는 권고를 하게 되고 바로 그 다음 날 청소년보호위원회는 권고를 받아들이겠다고 발표하였다.

이는 매우 의미 있는 승리였다. 그전부터 국가인권위원회에 국어·영어사전의 동성애자 차별적 표현을 수정하라는 진정(2002년 3월 20일, 5개 단체 공동), 동성애 사이트의 접속을 막는 유해정보 차단 소프트웨어 제작사 진정(2002년 10월 15일, 끼리끼리), 동성애를 성인전용 검색단어로 지정한 야후코리아 진정(2002년 12월 23일, 동성애자인권연대) 등 동성애자 인권에 대한 문제제기를 꾸준히 한 덕분이기도 하다. 하지만 이런 국가인권위원회의 결정을 비난하는 한국기독교총연합회의 성명서가 발표되고 얼마 후 16세의 청소년동성애자가 종교의 편견을 비판하는 유서를 남기고 스스로 목숨을 끊었다. 이 안타까운 일은 악법을 개정하는 일보다 사회의식을 바꾸는 일이 훨씬 더 힘듦을, 그리고 특히 앞으로 종교진영의 동성애혐오와 싸우는 것이 성소수자운동의 주요한 과제가 될 것임을 남은 이들에게 일

23) 청소년보호법 시행령 제 7조 다항—'수간을 묘사하거나 혼음, 근친상간, 동성애, 가학·피학성음란증 등 변태 성행위, 매춘 행위 기타 사회통념상 허용되지 아니한 성관계를 조장하는 것'.

깨워주었다.

3) 레즈비언 문화운동과 L WORD

이 시기엔 특히 레즈비언으로서 자신의 목소리로 세상과 소통하려는 레즈비언만의 문화 활동이 활발했다. 먼저 2000년 1월에 한국 최초의 레즈비언 섹스 가이드북인 『한채윤의 섹스말하기』가 발간되었다. 5월엔 역시 최초의 레즈비언 풍물패 '바람소리'가 결성되었고 9월에 레즈비언 공동체 사이트를 지향하고 독특한 운영을 선보였던 '엘비시티'(LBcity)가 오픈했다. 미술 쪽으로도 주목할 움직임이 있었다. 2002년 제3회 퀴어문화축제 전시회로 김포 김(Kimpo_Kim)의 사진전 'Rainbow Korea'가, 2004년 5회 퀴어문화축제에서는 전시회 'Body.Q.'가 열렸다. 그리고 이를 바탕으로 2005년에 드디어 본격적이고 공식적인 차원에서의 레즈비언전시회 '작전 L'이 개최되었다.[24] '작전 L'은 미술사에서 여성 그리고 동성애자라는 이유로 간과되어온 레즈비언 미술과 재현을 직접 해보자는 기획으로 12명의 작가가 참여했고, 이를 계기로 레즈비언 아트 아카이브 홈페이지도 만들어졌다.[25] 이 성과는 다시 2008년 퀴어문화축제 전시회로도 이어졌다.

2005년에는 '여성이반 미디어활동가 양성교육'이 있었다. 한국성적소수자문화인권센터, 여성영상집단 움, 미디액트, 시민방송이 공동으로 기획해 2005년 4월과 5월 두 달간 진행되었다. 이후 영상과정 수료생들은 '다이

---

24) 한국성적소수자문화인권센터 주최, 작전L기획단 주관, 한국여성재단 후원으로 열린 이 전시회는 2005년 6월 14일부터 21일까지 홍대 앞 갤러리 스케이프와 크세쥬 두 곳에서 열렸다.

25) http://kscrc.org/lesbianart.

포'(Dyke On Focus의 줄임말)라는 영상모임을, 라디오과정 수료생들은 '레주파'를 결성해 본격적인 활동을 펼쳤다. 특히 레주파의 경우 때마침 개국을 준비 중이던 지역라디오방송국인 '마포FM'에 합류하게 되었다. 마포FM은 2005년 8월 10일 첫 시범방송 이후 지금까지도 꾸준히 라디오방송을 진행하고 있다.[26)]

한편 2004년 미국 쇼타임 채널에서 방송된 레즈비언 TV 시리즈물인 'L WORD'는 한국에서도 큰 인기를 끌었다. 2005년 한국 케이블방송에서 정식 방영하기 이전부터 미국에서 방송되고 며칠이 지나면 한글 자막이 입혀진 동영상 파일을 구할 수 있었다. 이 영향으로 레즈비언 커뮤니티에서는 레즈비언이란 말 대신 '엘'로 줄여 부르는 일이 흔해졌고 드랙킹(Drag King) 공연문화도 발전하기 시작했다.[27)]

4) 레즈비언 인권운동의 활력과 연대

끼리끼리는 한동안 한국에서 유일한 레즈비언 인권운동단체였다.[28)] 그러다 2001년 이화레즈비언인권운동모임 '변태소녀하늘을날다'가 조직되고 2002년에 학내 정식동아리로 공식 발족하였다. 2003년에는 '부산여성성적소수자인권센터'(2월)와 '레즈비언인권연구소'(이후 레즈비언권리연구소로 개칭,

26) '레주파' 카페 http://cafe.daum.net/lezpa.

27) 드랙쇼는 단순한 여장남자/남장여자들이 나오는 쇼를 의미하진 않는다. 드랙쇼는 남성성과 여성성을 실험적이고 창의적으로 극대화하고 비꼬며 재창조한다. 드랙퀸은 여성성을, 드랙킹은 남성성을 다룬 쇼를 말한다. 트랙퀸 쇼는 게이 커뮤니티에서는 오래전부터 자주 공연되었다.

28) 물론 대학이나 인터넷에 많은 레즈비언 모임이 있었다. 여기서는 단체의 성격을 인권운동단체로 표방한 모임만을 말한다.

10월)가, 2005년에는 '여성성소수자네트워크 무지개숲'(10월 16일)이 발족하였다.[29] 또 이 해에 '끼리끼리'는 '한국레즈비언상담소'로 위상을 전환하였다. 이리하여 2005년에 첫 레즈비언단체만의 연대체로 '레즈비언권리운동연대'가 5월 2일 조직된다.[30]

2001년부터 끼리끼리는 레즈비언 커뮤니티 안의 성폭력에 대한 문제의식을 가지고 폭력사례 접수와 토론회, 성폭력지침서 발간 등 집중적인 '반성폭력 캠페인'을 펼쳤다. 이 활동의 성과로 2002년엔 니아까, 버디친구닷컴, 성신여대이반모임 등 8개 단체와 개인이 모인 '반성폭력네트워크'가 결성되었다(2월). 이 캠페인은 그동안 아무도 선뜻 말하지 못했던 '동성간 성폭력'에 대한 관심을 대내외적으로 환기시켰다. 또 2003년 3월부터 '아웃팅은 범죄'라는 슬로건으로 '아웃팅방지캠페인'이 시작되었다. 동성애자 커뮤니티와 인권운동진영 안에서 이 캠페인의 의제 설정과 운동 전개 방식 등을 둘러싸고 논란이 있었다.[31] 지금도 여전히 매우 민감한 이슈이기도 하지만, 성소수자 인권운동 역사에서 사회적으로 꽤 널리 알려지고 영향을 끼친 캠페인이란 점만은 틀림없다. 또 이 시기 레즈비언 인권운동은 매우 다양한 연대활동을 활발하게 펼치기도 했다. 2001년, 여성계가 소수자들을 배제하면서 주류화되는 것에 문제의식을 가진 여성단

29) 부산여성성적소수자인권센터는 2006년에, 무지개숲은 2007년에 그리고 레즈비언권리연구소는 2010년에 해체된다.

30) 레즈비언인권연구소, 부산여성성적소수자인권센터, 이화레즈비언인권운동모임 변태소녀하늘을날다, 한국레즈비언상담소 등 4개 단체 연대체로서 만들어졌다.

31) 아웃팅을 방지하는 것은 좋은 일이지만 아웃팅방지캠페인을 벌이는 것은 과연 효과적인가를 둘러싼 논쟁이다. 2004년 4월에 게이활동가 서동진씨가 한겨레신문에 아웃팅방지캠페인을 지칭하며 비겁하고 옹졸하다고 한 것에 끼리끼리가 반박성명서를 낸 바 있다. 2005년 2월 25일엔 레즈비언인권연구소(lesbian.or.kr)가 '커밍아웃의 정치학, 아웃팅의 윤리'라는 토론회를 열었다.

체들이 모여 '차이가 힘이 되는 연대'라는 이름으로 새로운 3·8여성대회를 따로 열었다. 그 다음해의 '색다른 어울림, 3·8 여성 무지개시위'[32]에는 더 많은 레즈비언 단체들이 동참했다.

이 시기의 연대는 이름만 걸어두는 형식적인 연대가 아니라 레즈비언 인권과 연결되고 중요하다고 판단되면 적극적으로 결합하는 실질적 연대였다. 예를 들어 2005년도 한국레즈비언상담소의 연대 활동만 살펴보더라도, 레즈비언 인권운동 모임들의 연대체인 '한국레즈비언권리운동연대', 레즈비언을 대상으로 한 범죄에 대처하고 이를 예방하기 위한 '성소수자관련범죄사건지원 여성연대', 여성이반 커뮤니티 내 성폭력 근절을 위한 '성폭력네트워크', 게이 레즈비언 인권운동단체들의 연대체인 '한국동성애자연합', 비주류 여성운동단체들의 연대체인 '다름으로 닮은 여성연대', '인권활동가대회 준비모임', 호주제 폐지의 대안으로 목적별 공부(公府)안을 주장하고 있는 '목적별신분등록법제정을 위한 공동행동', 인권단체들이 모여 인권교육의 방향을 모색하는 '인권교육네트워크' 등에 참여하였다.

또 국가인권위원회도 적극적으로 활용하였다. 2003년 끼리끼리는 인권사업공모에 선정되어 「여성성적소수자 자긍심갖기 프로그램—나는 동성애자다 나는 여성이다」를 진행했고, 2004년엔 부산여성성적소수자문화인권센터가 「다름이 아름다운 세상을 위해」로 프로젝트 지원을 받았다. 2005년엔 한국성적소수자문화인권센터의 「성적소수자에 대한 인권교육 프로그램 개발 및 매뉴얼북 발간 프로젝트」가 지원을 받았고, 2006년엔

32) 한국여성성적소수자인권운동모임 끼리끼리, 이화레즈비언인권운동모임 변태소녀 하늘을 날다, 니아까, 버디친구닷컴, LBCity, 전쟁을 반대하는 여성연대 WAW, 장애여성공감, 두레방, 교수성폭력뿌리뽑기 연대회의, 연세대학교 총여학생회, 명지대 총여학생회, 여성문화기획 불턱, 이화여성위원회, 운동사회성폭력뿌리뽑기100인위원회 등.

한국레즈비언상담소가 지원을 받아 레즈비언문화제를 열기도 했다. 또 2003년 9월 5일 이화여대 '변태소녀 하늘을 날다'는 학교측이 자신들의 행사를 불허한 것은 동성애자에 대한 차별행위라며 다른 학내 단체와 형평성을 내세우며 국가인권위원회에 진정서를 제출하기도 했다.

5) 참레즈비언, 참여성, 참결혼

강조해둘 만한 이 시기의 레즈비언 이슈는 3가지다. 첫째는 바로 '참레즈비언' 논쟁이다. 2001년 한국여성학회 추계학술대회에서 발표된 강숙자의 논문 「레즈비언 여성주의의 비판적 검토 : 한국 여성경험과의 대비」에 대한 지면논쟁이 <여성신문> 653호(2001.11.22)~659호(2002.01.04)에 걸쳐 진행되었다. 문제가 된 논문에서는 "레즈비언 여성이론이 한국 여성을 위한 보편 이론이 아님"을 논하면서 레즈비언을 '참레즈비언'과 '정치적 레즈비언'으로 나누고 있다. 이에 끼리끼리 등 인권단체들이 "레즈비언의 현실을 알지 못한 채 자의적으로 레즈비언의 정체성과 삶을 구분하고 단정짓는 것은 차별이자 인권침해"라며 강하게 반발했고, 이에 한국여성학회가 "끼리끼리 회원 중 한 명이 학회에 회원으로 등록해 공식채널을 통해 논의를 하라"고 대응해 문제가 더욱 커졌다. 여성계 안에서도 비판의 목소리가 나왔지만 끝끝내 공식적인 사과 없이 시간이 흐름에 따라 묻혀버렸다.

두 번째는 부산여성센터가 레즈비언단체를 여성단체가 아니라며 차별한 사건이다. 2004년 3월, 부산여성성적소수자인권센터는 부산여성센터가 여성단체를 대상으로 실시하는 '여성리더십향상과정 제1기'에 수강신청서를 제출하였으나 거부당했다. 이유는 여성발전기본법이 정의하는 여성단체로 볼 수 없다는 것이었다. 이에 부산여성성적소수자인권센터는 국가인권위원회에 차별시정을 바라는 진정서를 냈고, 2005년 3월 국가인권위원회는 여성동성애자단체도 여성단체에 해당한다며 부산여성센터장과 부산광역시장에 재발방지를 권고했다.[33)]

세 번째는 레즈비언커플의 사실혼 관계를 부정하는 법원의 판정이다. 2003년 6월 22일 서울고법 민사7부는 22년간 동거생활을 한 레즈비언 커플 A씨가 B씨에게 낸 '사실혼 관계 청산에 따른 재산분할소송'에 사실혼 관계의 인정 대신 재산형성에 기여한 부분이 있다고 판단되므로 7,000만원을 지급하라고 판정했다. 이와 유사한 재판이 2004년에도 있었다.[34)] 2004년 7월 27일 인천지법은 16년간 동거한 레즈비언 커플이 낸 사실혼 관계 청산에 따른 재산분할소송을 기각하며 한국에서의 혼인은 이성간 결합을 뜻하므로 레즈비언 커플의 사실혼 관계는 인정할 수 없다고 판결하였다. 2003년도와는 달리 이 소식은 신문에 크게 보도되었고 성소수자단체들도 일제히 비난 성명서를 발표하면서 동성혼에 대한 관심이 전반적으로 높아졌다. 이에 2006년엔 '다양한 가족형태에 따른 차별 해소와 가족구성권 보장을 위한 연구모임'이 꾸려지기도 했다.

이 외에도 이 시기의 성소수자 인권의 전반적인 흐름을 살펴보면,

---

33) 국가인권위와 여성부는 여성발전기본법시행령에 여성단체를 '남녀평등의 촉진, 여성의 사회참여확대 및 복지증진을 주된 목적으로 설립된 단체'라고 규정하고 있으므로 부산여성성적소수자인권센터도 그 설립목적 및 업무내용상 여성단체에 해당한다고 인정했다.

34) 이 두 사건의 정황을 보면 서울지법과 인천지법에 소송을 낸 레즈비언 커플은 동일 커플이 아닌가하는 추측도 들지만 기사로만 가늠할 수 있을 뿐이어서 정확한 사실은 확인할 수가 없다.

2000년에 '제1회 퀴어문화축제'가 열려 8월 26일에는 대학로에서 퍼레이드를 진행하고, 9월 8일~9일 이틀간 연세대학교 회관을 빌려 토론회, 공연 등의 행사를 진행했다. 며칠 후 9월 17일자 일간스포츠에는 홍석천씨의 커밍아웃 기사가 실렸다. 일간 스포츠의 보도 자체는 홍석천씨의 동의를 얻지 않은 폭로기사였다. 이에 홍석천 씨는 9월 27일 자신이 동성애자임을 직접 밝히는 영상을 찍어 방송을 통해 공식 커밍아웃을 했고, 방송국 출연 취소 등의 차별적 움직임에 맞서기 위해 '홍석천의 커밍아웃을 지지하는 사람들의 모임'이 결성되었다. 이듬해 2001년 3월에는 한 편의 CF를 통해 트랜스젠더 연예인 하리수씨가 일명 하리수 신드롬을 일으키며 스타가 되었다. 그 다음 해에 하리수씨의 성별정정이 받아들여지면서 이후 법원에서 성별 및 성명 개정을 허가하는 판결 비율이 높아지게 되었다. 2004년에는 한국 정당으로는 최초로 민주노동당 안에 성소수자위원회가 만들어져서 성소수자들도 정치적 목소리를 낼 수 있는 통로가 확보되었다. 이에 국정감사 등을 성소수자 인권감시의 도구로 활용하거나 법제정 운동이 더욱 활발해졌고 2006년엔 '성전환자성별변경관련법제정을위한공동연대'가 꾸려져 법안을 직접 연구해서 초안을 만들고 국회의원을 통한 법제정 운동도 벌였다. 또 2006년 11월 4일, 최초의 트랜스젠더인권운동단체인 성전환자인권연대 '지렁이'가 발족했다.

5. 2007년~2011년 : 재발견, 새로운 연대의 시대

1) 차별금지법이 남긴 것들

한국 성소수자 인권운동의 역사는 2007년 이전과 이후로 나눌 수 있다는 말이 나올 정도로 2007년은 중요한 해이다. 2007년 10월 말에서 12월말까지 차별금지법을 둘러싼 두 달간의 연대투쟁은 놀랍고 감동적인 시간이었고 많은 성과를 낳았다. 2007년 10월, 법무부가 차별금지법 제정을 입법예고한 후 보수기독교계가 쏟아낸 엄청난 반대에 굴복해 성적 지향을 비롯한 7개 항목을 차별금지사유에서 삭제하고 법제정을 추진한 것은 실로 충격적인 사건이었다. 2003년부터 차별금지법 제정에 적극적으로 참여하며 정성을 들인 법안이, 더군다나 차별을 금지하자는 취지에서 만들어지는 바로 그 법이 도리어 차별을 조장하는 광경을 목격한 셈이다.[35] 2007년 11월초에 '차별금지법과 성적소수자 혐오 및 차별 저지를 위한 긴급행동'(이하 '긴급행동')이 꾸려져 광범위하고 다각적인 활동을 펼쳤다. 여기서는 활동에 대한 자세한 소개보다는 이 싸움이 남긴 성과를 네 가지로 정리하면서 그 의미를 되새겨보고자 한다.[36]

첫 번째로는 '10대 활동가'의 자리매김을 꼽을 수 있다. 이는 이전에는 없었던 일이다. 긴급행동 2차 번개에 참석한 청소년들은 자발적으로 '10대팀'을 조직해 10대로서의 목소리를 내며 차별에 저항하는 싸움의 전 과정에 함께 했다. 대학로에서 청소년 동성애자들의 목소리를 담아 플래시몹을 벌이거나 또래 친구들에게 차별금지법 제정과정의 부당함을 알리기

35) 차별금지 사유항목에 '성적 지향'이 포함된 것을 반대하는 보수기독교계의 항의가 빗발치자 법무부는 최종법안에서 '성적 지향'을 삭제한 채 입법을 추진했다. 국무회의까지 통과해 국회로 올라갔으나 17대 국회의 임기가 종료됨에 따라 법안은 자동 폐기되었다.

36) 이 투쟁의 과정을 담아 2008년에 『우리는 지금 미래를 만들고 있습니다』(사람생각)가 발간되었다.

도 했다. 이러한 10대들의 적극적 참여는 인권운동단체와 활동가들에게 청소년이 보호의 대상이 아니라 함께 연대하고 활동하는 동등한 주체라는 인식의 전환을 가져왔고, 점차 '10대 활동가'나 '청소년 의제' 등이 중요한 쟁점으로 떠오르게 되었다.

두 번째는 기독교와 동성애자인권운동의 본격적인 만남을 들 수 있다. 이전에도 기독교동성애자모임이 있었고 육우당의 죽음 이후 진보적 기독교단체와의 연대는 계속되고 있었지만 기독교인으로서 또한 동성애자로서 종교가 조장하는 차별과 편견에 대한 대항을 공동목표로 한다는 점에서 긴급행동 안에 '기독연대팀'이 꾸려지거나 '차별없는세상을위한기독인연대' 등이 조직된 것은 매우 고무적인 일이었다.[37]

세 번째로는 연대의 극적인 확장을 들 수 있다. 긴급행동은 그야말로 연대활동이 주는 장점과 효율성의 극대화를 경험하는 계기였다. 20개 차별조항에서 성적 지향을 비롯한 7개의 조항이 삭제되면서, 소수자가 겪는 차별이 모두의 문제임을, 그렇기에 공동으로 대응해야 함을 자연스럽게 인식하게 되었다. 여성주의 단체인 '언니네트워크'가 2008년 총회에서 레즈비언 인권 의제도 단체의 활동 목표에 포함할 것을 의결한 것이나 여성·시민·문화·인권단체들이 폭넓게 결합한 '올바른 차별금지법 제정을 위한 반차별공동행동'이 결성된 것은 이러한 인식 위에서 가능했다. 그 후 군대 내 동성애자 차별, 구금시설 내 트랜스젠더 차별, HIV/AIDS 감염인 운동 등에도 연대단위가 꾸려졌고, 성소수자들도 이주노동이나 비정규직

---

37) 여기서도 여성 기독교인, 여성 동성애자의 활약이 두드러졌다. 이런 성과의 하나로 2010년에는 동성애자 기독교인과 목회자들의 글을 엮은 『하느님과 만난 동성애』(한울)가 출간되기도 했다.

차별철폐, 철거 등의 이슈에도 적극 결합하게 되었다.[38]

네 번째는 새로운 성소수자 인권협의체가 탄생했다는 점이다. 이전 협의체들은 성별, 정체성, 운동방식 등의 차이를 쉽게 극복하지 못하고 2년 이상을 유지하지 못했다. 이에 비해 긴급행동을 이어받아 2008년 5월에 공식 발족한 '성소수자 차별반대 무지개행동'(이하 무지개행동)은 월1회 회의, 년1회 LGBT포럼, 긴급사안 공동대응 등의 활동을 5년이 지난 지금도 꾸준히 이어가고 있다.

2) 세대 간 교류, 정치적 활동의 물꼬가 터지다

잠시 시간을 거슬러 올라가보자. 1997년 7월 1일자로 청소년보호법이 발효되자 PC통신과 인터넷상의 동성애자모임 대부분은 청소년의 가입을 거부했다. 괜한 불똥을 맞을까 미리 몸을 낮춘 것이기도 하지만 청소년은 아직 어려서 성정체성을 확신할 수 없다는 성인 동성애자들의 편견도 한몫 거들었다. 이렇게 시작된 청소년과 성인 동성애자의 괴리는 게이보다 레즈비언 커뮤니티에서 더 크게 나타났다. 10대들은 20대 이상의 레즈비언이 존재한다는 사실을 믿기 어려워하거나 신뢰하지 못했고, 20~30대의 레즈비언들은 레즈비언바와 인터넷사이트를 통해 주로 교류했다. 40대 이상의 레즈비언의 모임도 있지만 더 어린 세대들과 교류하는 일은 어려워했다. 세대를 뛰어넘는 교류는 드문 일이었고 거의 세대단절에 가까웠다

38) 두리반이나 명동 마리, 포이동 등에 지원을 나가고 희망버스에 참여해 '퀴어버스'를 조직한다든가 슬럿워크(잡년행진)의 참여 등을 들 수 있다. 이제 이 모든 것은 자연스러운 공동의제가 되었다.

고 봐야할 정도였다. 물론 인권단체들이 진행했던 청소년들을 위한 프로그램이 없었던 것은 아니었다.[39] 그러나 보다 본격적으로 10대 중심 사업과 세대교류를 중심으로 한 사업은 2007년에 한국성적소수자문화인권센터에서 주최한 여성이반을 위한 본격적인 거리이동상담사업 <퀴어뱅>을 들 수 있다.[40] 이를 계기로 2008년에는 레즈비언의 세대 간 소통과 교류를 넓히기 위해 2박 3일간의 세대교류 캠프와 멘토링 프로그램을 열렸고, 2009년부터는 세대를 연결하는 고리가 된다는 의미의 ≪레인보우링≫이란 잡지를 발간하고 있다. 이는 1990년대에 종이잡지 형태로 있다가 2000년대에 폐간된 ≪니아까≫와 ≪또 다른 세상≫의 뒤를 잇는 레즈비언 잡지라는 점에서도 의의가 있다.

2007년 8월 30일에는 이반연구활동모임인 '이색esac'에서 주최한 '레즈비언은 시민인가? : 한국사회 성적시민권에 관한 논의'라는 토론회가 열렸다. 이로부터 몇 달 지나지 않아 2008년 제18대 총선에는 정치인으로서는 최초로 커밍아웃한 레즈비언 정치인인 최현숙씨가 진보신당 종로구 후보로 국회의원 선거에 출마했다.[41] 비록 당선되지는 못했지만 정당정치 안에서 성소수자의 정치가 어떤 식으로 가능할지를 점검하고, 새로운 방식의 선거 운동을 실험하는 계기를 제공했다. 특히 그동안 게이와

---

39) 1998년부터 매년 여름방학에 열린 청소년동성애자인권학교도 있었고 <버디>에서 인터뷰와 취재를 통해 청소년 동성애자들의 현실과 인권에 관한 기사를 여러 번 싣기도 했다. 레즈비언상담소도 10대들을 위한 교육 및 상담활동을 펼치기도 한다.

40) 10대 레즈비언의 게토로 불리던 신공을 일요일이나 토요일에 찾아가 심리 및 진로 상담, 미술놀이, 타로카드보기, 운동회 등의 프로그램으로 청소년들을 만나는 사업이다. 2007년부터 2012년 현재까지도 활동중이다.

41) 이는 <레즈비언정치도전기>라는 다큐멘터리로 만들어져 제11회 여성영화제에서 상영되었다.

트랜스젠더에 비해 상대적으로 비가시화되었던 레즈비언을 사회적으로 드러내는 효과를 가져왔고, 레즈비언 커뮤니티에 새로운 자극이 되었다. 이런 '학습효과'는 2010년 지방선거를 앞두고 '유권자로서의 힘'을 발휘하는 것으로 이어졌다. 2010년 6.2 지방선거를 앞두고 4월에 '마포레인보우유권자연대'(이하 마레연)가 결성되었다. 마포구에 거주하는 레즈비언들이 주축이 되어 시작한 마레연은 후보들에게 질의서를 보내고 그 결과를 마포구 유권자들과 공유하여 친인권적 후보를 지지하는 유권자운동을 기획했다. 선거가 끝난 후에는 좀 더 상시적인 지역운동모임이 되기 위해 '마포레인보우주민연대'로 이름을 바꾸었다. 마레연은 구민들에게 성소수자도 같은 이웃임을 알리는 광고를 마포구 마을버스에 게재하는 등 새로운 방식의 운동을 개척하고 있다.

이 시기 주로 게이 소설을 내던 도서출판 해울에서 『비쳐 보이는 그녀』(2008)나 『낙원의 열매』(2009), 『하추간』(2008) 등 국내 레즈비언 작가가 쓴 레즈비언 소설이 연이어 발간되었고, 외국 레즈비언 소설의 고전으로 불리는 『고독의 우물』(2008)과 『핑거스미스』(2006), 『벨벳 애무하기』(2009) 등이 연이어 번역되어 나왔다. 또 2009년에 한국 성소수자들의 모든 역사적 기록물을 모으는 '한국퀴어아카이브 퀴어락'이 설립되었다. 이 부분은 지금보다는 더 많은 시간이 지난 다음에 제대로 평가되리라 믿는다.[42]

2007년에 벌어졌었던 차별금지법 내의 성적지향 항목을 삭제할 것인가 포함할 것인가를 둘러싼 보수기독교와 성적소수자의 격돌은 아직 끝나지

42) '한국성적소수자문화인권센터'에서 아름다운재단의 공익사업기금을 받아 아카이브 구축사업을 시작하였다. 서지류, 영상류, 사진류, 박물류 등 모든 형태의 자료를 수집, 보존하고 누구나 이용할 수 있도록 하는 것이 목표이다. http://queerarchive.org에서 소장 자료목록을 검색할 수 있다.

않았다. 아니 오히려 앞으로 더욱 본격화될 것이다. 2010년에 인기리에 방영된 SBS 드라마 <인생은 아름다워>는 동성애자를 긍정적으로 등장시켰다는 이유로 신문에 비난 광고가 실리는 수모를 겪었다.[43] 2011년에는 KBS 단막극 <클럽 빌리티스의 딸들>의 인터넷 다시보기 서비스가 기독교인들의 빗발치는 항의에 결국 서비스 개시 이틀 만에 중단되는 사태가 벌어지기도 했다. 또 2010년에 법무부가 차별금지법을 다시 준비하자 보수기독교도들은 법무부 앞에서 항의집회와 항의전화 돌리기 등을 조직하는 등 적극적 반대에 나서 결국 법무부로 하여금 포기하게 만들었다. 또 군대내 군형법에 대해 국가인권위원회가 인권침해의 소지가 있다고 밝히자 이번엔 국가인권위원회 앞에서 대규모 집회를 여는 등 점점 대응의 범위도 늘려나가고 있다. 이외 동성애자를 치료하고 회개시켜 다시 이성애자로 만들고자 하는 상담프로그램 개발과 상담소 설립까지 준비 중이다. 이는 점점 동성애혐오가 사회적으로 노골적으로 그리고 폭력적으로 과시될 것임을 암시한다. 이런 양태가 레즈비언들에겐 어떤 영향을 미칠 것인지 분석하고 레즈비언 커뮤니티는 이에 어떻게 대응할 것인지를 짜는 일이 향후 주요 과제가 될 것이다.

마무리하면서 남는 아쉬움은 레즈비언 페미니스트의 역사까지 함께 녹여내지 못한 점이다. 1990년대 중반 대학가를 휩쓸었던 성정치 운동 뿐만 아니라 영페미니스트들의 활동에서 레즈비언의 역사로 해석해낼 수 있

---

43) 2010년 5월 27일엔 조선일보에 “며느리가 남자라니 동성애가 웬말이냐” 라는 광고가, 9월 29일엔 “인생은 아름다워를 보고 게이 된 내 아들 AIDS 걸려 죽으면 SBS 책임져라”는 제목을 건 광고가 게재되었다. 이 광고를 낸 ‘동성애허용법안반대국민연합’, ‘참교육어머니전국모임’, ‘바른성문화를위한전국연합’ 등은 모두 기독교를 기반으로 조직된 단체다.

는 지점이 분명 있겠으나 그 부분까지 지금 다 담아내기에는 역부족이었다. 또, 욕심 같아선 게이 문화와는 분명 다르게 형성되어온 레즈비언 문화와 문화운동의 맥락을 짚어보고 싶었지만 몇 가지 사실관계를 정리하는 차원에 머물렀다. 이런 빈칸들은 앞으로의 숙제로 남기며 이후 계속적인 보충작업이 이어지길 기대한다.

◆ 참고문헌 ◆

강숙자, 2001, 「레즈비언 여성주의의 비판적 검토 : 한국 여성경험과의 대비」, 한국여성학회 추계학술대회발표문.

끼리끼리, 2005, 「한국 레즈비언 인권운동사 10년」, 『우리시대의 소수자운동』, 이학사.

레즈비언권리연구소, 2006, ≪50대 레즈비언, 최명환 이야기≫.

마모, 2008, 『비쳐 보이는 그녀』, 해울.

마모, 2009, 『낙원의 열매』, 해울.

모가, 2008, 『하추간』, 해울.

성소수자차별반대 무지개행동, 2008, 『우리는 지금 미래를 만들고 있습니다』, 사람생각.

슒 프로젝트, 2010, 『하느님과 만난 동성애』, 한울.

워터스, 세라 지음, 최용준 옮김, 2006, 『핑거스미스』, 열린책들.

워터스, 세라 지음, 최용준 옮김, 2009, 『벨벳 애무하기』, 열린책들.

워터스, 세라 지음, 최용준 옮김, 2012, 『끌림』, 열린책들.

이해솔, 1999, 「한국 레즈비언 인권운동사」, 한국여성의 전화 엮음, 『한국여성인권운동사』, 한울.

한채윤, 1998, 「설익은 레즈, 치마씨와 바지씨를 만나다」, ≪버디(*Buddy*)≫ 6호.

한채윤, 2000, 『한채윤의 섹스말하기』, 해울.

한채윤, 2009, 「우리가 몰랐던 바지씨, 치마씨 그리고 부치와 팸의 어원」, ≪레인보우링≫ 5호.

홀, 래드클리프 지음, 임옥희 옮김, 2008, 『고독의 우물 1,2』, 웅진씽크빅.

8. HIV/AIDS 감염인 운동의 흐름과 쟁점

- KANOS와 나누리+를 중심으로 -

임정섭

20세기의 흑사병이라 불리는 AIDS는 'Acquired Immune Deficiency Syndrome'의 약자로 이미 형성되어 있던 자연면역 기능이 후천적인 요인에 의해 파괴되는 병이라는 의미를 가진다. 언제부터 이와 같은 질병이 생겨났는지는 알 수 없지만 AIDS(에이즈)라는 병명으로 세상에 알려진 것은 1981년 미국[1]에서였다. 국내에서도 첫 환자가 발생한지 26년이 지났으며,[2] 질병관리통계에 따르면 2011년 3월 말 현재 우리나라의 누적된 HIV/AIDS 감염자 수는 7,835명[3]이다. 이 중 1,393명이 사망하여 현재 6,442명이 생존해 있다. 성별 및 연령분포를 살펴보면 남성이 7,198명(91.9%), 여성이

---

1) 1981년 미국의 질병통제센터에 의해 보고된 것이 의학적으로 AIDS라는 병명으로 기록된 첫 사례이다. 1981년 미국 캘리포니아 주립대학 로스앤젤리스 캠퍼스(UCLA) 부속병원 응급실에 30대의 남자가 모든 면역기능을 상실한 채 실려 왔으며, 이후 동일한 증상을 후천성면역결핍증으로 명명하였다. 세계보건기구(WHO)는 1986년 3월 에이즈를 진단하는 증상 기준을 발표했으며, 각국에서는 이를 근거로 환자들을 분류하고 있다.

2) 국내 AIDS의 첫 사례는 1985년 발생·보고되었으며, 1986년 2월 12일 에이즈에 의한 첫 사망자가 나왔다.

3) 그러나 전문가들은 '등록'된 감염인 수와 실제 감염인 수는 차이가 있다고 이야기한다. 등록된 생존 감염인 수의 약 3.9배 정도가 실제 감염인의 수라고 추정하고 있다(이훈재, 2008 : 11).

637명(8.1%)으로 11:1의 감염비율을 나타내며, 연령분포로는 20대 1,744명(22.3%), 30대 2,414명(30.8%), 40대 1,856명(23.7%), 50대 1,074명(13.7%)이다. 많은 매체에서 AIDS감염인과 HIV감염인을 동의어로 사용하고 있지만 정확한 의미의 동의어는 아니다. 'Human Immune-deficiency Virus'(인체면역결핍바이러스)의 약자인 HIV는 AIDS의 감염원으로 이 바이러스는 일단 사람의 몸속에 침입하면 면역을 담당하는 T세포를 찾아내어 파괴시킨다. HIV에 감염되었다고 해서 항상 AIDS가 발병하는 것은 아니다. HIV의 잠복기는 평균 10년이며, 발병률도 50~70%로 보는 견해에서 15~30%로 보는 견해까지 다양하다. HIV에 감염되면 우선은 무증상시기를 거치게 되며, 그 이후 AIDS 관련 증후군이 나타나게 된다. 잠복기 동안에는 점차적으로 인체의 면역기능이 쇠퇴하고 HIV는 증가하게 되는데, 이러한 상태에서 HIV 감염 말기에 각종 바이러스나 기생충, 세균 등에 의한 기회감염[4]이 있게 되면 AIDS가 발병하게 된다. 또한 AIDS 환자의 증상이 있더라도 꾸준하게 치료를 받게 되면 임상증상은 사라지고 다시 건강한 상태로 돌아갈 수도 있다(김나경, 2009 : 312).[5]

이러한 AIDS는 병명이 공식 확정된 후 30여 년이 지나면서 의학적으로는 점차 그 질병의 성격이 변하기 시작하였다. 그 사이 감염원인 HIV

4) 기회감염(opportunistic infection)이란 면역체계가 정상적으로 작동하지 않을 때에 발생하는 감염을 말한다. HIV는 시간이 경과하면서 면역체계에 손상을 가함으로써 질병에 대한 저항능력을 약화시킨다. 따라서 건강한 면역체계를 가진 경우라면 쉽게 치료가 되지만, HIV/AIDS환자일 경우에는 바이러스나 박테리아와 같은 병원균이 인체에 침입했을 때 면역체계가 저항하지 못하여 다른 합병증이 발생하는데 이것을 기회감염이라 한다.

5) 여기서 HIV/AIDS라는 표현을 사용하는 것은 이들의 운동이 HIV 감염인과 AIDS 발병인(환자) 양자를 포괄하고 있기 때문이다.

에 대한 경로분석 및 치료제의 개발이 이루어져 초기에 비해 사망률과 병의 전염 및 확진속도가 현저히 떨어졌다. 이제는 꾸준한 건강관리와 치료를 받게 되면 당뇨와 고혈압처럼 자연사할 때까지 살 수 있는 만성질환이 되었다는 평가도 존재한다.

그러나 에이즈와 에이즈환자라는 호명은 이와 같지 않다. 에이즈의 호명은 공포를 수반한다. 동성애자로서 커밍아웃을 한 후에도 활발한 방송활동을 해온 방송인 홍석천도 에이즈검사를 받아 결과가 나오기까지의 4일이 40년처럼 느껴졌다고 여러 매체를 통해 고백한다. 필자 역시 이와 비슷한 경험을 한 적이 있는데, 헌혈을 하려는 중 이전 혈액의 검사결과 중 특정수치 이상으로, 에이즈 의심 징후로 정밀검사를 받았던 것이다. 그전에 접해본 적 없었고 이와 관련한 지식 역시 전무한 수준이었지만, 에이즈라는 단어를 듣는 순간부터 단순한 불안의 수준을 넘어 패닉과 같은 상태에 빠졌었다. 해당 단어는 나의 삶을 의학적으로 뒤돌아보게 하였으며 앞으로의 삶 자체에도 많은 억측을 낳게 만들었다. 하지만 이를 그 누구에게도 이야기할 수 없었다. '이상없음'이라는 검사결과가 나오는 2주 동안 내 삶을 지배했던 것은 역시 에이즈라는 단어였다. 필자의 경험처럼 아직까지도 에이즈라는 단어는 공포를 가져오며, 그 공포가 실제로 작동한다. 이는 질병의 발병 유무와 관계없다. 발병 가능성을 의미하는 하나의 수치만으로도 개인의 삶을 규율하게끔 만든 필자의 경험에서 드러나듯 에이즈는 단순히 '질병명'만이 아닌 것이다. 고혈압과 같은 만성질환이 되었다는 의학적 증명은 이러한 공포의 작동기제에 어떤 영향도 미치지 못한다. 에이즈 환자라는 호명 역시 마찬가지다. 우리사회에서 HIV/AIDS 감염인은 낙인된 존재로 사회적 차별을 당연하게 받아들이는 삶을 강요당한다.

무엇이 이를 가능하게 할까? 이 장은 그에 대한 물음에서 시작하였으며, 부족하지만 그 답을 찾고자 하였다. 그리고 더 나아가 그러한 차별에 저항하고 실천하는 HIV/AIDS 감염인 운동을 살펴보았다. 구체적으로는 이러한 차별에 저항하는 운동을 주도하고 있는 한국 HIV/AIDS 감염인 연대 'KANOS'와 HIV/AIDS 감염인 인권연대 '나누리+'의 활동을 중심으로 운동의 쟁점과 흐름을 정리하는 작은 시도를 하였다.

1. 은유로서 질병, AIDS에 대한 낙인들

수잔 손택에 의하면 고대 소설들 『일리아드』, 『오디세이아』 속에서 질병은 초자연적인 징벌로서, 일종의 귀신들림으로서, 그리고 자연스런 인과관계 속에서 발생한 것으로 여겨졌다. 그리고 그러한 질병에 대한 인과관계는 좀 더 도덕적인 관념을 통해 받아들이게 만드는 기독교가 등장하면서 더욱 다른 효과로 이어지게 되었다. 질병을 일종의 심판이라고 생각하게 되자, 질병이 자신들이 저지른 죄에 대한 적절하고 정당한 심판이 될 수도 있다는 생각이 두드러지게 등장하기 시작했다. 어떤 질병에 특정한 의미 즉, 언제나 도덕적이었던 어떤 의미를 부여하는 것만큼 가혹한 일은 없다. 별다른 치료도 먹혀들지 않는 중요한 질병일수록, 그 질병은 무수한 의미들을 지니게 된다(손택, 2002).

질병에 대한 이러한 은유는 언어활동에 그치는 것이 아니라 새로운 권력(지배)양식으로서 몸에 직접 작용한다. 그것은 바로 공중보건담론과의 결합 속에서 이루어진다. 공중보건담론에서의 몸은 통제를 벗어나 질병을 일으키고 사회의 다른 사람들에게 직접적인 위험을 가져올 가능성이 있는 위험한 문제로 여겨진다. 수백 년 동안, 콜레라, 천연두, 황열병[6] 같은 전염병의 확산에 대한 예방이라는 구실로 국가는 몸을 감금하고 그 이동을 통제하는 수단을 갖게 되었다. 공중보건의 이름으로 행해진 이와 같은 몸에 대한 통제는 흔히 강제적이고 차별적이다. 현대국가가 몸을 한꺼번에 지배하는 것에 집착하는 것은 18세기 유럽에서 일어난 개인병원의 출현, 개인들의 의료관리에 대한 수요증가, 노동력을 보호하고 유지하려는 관심 등과 함께 발전하게 되었다. 당시에 질병을 단순히 개인의 관심이 아니라 사회 전체를 위한 경제적이고 정치적인 문제로서 일정 정도의 집합적인 통제수단이 요구되는 사회문제로 간주하는 새로운 담론이 등장했다. 18세기 말에는 병자들 뿐 아니라 노년층·실업자·극빈층 등을 포함하여 빈곤층의 다양한 신체문제를 다루기 위해 설립된 자선단체나 종교기관이 국가기구에 의해 대체되면서 국가가 질병을 확산시키는 것으로 여겨지는 행동들을 통제하기 시작했다(Foucault, 1975 ; 럽턴, 2009에서 재인용).

19세기 후반에 일어난 공중보건 운동은 인구의 더 나은 건강을 목표로 한 정보수집을 통해 몸에 대한 감시의 새로운 논리를 개발했다. 여러 집단의 질병유형을 기록하는데 초점을 맞추는 역학(疫學)[7]의 출현은 이러한 활동을 강화하여 끊임없이 기록을 추적하고 측정하여 정부기관에 보고했

---

6) 황열 바이러스의 감염에 의해 일어나는 악성 전염병으로, 아프리카 서부나 남아메리카에서 나타나며 모기에 의해서 매개된다. 이 병에 걸린 환자의 일부에서 황달로 인해 피부가 누렇게 변하는 증상이 나타나기 때문에 황열(yellow fever)이라고 부른다. 국내에서는 환자가 발생하지 않는다.

7) 지역이나 집단 안에서 질병 및 건강에 관한 사항의 원인이나 변화상태를 연구하는 학문으로, 전염병 연구에서 시작하여 현재는 공해나 재해 등의 문제도 대상으로 삼는다.

다. 의료사회적 조사는 인구집단을 훈육하는 중요한 수단이 되어 "질서와 통제의 수단이며 동시에 인구의 분포를 관리하고 잠재적으로 위험한 접촉이 없도록 예방하는 기술"이 되었다. 질병은 개인의 몸에서보다는 사회적 몸 안에서 구성되었고 일탈적인 유형들은 전체 인구의 건강을 위해 통제가 필요한 것으로 규정되었다.

에이즈라는 낙인은 에이즈감염인들을 차별과 감시, 통제 속의 삶을 살아가게끔 순응시키며 정당한 권리를 말하지 못하게 하고 있다. 이들은 사회적 소수자로서 다수자의 보건과 건강이라는 대의명분 아래 철저하게 배제되어가고 있는 것이다. 비감염인들로 하여금 자신의 생명과 안위를 위해 감염인을 차별하는 것이 당연한 조치인 것처럼 만들었다. 감염원인을 찾는다는 핑계로 실시되는 역학조사는 개인의 의지와는 상관없이 자신의 성정체성과 성관계 이력을 모두 밝힐 것을 요구한다. 감염사실을 확인 받는 순간부터 감염인들은 국가관리를 받게 되고, 내가 감염되었다는 사실이 노출될까봐 전전긍긍하며 살게 된다.

이처럼 상징으로서의 질병은 무질서가 사회를 위협하는 것을 통제하기 위해 도덕적인 구별을 하는 데 이용되기 시작한다. 이제 "우리가 아프다"는 용어를 대중적으로 사용하는 할 때, 그 용어 자체가 도덕적인 비난을 나타내는 강력한 은유가 된다. 은유는 모든 언어적인 의사소통의 영역에서 인식론적 도구로 사용되어 세계를 개념화하고 현실 인식을 정의하고 주체성을 구성하는 도구 가운데 하나이다. 이러한 은유의 작동은 서로 관련이 없는 두 현상을 서로 유사한 특성을 중심으로 연관시키면서 시작한다. 별다른 치료가 먹혀들지 않으며 높은 치사율과 광범위한 전염 등의 조건을 지니고 1980년대 초반에 갑자기 나타난 에이즈는 모든 부정적 은유를 뒤집어쓰게 된다. 타락, 부패, 오염, 아노미, 쇠약함 등과 동일시된다. 그 다음에는 이 질병의 이름으로 또 다시 다른 부정적인 은유들이 생산된다. 이렇게 은유는 다양한 의미를 만들어 내고 원래의 연관성 이상으로 인식하며 그에 대한 정의와 경험을 형성하게 된다. 그럼으로써 이 질병은 형용사적 어구가 된다. 이렇게 각인된 은유는 단순히 질병의 원인과 결부되는 것이 아니라 국가를 비롯한 권력이 개인의 몸에 작동하는 통제체제로 이어지는 것이다.

현재 에이즈에 각인된 은유들이 어떠한 것과 맞닿아 있는지 살피는 것은 그래서 중요하다. 에이즈가 발생한 초기부터 행해졌던 에이즈의 재현들은 대부분 동성애, 마약, 매춘, 성문란, 성쾌락을 추구하는 사람들이 받는 천벌과 같은 것이었음을 주지해 보아야 한다. 에이즈와 연결된 이러한 은유는 다시 에이즈가 생산해 내는 죽음, 불치병, 삶의 파탄 등의 의미와 직결된다. 이를 통해 불안과 공포, 두려움과 죄의식을 동반하게 된다. 이는 두 가지 효과를 지니게 되는데, 하나의 효과는 감염자 자신에 대한 통제를 만들어낸다는 것이다. 스스로 공포와 불안, 죄의식을 가진 사람들을 사회의 통제와 감시에 순응하게 만든다. 또 하나의 효과는 에이즈와 연결된 은유들이 또 다른 통제기제로 작동하게 한다. 동성애, 마약, 성매매를 비롯한 다른 범주의 것들이 에이즈와 연결된다. 결국 에이즈의 관리와 에이즈 감염인들의 관리체계는 개인들의 몸들을 관리하고 통제하는 작동기제로서 기능하게 된다.

HIV/AIDS 감염인 운동은 이러한 통제체제와 작동기제 속에서 저항의 몸부림이다. HIV/AIDS 감염인 운동은 담론의 장에서의 저항에서 시작하여 이제 감염인들 자신의 다양한 욕망 및 권리 그리고 나아가 여타 소수자들의 권리 및 욕망들을 확장해 가는 데 일조하고 있다.

2. HIV/AIDS 감염인 운동의 전개

국내에서 HIV/AIDS 감염인들의 인권에 대한 논의가 이뤄지게 된 것은 1990년대 후반부터였다. 이는 의학적기술의 발전과 함께였다. 1996년 항트로바이러스요법에 따른 '리트로비르'(Retrovir)라는 첫 치료제가 개발된 이후 HIV/AIDS 감염인의 사망률은 25% 수준으로 떨어졌다. 또한 각종 역학조사를 통해 감염원에 대한 명확한 경로가 판별되면서 이제 에이즈는 불치병이 아닌 치료와 관리가 가능한 만성질환이 되기 시작하면서(최용준, 2008 : 7) 이들 감염인에 대한 논의가 시작되었다.

정부에서는 에이즈의 퇴치와 예방에 초점을 두고 '한국에이즈퇴치연맹'과 '대한에이즈예방협회'를 운영하고 있다. 정부가 직접 운영하는 것은 아니지만 정부의 입장을 반영하고 정부의 지원을 받아 민간조직으로 운영되고 있다. 1993년 '한국에이즈예방운동본부' 창립대회에 이어 사단법인으로 '한국에이즈연맹'이 설립되어 예방활동을 하였고 1997년 '한국에이즈퇴치연맹'이라는 현재의 이름으로 바뀌었다.[8] '대한에이즈예방협회'는 1993년 '대한에이즈협회'로 창립되어 1996년 현재 이름으로 바뀌었다.[9] 한국에이즈퇴치연맹은 교육과 홍보사업을 주로 하고 대한에이즈예방협회는 상담, 지원, 복지 사업을 주로 하고 있다. 물론 감염인들은 기초생활수급자들이 많으며 생활이 곤란하기 때문에 상담, 지원, 복지사업을 하는 예

---

8) 한국에이즈퇴치연맹 홈페이지 http://www.kaids.or.kr 참조.
9) 대한에이즈예방협회 홈페이지 http://www.aids.or.kr 참조.

방협회와 직간접적으로 관계를 맺는다. 두 단체는 전국적으로 지회를 두고 활동하고 있으며 여전히 HIV/AIDS 감염인들을 대상화하고 있다.

정부에서는 1998년 들어 한국에이즈퇴치연맹이 주관하는 쉼터를 개설하게 되었고 2000년대 들어 전국적으로 7개소가 운영되었으나 2008년 이후 폐쇄되었다.

그런데 일찍부터 감염인들이 직접 나서기도 하였다. 감염인들의 쉼터도 있었고 감염인들이 직접 예방활동에도 나섰다. 동두천에 있는 한 교회에서 시작된 에이즈 감염인 쉼터인 '희망나눔터'는 1994년 6월에 개소하여 30여명이 거주하게 되었다. 1994년 11월에는 '스톱 에이즈'라는 이름을 달고 에이즈 예방 홍보활동을 하였으며, 1995년 3월에는 에이즈 감염자들의 고백수기를 중심으로 엮어 펴낸 『벼랑에 선 사람들』(김형철 엮음, 도서출판 들불)의 출판기념회도 열었다.

이러한 단체들의 활동에도 불구하고 에이즈에 대한 사회적 낙인과 차별은 전혀 나아지지 않아왔으며, 이에 대한 문제제기가 일기 시작하였다. 그리고 그 문제제기의 시작은 에이즈를 통해 또 다른 낙인이 이뤄지는 소수자인 동성애자들의 목소리였다. 동성애운동이 자조모임에서 사회운동으로 발돋움한 시점이었던 1998년 즈음, 한국에이즈퇴치연맹을 비롯하여 언론이 동성애와 에이즈를 연관지어 보도하였다. 동성애운동 쪽에서는 이에 발 빠르게 대응하였다. 당시에 동성애운동의 중심이었던 '한국동성애자인권운동협의회'와 '대학동성애자인권연합'이 여타 동성애자 모임들과 함께 '왜곡된 언론보도와 에이즈정책에 대항하는 범동성애자 비상대책위원회'를 결성하여 활동하였다. 이처럼 에이즈에 대한 왜곡된 편견에 대응한 운동으로서 에이즈운동이 시작되었다(정욜, 2006b : 24~26).

이러한 흐름과 더불어 1999년 9월 HIV/AIDS 감염인을 위한 모임 '러브포원'(LOVE4ONE)이 발족하였다. 이 단체는 감염인에게는 인권회복 및 복지를 향상하여 감염인 스스로 자존감을 가지고 질적인 삶을 살도록 돕고, 비감염인에게는 에이즈에 대한 정확한 정보를 줌으로써 편견과 차별을 해소하여 감염인과 비감염인이 더불어 살아가는 사회를 만들고자 하는 취지로 만들어졌다. 현재 1,600여 명의 회원이 있으며, 정보 및 의견 교류, 감염인 인권 및 교육, 상담, 감염인 병원동행, 입원환자 방 문 및 보조, 국제교류 등의 활동을 해오고 있다.[10] 러브포원의 활동으로 한시적이긴 하지만 감염인들과의 공동 캠페인이 가능해 졌고 보건의료인들의 참여로 감염인의 의료접근성에 대한 운동과제가 조금씩 도출되기 시작하였다(정욜, 2006b ; 26).

그러나 여전히 동성애와 에이즈의 연관에서 동성애자들 자체도 벗어나지 못하였다. 그런 와중에 정부는 한국에이즈퇴치연맹을 통해 ISHAP(Ivan Stop Hiv/Aids Project)을 내세우며 동성애자 에이즈예방사업을 전개하였다. 동성애단체들도 동성애자를 대상으로 하는 에이즈 예방이 중요하다고 강조하였다. 이를 등에 업고 ISHAP은 무료 콘돔배포를 강조하고 게이바에서 동성애자를 대상으로 HIV검사를 하는 것에 초점을 맞추었다. 이를 통해 정부는 에이즈 예방운동 패러다임을 주도하였다.

콘돔이 에이즈 예방활동의 중요한 수단이 될 수 있지만 전부는 아니다. 또한 동성애자들의 욕망을 콘돔을 통해 단일화하고 통제할 수는 없다. 더욱이 동성애자와 에이즈에 대한 편견을 지닌 채 콘돔배포와 에이즈반응검사 위주의 예방정책은 실존하는 소수자인 에이즈감염자들에 대한 편견을

10) 러브포원 홈페이지(http://www.love4one.com) 단체소개 참조.

결코 해소하지 못하고 더욱이 감염인들의 치료접근권을 억압하는 효과를 지니고 있었다.

이러한 상황에서 HIV/AIDS 감염인에 가해진 낙인 자체에 대한 문제제기와 치료과정에서의 구조적 모순에 대해 이야기하는 적극적 운동을 펼치는 단체가 등장하였다. 이들은 보건의료인들과 동성애자, 감염인의 공동전선으로서 조직을 만들었으며 국제 AIDS 인권단체와 적극적으로 연대하고, 다양한 소수자들, 즉 타 병력자와 동성애자를 비롯한 성소수자, 장애인 운동 등과 연대하기 시작하였다. 이들 단체는 바로 '한국 HIV/AIDS 감염인연대 KANOS(Korea HIV/AIDS Network of Solidarity, 이하 카노스)'와 'HIV/AIDS 인권연대 나누리+'(이하 나누리+)였다.

정부주도의 두 단체와 그와 대별되는 카노스와 나누리+ 사이에 감염인들의 친목모임에 가까운 카페가 있다.

쉼터 '희망나눔터'의 온라인 카페가 2003년에 포털 '다음'에 개설되어 감염인들에게 상담을 하고 있다. 현재 1,400여 명의 회원들이 활동하고 있으며, 고민상담, 수입원마련, 보건소연계, 간병 등을 돕고 친목을 다지고 있다.

2008년 9월에 포털 '다음'에 개설된 '건강나누리+' 카페는 회원수가 600여 명에 이르는데, 감염인에 의한 감염인을 위한 카페로 등장하였다. 친목모임이면서 정보를 나누고 치료와 관련된 도움을 주고 받고 있다. 이 카페의 성원들은 서로 잘 알고 지내며 그 가운데는 카노스에 관련하는 사람들도 있다. 카노스의 성원들은 대부분 카페 활동을 하며 사실 직간접적으로 '건강나누리+' 성원들과 관련을 맺고 있다. 카노스나 나누리+가 활동가들이나 리더 중심으로 움직이는 경향이 있다면, '건강나누리+'는 좀 더 수평적인 네트워크 형태로 움직인다고 할 수 있겠다. 그리고 정부가 지원하는 두 단체와는 달리 감염인 자조모임들은 사무실운영도 어려운 형편에 있다. 후원을 받기도 만만치 않은 상황이다.

또한 상담카페로 '감염인의 어려움을 나누는 간호사 이미영의 상담실'(http://www.AIDS119.net)이 2004년 오픈하여 감염인들에게 상담을 하고 있다.

그 외에도 감염인들의 인권과 복지를 증진시키려는 비영리단체로 에이즈감염인협회(KAPF)(http://www.kapf.org)가 있다. 치료제정보, 관련뉴스, 상담소 등을 제공하고 있다. 그리고 2003~2005년에 활동했던 HIV감염인과 에이즈 환자를 위한 모임 '세울터'가 있었다.

여기서는 한국 HIV/AIDS 감염인 운동의 새로운 흐름을 주도하는 두 단체에 대해 먼저 간략히 살펴보자.

1) 한국 HIV/AIDS 감염인 연대 KANOS

카노스는 감염인들이 자신의 권리를 알고 스스로 이야기할 수 있게 하자는 취지로 2002년 설립한 단체이다. 감염인 스스로 자신의 문제를 드러내 놓고 함께 토론하고 함께 해결 방법을 찾아가며 논의하는 감염인들 간의 소통공간이다.11) 기존의 에이즈운동이 비감염인이 중심이 되어 감염인에 대한 시혜적 입장에서 복지와 차별철폐를 이야기했다면, 카노스의 등장은 감염인 당사자들이 주축이 되었다는 점에서 매우 의미 있다. 이러

11) 한국 HIV/AIDS 감염인 연대 KANOS 홈페이지(http://kanos.org) 단체소개 참조.

한 조직 및 성원들의 등장은 사회적으로 낙인 찍힌 이들의 커밍아웃 선언으로 비로소 가능하였으며, 감염인의 실제적 어려움을 운동의제로 만들어갈 수 있는 추진력을 제공하였다.

카노스의 초기 활동은 크게 세 가지 축으로 이루어졌다. 첫째는 운동주체의 생산이다. 카노스는 2002년 준비모임에서부터 국제회의에 참석한 후 2003년에는 자체 리더쉽 및 능력개발교육을 꾸준히 실시하였다. 2003년에는 UNDP[12] HIV/AIDS 프로그램 전문가 로메오 리 박사(Dr. Romeo Lee)를 초청해 국제에이즈인권운동의 흐름을 카노스의 활동가들과 공유하였다. 둘째는 적극적인 국제연대의 모색이었다. 이를 위해 2003년, 2004년 아시아태평양 HIV/AIDS 감염인 네트워크 국제회의(APN+, 2003), 2004년 제15차 국제에이즈회의에 참석하였으며, 새로운 국제네트워크에 공동대응하려는 움직임을 보였다. 셋째는 국내에서 감염인 인권문제에 대한 홍보를 위한 활동이다. 2004년 세계 에이즈의 날에 '감염인 인권회복을 위한 음악회'를 개최하였고, 2005년에는 감염인을 위한 가이드북 ≪*COME CLOSER*≫를 발간하였다.

2006년부터 카노스의 활동은 연대활동 중심으로 이뤄지게 된다. 에이즈 관련 법개정운동으로 '에이즈 예방법 대응 공동행동'과 연대활동을 하였으며, 국가인권위원회 인권단체 협력사업을 진행하기도 하였다. 이들의

12) 유엔개발계획(United Nations Development Program)의 약자. 유엔개발계획은 1965년 확대기술원조계획과 국제연합특별기금이 통합되어 결성된 국제연합 보조기구를 뜻한다. 천연자원 및 인적자원의 개발을 후원함으로써 저소득국가들의 경제적·사회적 생산성을 향상시키는 데 목적을 둔 이 기구는 총회를 통해 핵심의제를 선정, 활동하고 있다. 현재 UNDP에서는 빈곤퇴치, 재난 예방 및 복구, 환경, 에너지, 에이즈 퇴치 등을 중점 지원하고 있으며, AIDS가 핵심의제로 등장한 것은 1980년대 후반부터이다.

활동에서 커다란 전환점이 된 것은 12월 1일 세계에이즈의 날을 기념하여 그 전후 일주일을 'HIV/AIDS 감염인 인권주간'으로 연례행사화 하기 시작한 것이다. 2007년에는 HIV/AIDS 감염인 차별 예방 홍보책자 ≪희망의 창≫을 제작하였고, 초기감염인 지원을 위한 프로그램을 진행해오고 있다. 2008년부터는 공동연대의 움직임을 더욱 본격화 하여 예방법 개정관련 공동대응, 푸제온 강제실시 공동대응 등 활동의 한 축을 맡고 있다. 또한 비감염인 활동가들을 인턴쉽으로 모집·활동하게 함으로써 활동을 감염인만으로 제한하지 않고 새로운 운동주체를 생산하는 역할도 하고 있다.

현재 카노스는 <표 8-1>과 같이 크게 네 가지 활동을 하고 있으며, 지금까지 실시해온 운동을 더욱 체계화시키고 있다.

<표 8-1> 카노스의 현재 활동내역

주요활동	세부내용
1) HIV/AIDS 감염인 상담 및 의료 도움 서비스	- 보건소 동행 / 의료기관 동행 - HIV/AIDS 감염인 전화 및 온라인 상담 운영 - 치료제 구비 및 초기 감염인 모임 진행
2) HIV/AIDS 감염인 지원을 위한 홍보	- HIV/AIDS 감염인을 위한 치료 지침서 발간 - HIV/AIDS 감염인 활동가 지침서 발간 - 차별 편견 예방을 위한 책자 및 캠페인
3) 사회적인 지원강화 활동	- '후천성면역결핍증 예방법'개정활동 - 치료비 지원 강화 및 의약품 공급 운동 - 12월 1일 세계 에이즈의 날 기념 '감염인 인권주간'사업 - 병원 내 차별 시정 및 환자 권리 운동
4) 국제연대 사업	- UNDP GIPA 프로젝트 회의 참석 - APN+(Asia Pacific Network of PLWHA) 네트워크 활동 - 국제 에이즈회의 참석

2) HIV/AIDS 인권연대 나누리+

HIV/AIDS 인권연대 나누리+는 에이즈라는 질병으로 인해 인권을 침해당하고 차별받는 감염인과 환자들의 인권과 치료권을 확보하기 위한 활동을 하는 연대기구로 2004년 출범하였다. 출범 초기는 동성애자인권연대, 평등사회를 위한 민중의료연합, 한국남성동성애자인권운동단체 친구사이, 행동하는 의사회로 구성되었다가,[13] 현재 건강사회를 위한 약사회, 공공의약센터, 인권운동사랑방, 동성애자인권연대, 한국남성동성애자인권운동단체 '친구사이'라는 5개 단체와 관심 있는 개인들(감염인들과 의료인들)이 참여하고 있다.[14]

비감염인들 중심으로 이루어진 나누리+는 처음부터 연대체임을 강조하였으며 특히 동성애자인권운동과 긴밀히 결합하고 있다. 어떤 측면에 나누리+ 단체의 설립은 동성애자인권운동단체의 주체들이 에이즈감염인 인권운동으로 그 영역을 확장한 결과라고 보아도 무방하다. 동성애자인권운동단체의 주체들이 치료권에 접근하면서 다른 인권단체와 결합하여 현재의 나누리+가 탄생하였다(윤가브리엘, 2006 : 160~163).

나누리+는 초기에는 감염인의 인권가이드라인을 위한 "HIV/AIDS 인권지침서"를 발간하는 것을 목표로 하여 활동하였다. 2004년 10월 "HIV/AIDS 정부관리정책과 감염인의 인권 공개토론회"를 서울대에서 개최하였다. 이

13) 2004년 5월 19일 성명서, "브라질 정부는 에이즈치료제에 대한 강제실시를 발동하라"에서는 위 네 단체가 명기되어 있다.
14) HIV/AIDS 인권연대 나누리+(http://www.aidsmove.net) 홈페이지 단체소개.

후 이들은 혈액관리법, 법정전염병 신상정보공개, 에이즈예방법 개정안 등의 법제적 측면에서 인권을 확보하기 위한 활동을 벌여왔다. 나누리+는 출범부터 연대체로서의 성격을 가지고 각 사안에 대해 적극석으로 타 인권단체들과 연대를 모색하고 공동대응을 이끌어냈다. 2005년 11월 이후 주요 관련법제 개정운동, 의약품 접근권 확보운동에서 적게는 30여 단체부터 80여개 국내외 인권단체들의 동의를 이끌어냈다. 여기에 함께한 단체들은 에이즈감염인 인권운동단체를 비롯하여 성소수자인권운동단체, 장애인운동단체, 진보적 약사회, 의사회, 진보정당 등이었다.

3. HIV/AIDS에 감염인 운동의 주요쟁점과 흐름

2000년대 중반부터 이뤄진 HIV/AIDS 감염인 운동의 성격이 동일 사안들에 대한 적극적인 연대의 움직임 속에서 이루어진다는 점에서 위 두 단체를 비롯, 각 운동단체들의 차별점을 찾기[15]가 힘들어 졌다. 그래서 HIV/AIDS 감염인 운동의 흐름을 살피기 위해 각 단체를 구분하여 살펴보는 것보다 위 두 단체를 축으로 하여 이루어지는 주요 쟁점을 둘러싼 운동과 그 흐름을 파악해 보고자 한다.

1) 후천성면역결핍증예방법 개정투쟁

15) 두 단체의 활동을 짐작할 수 있는 성명서를 분석해 보면, 2005년 후반기의 운동부터 동일 사안에 대해 공동으로 성명을 내며 함께 행동하고 있음을 확인할 수 있다.

국내에서 HIV/AIDS에 대해 이뤄지는 모든 법적근거는 1987년 11월 28일 제정된 후천성면역결핍증예방법(이하 예방법)에 있다. 예방법은 현재 국내에서 HIV/AIDS에 대한 인식과 법적 행위를 엿볼 수 있는 주요한 잣대가 되고 있는데, 총 28개의 조항들로 구성되어 있다.[16] 시대의 변화와 요구에 따라 예방법은 지금까지 9차례에 걸쳐 부분개정이 이루어졌지만 아직도 수많은 조항들에 감염인에 대한 인권침해의 요소가 존재하며, 실제로 그 법에 근거해 많은 인권유린이 자행되어 왔다(박윤영 외, 2007).

HIV/AIDS 감염인 운동의 측면에서 살펴보면 2006년부터 2008년 2월 법률안이 통과되기까지의 과정을 주목할 필요가 있다. 이 시기의 운동부터 이전 운동과는 달리 연대체를 구성하면서 공동으로 직접적인 행동에 나선 것이다.

최초의 공동대응이 바로 '법정전염병 병력자 정보제공계획'에 대해 성명서를 제출한 것이었다. "보건복지부는 법정전염병 병력자 정보제공계획을 즉각 철회하라"는 2005년 11월 8일자 성명서와 12월 5일자 기자회견에서 그 내용을 확인할 수 있다. 나누리+와 카노스를 비롯하여 약 20여개 단체가 한 목소리를 냈다. HIV/AIDS 감염인 관련 인권단체뿐만 아니라 구속노동자후원회, 민주화실천가족운동협의회를 비롯한 기존 운동단체와 천주교인권위원회, 원불교 인권위원회와 같은 종교계 인권단체, 한국남성동성애자인권운동단체 친구사이, 한국레즈비언상담소, 한국성적소수자문화인권센터 등 성소수자 인권단체가 함께 결합하였다. 이들의 결합은 2006년 예방법의 개정법률안 입안 과정에서 더욱 확대되고 단단해졌

16) 2010년 1월 18일 개정된 현행 법률 기준.

다.

사실 2006년에 있은 예방법 개정과정에서 이들이 처음부터 결합되지는 않았다. 2005년 5월부터 11월까지 복지부는 AIDS 감염인·환자 인권보장을 위한 법률개선 연구사업추진을 하게 되고 이를 토대로 2005년 11월 법·제도 개선방안 보고서를 제출하였다. 이후 2006년 2월 22일부터 3월 10일까지 예방법 개정법률안 입안 및 의견조회기간을 갖고 그해 3월 17일 예방법 개정을 공식 추진하였다. 3월 20일부터 10여 일간 부처협의를 거치고 4월 3일에서 24일 사이에 입법예고를 하였으며, 이후 5월 11일 부처협의 및 입법예고 결과에 대한 토론회의를 개최하였지만, 이러한 과정에서 공청회나 토론회에 감염인의 참석을 요청한 적이 없었다. 즉 법률 제정 과정에서 감염인들은 논의의 장 안에 전혀 들어가지 못한 채 배제되었다. 이에 대해 나누리+와 카노스를 비롯한 50여개 감염인 · 인권 · 사회단체들은 '에이즈예방법 개정안에 대한 의견서'를 4월 20일 공식 제출하며 목소리를 내기 시작하였다. 그러나 5월 22일 정부안이 확정되고 자체규제심사와 규제개혁위원회심사 과정에서도 자신들의 주장이 반영되지 않자, 이들은 더욱 적극적인 활동을 하기 시작하였다.

먼저 2006년 7월 4일 기존에 연대하고 있던 50여개 단체는 'HIV/AIDS 감염인 인권증진을 위한 에이즈예방법 대응 공동행동'(이하 공동행동)을 공식 발족하고 지속적으로 심사과정 관련 문서를 공람하고 이에 대한 논평을 하기 시작하였다. 이러한 노력으로 공동행동은 2006년 7월 7일부터 9월 5일까지 진행된 에이즈예방법 개정에 관한 간담회에 참여하게 되었다.

하지만 공동행동은 9월 26일 제출한 정부안의 일부개정법률안이 충분치 못하다고 판단하였다. 예방법 개정에서 공동행동과 함께 활동한 정정훈[17]은 정부 개정안은 현행 예방법의 틀을 유지하기 위한 '명목적 개선'일 뿐이라고 그 한계를 지적하였다. 그는 정부가 보도자료[18]를 통해 선전하는 "감염인에 대한 사용자의 차별금지 규정 신설, 감염인 사망시 세대주의 신고제도 폐지, 감염인 명부의 작성·비치 및 보고 규정의 삭제, 익명검사 규정 신설, 치료권고제도 신설 등"은, 그 세부내용을 살펴보면 감염인에 대한 사회의 편견을 해소하고 차별을 금지하기 위한 실질적 조치로 평가할 수 없다고 본다. 결국 이 법은 '오염된 개인'으로부터 사회를 방위해야 한다는 1987년 법제정 당시의 인식에 묶여있어 정부가 선전하는 일부 조항의 개선은 현상적, 표피적, 언어적 수준을 넘지 못하였다(정정훈, 2007 : 301~302).

그에 따라 2006년 11월 14일 민주노동당 현애자 의원의 대표발의로 에이즈예방법 전부개정안이 발의된다. 전부개정안은 '통제·관리에서 인권보장으로' 법과 제도의 패러다임을 전환하는 근본적인 변화를 요구하였다. 예방의 목적과 인권보장의 목적을 이원적으로 대립시키는 기존의 법률과 일부개정안이 지닌 패러다임에서, 감염인의 인간적 존엄성과 자발성에 기초하여 예방과 인권을 통합적으로 사고하는 '인권보장을 통한 예방'의 패러다임으로 접근해야 한다는 것이다. 이를 위해 전부개정안은 감염인의 인권 보호와 지원을 위한 내용을 동시에 규정하고 정책수립과정에서 당사자 참여의 제도적 보장을 요구하였다. 감염인을 관리·통제의 대상으로 즉, 정책의 대상으로만 인식하는 것이 아니라 감염인의 의사를 반영하는 절차를 구체화하자고 하였다. 또한 자발성의 원칙에 기초해 예방정책을 재구

17) 공익변호사그룹 '공감'의 변호사로 에이즈 예방법 개정운동에 참여했다.
18) 2006년 8월 13일 보도자료.

성할 것을 요구하였으며, 차별금지를 위한 구체적인 규정신설을 요구하였다. 더 나아가 국가의 치료의약품 공급의무 규정의 신설과 감염인 의료지원의 법적 근거 규정, 감염인 단체지원의 근거규정 신설까지 제시하였다. 결국 이는 정부개정안에 대한 대안적 법률안으로 감염인의 인권을 우선으로 하는 패러다임의 전환을 핵심가치로 둔 것이었다. 이는 공동행동이 끊임없이 해 온 운동의 성과물이었다. 이후 2007년에는 국회의 논의 구조를 통해 정부안과 전부개정안을 병합한 형태의 법안이 심의·의결되었다. 2007년 11월 20일 국회 보건복지위원회에서 개정된 에이즈 예방법이 통과되고, 2008년 2월 국회를 최종 통과되게 된다.

물론 이러한 병합안이 여전히 인권 쟁점들을 미흡하게 반영하였으며 "기존의 법률안과 비교하여 핵심 의제들은 여전히 그대로"라는 한계[19]를

19) 총칙규정인 제1장과 보칙 및 벌칙규정인 제5장과 제6장을 제외하면, 신고 및 보고(제2장), 검진(제3장), 감염인의 보호지원(제4장)이라는 세 부분으로 나뉘어져 있다. 이는 다른 감염성 질병에 대한 규제와 마찬가지로 '치료'와 '예방'이라는 서로 대립되는 두 가지 이념을 동시적으로 지향한다는 특징을 지닌다. '치료'란 일차적으로는 (감염인과 비감염인을 모두 포함한) HIV 감염여부와 진단(검진) 그리고 이차적으로는 감염인에 대한 치료—현재로서는 잠복기간을 늘리고, AIDS 관련증후군이 등장했을 때 이에 대한 조치를 취하며, 기회감염 발생시 사망률을 낮추는 것, 궁극적으로는 AIDS의 발병률을 낮추는 것—을 의미한다. 그리고 '예방'은 비감염인을 HIV의 감염으로부터 보호하는 것, 즉 달리 표현하면 일차적으로는 HIV 감염자의 전파매개행위를 차단하는 것을 의미한다. 더 나아가 추가적인 감염인 발생을 방지하기 위해서는, 감염위험이 있는 사람들(예를 들어 감염인의 배우자)에 대한 관리까지도 필요하다. 이러한 특징으로부터 도출되는 문제는 우선 보편적인 치료원칙이 붕괴할 위험이 발생한다는 것이다. 예방을 위한 강제조치는 환자의 자율적 결정의 영역을 현저히 축소하는 경향이 있으며, 더 나아가 예방정책의 실현을 위해 의사에게 고지의무나 신고, 보고의무를 부과하는 것은 의사에게 요청되는 비밀유지의무와 정면으로 배치될 수 있다. 뿐만 아니라 예방원칙에 입각한 정책들은 많은 경우 감염인의 신체적 자유와 사생활의 비밀을 침해할 우려가 있다(김나경, 2009 : 316~317).

한편 개정운동에 깊숙이 관여했던 정정훈은 예방법 안의 주요 인권침해 요소들로, 1. 강제검진, 2. 외국인에 대한 입국금지·강제퇴거, 3. 취업제한, 4. 전파 매

보이기에 아직도 이러한 법률에 대한 투쟁은 현재 진행형이다. 이러한 예방법 배후에는 공중보건 담론이 작동하고 있으며, 이에 따라 철저한 감시와 통제가 이뤄진다는 점에서 끊임없는 투쟁의 쟁점이 될 수밖에 없는 것이다.

그럼에도 불구하고 분명한 것은 이 개정과정에서 공동행동은 성명서 발표와 토론회 참가를 통해 자신들의 목소리를 적극적으로 내고 반영토록 하였다는 점이다. 이처럼 2006~2008년의 예방법 개정운동은 지금까지 예방법 개정 논의의 장에 감염인들의 목소리를 직접적으로 전달하려 하였으며 이를 일부 이루었다는 점에서 이전의 운동과 그 성격과 성과 면에서 큰 차이를 보이고 있다. 이러한 운동과정 속에서 공동행동은 대국민선전을 함께 병행함으로써 감염인들의 인권상황과 예방법 개정의 당위성을 끊임없이 알려나갔다.

2) 치료접근권 투쟁

고혈압이나 당뇨병같은 만성질환의 경우 지속적인 치료가 생명연장과 삶의 질을 위해 무엇보다 중요하듯이 HIV/AIDS 감염인에게도 지속가능한 치료는 생명과도 같다. 특히 HIV/AIDS 치료제는 2~3종 이상의 약을 함께 사용하는 병용요법으로 치료하도록 하고 있다. 즉 에이즈 치료제는 면역력을 올리는 약과 바이러스를 억제하는 약을 혼합하여 사용해야 한다. 그 중 한 가지라도 내성이 생길 경우 바이러스 억제가 효과적으로 이

개행위 처벌, 5. 실명신고체계, 6. 강제처분 등을 열거하고 있다(정정훈, 2007).

뤄지지 않는다. 그렇기 때문에 다양한 에이즈치료제가 제때 공급될 필요가 있다. 그런데 한국에서 현재까지 공급되고 있는 에이즈치료제는 대부분 1990년대에 개발된 약들이고, 2000년 이후에 출시된 15종(유효성분이 모두 한국에서 공급되고 있는 복합제는 제외) 중에는 2종만이 공급되고 있다.

한국에서 HIV/AIDS 감염인이 발견된 지 26년이 지난 지금 기존 치료제에 대한 내성문제는 이미 심각한 수준에 와 있다. 국내의 경우 내성률에 대한 정확한 수치가 파악되고 있지 않으나, 유럽의 HIV/AIDS 약제 내성 연구결과와 한국의 HIV/AIDS 감염인 중 치료를 받고 있는 감염인의 비율 등을 고려해 보면, 기존 약제에 모두 내성이 생긴 감염인은 300여 명 정도로 추정할 수 있다.[20] HIV/AIDS 감염인의 수와 내성감염인의 수가 지속적으로 늘어나는 상황에서 새로운 에이즈치료제 공급은 시급하다고 하겠다.

그러나 이러한 에이즈치료제의 공급에서 제한요소가 있으니 바로 비용 문제이다. 2007년 한국에서는 에이즈 치료를 위해 약 500억원에 달하는 비용이 지원되었고, 이는 감염인수 증가와 수명연장에 따라 계속 증가할 수밖에 없다. 그런데 초국적 제약회사들은 의약품특허권을 이용하여 약값을 매우 비싸게 책정하여, 치료제에 대한 접근 자체가 쉽지 않은 실정이다. 국내에서 보험적용을 받는 약들은 모두 내성이 생겨 새로운 약들을 함께 사용해야 한다. 그런데 새로운 약들은 외국에서 공수해와야만 한다. 현재까지 한국에 공급되고 있는 에이즈치료제의 하루 평균 비용은 5만원

20) 2008년 4월 24일자 성명서에 따르면, 약제급여평가위원회에서 치료경험이 있는 경우와 치료경험이 없는 경우의 유병률(각각 4.8%, 15.5%)과 감염인 중 약제 치료 환자비율 0.41(2006년 HIV치료제 청구환자수/2006년 생존 HIV감염인수)를 적용하여 기존 3가지 계열 약제에 저항성이 있는 환자를 310명으로 추정하였다.

에 가깝다. 현재 기회감염과 같은 합병증 치료비를 제외하고도 환자 1인당 연간 약제비는 약 천 만원 정도 수준이다. 이에 더해서 신약의 비용을 모두 개인이 부담해야 한다. 이처럼 비싼 에이즈치료제 가격이 지속가능한 치료에 중대한 장애로 작용하고 있다.

이러한 치료 접근권에 대한 문제제기가 실제 HIV/AIDS 감염인 운동에서 구체화된 것은 2004년부터 실시되어온 푸제온 약가 투쟁이었다. 푸제온 약가투쟁은 2000년대 중반이후 나타난 HIV/AIDS 감염인 운동의 새로운 투쟁방법과 성격을 농축적으로 보여주는 것이므로 좀 더 구체적으로 살펴볼 필요가 있다.

푸제온은 스위스에 본사를 두고 있는 다국적 제약회사 로슈(Roche)가 2000년대 초에 개발한 신약이다. 문제는 로슈가 요구하는 푸제온의 약가는 비용효과성이나 생산비를 근거로 하여 책정된 것이 아니라 특허로 인해 세상에서 푸제온을 유일하게 만들 수 있다는 점을 이용해 마음대로 정한 독점가격이라는 것이다. 국내에 수입품목으로 허가된 2004년 5월 4일부터 로슈는 왜 푸제온이 비싼지에 대해 "묻지마"로 일관해 오고 있다. 이에 대해 HIV/AIDS 감염인 인권운동단체들은 다국적기업인 로슈에 대해 비싼 약값에 대해 항의하고 문제제기하였으며, 이를 승인하고 약가책정에서 로슈의 편을 들어주고 있는 정부에 대해 투쟁해 오고 있다. 특히 2008년에 집중되었던 푸제온관련 투쟁일지를 정리해 보면 <표 8-2>와 같다.

<표 8-2> 푸제온 관련 투쟁일지

일시	활동내역
2004.05.04	수입품목허가
2004.06.30	한국로슈, 푸제온 90mg/mL 1병당 43,235원으로 요양급여대상여부의 결정을 신청
2004.08.27	8차 약제전문평가위원회
2004.09.23	9차 약제전문평가위원회: 로슈는 푸제온을 혁신적 신약이라고 주장하며 스위스공장도가격 비율을 88.8%로 산정할 것을 요구하며 43,235원을 요구하였음. 뚜렷이 개선된 신약으로 결정시 33,388원이며, 상대비교가는 24,996원. 혁신적인 신약이라고 보기엔 임상자료가 부족하여 상대비교가 24,996원로 결정
2004.11.01	푸제온 90mg/mL 24,996원으로 보험약가 고시
2005.01.11	로슈, 33,388원으로 약제조정신청
2005.03.25	4차 약제전문평가위원회: 뚜렷이 개선된 신약으로 인정되지 아니하였고 상대비교약제를 선정함에 있어서도 유사제제까지 선정이 가능하며, 기존 제출된 자료와 유사한 자료가 제출된 바 업소의 상한금액 조정 요구는 기각
2007.04.20	로슈, 30,970원으로 약제조정신청
2007.07.27	중앙심사평가조정위원회: 푸제온주는 '레트로바이러스 치료에도 불구하고 HIV 복제가 나타나는 HIV 감염 환자 치료'에 허가받은 약제로 관련 교과서, 가이드라인, 임상연구논문 등을 참조하여 논의한 결과 타 HIV 감염 치료제가 있으나 동 약제의 경우 새로운 기전의 약제이므로 진료상 필수약제이며 효능·효과상 2차적으로 사용토록 되어 있는 약제이므로 허가사항 범위 내 필요·적절히 사용 시 인정
2007.09.21	9차 약제급여평가위원회: 20-30억의 추가재정이 소요될 가능성은 있지만, 현재 AIDS환자가 증가하는 점과 진료상 필요한 점을 고려하여 수용하는 것으로 심의
2007.11.13	복지부, 약가협상명령 접수
2007.12~2008.01.14	한국HIV/AIDS 감염인 연대(KANOS) 푸제온의 약가 협상에 대한 의견서 제출 건강보험공단과 로슈간의 약가협상 3차례 진행했으나 결렬: 공단 최종제시가 25,746원/주, 로슈 최종제시가 30,000원/주
2008.02.26	HIV/AIDS 인권연대 나누리+, 한국HIV/AIDS 감염인 연대(KANOS) 건강보험공단과 면담: 푸제온 약가인하, 즉각공급 요구

2008.02.29	푸제온·스프라이셀 공동행동 성명 발표: 지속가능한 에이즈치료를 위해 푸제온 약가를 인하하라!-언발에 오줌누기식은 이제 그만! 복지부 보험약제과 면담: 1.약제비적정화방안의 무력함 제기. 장기적으로 제약자본의 독점가격, 독점공급에 따른 폐해를 해결할 통제방안 마련하라. 2.약제급여조정위원회에 당사자 의견진술 기회를 달라고 요구했으나 확답을 얻지 못했음.
2008.03.12	로슈, BMS규탄 기자회견 및 시위! : BMS는 과도한 스프라이셀 약가 요구를 중단하라! 푸제온 약값인하하고 즉각 공급하라!
2008.04.25	푸제온에 대해 '필수약제 여부', '혁신적 신약 여부'판단을 하라는 복지부의 명령에 따라 약제급여평가위원회에서 재심의: 혁신적신약, 필수약제 여부 재심의 결과 혁신적신약 여부는 검토할 필요 없으며 필수약제가 맞음 푸제온의 '혁신적 신약, 필수약제 여부' 검토에 대한 기자회견 및 의견서제출: 복지부는 왜 본질을 회피하려는가? 시간낭비 말고 푸제온을 당장 공급하라
2008.05.20	푸제온·스프라이셀 공동행동 복지부 보험약제과와 면담: 보험약제과는 푸제온의 공급문제를 해결하기 위해서는 1) 직접공급 혹은 2) 약가인상 밖에는 방법이 없다고 함. 그러나 약가인상요인이 없기 때문에 현 보험고시가 25,000원으로 공급하게 하는 것이 최선이라며 로슈와 협의중이라고 함.
2008.05.30	푸제온·스프라이셀 공동행동 로슈에 '푸제온 약가와 공급에 관한 질의서' 보냄
2008.06.18	복지부 보험약제과, 푸제온 약가 및 공급관련 시민단체 질의에 대한 답변 - 한국로슈의 푸제온주 약가 인상요청을 검토한 결과 특별히 약가인상 요인(필요성)이 없어 약제급여조정위원회에서 약가를 조정할 대상이 아니고, - 푸제온주의 특허권 강제실시에 대해서는 우리부 관할이 아닌 특허청 관할 사항이며, - 한국로슈에 푸제온주 공급을 계속하여 독려하겠다고 답변함
2008.06.24	푸제온·스프라이셀 공동행동 성명 발표: 약제비적정화 방안의 구멍을 메꿔라! 필수의약품 공급 수단 확보!
2008.07.01	'건강보험과 제약산업의 발전방향' 심포지움에서 기습 침묵시위 푸제온·스프라이셀 공동행동 한국로슈 항의방문: 질의서에 대한 답변 촉구
2008.07.03	푸제온·스프라이셀 공동행동, 울스 플루어키커 한국로슈 지사장과 면담: 푸제온 1병당 3만원 미만으로 공급불가 재확인
2008.07.04	푸제온·스프라이셀 공동행동 '한국로슈 지사장과의 면담보고서: 생명산업? 제약산업에 생명이 끼어들 여지는 없었다!' 발표
2008.09.07	푸제온·스프라이셀 공동행동과 태국의 HITAP(Health Intervention and Technology Assessment Program)의 연구원, 태국의 의약품 강제실시에 대한 간담회

2008.09.10	보건복지부의 의약품 정책으로 인한 환자의 인권침해에 대해 국가인원위원회에 진정 : <진정내용> 1. 푸제온·스프라이셀 등이 필요한 환자의 건강권 침해 개괄, 2. 환자의 권리를 보장하지 못하는 현재 제도의 한계, 3. 초국적 제약회사의 독점 폐해, 4. 국가인권위의 역할과 권고.
2008.09.25	국가인권위원회 진정: 에이즈치료제 푸제온 공급 거부 방관으로 인한 환자의 건강권, 생명권 침해
2008.10.01	로슈규탄국제공동행동주간, 프랑스의 ACT UP Paris(AIDS Coalition To Unleash Power. 권력해방을 위한 에이즈 연대)가 로슈에 항의 전화, 팩스, 메일보내기 캠페인. 한국로슈 앞에서 1인시위 로슈본사 성명 발표: Roche statement on “Global Week of Action Against Roche”
2008.10.02	로슈규탄국제공동행동주간, 한국로슈 앞에서 1인시위 로슈의 왜곡에 대한 반박문 발표: 왜곡말고 환자들의 목소리를 들어라
2008.10.03	로슈규탄국제공동행동주간, 프랑스의 ACT UP Paris가 Neuilly에 있는 로슈 건물 앞에서 항의시위 TNP+(Thai Network of People living with HIV/AIDS. 태국 HIV/AIDS 감염인 네트워크)와 태국의 활동가들이 로슈가 있는 방콕의 RASA Tower앞에서 항의시위
2008.10.06	로슈규탄국제공동행동주간, 한국로슈앞에서 1인시위 로슈본사 성명 발표: Roche Statement on Fuzeon access in South Korea
2008.10.07	로슈규탄국제공동행동주간, 한국로슈앞에서 12시간 시위 국제공동성명 'Roche - Stop Killing and Give Us Fuzeon!‘을 발표
2008.10.08	로슈 성명에 대한 2차 반박문 발표: 로슈에게서 투명성과 책임감이란 찾아볼 수 없다
2008.10.09	로슈규탄국제공동행동주간, ACT UP-New York, ACT UP Philadelphia, Health GAP 등이 뉴욕에 있는 로슈홍보대행사 앞에서 항의시위
2008.10.13	국제공동성명 ‘로슈규탄국제공동행동을 마치며: 로슈는 특허를 포기하라’ 발표
2008.11.05	푸제온·스프라이셀 공동행동과 복지부 보험약제과 면담
2008.11.27	민주노동당 곽정숙 의원실, 푸제온·스프라이셀 공동행동. 2008년 HIV/AIDS 감염인 치료접근권 확보 및 인권주간 선포 기자회견. 에이즈 환자의 치료접근권 확보를 위한 토론회 개최
2008.12.01	기자회견 및 집회: HIV/AIDS 감염인의 건강권을 위해 치료접근권을 확보하라!!

2008.12.23	푸제온 특허에 대한 강제실시 청구
2009.02.25	로슈본사, 한국에서 무상공급(compassionate access program) 시행 통보
2009.03.04	로슈의 푸제온 무상공급프로그램에 대한 환자,시민,사회단체의 입장 발표
2009.04.02	국가인권위원회, 필수의약품 공급제도 개선방안 마련 토론회
2009.06.18	국가인권위원회, 특허청에 푸제온 강제실시 허여 의견전달
2009.6.19	특허청, 푸제온 강제실시 기각
2009.06.23	푸제온 강제실시 기각 결정 규탄 기자회견
2009.09.17	조승수의원실, 특허법 개정안 발의(공공의 이익을 위한 정부사용 관련)
2009.11.12	특허법 개정에 대한 국회토론회
2009.11.30	국회 지식경제위에서 조승수의원 발의 개정안 수정, 가결
2010.01.27	개정 특허법 공포

자료 : 한국 HIV/AIDS 감염인 연대 KANOS 홈페이지 내부자료 (http://kanos.org)

<표 8-2>에서 확인할 수 있듯이, 먼저 2008년 카노스에서 푸제온 약가협상에 대한 의견서를 제출하였고, 2008년 2월부터는 나누리+등과 연대활동을 해 공동행동의 성명을 발표하기 시작하였다. 이들은 다국적 제약회사에 관련질의서를 보내는 한편 약가협상을 벌이는 건강보험공단, 복지부 보험약제과(약제급여평가위원회 포함), 한국로슈의 지사장 등과 면담을 실시하는 등 자신들의 입장을 지속적으로 전달하는 방법으로 운동을 하였다. 그러나 로슈의 입장이 전혀 변하지 않자 그 투쟁의 수위를 높였다. 2008년 10월 1일 부터는 '로슈 규탄 국제공동행동'주간으로 설정하고 한국 로슈 앞에서 1인 시위를 실시하고, 7일에는 12시간 시위를 벌이기도 하였다. 특히 이 투쟁에는 ACT UP(AIDS Coalition To Unleash Power : 권력해방을 위한 에이즈 연대)등과 같은 해외의 에이즈감염인 연대체와 공동성명을 발표하는 등 적극적으로 공동행동에 나섰다. 프랑스에서는 ACT UP

Paris가 로슈 본사에 항의 전화와 팩스, 메일 보내기 캠페인 등을 벌이기도 하였으며, 태국에서는 태국 HIV/ADIS감염인 네트워크(TNP+)가 로슈가 있는 RASA Tower에서, 뉴욕에 있는 로슈 홍보대행사 앞에서는 ACT UP New York, ACT UP Philadelphia, Health GAP(Global Access Project) 등이 각각 항의 시위를 하기도 하였다. 이러한 투쟁을 통해 결국 푸제온의 무상공급이 이뤄지게 됐으며, 또한 특허권에 대한 문제제기를 통해 국회에서 특허법 개정을 이끌어 내기도 하였다. 그러나 이 투쟁은 아직까지도 현재진행형일 수 밖에 없다. 비록 로슈가 2009년 2월 25일 이후 한국에 푸제온을 무상공급하고 있지만 언제든지 독점적 약가로 공급하거나 공급자체를 차단할 수 있기 때문이다. 그래서 HIV/AIDS 감염인 인권단체들은 지속적으로 문제제기를 하고 있다.

이 투쟁에서 쟁점이 되고 있는 것은 다국적 제약회사의 특허권과 환자의 의약품 접근권의 충돌, 더 나아가서는 재산권과 생명권의 충돌이며, 이 중심에 있는 것이 바로 강제실시[21]이다. 강제실시란 공공의 이익을 위해 특허권자 외에 제3자에게 특허권의 사용을 허락하는 것으로 특허의약품의 복제약을 생산·공급할 수 있는 조치이다. 이는 세계무역기구(WTO)와 국내의 특허법에서도 인정[22]하고 있는 것이며, 실제로 태국정부는 혈

21) 강제실시(强制實施, compulsory license)는 특허를 가진 자의 동의 없이 강제로 특허를 사용할 수 있도록 하는 특허권에 대한 제약을 말한다. 주로 정부가 강제실시권 발동을 통해 행사하며 세계무역기구 무역관련 지적재산권에 관한 협정에 이 권리가 규정되어 있다. 현재 대부분의 약을 선진국 제약업체에 의존하는 개도국의 경우 에이즈나 조류독감 약을 강제실시하여 값싸게 생산해야 한다는 목소리가 높다.

22) 무역관련 지적재산권에 관한 협정(TRIPs)에 의하면 각 국가는 '공중의 건강과 영양을 보호하고 사회경제적 및 기술적 발전에 극히 중요한 분야에서 공공의 이익을 촉진하기 위해' 강제실시를 할 수 있다고 하고 있으며, 한국의 특허법 역시 106조와 107조에 강제실시에 관한 내용을 담고 있다. 특히 107조에서는 '특허발명의 실시가

전치료제인 플라빅스와 에이즈치료제 에파비렌즈, 칼레트리에 대해 강제실시를 발동한 바 있다.

강제실시는 지적재산권(특허권)제도가 단순히 특허권자의 사익을 보상해주기 위해서 만들어진 것이 아니라 기술의 공개와 발전을 통한 공공이익의 향상이라는 목적을 위해 만들어져 있음을 명확히 하기 위한 보완장치다. 즉 지적재산권 제도가 본래의 목적을 벗어나 오히려 공공의 안전을 위협하는 특허권에 대한 규제 장치이다. 그러나 정부에서는 "통상마찰이 우려된다"는 입장에서[23] 강제실시를 계속 거부하고 다국적 제약회사의 손을 들어주고 있다. 이는 지금까지도 HIV/AIDS 감염인 운동의 핵심의제가 치료접근권 투쟁이 될 수밖에 없는 가장 큰 이유인 것이다.

이러한 치료접근권을 둘러싼 HIV/AIDS 감염인 운동은 에이즈예방법 개정운동과 마찬가지로 연대와 공동행동이라는 특징을 지니고 있다. 특히 HIV/AIDS 치료제인 푸제온에 국한되지 않고 백혈병 치료제인 스프라이셀,[24] 글로벡[25]의 공급문제도 함께 제기하며 공동행동에 나서고 있다는 점을 주목할 필요가 있다. 더 나아가 국제 HIV/AIDS 단체에 공동행동을 요청하여 이끌어냈으며 타국의 문제에 대해서도 공동성명으로 호응해주고

공공의 이익을 위하여 특히 필요한 경우' 강제실시권을 청구할 수 있도록 하고 있다.

23) 무역관련 지적재산권에 관한 협정(TRIPs) 제31조는 강제실시권이 발동될 수 있는 경우로 다음 세 가지를 들고 있다. 1. 합리적 기간 내에 합리적 계약조건으로 권리자로부터 라이선스를 받을 수 없는 경우, 2. 국가비상사태 혹은 긴급한 상황, 3. 공공의 비영리목적 등.

24) 다국적 제약회사 BMS의 만성골수백혈병 치료제. Bristol-Myers Squibb(BMS)사는 미국 뉴욕에 본사를 두고 1887년에 설립된 다국적 제약회사다.

25) 다국적 제약사 노바티스의 만성골수백혈병 치료제. novartis는 스위스 바젤에 본사를 두고, 전세계 140여 개국에 약 10만 명의 직원을 거느리는 세계 제2위(2010년 기준) 제약회사이다.

있다. 이것은 감염인 운동 활동가들이 의약품 문제를 HIV/AIDS의 문제에 국한시키지 않고, 범생명권과 초국적 자본의 재산권 사이의 투쟁으로 인식하고 있다는 의미이다. 이런 인식 위에서 관련 단체들은 한미 FTA 반대시위에 적극적으로 함께하였으며, 인도의 인-EU FTA 협상 반대에도 함께하였다.

3) 그들이 만들어가는 축제 'HIV/AIDS 감염인 인권주간'

HIV/AIDS 감염인 운동은 끊임없이 편견과 싸워야했다. 앞선 두 가지 투쟁을 축으로 다양한 활동을 해오면서 지속적으로 HIV/AIDS 감염인에 대한 정보를 알려왔다. 특히 두 단체의 주요활동가들은 커밍아웃하며 방송 및 언론 매체에 적극적으로 홍보활동을 하였다. 그 대표적인 인물이 카노스와 나누리+의 대표를 역임했던 윤가브리엘과 정욜이다. 윤가브리엘은 스스로 감염인임을 밝히고 자서전을 펴냈으며, 각종 인터뷰를 진행하며 운동에 앞장서 왔다. 정욜은 자신이 동성애자임을 밝히며 각종 강연회와 저술활동 등을 통해 감염인들에 대한 편견을 바로잡기 위해 발 벗고 나서고 있다. HIV/AIDS 감염인 운동 활동가들은 또한 각종 가이드북을 제작하는 한편 비감염인들을 대상으로 하는 인턴 멤버십활동, 거리홍보활동 등을 병행해 왔다. 또한 각종 언론매체에서 잘못 보도된[26] 에이즈 관련 기사나 방영물, 그리고 정치인들의 발언[27] 등에 대해 성명서를 발표하는 등 강력히 대응하고 있다.

---

26) SBS 보도 관련 성명발표(2007년), 대학병원의 치료거부 관련 성명발표(2011년).
27) 이주민차별과 에이즈강제검진 강요하는 한나라당 윤영의원 규탄성명발표(2011년).

특히 감염인 운동에서 편견을 해소하기 위한 움직임이 구체화되고 정례화된 것이 바로 'HIV/AIDS 감염인 인권주간'이다. HIV/AIDS감염인 활동가들은 2006년 12월 1일, 제1회 HIV/AIDS 감염인 인권의 날을 선포하고, 그후 매년 11월 말부터 12월 1일이 낀 첫째 주 한 주를 인권주간으로 설정하여 각종 홍보활동 등의 역량을 집중시켜왔다.

인권주간 행사는 지금까지 각종 기념행사들이 HIV/AIDS 감염인들의 목소리를 배제한 채 정부에 의해 의례적으로 이뤄져왔음을 비판하고, 감염인들과 함께하는 감염인들의 인권을 지지하는 자신들의 축제를 만들자는 기치로 시작되어 2011년에 12월 1일 6회 행사까지 이어오고 있다. 이 행사에는 HIV/AIDS 감염인 인권단체뿐만 아니라 앞선 두 활동에 함께 연대한 다양한 진보단체, 종교단체가 함께 해오고 있으며 주요 언론매체를 통해 소개되고 홍보되고 있다.

구체적으로 2008년 제3회 행사를 보면, HIV/AIDS 감염인 치료접근권 확보 및 인권주간 선포 기자회견(보건복지부 앞), 에이즈 환자의 치료접근권 확보를 위한 토론회(여성프라자), 감염인 노동권 및 ILO 관련 토론회(민노총 교육원), HIV/AIDS 감염인 인권 문화제(홍대 레스보스), HIV/AIDS 거리캠페인 및 선전전(대학로 마로니에), 인권선언 1,201명 기자회견 및 정부 행사장 주변집회 및 시위(시청 및 프레스센터 주변) 등을 하였다.

특히 2011년에는 다양한 연대활동과 홍보활동의 연장선상으로 제10회 아시아태평양에이즈대회(ICAAP 10)를 부산 벡스코에서 개최하였다. 이 에이즈대회는 아시아태평양지역의 에이즈감염인들, 동성애자와 트랜스젠더와 같은 성소수자, 성노동자, 마약사용자 등, HIV/AIDS 감염인과 사회적 소수자들의 인권을 존중하는 기치 아래 이들이 직접 모이는 것이다. 이

대회는 각국의 HIV/AIDS 감염인들의 인권현황을 확인하고 공동대응 전략을 구상하는 장소로도 활용되며 그 자체로 인권활동가들의 축제의 장이기도 하다. 그러나 실제로 개최되었던 부산에서는 행사에 대한 재정 및 행정적 지원이 부족했을 뿐만 아니라 이들 사회적 소수자에 대한 비자규제와 입국심사과정에서의 성추행 발언, 사복경찰들의 불법채증이 이뤄졌다. 특히 이들은 한미 FTA반대 시위에 동참했다는 이유로 강제연행되기도 하였다. 때문에 이들 단체들은 이에 대한 강한 문제제기와 관련 인사들의 사과를 요구하였다.

카노스와 나누리+를 비롯한 HIV/AIDS 감염인 인권단체들은 인권주간 이외에도 다양한 방식으로 HIV/AIDS 감염인에 대한 편견과 차별을 해소하려는 활동을 해 오고 있다. 또한 감염인 당사자들에 대한 교육과 비감염인들에 대한 교육 및 홍보활동을 계속해 오고 있다. 이들의 교육은 정부가 주도하는 교육과는 그 결이 다르다. 특히 정부에서 위험집단이라고 규정하는 HIV/AIDS 감염 취약집단인 남성동성애자, 성노동자, 마약사용자, 이주자 등에 대해서 분명히 다른 목소리를 내고 있다. HIV/AIDS 감염인 단체들은 이들 취약집단이라고 규정되는 사람들의 욕망을 존중하면서 적극적인 권리주장과 정체성 확보를 강조하고 편견과 차별을 해소하려고 노력하고 있다.

4. 소수자운동으로서 HIV/AIDS 감염인 운동

단순히 하나의 질병 때문에 국제기구가 만들어질 정도로 에이즈의 파괴력은 상당했지만 30여년의 시간의 흐르면서 그 질병의 성격은 변화했다.[28] 유엔에이즈(UNAIDS)는 2001년 유엔 에이즈선언을 한 지 10년이 지난 2011년을 전환점이라 평가하며 2010년부터 에이즈대응 비전으로 3Zeros(신규감염 제로, 에이즈관련사망 제로, 차별 제로)를 제시하였고, 에이즈에 대한 새로운 선언문을 채택하고 있다. 그러나 이러한 의학적인 변화와는 달리 그 질병에 부여된 은유와 이를 통한 사회통제적 기제는 여전히 유효하게 작동하고 있다. 그 속에서 HIV/AIDS 감염인들은 자신들의 생존권과 건강권, 행복권을 주창하며 차별이 이뤄지고 있는 거대한 통제장치에 맞서고 있다. 현재 한국에서 벌어지고 있는 HIV/AIDS 감염인 운동을 소수자운동의 하나로서 주목해야 함은 바로 이 간극에 있다. 철저하게 배제된 채 국가권력의 감시의 시선 아래 놓여 있으나, 그에 대해 저항하는 이들의 운동은 단순히 감염인의 인권운동의 차원뿐만 아니라 개인의 욕망과 권리를 주장하는 소수자운동과 그 궤적을 같이 하는 것이다.

소수자를 표준화를 거부하는 사람으로 규정할 수 있다면, 반대로 이성에 집착하는 다수자적 인간상은 표준화된 모형을 준거로 하여 광기(욕망)을 배제하고 주변으로 통하는 모든 통로를 차단하려 한다. 표준적인 인간상에 대항하여 다양한 소수자상이 표출되는 것은 차이를 강조하는 탈근대에 들어서 나타난 새로운 현상으로 이해해야 할 것이다(윤수종, 2005 : 13). 때문에 소수자들은 기본적으로 국가장치에 포획되기를 거부하며 그들의 욕망을 가지고 실제의 삶을 변화시키고자 한다. 이러한 소수자운동의 특성은 HIV/AIDS 감염인 운동에서도 나타나고 있다는 점은 분명 주목해야

28) 2012년 3월말로 국내에서 에이즈환자등록제가 폐지되었다. 특별관리를 할 이유가 없게 된 것이다. 항생제로 한센병(나병)이 제압되었듯이 칵테일 요법으로 에이즈는 점차 제압되어 가고 있다. 완치제와 백신개발은 숙제로 남아 있으나, 이제 에이즈는 당뇨병처럼 현대의학으로 통제가능한 만성병으로 되었다.

할 지점이다.

소수자운동은 소수자가 스스로 정체성을 드러내는 것에서 시작한다. 지금까지 대부분의 소수자들은 사회적인 차별과 배제의 대상이 되어 왔기에 그러한 차별과 배제를 감당하기 어려운 나머지 스스로 모습을 드러내지 않아왔다. 자신의 정체성을 알리고 그 위에서 새롭게 관계를 만들어 가는 시도를 하는 것은 바로 소수자운동의 시작이며, 이는 카노스의 시작과 의미가 상통한다. 감염인 스스로 목소리를 낸다는 것은 단순히 비감염인들에 의해 인권만을 주창하는 움직임의 한계를 벗어날 수 있게 한다. 인권과 시혜받는 대상으로 그러나 동시에 관리되어야 할 대상이라는 틀에서 깨어 나올 수 있게 하는 것이 바로 이러한 변화의 힘이다. HIV/AIDS 감염인 운동은 시혜를 받는 입장이 아니라 스스로의 권리를 요구하는 목소리를 내는 운동으로 전환되었다. 감시와 통제, 격리로 이어지는 법제에 대한 강한 문제제기를 통해 정보인권문제, 익명성의 예방상 필요성을 강조하고 예방의 틀을 감시와 격리에서 감염인의 인권증진과 보호로 전환하게끔 만들어 내고 있는 것이다.

소수자운동이 운동의 형식에서 이전의 운동과 가장 결정적인 차이를 보이는 부분은 무엇보다 조직화의 방식이다. 소수자운동에서는 조직들인 단체들과 센터들은 당 형태나 국가장치들과는 달리 명령-복종의 관계에 기반하지 않는다. 오히려 소수자 당사자들의 생활과 자율성을 존중하면서 단체들 간에 수평적 연계를 유지한다. 명령-동원 조직이라기보다는 네트워크 형태의 조직화를 만들어가는 것이다. 자율적인 집합체의 수평적인 연대, 즉 네트워크 형태의 조직화라는 특징을 지닌다. 2000년대 중반 이후의 HIV/AIDS 감염인 운동의 변화 역시 이와 일치한다. 앞서 살펴보았듯 예방법 개정운동이나 치료접근권투쟁, 편견해소의 투쟁 등의 HIV/AIDS 감염인 운동은 거의 대부분이 수평적인 연대를 통해 이뤄졌다. 처음부터 연대체로 시작한 나누리+는 물론이고 각 대응국면에서 결합한 공동행동의 모습들은 네트워크의 힘으로 연결된 것이다. 이러한 연대는 또 다른 힘을 만들어 내고 있다. 단순히 한국의 에이즈 의약품 뿐만 아니라 전 세계 에이즈 의약품 문제를 횡으로 엮어 일국적 차원에서 해결하기 힘든 의약품 접근권 문제에 대한 실천적이고 구체적인 행동을 시작할 수 있게 하였다. 또한 끊임없는 투쟁을 통해 엮여진 네트워크는 한미 FTA와 같은 또 다른 의제로 운동의 동력을 옮길 수 있는 여지를 만들어가며 더욱 확대될 수 있다.

◆ 참고문헌 ◆

김나경, 2009, 「후천성 면역결핍증(AIDS)의 문제구조와 법 정책」, ≪저스티스≫ 통권 109호.

김진아, 2008, 「에이즈, 그 재현의 전쟁 : 미국의 대중매체와 예술사진 그리고 행동주의 미술」, ≪서양미술사회학회 논문집≫ 제28집.

김형철 엮음, 1995, 『벼랑에 선 사람들』, 들녘.

네틀턴, 사라 지음, 조효제 옮김, 1995, 『건강과 질병의 사회학』, 한울아카데미.

럽톤, 데베레 지음, 김정선 옮김, 2009, 『의료문화의 사회학』, 한울아카데미.

바라, 한국에이즈 재평가를 위한 인권모임 펴냄, 2003, 『에이즈는 없다 — HIV/AIDS 가설의 옷 벗기기』, 휘닉스.

변영순·이경혜, 2006, 「AIDS 환자의 삶의 경험」, ≪질적연구≫ 제7권 2호.

손택, 수전 지음, 이재원 옮김, 2002, 『은유로서의 질병』, 도서출판 이후.

안종주, 1996, 『AIDS X-화일』, 학민사.

양충모·박윤형·장원기·이미영, 2007, 「에이즈예방법상 감염인의 인권침해요인과 인권 개선방안에 관한 연구」, ≪한국의료법학회지≫ 제15권 제1호.

윤수종 외, 2005, 『우리시대의 소수자운동』, 이학사.

윤가브리엘, 2010, 『하늘을 듣는다 — 한 에이즈 인권활동가의 삶과 노래』, 도서출판 사람생각.

이동환, 2003, 『살고 싶다 Wanna Live AIDS(사진집)』, 시나리오 친구들.

이문호, 1996, 『죽음의 그림자 AIDS — 정체와 실태에서 예방법까지』, 서음출판사.

이훈재, 2008, 「HIV 감염인의 법정장애 인정 타당성」, ≪에이즈 전문지 Red Ribbon≫ 제79호.

정욜, 2006a, 「동성애자, AIDS 예방과 낙인의 경계선에서」, ≪진보평론≫ 제27호.

정욜, 2006b, 「동성애와 에이즈 운동」, 『한국의 에이즈, 어제 오늘 그리고 내일』, HIV/AIDS 인권주간 인권포럼 자료집.

정정훈, 2007, 「에이즈예방법과 인권」, ≪인권법평론≫ 제2호.

질병관리본부, 2005, 『에이즈로 인한 사회 경제적 영향 — 국제 에이즈 심포지엄 결과보고서』.

최용준, 2008, 『HIV/AIDS에 관한 국제노동기구의 입장』, HIV/AIDS 감염인 노동권 보장을 위한 ILO 기준 마련 및 국내 쟁점 토론회 자료집.

푸코, 미셸 지음, 오생근 옮김, 2003, 『감시와 처벌』, 나남.

푸코, 미셸 지음, 이규현 옮김, 2009, 『성의 역사 1 : 앎의 의지』, 나남.

푸코, 미셸 지음, 오트르망 옮김, 2011, 『안전, 영토, 인구』, 난장.

에이즈 정보센터 (http://www.aidsinfo.or.kr)

HIV/AIDS 인권연대 나누리+ (http://www.aidsmove.net)

HIV/AIDS 감염인을 위한 모임 러브포원 (http://www.love4one.com)

한국 HIV/AIDS 감염인 연대 KANOS (http://kanos.org)

한국 감염인 협회 (http://kapf.org)

9. 반군사주의 목소리를 만들어온 병역거부운동

임재성

2012년은 양심적 병역거부(Conscientious Objection)[1)]가 우리 사회에서 사회운동으로 등장한 지 11년째 되는 해이다. 병역거부자들은 일제시기부터 우리 사회 속에 존재해왔다. 군대를 다녀온 이들에게 훈련소에서 집총명령을 따를 수 없다며 고초를 당하는 병역거부자들은 낯선 존재가 아니다. 수많은 남성 법률가들은 군법무관의 신분으로 그들을 마주해왔다. 그러나 병역거부자들에 대한 처벌이 수십 년째 계속되어온 인권침해임을 인지했던 이들은 거의 없었다. "한 손에 망치 들고 건설하면서 한 손에는 총칼 들고 나가 싸워"야 했던 병영국가 대한민국에서 총을 거부할 수 있는 권리는 사회가 품을 수 있는 상상력 너머의 무엇이었기 때문이다. 절

1) 병역거부를 지칭할 때 사회적으로 '양심적 병역거부'와 '양심에 따른 병역거부'라는 표현이 혼용해서 쓰이고 있다. 이 장에서는 '양심적 병역거부'를 사용하고자 한다. '양심적 병역거부'라는 표현이 등장하자 "군대 가는 사람들은 비양심이냐? 군대 안 간다는 것이 왜 양심적이냐" 등 병역거부에서 사용되는 '양심'의 의미를 잘못 이해하고 많은 비판이 제기되었다. '양심적'이라는 표현이 일상적으로 쓰이는 양심-비양심의 대립구도에서 착한 마음, 선한 마음으로 이해되기 쉬웠기 때문이다. 그런 이유에서 병역거부운동의 주체들은 '양심'의 의미인 '내면의 진지한 신념'이라는 뜻을 좀 더 온전히 드러내기 위해서 '양심에 따른'으로 수식을 변경하고자 노력했다. 그러나 '양심적 병역거부'라는 것이 이제 하나의 용어로서 굳어졌고, '양심'에 대한 초창기 논쟁구도에서 벗어났다고 판단하기 때문에 이 장에서는 '양심적 병역거부'로 통일해서 표현하고자 한다. 용어에 대한 보다 자세한 논의는 김두식(2007 : 38~42)을 참조하라.

대 다수의 병역거부자들이 '여호와의 증인' 신도들이었기 때문에 별난 종교의 행위 정도로 치부되기도 했다.

2001년 병역거부 문제가 공론화되자 오랜 침묵은 뜨거운 논쟁으로 뒤바뀌었다. 우리 사회에서 군대와 병역 문제가 가진 휘발성은 이 문제를 순식간에 첨예한 이슈로 밀어 올렸다. 그 해에만 1,500건이 넘는 언론보도가 이루어졌을 정도였다. 사람들은 신성한 '병역' 뒤에 감히 '거부'라는 글자가 붙을 수 있다는 것에, 그리고 그것이 오랜 시간 수많은 나라에서 논의되어온 인권이라는 것에 놀라워했다. 1만 명에 달하는 이들이 감옥에 갔다 왔고, 1,600여 명의 젊은이들이 수감 중에 있다는 사실을 알지 못했다는 점에 부끄러워하기도 했다. 그러나 이러한 충격, 부끄러움보다 훨씬 더 압도적이었던 것은 적대감이었다. 대부분의 사람들은 병역기피자와 병역거부자를 동일시하며 분노를 쏟아냈다.

2001년 12월 불교신자이자 평화운동가였던 오태양이 공개적으로 병역거부를 선언했고, 곧바로 30여 개의 시민사회단체가 모여 병역거부운동의 연대체를 구성하면서 운동이 본격화되었다. 운동의 요구는 대체복무제도 개선을 통해서 양심적 병역거부자들의 감옥행을 멈춰야 한다는 것이었다. 이 노력의 결과로 국방부는 2007년 9월 병역거부자들을 사회복무제에 편입시키겠다는 발표를 했다. 반세기가 넘게 이어진 병역거부자들의 감옥행이 비로소 끝날 수 있는 결정이었다. 그러나 정권이 바뀐 이후 국방부는 '국민공감대 미성숙'을 이유로 앞선 결정을 백지화시켰다. 당초 계획대로라면 2009년 3월부터 사회복무를 수행했을 젊은이들은 지금 이 순간에도 감옥 철문을 넘고 있다. 다른 이를 향해 방아쇠를 당길 수 없다는 신념 때문에 수감된 이들은 2012년 3월 현재 800여 명에 달한다.

이 장은 한국 병역거부의 흐름을 사회운동에 초점을 맞춰서 다룰 것이다. 운동의 가장 큰 목표였던 대체복무제 개선, 즉 병역거부자들의 감옥행을 멈추지는 못했지만, 그 이유로 지난 시간을 실패라 평가할 수는 없다. 오히려 운동은 대체복무제를 넘어서서 우리 사회의 강고한 군사주의에 저항하는 실천과 언어를 끊임없이 만들어왔다. 그러나 병역거부를 다루는 기존의 논의들은 대부분 대체복무제를 중심으로 한 제도적 차원에서 이 문제에 접근했기 때문에 앞선 성과를 온전하게 담지 못했다. 이 장에서는 반군사주의 운동으로서 병역거부운동의 흐름과 그것이 만들어낸 새로운 목소리에 주목하고자 한다.[2)]

병역거부운동의 시간은 필자 개인의 삶이기도 했다. 2002년 대학생시절 참여했던 병역거부운동 속에서, 침해당한 누군가의 인권을 지키기 위해 시작한 활동에서 필자는 총을 든다는 것의 의미, 군인이 된다는 것의 의미를 새롭게 깨달았다. 그 깨달음은 과연 나 자신은 총을 들 수 있는가에 대한 질문으로 이어졌다. 2003년 이라크 반전운동에 참여하면서 병역거부를 선택하겠다는 결심을 하게 되었고, 병역거부운동 단체 '전쟁없는 세상' 활동을 시작했다. 입영일이었던 2004년 12월 13일 병역거부를 선언했고, 1년 6월의 형을 받아 수감되었다. 수형생활을 마친 후에는 병역거부와 평화운동의 문제의식을 평화연구로 이어보고자 대학원에 진학해서 관련된 글들을 써왔다.

2) 군사주의란 '전쟁과 그 전쟁을 준비하는 것이 정상적이고 바람직한 사회적 활동으로 보이게 하는 태도와 일련의 제도들'이라 정의할 수 있다(Mann, 1988 : 124). 그렇기에 이 장에서 사용되는 '반군사주의'란 전쟁과 그 준비가 결코 자연스러운 사회적 책임이나 의무가 아님을 주장하며, 폭력을 정당화시키는 사회구조들에 대해 저항하는 가치체계를 의미한다.

이런 맥락에서 이 장은 사회운동으로서의 병역거부운동과 함께 당사자, 활동가 그리고 연구자로서 살아온 필자의 고민도 함께 담아보고자 한다. 물론 장 전체의 초점은 병역거부운동의 역사와 흐름에 맞춰지겠지만 병역거부자로서 느꼈던 감정과 연구자로서의 문제의식을 적극적으로 드러낼 것이다. 그것이 한국 병역거부운동의 지난 시간뿐만 아니라 앞으로의 전망을 함께 말할 수 있는 방법이라 생각하기 때문이다.

1. 병역거부자로 살아간다는 것

1) 피해자의 얼굴, 소수자의 얼굴

병역거부자로 살아간다는 것은 무엇일까? 물론 병역거부자 개개인의 상황에 따라 다르겠지만 감옥을 견뎌야 한다는 것, 그리고 전과자라는 신분으로 살아가야 한다는 것이 이들의 삶을 공통적으로 연결하는 고리일 것이다. 이 고리를 끊기 위한 것이 지난 10년 동안의 운동이었다. 이 운동이 만들어낸 담론 속에서 병역거부자는 끊임없이 피해자의 얼굴로서 고통을 증언하고 재현해야 했다.

세상은 병역거부자들에게 병역거부를 하면 얼마나 힘든가에 대해서 물어본다. 감옥에서의 고통을, 전과자의 불이익을, 그리고 병역거부라는 선택으로 무슨 꿈을 포기했으며 지금은 얼마나 힘들게 사는지를 듣고자 한다. 출소 후 5년간 고시나 공무원 시험에 응시할 수 없고, 일반 기업에 취직하는 것도 극히 힘들며, 그래서 많은 이들이 학원 강사나 아르바이트 등으로 생계를 유지한다는 이야기는 사람들의 기대를 충족시켜준다. 그 어려움이 크면 클수록 병역거부자들의 감옥행을 멈춰야 한다는 주장에도 힘이 실린다. 대체복무제를 통해 이들의 고통을 끝내주어야 한다는 결론으로 나아갈 수도 있다. 나를 포함한 많은 병역거부자들이 '고난의 증언'을 요구받는 이유이다.

이는 사람들이 병역거부자에게 기대하는 '고통 받는 타자'의 얼굴에 충실하게 답하는 과정이기도 하다. 지배적 가치관 속에서 고정된 소수자의 얼굴이란 동정과 연민의 대상이 되는 얼굴이다(이진경, 2007 : 242~243). 사람들은 타자로 대상화된 이 얼굴에 쉽게 안타까움을 표할 수 있다. 이 얼굴 속에서 한 해 천 명 정도의 '소수'가 다른 방식으로 복무하는 것 정도는 기꺼이 허용해 줄 수 있다는 '관용'도 생겨난다. 그 누구도 총을 들지 않겠다는 결심을 품고 살면 얼마나 행복한지 묻지 않는다. 세상이 원하는 소수자의 얼굴 속에 밝게 웃는 표정은 없기 때문이다.

물론 병역거부자들의 감옥행은 멈추어야 한다. 평생 전과자로 살아가야 하는 고통도 끝나야 한다. 내가 감옥에서 만났던 여호와의 증인 친구 중 한 명은 자신의 아버지도 형도 감옥에 갔기 때문에 스스로도 감옥에 갈 것이라 어릴 적부터 생각했다고 했다. 그는 감옥 때문에 포기해야할 것이라면 아예 꿈조차 꾸지 않았다. 끝없이 이어져온 감옥행은 미래를 그릴 수 있는 기회조차 박탈한 것이다. 초등학교 교사 신분으로서 병역거부를 한 최진은 군인이 되어 총으로 겨눌 이가 자신이 가르치는 아이와 과연 다른 존재인지에 대해 물으며 떳떳한 선생님이 되기 위해 병역을 거부했다. 떳떳한 선생님이 되기 위한 병역거부였지만, 그는 병역거부로 인해 교단에 설 수 없게 되었다.

그러나 병역거부자로 살아간다는 것은 결코 피해자의 삶으로만 환원될 수 없다. 이들의 말에 고난의 증언이나 감옥행을 구제해 달라는 요구만이 담겨있는 것도 아니다. 사회에서 병역거부자들에게 허락된 목소리는 피해자의 그것이었지만, 병역거부자들은 그 이상을 욕심냈다. 총을 들지 않겠다는 자신의 선택, 타인을 해치지 않겠다는 마음 자체를 세상에 전하고자 했다. 아직 미약하지만 생명에 대한 연민과 연대를 갈구하는, 지배자들이 강요하는 복종과 훈육을 거부하겠다는 목소리를 조금씩 꺼내고 있는 것이다.

2) 끊임없이 자신을 설명하는 과정

"한국에서 감옥을 갔다 오면 정말 힘들게 살잖아요. 그런 결정을 하신 건데, 말씀을 들어보면 왜 그런 결정을 하셨는지는 별로 공감이 안가거든요." 병역거부를 주제로 한 특강에서 한 학생의 질문이었다. 병역거부의 역사, 유엔의 결의, 다른 나라의 사례, 대체복무제의 필요성 등은 이해할 수 있겠단다. 그러나 왜 당신이 병역거부를 했는가는 이해하기 힘들다는 말이었다. 가장 어려운 질문이었다. 총을 거부할 수 있다는 상상조차 부재했던 사회에서 살아온 이들에게 병역거부의 '동기'를 몇 마디로 공감시켜야 한다.

"이라크 전쟁을 보면서 병역거부를 결심했습니다. 총을 들지 않는 것이, 군인이 되지 않는 것이 이런 추악한 전쟁을 멈추기 위한 작은 씨앗이라 생각했습니다." 그러나 고통을 증언할 때와는 다르게 성에 차지 않는다는 반응이 돌아온다. "당신이 이라크에 가는 것도 아니지 않습니까?" 난 병역거부자들은 대단한 경험을 가진 이들이 아니라고 말하면서, 당신과 내가 다르지 않다고 말한다. 마땅히 특이한 종교, 사상, 경험을 가지고 있어야 할 병역거부자가 한 발 다가가려고 하자 사람들은 뒤로 물러선다. 동정을 던질 수 있는 타자의 고통스런 얼굴을 원했던 이들은 불편해한다. 어린 시절에 구타를 당했다거나 식구 중에 상이군인이 있다는 예외적인 사연을 말했다면 어땠을까? 병역거부자들은 자신과 다른 존재임에 안도하면서, 감옥에 가는 건 심하다며 대체복무에 동의해줄지도 모른다. 그러나 그건 나의 대답일 수 없다. 신념에 바탕을 둔 결정이지만, 순교자의 마음이 아닌 더 행복한 삶을 위한 결정이었다고 말한다.

병역거부자로 살아간다는 것은 끊임없이 이 마음을 드러내는 과정이었다. 세상은 출소한 병역거부자에게 전과자로서의 고통을 궁금해 했지만, 진정 버거웠던 것은 전과자의 불이익이 아니라 끊임없이 나를 설명하는 과정이었다. 한국 사회에서 남성이라면 결코 피해갈 수 없는 질문이 "군대는 다녀왔냐"이다. 병역거부자로서 나의 대답에 어떤 이들은 고개를 저었고, 또 다른 이들은 싸늘하게 굳은 표정을 짓기도 했지만 끊임없이 더듬거리며 자기를 꺼내 보였다. 사실 "대한민국 남자라면 군대는 가야지"라는 거대한 상식 앞에서 '양심적 병역거부'라는 일곱 글자는 외계인의 언어이다. "왜 군인이 됩니까", "왜 사람을 죽이는 연습을 해야 합니까"라는 질문이 단 한 번도 존재해본 적이 없는 사회에서 병역거부자들은 외계의 언어를 이해해달라고 말하고 있는 것이다. 매번 미끄러지면서도, 스스로를 전하고자 다시 입을 연다. 이것이 지난 시간 동안 공개적으로 병역거부를 선언한 이들이 살아가는 모습이었고 병역거부운동의 모습이었다.

3) 총을 들 수 없다는 언어

2001년 오태양 이후, 여호와의 증인이 아닌 정치적 병역거부자들은 공개적으로 병역거부를 선언했다.[3] 그들은 이후 재판 과정이나 여러 기회를 통해 병역거부자로서의 말을 이어갔다. 폭력을 거부하겠다는, 총과 군대를 거부하겠다는 마음, 말, 행동 모두 철저하게 도려내어진 사회에서 이들의 말은 빈곤할 수밖에 없었다. 병역이 도덕화된 사회에서 그것에 반하는 비도덕적 행위는 언어조차 가질 수 없기 때문이다.

하지만 병역거부자들은 자신의 삶을 설명하기 위해 끊임없이 새로운 언어를 만들고 세상에 전했다. 병역거부자들이 자신의 선택을 세상에 말하는 과정은 그 자체로 군사주의에 맞서는 실천이었다. 이 실천은 오랜 시간 성역화 되어왔던 군대와 징병제 속에 다른 생각이 자랄 수 있는 틈을 만들었다. 그리고 이 틈은 다시 병역거부자들이 자신들의 언어를 키워갈 수 있는 공간이 되었다. 초창기 병역거부자들의 소견서가 대체복무제를 설명하는 데 급급했다면, 이후 병역거부자들의 글에는 점점 더 자신이 왜

---

3) 제칠일안식일예수재림교회가 집총거부를 포기한 1970년대 중반 이후 병역거부자는 대부분 여호와의 증인 신도였기에, 2001년 오태양의 병역거부 선언 이후 새롭게 등장한 병역거부자들을 '비(非) 여호와의 증인 병역거부자'라고 표현하기도 한다. 이 표현은 구분의 의미는 있지만 이들 자체의 특징을 담지 못한다는 한계가 있다. 이 장에서는 이들을 '정치적 병역거부자'라 명명하고자 하는데, 이는 이전까지의 종교적 신념과 구별하고 정치적 행위로서 이들의 실천을 주목하기 위함이다. '정치적 병역거부자'(political objectors)라는 표현은 1960년대 미국에서 베트남전 반대를 이유로 병역거부를 한 사람들이나 이스라엘에서 팔레스타인 점령을 반대하며 병역거부를 한 사람들을 지칭하는 표현으로 이미 해외에서 드물지 않게 사용되고 있으며, 일찍이 1971년 일본 정치학자 미야다 미츠오(宮田光雄)는 2차 세계대전 이후 종교적 틀을 벗어난 서양의 병역거부운동을 '정치적 병역거부운동'(政治的兵役拒否の運動)이라 명명한 바 있다(宮田光雄, 1971 : 194~206).

총을 들 수 없는지, 왜 정상적인 대한민국 남성이 될 수 없었는지가 담겨간 것이 이 변화의 한 모습이다. 우리를 구제해달라던 목소리는 죽이는 방법을 모르는 삶이 더 행복할 수 있다는 목소리로 번져가게 되었다. 병역거부운동 역시 다르지 않았다. 감옥행만은 막아달라던 병역거부운동은 다양한 반군사주의 활동을 만들어가는 운동으로 뻗어나갔다.

이제부터는 본격적으로 병역거부운동을 살펴보자. 이를 위해 먼저 양심적 병역거부의 정의와 역사를 확인하고, 이후 병역거부운동의 동학과 평화운동으로서의 의미를 분석해보겠다.

2. 군사주의에 저항하는 병역거부운동[4)]

1) 병역거부의 정의와 역사

국제인권단체 '국제엠네스티'는 양심적 병역거부를 "징집대상자로서 양심상의 이유나 종교적 인종적 도덕적 인도주의적 정치적 또는 유사한 동기로부터 나오는 깊은 신념에 따라 군복무 혹은 다른 직간접적인 전쟁 및 무력 행위에 참여하는 것을 거부하는 사람"이라 정의한다(Amnesty International, 1991: 2). 한국 국가기구로는 최초로 2005년 12월 양심적 병역거부를 인정하라고 권고했던 국가인권위원회는 그 권고문에서 "자기의 신앙이나 도덕률 및 철학적 · 정치적 이유에 따른 양심상의 결정으로 전쟁에 참가하여 인명을 살상하는 병역의무의 일부 또는 전부를 거부하는 행위"로

4) 이 절의 내용은 임재성(2011) 가운데 1부의 내용을 발췌해서 재구성했으며, 일부는 새롭게 추가했다.

병역거부를 규정했다(국가인권위원회, 2005).

이러한 정의에서 확인할 수 있는 것처럼, 병역거부를 개념화하는 데서 중요한 요소는 양심의 범위와 거부하는 행위의 성격이다. 이 각각의 요소들을 확인하는 것은 근대 이후 병역거부의 권리가 인정되고 확대되어온 역사를 되짚는 과정이기도 하다. 이를 정리해보면 <표 9-1>과 같다.

<표 9-1> 서구 사회에서 양심적 병역거부의 인정과정

단계	병역거부자에 대한 국가의 기준	거부하는 행위	대체복무의 종류
초기	전통적인 평화교회에서 오랜 신앙생활	직접적인 집총	비전투복무
중기	위의 기준과 함께, 군사 훈련을 거부하는 일반적인 종교적 신념까지 포함	군사훈련 일반	군사적 보호 하에서 민간 대체 복무
후기	위의 기준과 함께, 군사 훈련을 거부하는 세속적 신념까지 포함	군사적 목적과 관련된 행위	순수 민간 영역에서 민간 대체 복무

* 출처 : Moskos and Chambers II(1993 : 7)에서 수정.

<표 9-1>처럼, 서구 사회에서 양심적 병역거부가 국가에 의해 인정되고 범위가 확대되어가는 과정은 몇몇 평화주의 교파에 한정된 종교적 신념에서 일반적인 종교적 신념으로, 그리고 정치적·도덕적 신념과 같은 세속적 신념의 순서로 이루어졌다. 또한 이들이 거부하는 행위의 범위 역시 직접적인 집총 자체에서 군사적 목적과 관련된 행위 일반으로 넓어져갔다. 이는 자연스러운 과정이라기보다는 병역거부의 허용범위를 확대하고자 하는 이들의 저항이 만든 결과였으며, 이전까지 인정된 병역거부의 범위는 그 다음으로 가기 위한 디딤돌이 되었다.

서구에서 징병제가 도입되었던 초기에는 징병절차가 확립되지 않았기에, 병역거부자들에 대한 국가의 태도는 일관되지 않았다. 비공식적으로 혹은 일정한 비용을 받고 병역을 면제시키기도 했지만, 사형을 비롯한 혹독한 형벌로 탄압하기도 했다. 이후 대체복무제가 시작되었지만, 국가는 대체복무제를 허용하는 신념의 범위를 전통적인 평화 교회, 개신교 급진파에 기원을 두고 있는 메노나이트(Mennonites)나 형제단, 퀘이커(Quakers) 등으로 한정했다. 양심적 병역거부권이 근대적 헌법체계에서 명문화된 최초의 사례로 이야기되는 1776년 미국 펜실베니아주 주헌법 제8조 "집총을 하는 것에 양심적 가책을 느끼는 사람이 대체복무를 하려 한다면 집총하도록 강제할 수 없다"는 사실상 퀘이커교도를 위한 조항이었다.

제1차 세계대전은 병역거부권이 특정한 교파를 위한 권리에서 보다 보편적인 권리로 전환되는 중요한 계기였다. 우리 사회에선 많은 이들이 병역거부는 전쟁의 가능성이 낮은 상황에서나 가능한 것이라 생각하지만, 실제 역사를 보면 병역거부는 전쟁의 한 가운데에서 인정되고 발전해왔다. 제1차 세계대전을 통해 전쟁의 참상을 목도한 이들 가운데 전쟁을 거부하겠다고 선언하는 이들이 이어졌다. 구체적으로는 사회주의와 아나키즘, 반전사상을 필두로 하는 정치적, 도덕적 신념의 병역거부자들이다(Moskos and Chambers II, 1993 : 6~8). 그 결과 1916년 영국을 필두로 덴마크, 네덜란드, 노르웨이 등에서 대체복무제도 법안이 연달아 통과되었다. 병역거부를 법적으로 뒤늦게 인정한 프랑스(1963년), 벨기에(1964년), 스위스(1996년)를 제외하고는 1920~30년대에 절차적 민주주의가 수립된 유럽 국가 대부분에서 병역거부권이 인정되었다. 이 시기부터 병역거부권의 존재는 서유럽에서 민주법치의 수준을 나타내는 주요 기준으로 인식되었다(박노자, 2002 : 230). 볼셰비키 혁명에 성공한 레닌 역시 병역거부를 인정하고 대체복무제도를 운영하였다.

제2차 세계대전 역시 병역거부가 확장되었던 중요한 계기였다. 제2차 세계대전을 기점으로 많은 나라에서 병역거부의 인정범위가 모든 종교로 확대되었다. 미국과 영국에서는 농업, 산림 관리, 보건 분야 등의 민간대체복무로 대체복무의 범위 역시 넓어졌다. 전쟁 당시 미국의 병무청장이었던 허쉬(Hershey) 장군은 양심적 병역거부를 "민주주의에 대한 실험이다. 우리의 민주주의가 국가적 위기 상황에서도 소수자의 권리들을 보존하기에 충분한지 알아내기 위한" 척도라고까지 표현했을 정도였다(홍영일, 2005 : 33에서 재인용). 독일(서독)의 경우 2차 세계대전 이후 제정한 기본법(우리의 헌법) 4조 3항에 "누구든지 양심에 반하여 군복무를 강요당하지 않는다"라고 병역거부를 명문화했다. 이는 나치체제가 벌였던 학살에 대한 반성과 군국주의 부활을 막는 장치로서 병역거부를 사고한 결과였다. 또한 나치에 저항했던 드문 세력으로서 여호와의 증인에 대한 존중과 그들이 받았던 박해를 사죄하는 하나의 방법이었다(이재승, 2011 : 303~304).

이러한 흐름 속에서 병역거부는 개별 국가를 넘어 보다 광범위한 차원에서 논의되기 시작했다. 천주교는 1965년 제2차 바티칸공의회에서 결정한 사목 헌장 제79조에서 "양심의 동기에서 무기 사용을 거부하는 사람들의 경우를 위한 법률을 인간답게 마련하여, 인간 공동체에 대한 다른 형태의 봉사를 인정하는 것이 마땅하다"라며 병역거부권에 대한 인정을 전체 교단 차원에서 공식화했다. 1985년부터는 국제연합(UN) 차원의 논의가 시작되었고, 이후 지속적인 결의를 통해서 국제 인권으로서의 위상을 확보해나갔다. 이 중 대표적인 것이 1998년 유엔인권위원회 제77호 결의안이다(UN Doc. E/CN.4/RES/1998/77). 이 결의안은 세계인권선언과 자유권규약의 양심과 종교의 자유에 대한 권리 속에 양심적 병역거부권이 존재한다고 명시했다. 징병제를 채택하고 있는 국가는 징벌적 성격을 띠지 않는 비전투적 또는 민간적 임무를 대체복무로 시행해야 한다는 구체적 권고까지 담고 있다. 유럽연합(EU) 역시 2000년 기본권헌장을 채택하면서 제10조 제2항에서 "양심적 병역거부권은 인정된다. 각 국내법은 그 권리의 실행을 가능하게 해야 한다"라고 규정하였다. 이는 전통적으로 인권의 근간이라 인정되어 온 개개인의 생존권을 넘어서서, 타인의 생명을 '죽이지 않을 수 있는 권리'(the right to refuse to kill)로 나아가는 세계사적인 흐름이었다.

아시아의 경우 병역거부권 인정비율은 상대적으로 높지 않다. 서구 열강에 의한 식민지 경험과 냉전이라 명명된 시기에도 이어졌던 열전, 그리고 서구와는 다른 경로의 근대 국가 형성과정을 가졌던 경험의 차이 때문이라 할 수 있다. 징병제를 운용하는 아시아 16개 국가 중에 대만, 몽골, 우즈베키스탄, 키르기스스탄 4개 국가가 2008년 현재 병역거부권을 인정하고 있다(진석용정책연구소, 2008 : 48).[5] 중국과의 군사적 대립을 이유로 1990년대 중반까지 2천여만명의 인구에 한국과 비슷한 60만 대군을 유지했을 만큼 군사화된 대만은 2000년 병역거부를 인정했다. 우리의 병무청에 해당하는 대만 역정서 관리는 병역거부자에 대한 처벌이 "자국 내의 인권이 제대로 보호되지 않는다는 인상을 심어주므로 대외적인 국제 이미

5) 아시아의 징병제 국가 중 병역거부권을 인정하지 않는 국가는 대한민국, 베트남, 부탄, 북한, 싱가포르, 인도네시아, 중국, 카자흐스탄, 캄보디아, 타이, 투르크메니스탄, 필리핀 등이다.

지에 심각한 훼손을 가져왔다"고 고백하기도 했다(병역거부연대회의, 2004).

2) 한국 병역거부, 50년의 침묵과 10년의 변화

(1) '입영률 100%' 사회와 병역거부

병역거부를 둘러싸고 이루어진 20세기의 역사가 무색하게 한국에서 병역거부자들은 2000년 이전까지 공론장에서 철저하게 배제되어왔다. 병역거부 관련 최초의 기록이라 평가되는 1939년 등대사(燈臺社) 사건[6] 이후 지속적인 처벌이 이어졌을 뿐이다. 한국전쟁 직후 1년 전후의 감옥생활이었던 병역거부자들에 대한 처벌은 박정희 군사정권이 시작되고 난 이후 점점 더 혹독해졌다. 결국 여호와의 증인과 함께 병역거부를 이어갔던 제칠일안식일예수재림교회는 높아진 처벌을 견디다 못해 1970년대 중반 이후 병역거부를 포기하게 된다.

이후 병무청은 입영 자체를 거부하며 민간재판을 받던 여호와의 증인 신도들에 대한 강제입영까지 자행한다. 이 강제입영의 실상을 살펴보면 병무청 직원들이 여호와의 증인들의 종교집회장소를 급습하여 징집대상자로 보이는 청년들을 군부대로 연행한 후에 그곳에서 영장을 발부하거나, 직접 집으로 찾아가 영장 없는 불법연행을 자행하는 사실상의 납치였다고 할 수 있다.

---

6) 등대사란 여호와의 증인의 다른 이름이다. 중일전쟁이 본격적으로 전개되면서 일본 여호와의 증인 신도들이 병역거부를 선언하자 일본정부는 이들을 '광적인 평화론자'로 몰아붙이면서 구속시켰고(阿部知二, 1969 : 150~151), 당시 식민지였던 대만과 조선에서도 여호와의 증인 신도들을 잡아들였다. 조선에서는 1939년 6월 신사참배와 동방요배 거부 문제로 33명의 여호와의 증인들을 구속시켰는데, 이는 당시 여호와의 증인의 교세에 비춰볼 때 거의 전원이 구속된 것이었다.

이러한 탄압은 '입영률 100%'라는 병영국가적 목표를 달성하기 위한 박정희 정권의 집요한 노력 속에서 파악되어야 한다. "대한민국 남자라면 누구나 군대를 가야 한다"라는 '상식'이 만들어지는 과정은 결코 자연스럽지 않았다. 박정희 정권은 전 사회적인 통제, 기피자에 대한 강력한 처벌과 사회적 낙인 등의 집요한 노력을 통해 징집 체제를 완성해 나갔다(신병식, 2006 : 156~159). 하나의 단어처럼 각인된 '신성한 국방의 의무'는, 사실 오랜 시간 권력의 집요한 강압과 통제를 통해서 만들어진 것이다. 그리고 그 한가운데 병역거부자들이 놓여 있었다. 강제입영 이후 군사재판을 받게 된 여호와의 증인 병역거부자들은 반복처벌과 가중처벌로 더욱 힘든 고난을 견뎌야 했다.

반복처벌뿐만이 아니었다. 강제입영 이후 군 내부에서 집총하라는 명령을 거부하는 여호와의 증인들에 대한 폭력이 가해졌고, 결국 사망하는 경우까지 발생했다. 1976년 3월 19일 여호와의 증인 이춘길은 항명죄로 영창에 있는 동안 심한 구타를 당해서 비장파열로 숨을 거두었다. 김종식은 논산훈련소에서 집총 거부를 이유로 맞아 죽었다.7) 이러한 고통은 민주화 이후에도 크게 달라지지 않았다. 항명죄로 받을 수 있는 법정최고형 3년형이 병역거부자들에게 그대로 선고되었는데, 이렇게 법정최고형이 일괄적으로 선고되는 사안은 병역거부가 유일했다.

2000년대에 들어와 병역거부 문제는 극적인 반전을 맞았다. 2001년 2

7) 이 비참한 죽음에 대해서 국가폭력의 책임이 밝혀진 것은 30여 년이 지난 최근에 이르러서였다. 대통령소속 군의문사진상규명위원회는 2009년 1월 15일 "국가의 반인권적 폭력과 가혹 행위로 숨진 점이 인정된다"며 국가의 책임을 인정하는 국가기관의 첫 진상규명 결정을 발표했다. "군대서 숨진 '여호와의 증인'에 '국가책임' 첫 인정," <한겨레신문>, 2009년 1월 16일.

월 「차마 총을 들 수 없어요」라는 제목의 주간지 기사[8])로 시작된 병역거부의 공론화는 짧은 기간에 수많은 사회적 반응을 이끌어냈다. 가장 먼저 움직임을 보였던 것은 병역거부자들에게 유죄를 선고해왔던 사법부였다. 2001년 군사법원에서 민간법원으로 병역거부 재판이 옮겨가자, 기존 3년형 관행을 깨고 1년 6개월 최저형량을 선고한 것이 그 시작이었다.[9])

2002년 1월 서울 남부지원 박시환 판사는 병역거부를 인정하지 않는 병역법이 위헌이라며 위헌심판제청을 했고, 2004년 5월 이정렬 판사는 1심에서 양심적 병역거부를 천부인권이라 규정하며 병역거부자들에게 무죄를 선고하기에 이른다. 이후 최고법원의 결정에 이목이 집중되었는데, 대법원과 헌법재판소가 2004년 7월과 8월에 각각 병역거부 유죄(대법원 2004도2965), 병역법 합헌(헌법재판소 2002헌가1) 판단을 내리면서 이 문제에 대한 사법적 판단은 일단락되는 듯했다. 하지만 대법원과 헌법재판소 모두 판결문 속에서 대체복무제 입법의 필요성을 강력하게 언급하면서 병역거부에 대한 논의는 더욱 치열해졌다.[10])

---

8) 「차마 총을 들 수 없어요」, ≪한겨레21≫ 345호, 2001년 2월 7일.

9) 1년 6개월은 재징집을 면할 수 있는 최저형량이다. 지금까지 1년 6개월 형량은 거의 모든 병역거부자에게 동일하게 적용되고 있다. 실정법상 처벌할 수밖에 없지만 그 처벌의 정당성에 대한 사법부의 고뇌를 담은 '맞춤형량'이라 할 수 있다.

10) 헌법재판소의 이 결정문에서 다수 의견에 포함된 '입법자에 대한 권고' 부분은 이례적으로 입법부에 대한 권고를 담고 있는데, 사실상 입법부에게 이 문제를 해결하라는 촉구였다. 스스로 위헌결정을 내리지 못한 채 입법부에 책임을 떠 넘겨주었다는 점에서 비판적으로 볼 수 있겠으나, 헌법재판소의 정치성이나 사안의 민감성을 고려한다면 고민의 흔적이 역력한 입장표명이었다고 평가할 수 있다. 그 부분 중 일부를 옮겨보면 다음과 같다. "이제는 양심적 병역거부자의 고뇌와 갈등상황을 외면하고 그대로 방치할 것이 아니라, 이들을 어떻게 배려할 것인가에 관하여 진지한 사회적 논의를 거쳐 나름대로의 국가적 해결책을 찾아야 할 때가 되었다고 판단된다. 국제적으로도 이미 1967년부터 유럽공동체, 국제연합의 차원에서 양심적 병역거부를 인정하여야 한다는 결의를 반복하기에 이르렀고, 1997년 국제연합의 조사

입법부에선 병역거부운동과 초창기부터 함께해온 임종인 민주당 의원이 2004년 9월 여야의원 22명의 서명과 함께 병역법 개정안을 국회에 제출했고, 뒤이어 노회찬 민주노동당 의원도 민주노동당 10명의 연서와 함께 병역법 개정안을 발의했다. 국회에서 병역거부자들에 대한 대체복무제를 허용하는 법안이 헌정 사상 최초로 상정되고 토의된다는 것 자체가 역사적인 변화였다. 법안의 주된 내용은 병역거부자들이 심사과정을 거쳐서, 현역 복무의 1.5배 기간 동안 합숙 형태로 사회 복무 분야에서 복무하도록 하는 것이었다. 그러나 난항 속에서 결국 해당 법안은 통과되지 못했다. 이후 2005년 12월 국가인권위원회가 국가기관으로서는 처음으로 병역거부를 인정해야 한다는 권고를 내리면서 병역거부에 대한 논의를 확장시켰다.

유엔 역시 한국의 병역거부에 대한 입장을 밝히며 양심적 병역거부자들에 대한 인권탄압의 중단을 촉구했다. 2006년 11월 3일 유엔 자유권규약위원회는 대한민국 정부에 병역거부자에 대한 처벌을 중지하고 적절한 조치를 취할 것을 권고했다(UN Doc. CCPR/C/KOR/CO/3). 같은 해 12월 4일에는 양심적 병역거부로 징역 1년 6개월의 형을 선고받고 복역한 최명진, 윤여범 씨가 제출한 개인청원(Individual Communication)에 대해 한국 정부가 보상까지도 포함하는 구제조치를 즉각 취해야 한다는 결정을 내렸다(UN Doc. CCPR/C/88/D/1321~1322/2004).

한국정부는 이러한 국제사회의 압력에 대해 분단이라는 특수상황을 이

에 의할 때, 징병제를 실시하는 93개국 중 양심적 병역거부를 전혀 인정하고 있지 않는 국가는 약 절반에 불과할 정도로 이미 많은 국가에서 입법을 통하여 이 문제를 해결하고 있다."

유로 들었지만, 위원회는 분단 상황을 이유로 해서 권리 제한이 가능하다 하더라도 "제한은 바로 그 권리의 본질(the very essence of the right)을 손상시켜서는 안" 되며, 병역거부권은 그 본질에 속한다고 분명하게 말했다. 우리 사회는 한반도의 특수한 상황을 들면서 너무 쉽게 병역거부권이라는 인권을 유보할 수 있다고 말하지만, 인권이란 그러한 조건에서도 지켜져야 하기 때문에 인권인 것이다.

한국 병역거부자들에 대한 유엔 자유권규약위원회의 개인청원 결정은 이후에도 계속되었다. 2010년 4월 15일에는 정치적 병역거부자 11명이 제출한 개인청원에 대해 자유권규약위원회는 권리침해 사실을 인정하고, 한국 정부의 즉각적인 시정을 권고했다. 2011년 4월 5일에는 여호와의 증인 신도 488명이 낸 개인청원 가운데 100명의 통보에 대해도 같은 결정을 내렸다. 그동안 누적되어왔던 병역거부자에 대한 우리 사회의 인권 침해를 보여주는 결정이었다.

(2) 뒤집어진 대체복무 결정

사회운동의 노력과 달라진 여론, 그리고 여러 층위의 압력 속에서 2007년 9월 국방부는 드디어 병역거부자들에게 대체복무제를 2009년 3월부터 허용한다는 결정을 내렸다. 현역 복무기간의 2배 동안 합숙생활의 형태, 난이도는 사회복무 분야 중 24시간 근접관찰이 필요한 최고난도의 업무로 배치하겠다고 밝혔다. 당시 국방부 김화석 인력관리팀장은 언론사와의 인터뷰에서 "병영도 날로 좋아지고 있는데 내가 이렇게 진정성을 훼손해가면서까지 그런 행위를 해야 되겠느냐하는 생각이 들 정도로 아주 난이도가 높고 복무기간도 길고……," "병영생활에 준하는 합숙을 시킬 예정"이라며 결코 병역기피의 수단으로 악용되지 않을 것이라 자신감을 보였다.[11] 자신감을 가질 만했다. 분명 감옥보다야 낫겠지만, 2배나 되는 기간 동안 최고난이도의 업무를 합숙으로 진행하는 것은 또 다른 처벌에 가까웠기 때문이다.

그러나 이렇게 가혹한 대체복무제 안 추신에 대해서도 국방부는 정권이 바뀌고 난 이후 미온적인 태도로 일관하다가, 2008년 12월 24일에 무기한 유보를 발표했다. 무기한 유보를 발표하면서 이유라고 내민 것은 달랑 한 번의 여론조사 결과였다. 병역거부 인정에 대한 국민공감대가 미성숙하다는 것이었다. 소수자 인권문제를 여론조사로 결정한다는 발상 자체도 경악스럽지만, 늘 국가안보를 내세우면서 사회적 여론을 무시하던 국방부가 언제부터 여론조사로 정책을 결정했는지 심히 궁금하다.[12]

국방부의 백지화 발표 이후에도, 사법부의 문제제기는 계속 이어졌다. 2008년 12월 국방부의 발표 이후 2011년 8월 헌법재판소의 결정까지 채 3년이 안 되는 기간 동안에만 다섯 건에 달하는 위헌심판제청이 이루어졌다. 전주지법에서 위헌제청을 한 판사는 언론과의 인터뷰에서 "최근 정부가 대체복무제 도입을 원점에서 재검토하는 상황에서 종교적 병역거부자들은 자포자기한 상태에서 실형을 선고받고 있는 실정"이라며 "이들을 형벌로만 제재하는 것은 국가가 최소한의 의무를 다하지 않은 것"이라며 대체복무 도입을 백지화한 것에 대한 비판적인 입장을 분명히 했다.[13]

그러나 이렇게 이어지는 문제제기에 헌법재판소는 2011년 8월 30일,

11) "국방부 '대체복무, 현역보다 힘들고, 기간도 길다'", <노컷뉴스>, 2007년 9월 19일.
12) 국방부의 백지화 결정에 대한 보다 자세한 비판은 임재성(2011 : 72~76) 참조.
13) "현직 판사가 '종교적 병역거부 처벌' 위헌제청", <연합뉴스>, 2009년 11월 23일.

자신의 2004년 결정보다도 후퇴한 내용들을 내놓으면서 병역법 합헌결정을 내렸다(2008헌가22, 2009헌가7 · 24, 2010헌가16 · 37, 2008헌바103, 2009헌바3, 2011헌바16(병합)). 2004년 이후 우리 사회에서 만들어져왔던 변화와 논의들을 깡그리 무시한 결정이었다. 특히 국제인권규약 위반 여부의 검토 부분은 압권이었다. 우리나라가 가입한 자유권규약에 병역거부가 명문화되어 있지 않으며, 자유권규약에서 병역거부권이 도출된다고 명확히 밝히고 있는 자유권규약위원회 등의 국제기구는 구속력이 없는 기구라고 말하면서 병역거부가 국제인권규약에서 도출되지 않는 권리라고 주장했다. 더 나아가 국제인권규약의 구체적인 해석이나 적용은 개별 국가의 상황에 맞게 이루어져야 한다고까지 했다. 이 정도면 국민의 기본권을 지키는 것은 사명으로 한다는 헌법재판소의 결정문이라고 부르기도 민망한 수준의 논리다. 모든 구체적 · 개별적 권리들이 일일이 명문화 된다는 것 자체가 불가능하다. 또한 국제적으로 가장 권위 있는 조약 해석, 집행기구의 결정을 구속력이 없다고 말하는 것은 만용에 가깝다. 국제인권규약의 해석이 개별 국가의 상황에 따라 임의대로 가능하다면, 그 어떤 독재정권도 국제인권규약을 지키고 있다고 할 수 있다.

"북한의 군사적 위협은 이제 간접적 · 잠재적인 것이 아니라 직접적 · 현실적인 것이 되고 있는 상황"이라는 대목에서는 헌법재판소가 아니라 국방부가 쓴 결정문이라는 착각을 들게 했다. 인권의 본질적 부분은 침해될 수 없다. 경제상황이 안 좋아도 노동자들의 생존권은 지켜져야 하고, 재개발이 아무리 중요해도 철거민을 마구 내쫓을 수는 없다. 병역거부도 그러하다. 안보상황이 좋지 않으면, 한 해에 천 명의 젊은이들이 감옥에 가도 된다는 것인가? 군부독재 시절, "안보상황이 좋지 않다"는 논리로 수

많은 인권이 유보되었다. 돌아보면 국가에 의한 인권침해의 정당화 논리였을 뿐이다. 권력이 이런 상황논리로 인권을 침해하려고 해도, 헌법재판소는 엄정한 논리로 인권을 옹호해야 한다. 이것이 본연의 임무이다. 그 본연의 임무를 북한의 위협을 운운하며 헌법재판소 스스로가 내팽개친 것이다.

2008년 국방부의 백지화 결정 이후 병역거부운동은 대체복무제와 관련해서 뚜렷한 돌파구를 만들지 못하고 있는 실정이다. 그러나 대체복무라는 틀을 벗어나 병역거부운동을 접근해본다면 점점 더 다양한 평화운동의 영역으로 성장해나가고 있음을 확인할 수 있다.

이제는 2001년부터 시작된 한국사회의 병역거부운동을 분석하면서, 운동의 변화와 성장을 살펴보자.

3) 병역거부운동의 등장과 긴장

(1) 2001년, 운동이 시작되다

2001년, 왜 오랜 침묵을 깨고 병역거부의 공론화가 시작되었을까? 양심적 병역거부가 사회운동으로 등장하게 된 직접접인 요인은 외국 활동가로부터의 제안이었다. 2000년 10월 '평화인권연대' 활동가 최정민은 '미국친우봉사위원회'(American Friends Service Committee)[14] 활동가에게 병역거부에 관한 활동을 처음으로 제안 받았다. 이후 활동가들은 병역거부

14) '미국친우봉사위원회'는 병역거부의 신념을 지키는 평화주의 개신교 분파인 퀘이커가 만든 단체이며, 1947년 '영국친우봉사위원회'와 함께 노벨평화상을 타기도 하였다.

문제와 관련한 현황 파악과 외국 자료 번역과 같은 기초적인 작업을 시작했다. 2001년 5월 31일 '양심, 종교의 자유와 군 대체복무를 위한 토론회'라는 병역거부 관련 최초의 공개토론회가 '평화인권연대', '인권운동사랑방' 등 9개의 단체 주관으로 열리게 되었고, 같은 해 7월에는 대만의 대체복무실태를 조사하기 위해서 NGO활동가를 중심으로 한 참관단을 구성해서 파견하는 등의 활동으로 이어졌다.

활동이 시작되자, 병역거부운동은 곧바로 커다란 사회적 편견에 직면해야 했다. 바로 여호와의 증인에 대한 이단편견이었다. 한국 병역거부자의 절대 다수는 여호와의 증인 신자들이었고, 때문에 병역거부 문제는 곧 여호와의 증인의 문제라는 관념은 병역거부운동이 가장 먼저 직면해야 했던 난관이었다. 여호와의 증인에 대한 오래된 이단 낙인 속에서 사회는 이들을 인권을 침해당한 시민으로 인식하지 않았다. 이 편견은 사실상 이 문제가 오랫동안 가려져왔던 원인이기도 했다. '한국기독교총연합회'(이하 한기총) 등의 보수기독교 단체가 병역거부에 조직적으로 반대하면서 이단논쟁은 더욱 거세졌다. 여호와의 증인에 대한 논의가 병역거부운동에서 가장 중요한 쟁점으로까지 커져가자 병역거부 활동가들은 제칠일안식일예수재림교회 신도들이나, 1980년대 군인의 신분으로 양심선언을 했던 이들의 사례를 소개하는 노력을 했다. 그러나 이러한 시도들로도 병역거부는 이단의 행동이라는 낙인을 극복할 수 없었다.

불교신자이자 대북 인도적 지원 운동에 오랜 기간 참여해온 오태양은 2001년 12월 한국 최초로 공개적인 기자회견을 통해서 군사훈련을 받을 수 없다는 선언을 했다.15) 이 선언이 가지는 의미는 상징적 차원에서부터 실제 사회운동의 차원까지 다양하겠지만, 당시 가장 두드러졌던 점은 병역거부가 여호와의 증인만의 문제가 아니라 보편적인 양심의 문제라는 것이 말이 아닌 행동으로 증명되었다는 것이다. 비록 단 한 명의 선언이었지만, 오태양의 선언 이후 더 이상 병역거부 문제를 특정 종교의 문제로 한정시키는 논리는 힘을 잃게 되었다. 오태양의 병역거부선언 이후 달라진 분위기 속에서 2002년 2월 '양심에 따른 병역거부권 실현과 대체복무제도 개선을 위한 연대회의'(이하 '병역거부 연대회의')가 꾸려질 수 있었고, 병역거부운동은 더욱 본격적으로 움직여갈 수 있었다.

(2) 비범죄화라는 시급한 목표

병역거부운동은 그 시작과 함께 병역거부자들의 감옥행을 멈추는 것에 가장 중요한 우선순위를 두었다. 운동은 오랜 시간 가려져온 인권침해의 사실과 규모를 알리는 것에 집중했다. 병역거부를 다루는 글들이 가장 세밀하게 묘사한 것은 병역거부자들이 겪어온 고통이었다. 몇 명이 감옥에 갔고, 몇 년의 형을 살았으며, 현재 몇 명이 수감 중이라는 숫자를 통해서 이 문제의 심각성을 드러냈다. 그러나 피해에 집중하는 담론 안에서 병역거부자들은 자연스레 피해자로서 한정될 수밖에 없었다. 그들이 총을 들 수 없다는 신념은 종교적, 정치적, 도덕적 신념이라는 추상적 어구로 처리될 뿐이었다. 이 속에서 병역거부자는 인권을 침해당한, 보호해 주어야 할 피해자로 규정되었고, 병역거부운동의 목표는 이들의 고통을 멈출 수 있는 대안을 만드는 것이 되었다. 징병제 하에서 병역거부자 문제를

15) 오태양 이후 공개적으로 병역거부를 선언한 정치적 병역거부자들은 2012년 3월 현재 53명이다. 이들은 기독교, 천주교, 불교 등 주류 종교적 신념이나 생태주의, 사회주의, 성정체성 등 다양한 배경을 바탕으로 병역거부를 선언했고, 출소 이후에도 병역거부운동과 관계를 맺어가고 있다.

해결하기 위한 현실적 대안은 군사훈련을 배제한 방식의 대체복무제였다.

물론 수십 년간 병역거부자들을 혹독하게 처벌해온 한국 사회에서 총을 들 수 없다는 신념이 인정되는 것은 우리 사회의 군사주의에 균열을 낼 수 있는 중요한 변화임에 틀림없다. 당장 매년 수백 명의 젊은이들이 감옥에 가지 않게 된다는 변화, 전과자의 신분으로 평생을 살아가지 않아도 된다는 변화를 만드는 대체복무제 개선의 시급함을 설명하는 데 다른 미사여구가 굳이 더 필요하진 않을 것이다.

그러나 대체복무제 개선이 가지는 이러한 의미에도 그것으로 귀결된 병역거부운동이 놓치는 것 역시 분명 존재했다. 병역거부와 대체복무제가 닫힌 고리를 이루었을 때, 즉 "총을 들 수 없다는 별난 신념의 소수자들이 처벌 받고 있는데 이는 양심의 자유를 침해한 것이고 제도개선을 통해서 해결할 수 있다"라는 논리로 운동이 완성될 때, "총을 들 수 없다"는 병역거부자의 신념이 가지는 의미는 부차적인 것이 될 수밖에 없기 때문이다. 또한 제도적 개선이 시급히 이루어져야 할 목표로 부각될수록 그것에 악영향을 줄 수 있는 급진적인 언사가 내부적으로 검열되는 경향도 생겨났다.

(3) 양심의 자유와 반군사주의 간의 긴장

병역거부는 본질적으로 국가안보라는 성역화된 영역에 도전한다. 병역거부는 '다를 수 있는 자유'를 넘어서서 국가가 강제하는 군사훈련을 거부하겠다는 선언이며, 강한 군대가 국가를 지켜주며 군인이 되는 것이 국민의 신성한 의무라는 군사주의 이데올로기에 대한 근본적 비판이기 때문이다. 그러나 '비범죄화'에 무게가 실린 운동에서 병역거부자는 민주주의

사회에서 포용되어야 하는 '예외'로서 위치 지워졌으며 대상화되었다. 군대를 가는 것도 양심이고 가지 않는 것도 양심이며 각각의 양심이 존중받아야 한다는 논리 속에서 전쟁과 폭력에 저항하는 평화운동의 당파성은 가려졌다.

대체복무로 귀결되는 운동 속에서 가려져야 했던 반군사주의적 가치들에 대한 활동가들의 고민이 생겨났고, 이는 병역거부운동 내부의 긴장으로 이어졌다. 2002년 9월에 병역거부를 선언한 나동혁은 한 좌담회에서 "대체복무제를 중심으로 설명을 하면서 한편으로 보면 굉장히 국가의 의무나 그런 것을 강조하게 되었지요. …… 저는 평화주의보다는 반국가주의가 강한 사람인데 그래서 국가라는 말을 공동체란 말로 바꿔 쓰면서 자위를 했던 거 같"[16]다고 회고하면서 당시 운동 속의 긴장을 전했다.

병역거부 내부의 긴장은 한국만의 특이한 점이라기보다는 병역거부가 가진 중층적 성격에서 비롯된다고 볼 수 있다. 보다 오랜 병역거부운동의 역사를 가진 해외에서의 연구들은 운동 내부에 두 가지 흐름이 긴장관계를 이룬다는 점을 지적한다. 하나는 징병제 국가에서 한 개인이 신념을 존중받으며 복무 가능한 제도를 요청하는 제도합리화의 흐름이다. 개인의 권리 차원에서 접근하는 이 관점으로 본다면, 병역거부는 징병제라는 거대한 시스템 속에서 일어나는 하나의 문제이고, 이를 해결하는 방법이 대체복무제다. 그러나 병역거부는 이에 한정되지 않는다. 개인을 동원하는 국가 시스템과 전쟁에 대한 전면적인 저항이라는 평화운동, 반군사주의 운동으로서의 흐름 역시 존재하기 때문이다(Speck and Moreman, 2002). 한국의 경우는 초기에 처벌을 막고 양심의 자유를 지켜야 한다는 흐름이

16) "권인숙 교수, 평화주의자들과 이야기하다", <오마이뉴스>, 2006년 12월 30일.

지배적이었다. 천 명을 넘나드는 병역거부자 수감자의 숫자 앞에서 감옥행을 멈추는 것보다 우선시될 수 있는 목표가 존재할 수 없다. 그러나 운동이 진행되면서 반군사주의를 향한 힘이 운동의 방향을 넓혀갔다. 해외 병역거부운동 사례들을 접하고, 더욱 넓어진 신념을 바탕으로 정치적 병역거부자들의 병역거부선언과 활동이 이어지면서 병역거부운동 내부에 반군사주의적 문제의식이 깊어져갔다.

4) 반군사주의 운동으로서의 병역거부운동

(1) 반군사주의 문제의식의 배태

한국 병역거부운동이 반군사주의 문제의식을 가지게 된 요인 중 하나는 해외 활동가들의 자극이다. 운동의 시작도 그랬지만, 뒤늦게 병역거부를 알게 된 한국사회에서 오랜 역사를 가진 해외 운동의 영향력은 클 수밖에 없었다. 한국에서 개최된 국제회의에 참석한 스펙은 양심의 자유와 대체복무제도로서 접근되는 병역거부운동의 한계를 지적했다.

> 전적으로 양심의 자유에 맡기는 접근방식—이러한 접근방식은 그것이 개인의 권리에 초점을 맞추고 있기에 인권으로서의 접근방식이라 할 수 있습니다—은 대체복무와 관련된 몇몇을 위한 예외적인 권리를 창조하는 위험에 빠질 수 있습니다(스펙, 2002 : 6).

병역거부운동에서 반군사주의 원칙을 강력하게 주장한 해외 활동가들의 주장과 운동 사례들은, 한국 사회의 맥락에서 가지는 현실적 적합성은 별

개로 하더라도 운동에 큰 영향을 미쳤다. 해외 병역거부운동의 사례를 통해서 한국 병역거부운동 활동가들은 운동에 반군사주의적 지향이 필요하고 대체복무개선이 궁극적인 지향이 되어서는 안 된다는 공유지반을 형성해 나갔다. 대체복무개선에 대한 집중력은 상당했지만, 활동가들은 대체복무제를 넘어서는 병역거부운동의 궁극적인 지향과 목표에 대한 고민을 하게 되었다.

이러한 해외의 사례와 함께, 정치적 병역거부자의 지속적인 등장과 활동은 한국 병역거부운동이 대체복무 '너머'를 지속적으로 고민하게 만든 또 하나의 중요한 요인이었다. 운동이 진행되면서 점점 더 많은 정치적 병역거부자들이 등장했고, 이들이 드러낸 명확한 평화주의 신념은 병역거부운동의 반군사주의 가치들을 자극해나갔다.

정치적 병역거부자들은 공개적으로 스스로의 신념과 병역거부 의사를 밝혔다. 이들은 병역거부운동 활동가들과의 논의를 통해서 효과적인 전략을 고민했고, 보다 대중적인 행동이 될 수 있도록 기자회견과 같은 공개적인 선언을 택했다. 정치적 병역거부자들의 공개적인 병역거부 선언은 '공개적으로 군사주의를 거부'하는 행위였다. 군대에 가지 않겠다고 당당하게 말하는 것은 국방의 의무가 신성화된 한국사회에서 금기에 대한 도전이었기 때문이다. 이들의 병역거부 선언은 많은 언론으로부터 주목받게 되었고, 이들의 숫자가 늘어갈수록 병역거부에 대한 논쟁은 보다 뜨거워졌다.

공개적으로 병역거부를 선언하는 이들이 늘어갈수록, 이들의 언어에는 보다 급진적인 생각들이 담겨갔다. 초창기 병역거부 소견서의 내용은 병역거부 자체에 대한 설명과 대체복무제의 필요성이 주를 이루었다. 한국

사회의 강고한 군사주의 속에서 일정한 제도적 개선을 얻기 위해 스스로의 목소리를 조절했던 측면도 있었다. 그러나 시간이 지날수록 군대문화에 담긴 남성중심성과 권위주의에 대한 비판이 병역거부의 이유로 거론되었다. 제주4.3학살, 한국전쟁 시기 민간인학살, 베트남 파병에서 광주학살, 이라크 파병으로 이어지는 가해자로서의 국가폭력에 대한 비판 역시 병역거부 소견서에 점점 더 명확하게 담겨갔다. 병역을 거부하는 이들이 자신의 목소리로 성역과도 같았던 군대를 비판하는 과정은, 새로운 언어를 만드는 과정이었고 병역거부운동을 더욱 넓혀가는 힘이기도 했다.

군대는 사회의 폭력성, 남성중심성, 권위-위계가 가장 극단적으로 드러나는 곳이라고 생각합니다. 사회에서는 제 나름의 생활방식을 만들어가고 사회적 불평등, 폭력에 저항할 수 있지만, 군대는 둘 중 하나입니다. 거부할 것인지, 적응할 것인지(오정록, 병역거부 소견서).

한국군은 베트남전 참전이라는 실로 부끄러운 경험을 진지하게 반성하지도 않은 채 다시 제국주의 침략전쟁에 발을 담그고 있는 것입니다. 더욱이 그 총부리는 더 이상 낯선 땅 이름 모를 사람들에게만이 아닌, 과거 광주에서 그랬듯 지금은 평택에서 묵묵히 고된 삶을 일궈오던 사람들에게로 향하고 있습니다. 군대라는 조직이 단순히 최전선에서 싸우는 전투병들로만 이뤄질 수 없는 하나의 복합적인 유기체라는 점을 감안하면 그런 조직에 어떤 식으로든 몸담는다는 것은, 저로서는 차마 용납하기 어려운 일입니다(송인욱, 병역거부 이유서).

(2) 좀 더 넓은 평화운동으로

반군사주의에 대한 문제의식은 병역거부운동을 병역거부 사안을 넘어서서 우리 사회의 군사주의에 대한 문제제기와 평화운동의 다른 이슈로 확대되도록 하는 힘이었다. 2003년 9월, 정치적 병역거부자들은 10월 1일로 예정되었던 국군의 날 퍼레이드에 반대하는 퍼포먼스를 하기로 결정했다. 탱크와 미사일 등이 퍼레이드를 하고 있는 광화문에서, "무기로는 평화를 살 수 없습니다"라는 슬로건으로 무기장례식 퍼포먼스를 진행한 것이다. 강력한 무기가 평화를 지켜준다는 군사주의가 가장 극적으로 드러나는 것이 무기들의 도심 퍼레이드라고 한다면, 평화주의자들은 그것에 반대하는 퍼포먼스를 해야 한다는 문제의식을 실천한 것이었다. 이는 한국 병역거부운동이 했던 첫 번째 반군사주의 퍼포먼스였다.

2004년 5월 15일에는 "군인을 집으로!(Bring the soldiers back home!)"라는 캠페인을 진행하였다. 이날 진행된 퍼포먼스 역시 군사주의 문화를 비판하는 문제의식을 담고 있었다. 군복, 교복과 같은 제복을 입고 국민체조 음악에 맞춰서 집단 체조를 하다가 발랄한 음악이 흐를 때는 각자가 제복을 벗고 다양한 몸짓을 해나간다는 퍼포먼스 기획은 군사주의의 근간이라 할 수 있는 획일적인 집단주의 문화에 대한 비판을 담고 있다. 2007년에 12월 1일에는 '밀리터리 인 더 시티'라는 이름으로 문화제가 진행되었는데, 이는 일상 속에 스며든 군사주의를 드러내고자 하는 기획이었다. '반군사주의 패션쇼'로 이름 붙여진 내부 행사에서는 일상생활에서 사용되는 군사적 상징, 장난감 무기, 밀리터리룩과 같은 것들의 의미를 새롭게 조명했다.

이러한 문화적 실천과 함께 병역거부운동은 무기거래감시라는 새로운 평화운동의 영역을 시도해나갔다. 2007년, 병역거부 활동가들은 병역거부운동의 국제연대에 있어 주요한 고리였던 '전쟁저항자인터내셔널' 국제회의에 참여하면서 '전쟁수혜자'(War Profiteer) 운동을 접했다. 전쟁수혜자 운동은 전쟁으로 이익을 얻는 자들, 특히 무기 관련 기업들에 대한 감시와 견제를 하나의 사회운동으로 구성한 것이었다. 활동가들은 전쟁수혜자 관련 활동을 한국에서도 시작하고자 작은 세미나 그룹을 조직했다. 이를 바탕으로 꾸려진 '무기제로' 모임은 현재 무기관련 사안에 대한 감시와 개입을 위한 활동을 벌여가고 있다. 2008년에는 국회 국방위원회 국정감사 모니터링을 하였으며, 2009년부터는 구체적으로 확산탄 관련 사안에 초점을 맞춘 활동을 전개하고 있는 중이다.[17] 한국 정부에게 확산탄금지협약에 가입할 것을 촉구하며, 확산탄을 생산·수출하고 있는 국내 기업인 한화와 풍산 측에 생산 중단을 요구하는 직접행동을 꾸준히 펼치고 있다. 상당수가 병역거부운동을 했던 구성원들의 이러한 활동은 자신에게서 시작하는 폭력을 성찰한다는 병역거부운동의 문제의식이 좀 더 다양한 평화운동으로 확대될 수 있음을 보여주는 사례이다.

지금까지 살펴본 바와 같이, 병역거부운동은 감옥에 갇힌 병역거부자들에게 대체복무제의 기회를 주어야 한다는 관점에서 시작되었지만 점점 더 반군사주의 운동의 지향과 모습을 띠어가고 있다. 비록 대체복무제 개선을 통해 병역거부자들의 감옥행을 멈추겠다는 단기적 운동의 목표는 아직 달성하지 못했지만, 운동은 점점 더 그 너머의 가치와 활동을 지향하면서

17) 확산탄(집속탄)은 공중에서 터지면서 그 안에 있던 수백 개의 소폭탄이 반경 수백 미터로 퍼지는 방식의 산탄형 폭탄이다. '죽음의 비'라고 불리는 확산탄은 그 살상력도 살상력이지만, 흩어진 소폭탄 중 상당수가 불발탄으로 남아 있다가 대인지뢰처럼 터지기 때문에 대표적인 '비인도적 무기'로 분류된다. 2010년 8월 1일 확산탄 사용과 보유를 금지하는 '확산탄금지협약'(Convention on Cluster Munitions)이 107개국의 동의를 바탕으로 발효되었지만, 한국 정부는 협약에 가입하지 않았다. 확산탄에 대한 보다 자세한 내용은 무기제로(2012)를 참조.

스스로를 변화시켜나갔다.

3. 두려움을 품는 평화의 언어

1) 죽일지도 모른다는 두려움

병역거부자들과 병역거부운동은 군사주의에 저항하는 새로운 언어를 만들어왔다. 우리 사회에 부재했던 "총을 들지 않겠다"는 언어는 군사주의에 균열을 가하는 평화의 언어였다. 이 장에서는 병역거부의 언어가 가진 의미를 레비나스의 비폭력 개념을 통해서 평가해보고자 한다.

유태계 프랑스 철학자 엠마누엘 레비나스(Emmanuel Levinas)가 말하는 비폭력이란 폭력이 배제된 멸균실 같은 상태가 아니다. 그러한 상태는 사실상 가능하지도 않으며, 맥락과 상관 없이 모든 폭력을 악으로 고정시키는 함정을 품고 있다. 그에게 비폭력이란 팽팽한 긴장 한가운데 존재하는 무엇이다. 폭력을 겪을 것이라는 두려움과 폭력을 입힐 것이라는 두려움 사이에 존재하는 끝없는 긴장, 자신의 죽음을 무서워하지만 또한 살인을 해야 할지 모르기에 불안한 상태에서 비롯되는 두려움이 바로 비폭력이다(버틀러, 2008 : 187~194).

신체를 가진 인간은 필연적으로 그 신체의 훼손과 죽음에 대한 공포를 가질 수밖에 없다. 또한 자신이 누군가에게 폭력을 입힐 수도 있다는 두려움 역시 필연적이다. 그러나 군사화된 사회는 전자의 공포만을 극대화시킨다. 피해자로서의 역사와 정체성만을 단절적으로 강조하면서 죽을 수 있다는 공포를 극단으로 밀어붙인다. 이를 비판하는 것은 우리를 공격하려고 하는 적을 이롭게 하는 행위로 낙인찍힐 뿐이다. 죽음에 대한 공포가 압도적인 사회에서 자신이 누군가를 죽일 수도 있다는 두려움은 마비될 수밖에 없다. 비폭력의 긴장은 깨지고 사회 속에서는 점점 더 우리를 지키는 '좋은' 전쟁과 '좋은' 폭력을 갈구하는 외침으로 채워진다.

군사화된 대한민국에서 병역거부자의 언어는 삭제되어왔던 그 두려움을 담고 있다. 내가 당기는 방아쇠가 누군가를 죽일 수 있다는 두려움을, 거세되어야 했던 두려움을 살려내 자신의 목소리로 이야기한다. 병역거부자 김태훈은 소견서에서 말한다. "제가 들어야 할 총은 누구를 겨누고 있습니까. 그 총이 슬픈 눈물을 간직한 사람들을 향한다면, 그 사람이 있음으로 인해서 한 사람이라도 행복할 수 있는 사람을 겨누고 있다면, 저는 총을 들 수 없습니다."

군인이 되는 과정은 자신이 누군가를 죽일 수도 있다는 공포를 말살하는 과정이다. 그 공포는 정상적인 남성이라면 극복하고 제거해야 할 것이라 규정된다. 그렇지 못한 이는 부적응자로 명명될 뿐이다. 그러나 병역거부자 현민은 그 공포를 품는 것이 무능력하거나 극복해야 할 무엇이 아니라 타인의 생명에 연민하며 새로운 관계를 맺고자 하는 새로운 갈망이라 말한다.

낯선 실탄의 감촉, 개머리판의 반동, 총구에서 흐르는 연기에 익숙해지려면 적잖이 머뭇거리고 주저하는 순간들이 있었으리라 마음 짚어봅니다. 손바닥에 땀이 배고, 손가락이 떨리고, 눈동자가 흔들렸을 순간들입니다. …… 오늘날 한국사회가 이런 무능력에 아무런 의미를 부여하지 않기 때문입니다. 대신 하나의 답변, '극기'하고 '극복'하라는 주문만 외기 때문입니다. …… 이런 머뭇거림과 주저함은 병적인 찌꺼기가 아니라 한국사회의 미래를 품고 있는 시간일 수도 있다는 것입니다. 왜냐하면 이런 순간에는 무장한 건장한 남성을 보호자로 내세우고 그 밖의 사회성원들을 피보호자로 밀쳐두는 일방적인 안전에 대한 의문이 웅크리고 있기 때문입니다. 또한 여기에는 타인의 생명에 연민하면서 새로운 관계를 맺고자 하는 갈망이 숨죽이고 있습니다(헌민, 헌법재판소 재판관님께).

2) 나약함을 긍정하는 언어

다른 이를 죽일 수 없다는 두려움은 병역거부자의 언어 속에서 부끄럽고 없애야 할 것이 아니라 긍정하고 품어야 할 것이다. 이렇게 나약함을 긍정한다면, 그것을 없애야 하는 강한 군인-정상적인 대한민국 남성이 되는 일이야말로 두려운 일이다. 테러진압훈련을 받는 날이 잡히면 수일 전부터 잠을 설쳐야만 했던 동성애자 유정민석에게는 대한민국의 남성이 되는 것이 두려운 일이었던 것처럼 말이다. 그 두려움 속에서 유정민석은 병역거부를 결심하고, 그가 느꼈던 것들을 담아 자신의 '말'인 '병역거부 소견서'를 썼다.

남성적인 가치들을 강요하는 군대에서의 경험을 통해 반작용적으로 깨닫게 된 섬세한 정체성과 내 안의, 또한 내가 옳다고 생각하는, 그런 여성성이 결코 부끄러운 것이 아니라면, 겁이 많고 남을 죽이는 연습을 해야 하는 시뮬레이션의 군사훈련조차 벌컥 손부터 떨리는, 아직은 사람들에게 낯설게 느껴지는 부류의 "사내자식이 계집애 같다"는 그러한 '성소수자'로서 바라보았던 남성화된 병영문화의 병폐와 호전적이고 공격적인 남성성을 재생산하는, 군대라는 '진짜 남자'가 되기 위한 통과의례를 거부할까 합니다(유정민석, 병역거부 소견서).

유정민석이 이렇게 자신의 말을 꺼내는 과정은 쉽지 않았다. 2006년 병역거부를 고민하면서 그가 느꼈던 병역거부운동의 언어는 대단한 신념을 가진 이들의 것이라 느꼈기 때문이다. 그는 당시에 자신의 언어가 없었다고 말한다. 병역거부는 분명 다른 언어를 만들어냈지만, 초창기 병역거부의 언어는 감옥행까지 감수할 정도로 강고한 평화주의 신념을 가진 이의 것으로 한정되었다. 그러나 유정민석은 자신의 삶과 선택을 세상에 설명하기 위해 또 다른 언어를 만들어갔다. 병역거부 소견서에서 그는 "겁이 많고 어리버리한 제 심약함"을 병역거부의 사유라고 하기에는 미약할지도 모르겠다고 썼다. 그 미약함이란 바로 자신 안의 여성성을, 나약함을 긍정하면서 폭력을 거부하는 언어가 병역거부의 언어에 더해짐을 의미했다.

2011년 5월 2일 병역거부를 선언한 이준규는 한 인터뷰에서 병역거부를 선언하는 이 시점에도 여전히 자신의 생각들을 말로 설명하는 것은 어렵다고 했다. 상식을 거부하는 병역거부의 언어는 10년이 넘어도 빈곤할 수밖에 없다. 그러나 그는 언어를 조금씩 보태는 것이 자신의 역할이라 말했다. "앞서 여러 병역거부자들이 죽이지 않아도 살 방법이 있다는 것을 나에게 가르쳐주고 또 그런 생각들을 표현할 수 있는 언어를 만들어준 것처럼 나도 남에게 그럴 수 있으면 좋겠다."[18] 이준규의 병역거부 소견서는 다른 이들을 해칠 수 없는 여림과 겁을 긍정하는 언어를 담고 있다. 그의 소망처럼 죽이지 않아도 살 방법을 담은 언어는 병역거부자들과 운

18) "평화를 가져오는 것은 '약함' …… 나는 강해지지 않겠다 : 입영일에 헌재 앞에서 일인시위 한 이준규 씨", <참세상>, 2011년 5월 2일.

동을 통해서 조금씩 불어나고 있다.

> 저는 사람들이 저처럼 겁 많고 여리다고 생각합니다. 심지어 군대도 말입니다. 수개월을 연습하고 그들은 같은 사람이 아니라 적이라고 계속 세뇌하고도 전쟁터에선 다른 한명을 죽이지 못해 수만 발을 쏘고, 살아서 돌아와선 살인의 기억을 지우지 못해 힘들어하는 여린 사람들이 있는 곳입니다. 그럼에도 다른 사람들이 공격할까 봐 다른 많은, 더 큰 총을 들어야 할 것 같은 겁 많은 사람들, 저와 같은 여리고 겁 많은 사람들입니다. …… 제 여린 마음은 제게 다시 이야기합니다. 도망치라고. 군대에서 도망치라고. 내가 피투성이가 되는 걸 보고 싶지 않다고. 다른 사람에게 약해도 된다고, 아픈 건 잘못이 아니라고 이야기하고 싶다고 말입니다(이준규, 병역거부 소견서).

2011년 빈 라덴을 사살했다는 보도가 나가자 미국의 20대들은 남아공 월드컵 때 유행했던 부부젤라를 불고 연못에 몸을 던지며 '축제'를 즐겼다. 그들은 2001년 9·11테러 이후 '나라에 대한 충성 맹세'가 아침마다 울려 퍼졌던, 애국주의로 가득한 학교에서 10대를 보냈던 이들이었다. 이들에겐 자신도 테러로 죽을 수 있다는 공포가 끊임없이 강조되었으며, 그것을 막기 위해 나라를 지키고 싸워야 한다고 배웠다. 빈 라덴의 사살은 공포에서의 해방이고, 축제이고, 승리였다. 자신이 누군가를 해칠 수도 있다는 두려움을 갖지 못한 채, 자신들이 죽을 수 있다는 공포만으로 채워진 사람들. 이들에게 테러와의 전쟁이라는 이름으로 미국이 자행한 수십만의 죽음들 따위는 부수적 피해일 뿐이다. 가해자로서의 기억은 삭제된 채, 피해자로서의 자신만을 되뇌는 사람들. 이 사람들이 불었던 부부젤라 소리는 분명 섬뜩했을 것이다. 하나의 공포만이, 하나의 목소리만이 존재하는 사회는 전쟁으로 치달을 수밖에 없다.

병역거부운동은 지난 시간 대체복무제를 요구했다. 그리고 이 목표는 지금도 병역거부운동에서 중요한 위치에 놓여있다. 총을 들 수 없다는 이들을 아무런 대안도 없이 감옥에 보내는 것은 인권침해라고 외치며 대체복무제를 요구했고, 하고 있다. 이 감옥행은 하루빨리 끝나야 한다. 대체복무제를 통해 총을 들지 않겠다는 신념이 우리 사회에 공존할 수 있게 된다면, 이 변화는 우리 사회의 군사주의를 허무는 중요한 열쇠가 될 것이다.

대체복무제를 넘어 병역거부운동은 다양한 평화운동을 시도했다. 그 중 하나가, 새로운 언어를 만들어내는 것이었다. 누군가를 죽일 수도 있다는 두려움 때문에 총을 내려놓겠다는 언어, 자신의 나약함을 긍정하는 언어를 만들고 세상에 전했다. 철저하게 삭제당했던 가해자로서의 목소리, 그래서 죽일 수 없다는 목소리를 담아왔다. 나라는 누가 지키냐는, 북한이 쳐들어오면 어떻게 하냐는 '상식' 앞에서 제주 4.3과 광주 5.18을 말했고, 베트남과 이라크에서 태극기 붙은 군인들의 존재는 무엇이었는지 물었다. 섬뜩한 부부젤라 소리에 가려져 아직은 미약하지만, 병역거부운동은 반군사주의 가능성을 담은 평화의 언어를 만들어 가고 있다.

2010년 천안함과 연평도 사태 이후 우리 사회의 군사주의는 맹렬한 기세로 차올랐다. 군부대의 사격대 과녁에는 김정일, 김정은 사진이 걸렸고, "부관참시 김일성", "북괴군의 가슴에 총알을 박자"라는 표어까지 등장했다. 팽배한 군사주의가 날 것 그대로 흘러내린 모습이다. 이런 사회적 분위기 속에서 병역거부자가 입이라도 뻥긋 할 수 있겠냐는 질문을 받는다. 그러나 이렇게 전쟁의 기운이 높아질수록 병역거부의 의미도 더욱 뚜렷해진다. 내가 잡은 총이, 내가 하는 훈련이 누군가를 죽이는 것이라는 병역거부자들의 이야기가 전쟁의 시기만큼 명확해질 때도 없기 때문이다. 연평도 사태 이후 대한민국이 점점 더 전쟁으로 치달아 갔던 2010년 12월 14일, 50번째 정치적 병역거부자 문명진은 국방부 앞에서 "끊임없는 전쟁의 시대, 살상을 거부할 권리를"이라는 이름으로 병역거부 선언을 했다. 그는 자신의 병역거부 소견서에서 이렇게 호소했다. "초토화되는 것은 북의 해안포가 아니라 누군가의 삶 혹은 우리의 인간성입니다. …… 지금처럼 계속 서로에 대한 공포와 적개심만 키워 나간다면 앞으로 눈물을 흘릴 사람들은 더 많아질 것입니다." 전쟁이 다가올수록 이렇게 평화를 이야기하는 이들은 혹독한 탄압을 받게 된다. 해방 후 60년 동안 병역거부자들이 받아온 탄압은 우리 사회가 얼마나 전쟁과 가깝게 존재해왔는지를 보여준다. 그러나 지난 시간 병역거부운동 속에서 적지 않은 이들이 총을 내려놓겠다는 마음에 공감하고 연대를 표시했다. 그만큼 우리는 전쟁과 폭력에서 벗어나고 있는 중이다.

◆ 참고문헌 ◆

국가인권위원회, 2005, 「양심적 병역거부 결정문」.

김두식, 2007, 『평화의 얼굴』, 교양인.

무기제로, 2012, 「죽음의 비 확산탄을 금지하라」.

박노자, 2002, 『좌우는 있어도 위아래는 없다』, 한겨레신문사.

버틀러, 주디스, 양효실 옮김, 2008, 『불확실한 삶 : 애도와 폭력의 권력들』, 경성대학교 출판부.

병역거부연대회의, 2004, 「타이완 대체복무제도 시찰 보고서」.

스펙, 안드레아스, 2002, 「양심적 병역거부에 관한 최근의 노력과 도전들」, 병역거부연대회의, 『12·17 국제회의 자료집 - 전 세계 병역거부운동의 동향과 전망』.

신병식, 2006, 「박정희 시대의 일상생활과 군사주의」, ≪경제와 사회≫ 72호.

이재승, 2011, 「양심적 병역거부를 처벌하는 병역법의 위헌심판사건 참고인 의견서」, ≪민주법학≫ 45.

이진경, 2007, 「소수자와 반역사적 돌발 : 소수적인 역사는 어떻게 가능한가?」, 『소수성의 정치학』, 그린비.

임재성, 2011, 『삼켜야 했던 평화의 언어 : 병역거부가 말했던 것, 말하지 못했던 것』, 그린비.

전쟁 없는 세상·한홍구·박노자, 2008, 『총을 들지 않는 사람들』, 철수와 영희.

정용욱, 2005, 「양심에 따른 병역거부운동의 현황과 전망」, 윤수종 외, 『우리시대의 소수자 운동』, 이학사.

진석용정책연구소, 2008, 『종교적 사유 등에 의한 입영거부자 사회복무체계 편입 방안 연구』, 병무청.

한홍구, 2008, 「한국의 징병제와 병역거부의 역사」, 전쟁 없는 세상·한홍구·박노자, 『총을 들지 않는 사람들』, 철수와영희.

홍영일, 2005, 「양심적 병역거부와 관용의 증가」, 이석우 편, 『양심적 병역거부』, 사람생각.

Amnesty International, 1991, *Conscientious objection to military service*, London : AI.

Lainer-Vos, Dan, 2006, "Social movements and citizenship : Conscientious objection in France, the United States and Israel," *Mobilization : International Journal* 11(3).

Mann, Michael, 1988, *States, War & Capitalism, Studies in Political Sociology*, New York : Basil Blackwell.

Moskos, Charles C. and Chambers II., John Whiteclay, 1993, *The New*

Conscientious Objection : From Sacred to Secular Resistance, UK : Oxford University Press.

Speck, Andreas and Moreman, Bart, 2002,₩. "CO as a human right vs CO as antimilitarist action." *Broken Rifle* 55.

Speck, Andreas, 2000, "Conscientious objection in Germany : Antimilitarist weapon or individualist right?"(http://andreasspeck.info/?q=en/node/44)

UN Doc. CCPR/C/88/D/1321-1322/2004, "View of the Human Rights Committee under article 5, paragraph 4, of the Optional Protocol to the International Covenant on Civil and Political rights, concerning Communications Nos. 1321/2004 and 1322/2004."

UN Doc. CCPR/C/KOR/CO/3, "Consideration of Reports submitted by State Parties Under Article 40 of The Covenant-Concluding Observations of the Human Rights Committee : REPUBLIC OF KOREA," 2006. 11. 28.

宮田光雄, 1971, 『非武裝國民抵抗の思想』, 東京 : 岩波書店.

阿部知二, 1969, 『良心的兵役拒否の思想』, 東京 : 岩波書店.

10. 노숙인 점거공동체 '더불어사는집'

윤수종

최근 미국의 월가 점령시위와 점거시위의 전 세계적인 확산과 더불어 점거운동에 대한 관심이 증가하였다. 그러나 이미 서구에서는 점거운동의 오랜 역사가 있다. 특히 1970년대 이후 다양한 점거운동이 활발히 전개되고 있다(카치아피카스, 2000). 최근에도 사회센터와 다양한 자율공간이 점거운동의 형식으로 자리잡아 가고 있다(윤수종, 2010 ; 윤수종 2012).

물론 한국에서도 목적의식적인 점거운동의 흔적들을 찾을 수 있다. 그 한 예로 넝마공동체가 시유지를 점거하고 다리 밑에 컨테이너를 설치하여 사는 경우를 들 수 있다(윤수종, 2003). 그러나 사유권이 워낙 강하게 뿌리내리고 있는 현실에서 점거운동이 이루어지기는 어려웠다. 그 때문에 한국에서 점거운동은 가시화되지 않았다. 그럼에도 IMF 위기 이후 급증한 노숙자들은 지하철역사나 공원 등을 점거하여 생활했으며, 2004년에는 빈 아파트를 점거하여 살다가 의식적으로 빈집을 점거해 살기도 하였다.

여기서는 바로 그러한 활동을 했던 노숙인 점거공동체 '더불어사는집'의 형성과 변화과정을 살펴보고자 한다.

1. 결성과정

서울시 중구 황학동 삼일아파트가 2004년 3월에 철거가 끝나고, '더불어사는집'이 둥지를 틀게 될 종로구 창신동(청계천) 삼일아파트[1] 역시 철거될 예정이었다. 이 과정에서 창신동 삼일아파트 철거민대책위는 철서내책과 관련하여 양연수에게 도움을 요청한다.[2] 빈민운동가인 양연수(전국노점상연합 전회장)는 '더불어사는집'(이현정, 2007 : 90~92)의 결성과정에서 가장 중심적인 인물[3]로 철거민대책위의 제안으로 처음 그 일에 관여하게 되었다. 당시 철거민대책위는 삼일아파트 10동 3층에 빈민해방철거민연대(해방연대) 소속 종로삼일아파트철거대책위 사무실을 차려놓고 14세대 주민이 그 아파트에서 숙식을 해결하면서 투쟁하고 있었다.

양연수는 이들과 연대하여 철거민 조직활동을 하면서 해방연대(빈민해방철거민연대[4]) 사무실이 있는 시청 앞을 오가며 노숙인들을 보게 되었다. 이때 삼일아파트에는 주민이 철거에 대비하여 이주하고 있어서 빈 집이 많았다. 양연수는 이 빈 아파트에 노숙인들을 살게 하면 괜찮겠다는 생각

1) 창신동 삼일아파트는 박정희 정권 시절에 지어진 것으로 1970년대 개발의 상징이었지만 30여 년이 지나면서 철거의 대상이 되었다. 2006년 말까지는 7층 건물이었는데 낡고 붕괴의 위험이 있어서 살던 주민들은 이주하고 3~7층을 철거하여 2007년 이후 2층 건물로 되었다. 현재 1층은 여전히 상가이고 2층은 사무실, 창고로 사용하고 있다. 2층은 개별 불하하기도 했으며 재개발 이야기가 벌써부터 있었지만 쉽지는 않을 것 같다. 남아 있는 사람은 보상문제 때문에 이사를 안 가고 버티고 있으며, 그래서 철거가 지연되고 있다.

2) 김O선(철거민 대책위원장)의 요청.

3) 양연수는 1980년대 중반 이후 노점상운동과 철거반대투쟁을 해왔다. 양연수(1992)를 참조.

4) 빈민해방철거민연대는 서울의 7개지역 철거민대책위원회 400여명의 철거민들과 주거권과 생존권 쟁취를 위하여 2002년 10월 2일 결성된 조직이다.

을 하게 되었다. 물론 우연히 생각하게 된 것이었고 어떤 목적의식을 갖고 시작한 것은 아니었다.

양연수는 2004년 4월경에 이런 생각을 하면서 해방연대와 이 문제를 함께 논의를 하였다. 괜찮겠다는 이야기가 있었고 얼마 후 들어와 살 노숙인들을 물색하기 시작하였다. 처음 서울역 부근의 후암동 노숙인센터 등에 가서 노숙인들에게 이야기했으나 잘 오려 하지 않았다. 다시 5월 초부터 을지로 3가역, 시청역, 서울역, 용산역 등에서 입주할 노숙인을 물색하다가 2004년 7월 초에 시청역에서 노숙하는 2명, 송O희와 정O용을 접촉하여 설득하고 삼일아파트에 들어와 살게 하였다. 당시 청계천 삼일아파트는 거주자들 대부분이 이주해서 철거대책위원회 사무실 등 몇 호를 제외하고는 비어 있는 상태였고, 삼일아파트에서 거주하던 양연수가 이들을 삼일아파트 2동 3층(삼일아파트 2동 311호)에 살도록 하면서 점거(?)가 시작되었다.

이즈음에 양연수는 그동안 조직사업을 해온 경험을 바탕으로 이 일을 추진해나갈 이사진을 꾸렸다. 그는 자신이 잘 아는 사람들을 중심으로 7명의 이사진을 꾸리게 되었다.[5] 이사진에 있던 사람들은 그 이후 '더불어 사는집'에 일이 생기면 도와주고 직간접적으로 개입하게 된다.

처음 들어오기가 어려웠지 노숙인들이 들어오자 노숙인들끼리 서로 연결되어서 2달 만에 삼일아파트에 사는 노숙인들이 20여 명(10여 명이 상주하고 나머지는 드나드는 사람들)으로 늘어났다. 나중에는 무료급식할 때 밥

5) 이사진은 김O수(해방연대, 양O수와 감옥에서 만남), 성O현(지하철노조 노동자연대 정치세력), 최O풍(지하철노조, 민노당 중구위원장), 양O수, 임O희, 김O걸, 송O희(노숙인)였다. 양O수 면접, 2009년 3월 29일.

먹으러 왔다가 ‘더불어사는집’에 머무는 노숙인들도 생겨났다.

그런데 처음에 노숙인들이 들어오자 철거민들은 못마땅해 하였으며, 구청에 우범지대화 된다고 문제제기하기도 하였다. 양연수는 어차피 이사갈 텐데 들어와 살도록 해달라고 철거민들을 설득하였다. 물론 쉽게 동의하지는 않았다. 이런 불안정한 상황에서도 들어온 노숙인들은 2달 정도 머무르게 된다.

결국 철거예정 삼일아파트 주민이 구청에 제보하였고 구청에서 대응하게 되었다.[6] 그런데 구청의 대응방식이 삼일아파트에 와서 건물이나 가재 노구들을 부수는 것이었다. 용역들이 해머로 문을 부수고 벽도 부수고 거울, 유리 등도 부수고 집기들도 부수곤 했다. 노숙인들은 무서워서 도망갔다가 다시 들어와 복원하곤 하였다. 이렇게 10월부터 구청에서 와서 부수고 가기를 4번 정도 반복하였다. 노숙인들도 점차 거세게 저항하기 시작하였고 옷을 벗고 누워서 항의하기도 하였다. 이때 해방연대 사람들 5~6명이 함께 와서 싸웠다.[7] 그리고 양연수와 함께 활동하던 노점상 활동가들도 구청의 위협에 함께 저항하였다.[8] 2004년 11월에도 구청 직원들이 와서 부수고 가자, 철거민대책위에서까지 항의성명서를 내게 되었다.[9]

6) 임O희 면담.

7) 최O풍, 황O규 등. 이들은 정릉점거 때도 함께 투쟁하였다.

8) 특히 김O걸과 임O희가 주요 외부성원으로 활동하기 시작하였다.

9) ‘11월 5,6일 양일간에 걸쳐 종로구청 주택과 직원 4명이 주민이 살고 있고, 오갈데 없는 임신한 장애인 부부(나간 것을 다시 데리고 옴)가 철대위의 주선 하에 기거중인 종로구 창신동 삼일아파트 2동에 난입하여 장애인 부부를 끌어내고 창문유리와 거울을 이부자리에 깨부수고 문에 못질을 하는 악랄한 만행을 저질렀다. 그리고 주민들이 모여 담소를 나누는 동내 사랑방을 박살을 냈다. 이들의 파괴로 인해 2동 건물 시설물 중 유리창·현관 등 수십 곳이 파괴되어 비바람이 들이치고 겨울 혹한에 수도시설이 얼어서 동파될 위험에 처하게 되었다.’ 삼일아파트 철거민대책위원회 성명서.

종로구청은 경비를 동원하여 감시하고 CCTV를 설치하기까지 했다. 비어 있는 집이니까 남아 있겠다고 했더니 전기와 수도를 모두 끊었다. 그래도 노숙인들은 완강히 저항하며 자신들의 거처를 지켜냈으며 마침내 구청에서도 철거 때(2005년 9월 말)까지 노숙인들이 그곳에서 살 수 있도록 용인하게 되었다.

2. 노숙인공동체 '더불어사는집'

2004년 겨울 동안 그리고 2005년 초까지 아직 이름도 없고 어떤 조직적인 움직임이라고 할 만한 것은 없었다. 노점상 활동을 하던 양연수와 김O걸, 임O희 등이 적극 개입하기 시작하면서 2005년 초(3월?)부터 '더불어사는집'이라고 이름을 붙였다.

그러다가 2005년 상반기에 "희망을 만드는 노숙인 생산공동체 '더불어사는집'"이라는 명칭을 갖고 본격적인 노숙인 자활 공동체로 활동을 시작하였다. 대외적으로 공청회를 개최하는 등 자활의 뜻을 알리는 데 힘썼다. '더불어사는집' 앞에 생산공동체, 생업공동체라는 말을 덧붙였으며 그만큼 생산공동체라는 것을 강조하고자 하였다.

1) 성 원

'더불어사는집'의 성원은 2명에서 시작하였으나, 삼일아파트에 살 때에는 정주하는 사람 10여 명과 드나드는 10여 명을 포함하여 최대 20여 명까지 늘어났다. 드나드는 사람에는 양연수(이후 양고문), 김O걸, 임O희

등이 있었다. 처음에는 유동인구가 많았다. 그리고 기존 성원들은 주말마다 짝을 지어 (역, 공원 등에서) 노숙인들을 만나 들어오도록 권유하기도 하였다. 나중에 정릉으로 점거해 간 뒤에는 최대 35명 정도까지 늘어나기도 하였다.

'더불어사는집'은 주로 남성 노숙인들이 모였으며, 30~40대도 일부 있었으나 전반적으로 50대가 가장 많았다. 출신지는 다양하였으며, 주로 서울 시내, 을지로 3가, 서울역, 용산역 등지에서 노숙하던 사람들이었다. 2005년 8월 말 이후 무료급식 사업이 진행되면서 '더불어사는집'에 합류하는 노숙인들이 점차 늘어나 9월 말에는 정주인원이 20명 가까이 되었다.

<표 10-1>은 정릉점거에 들어가기 직전(2005년 9월 26일)과 정릉점거 이후(2005년 10월 31일)에 주로 받아놓은 가입원서 기록이 있는 성원들이다. 1930년대 후반 출생자들 2명, 1940년대 후반 출생자들 2명, 그리고 1950년대와 1960년대 초반 출생자들로 이루어져 있다. 이러한 연령분포는 '더불어사는집'이 유지되는 동안 대체로 지속되었던 것으로 보인다. 물론 초창기와 중반에 있던 사람들이 빠져 있으나, 계속 있던 사람들은 기록에 남아 있다.

<표 10-1> '더불어사는집' 구성원(2005년 9~10월)

이름	생년월일	직업	주소	작성일
박O환	1958.04.11.	목수	대전 중구 정동1가	2005.04.26.
박O석	1962.07.10.	노점상	서울 정릉1동	2005.09.26.
염O형	1963.10.28.	없음	서울 용산구 보광동	이하 위와 동일

양O수	1948.04.19.	노점상	서울 종로구 창신동	
조O철	1958.05.06.	건축노동자		
차O선	1947.02.16.	무	인천 계산1동	
전O선	1960.09.10.	무	충남 예산 덕산면	
정O용	1937.09.01.	무	충북 청주 상당구 내덕동	
문O하	1953.02.28.			
이O기	1939.11.30.		서울 성북구 정릉3동	
문O기	1969.06.10.	서비스업	서울 강북구 미아동	
문O배	1951.05.18.	무	서울 영등포구 당산동	
안O겸	1953.02.23.			
하O식	1963.12.12.	중식요리사	서울 성동구 상왕십리	
서O옥	1963.01.02	무	서울 서대문구 충정로	2005.10.31.
이O수	1961.10.06.	무	대전 중구 대사동	이하 위와 동일
김O윤	1962.10.11.		서울 중구 남대문로 5가	

<표 10-1>에 있는 구성원들은 주로 '더불어사는집'이 삼일아파트에 있다가 정릉으로 점거해 갈 때 있었던 사람들이다. 이들은 2004년 7월부터 삼일아파트에 머물렀기 때문에 '더불어사는집'에 1년 이상 머문 성원이다. 물론 그간 여러 사람이 들어왔다가 나가곤 하였지만 <표 10-1>에 있는 구성원들이 '더불어사는집'의 주축이 되었다.

물론 부부나 커플이 있기도 하였다. 또한 장애인 커플들이 시차를 달리하여 있었다. '더불어사는집'이 대외활동을 시작할 무렵 비교적 젊었던 임O택은 사무국장을 맡으며 '더불어사는집'을 홍보하고 발표회에서 발표하기도 하였다.

그리고 젊은 사람들은 세 커플이 있었다. 김O환(당시 22세)과 정O숙(당시 19세) 커플이 먼저 들어오고 그들의 친구인 두 커플을 데리고 들어와 살았다. 두 커플은 살다가 자기들끼리 싸우고 나갔고 김O환과 정O숙 둘만 남아 있었다. 언론에 보도되고 나서 정O숙의 부모가 찾아와 데리고 갔는데 다시 오기도 하였지만 결국 나갔다. 그리고 다른 커플들 가운데 임신한 소녀(17살)가 들어와 낙태할 것인지 논의하기도 하였지만, '더불어사는집'에서 나와 출산한 것으로 알고 있다. 당시 미성년자를 살게 할 것인지를 두고 내부논의가 있었다. '더불어사는집'이 나쁜 조직처럼 보일 수 있으니 내보내자는 의견(김O걸)이 있었지만, 양고문은 본인들이 있고 싶으면 있게 두자고 했다. 그러나 자기들끼리 티격태격하더니 나갔고, 김O환 · 정O숙 커플만 남아 있다가 정O숙이 나가고, 힘들어하던 김O환도 정릉점거 이후까지 머물다가 나갔다. 양고문이 김O환에게는 직책을 주고 일을 하게 만들려고 했기에 좀 더 오래 남아 있었던 것으로 보인다.

그리고 '더불어사는집' 성원으로 변O수가 여성을 데려와 삼일아파트에서 같이 살았다. 그리고 정릉으로 이사하던 날 또 다른 여성을 데려와 정릉에서 2달 같이 살았다.

초반에 '더불어사는집'에 들어온 노숙인들에 대해서 김O걸이 면담(?)을 하였다. 김O걸에 따르면 '더불어사는집'에 들어온 노숙인들 가운데 자존심이 강한 사람이 일부 있었지만, 대체로 정체성을 잃어버리고 공황 상태에서 정신적으로 힘들거나 우울증 상태였고 구속받기 싫어했다고 한다. 그는 그들이 치료가 필요한 사람들이며 사회활동을 할 수 있도록 도움을 주는 프로그램이 필요하다고 생각하였다. 그러면서도 개인 간의 편차가 커서 이들을 잘 연결시키면서 아우를 수 있어야만 함께 할 수 있겠다고 생각하였다.[10]

---

10) 김민걸 면담자료.

또한 '더불어사는집'을 여러 가지로 도와주는 사람들이 있었다. 양O수와 김O걸이 노점상운동을 하고 있던 터라 주위에 노점상운동을 하던 사람들이 연결되었고, 특히 무료급식을 하면서 후원회원 가입원서와 후원을 받기도 하였다.[11]

'더불어사는집'은 안정화되면서 조직화되어 갔다. 내부적으로 대표, 사무국장, 감사 등을 두고 양O수는 고문으로서 역할을 하였다. 그리고 여러 직책을 만들고 책임을 부여하였다. 전노련 지역장이었던 노점상 김O걸을 집행위원장, 노숙인 정O용을 감사로 정했다. 양고문은 항상 조직체계를 갖추려고 노력하였다. 대표와 사무국장은 몇 번 교체되었으나 감사는 한 사람(정O용)이 계속하였고, 외부 지원활동가로는 김O걸과 임O희가 있었다. '더불어사는집'은 송O희를 대표로 선출하였고 그 후 박O석, 정O우 등이 대표를 맡아 꾸려 나갔다. 양고문과 김 집행위원장은 함께 다니면서 예전에 운동했던 사람들을 만나 후원을 부탁하였다.

2005년 7월 들어서는 무료급식에 대한 논의를 거쳐 8월 22일부터 월요일마다 '노숙인이 노숙인을 위한 무료급식'을 하기 시작하였다. 무료급식을 하면서 밥 먹으러 왔던 노숙인들이 자연스럽게 '더불어사는집'에 들어옴으로써 구성원이 늘기 시작하였다. 그리고 정릉점거에 들어가기 얼마 전에 개인적인 사정으로 '더불어사는집'을 떠난 송대표를 대신해서 박O석을 새로운 대표로 선출했다.

---

11) 후원회원 명단에 있는 사람들과 후원금액. 양O수(10만원), 최O풍(10만), 김O수(5만), 마산집(1만), 조O준(1만), 백O석(1만), 노O근(1만), 염O수(1만), 이O희(1만), 김O봉(3만), 유O복(5천), 이O섭(3만), 박O희(3만), 박O규(3만), 김O길(1만), 이O철(2만), 심O선(2만), 정O남(1만), 박O기(10만), 양O정(1만), 김O호(1만?).

2) 생 활

삼일아파트에서는 아파트 다섯 채를 사용하였는데, 한 아파트는 방의 벽을 터서 회의실로 사용하였다. 한 아파트에 서너 명씩 살고, 방 한 칸에서 혼자 살기도 하였다. 양고문은 한 아파트를 사용하였다. 식사는 공동으로 하였다. 양고문은 공동식사를 하기도 했으나 대개 바깥 활동에 주력하다가 회의 때 나타났다. 박O석은 처음에는 혼자 식사하다가 대표가 되고나서 공동식사를 하는 모습을 보였다. '더불어사는집' 사람들은 방문자에게 밥을 대접하려 하였으며 식단은 대개 김칫국에 밥을 먹는 식이었다.[12)]

삼일아파트에 있을 때 조리사였던 사람들이 있었다. 송대표도 식당업 등을 했었고, 하O식은 요리사였다. 돌아가면서 요리를 하였고 밥을 전기밥솥에 해 놓고 김치와 국을 기본 반찬으로 하였다. 변O수의 파트너도 가사노동을 일부 하였다.

'더불어사는집'의 생활은 제도화된 다른 쉼터생활에 비해 자유로웠고[13)] 텔레비전도 자유롭게 볼 수 있었다. 그러나 자신들 나름의 자율요강을 정하고 식사시간도 정하는 등 규칙을 만들어 갔다. 초창기에는 오래갈 것이라고 예상하지 못했다. 송대표나 임O택은 초창기에 들어온 사람이었는데,

---

12) '더불어사는집'의 일상생활에 대해서는 이현정 감독의 영화 『192~399: '더불어사는집' 이야기』를 보라. 그리고 김강(2008)에 실린 '더불어사는집'에 관한 글을 보라.

13) 송O희나 임O택은 노숙할 때 저녁에는 지하도에서 잠을 청하고 낮에는 전철을 타고 다니며 시간을 보냈다. 노숙인 쉼터에도 들어가 보았으나 지켜야 할 것이 너무 많아 적응하기 힘들었다. 공동생활에 따른 시간엄수, 금주 등의 규칙, 노숙인들 사이의 구타 경험으로 시설을 선택하지 않게 되었다.

"그래도 거리보다는, 쉼터보다는 나을 것"이라는 소박한 희망으로 시작했다. 송대표는 "처음에는 솔직히 구청직원이나 경찰이 오면 숨기에 바빴다. '싸워라 너희 권리인데 왜 못 찾나! 너희 밥그릇도 못 찾으면 살지 마라'고 독촉 받을 때도 두려웠다. 그런데 한두 번 싸우다 보니, 노하우가 생기더라. 한 가지 한 가지 성취해나가면서 보람을 느꼈다"고 했다. 싸우면서 자신의 거처를 지켜나가고 "노숙생활할 때보다는 마음이 안정되어"갔다.[14] 이처럼 '더불어사는집' 사람들은 초창기 경찰의 압박을 이겨내고 철거 이전까지는 자유롭게 거주할 수 있었고, 점차 안정을 찾았다.

그리고 점점 더 다양한 요구를 내세우고 무언가를 하려고 노력하였다. 정부미 공급받는 것과 관련해서도 구청과 동사무소에 여러 번 다녀왔다.

'더불어사는집' 사람들은 아침저녁은 '더불어사는집' 거처인 삼일아파트에서 해결하고 점심은 대개 밖에 나가 있었기 때문에 주로 무료급식소에서 해결하였다. 서울에는 여러 급식소가 있어서 서로 위치와 급식요일에 대해 정보를 교환하면서 찾아다녔다.

2005년 초반에 구청의 철거에 저항하고 철거민들의 동의를 얻어내고 철거 전까지 살도록 하겠다는 구청의 용인을 받아내었다. 그 후 '더불어사는집'은 조직을 정비해 가기 시작하였고 4, 5월에는 학습을 하고 토론회를 여는 등의 활동을 시작하였다. 4월 25일부터 월요일 저녁 7시에 삼일아파트에서 학습을 시작하여 5월 23일까지 하였다. 학습은 노점상 운동을 하던 임O희가 적극적으로 결합하여 책을 읽고 토론하거나 임O희가 이야기를 하고 질의·응답하는 방식으로 진행되었다. 이 모임은 학습만을

14) 최은아, 2005, "'점유'와 '사용'을 통해 배타적 소유에 균열을 내다", <인권하루소식> 제2842호, 2005년 06월 30일.

위한 것이라기보다는 '더불어사는집' 성원들이 모이는 기회로 삼고 논의 문화를 만들어 나가자는 취지에서 이뤄졌다. 이 때에는 토론을 주로 하면서, 자긍심을 가지고 살아야 한다는 등의 이야기를 많이 하였으며, 김 집행위원장도 함께 하였다. 한 달 정도 지속된 학습은 성원들의 결속력을 다지는 계기가 되었으며 대부분이 참여하였다. 또한 8월 11일에는 '더불어사는집' 식구들이 함께 설악산으로 놀러갔다. 흔들바위까지 올라가서 마치 놀러간 것이 아니라 행군 같았다고 한다.

그 해 여름에 쉬었던 학습을 재개하여, 9월에 철학학교를 개설하였다. 9월 13일 화요일 1강을 시작으로 9월 27일 화요일까지 총 5강의 강의와 토론이 있었으며, 단 한 강의만 금요일에 개최되었고, 주로 매주 화요일에 개최되었다. 철학학교에는 10~13명이 참여하였으며 임O희가 강의를 주도하였다. 『철학에세이』, 변증법적 유물론, 세계자본주의, 자본주의의 성격, 신자유주의 등에 대해 강의하고 토론하는 방식을 취하였으며, 열띤 질문과 토론이 이루어졌다. 강의를 한 뒤에는 회의를 하는 것을 정례화하였다.

'더불어사는집'의 주요 수입원은 노점에서 번 판매금과 후원금이었다. 재정운용은 정O용(이하 정감사)이 맡아서 하였다. 노점을 개설한 지 한 달 뒤부터 정O용은 통장에 입금만 하고 도장과 통장을 양고문에게 주었는데(?) 돈이 모이면 양고문이 꺼내 써버리곤 했다고 한다. 초반에는 씀씀이에 대해 회의에서 이야기하기도 하였으나 점차 양고문이 마음대로 하는 방식으로 바뀌어 나갔다. 남아 있는 장부에는 '양고문 채용(차용?)'이라는 항목으로 정리되어 있다. 정감사가 재정을 관리하면서 문제제기를 하기도 하였으나, 양고문은 막무가내였다. 결국 수입과 지출 문제에서 돈 흐름을 양고문이 장악하고 처리하게 되었으며,[15] 돈 문제를 투명하게 관리하지 못한 것과 양고문이 이를 좌지우지한 것은 '더불어사는집'의 자율적 생활을 해치는 가장 큰 요소가 되었다고 생각한다.

3) 일과 노점

낮에는 집에 머무는 사람이 적었다. 김O환과 정O숙과 같은 젊은 사람들과 임시로 며칠 머물던 사람들이 낮에 있었다. 대부분은 일을 나가거나 개인적으로 재활용품 수집에도 나섰다. 삼일아파트에 있던 노숙인들은 건설현장의 일용직(노가다)으로 나가기도 하였고 몇 사람은 공공근로를 하기도 하였다. 양고문은 그들이 공공근로 하는 것을 반대하였고, 노점을 마련해 줄 테니 모여 살면서 함께 투쟁하라고 다그쳤다. 그런데 성원들에게 외부일이 아닌 노점을 하기 원했던 양고문이 전노련 의장선거에서 떨어지면서 그의 노점상 관련 입장이 약화되었고—아마 전노련의장이 되면 노점을 확보할 수 있을 것으로 생각한 듯하다.—노점 자리를 확보하는 것이 어려워졌다.

하지만 '더불어사는집'은 2005년 봄부터 새로운 일거리를 만들어 가려고 생각하였다. 양고문, 김 집행위원장 등이 노점상을 해 왔고 삼일아파트 부근에 노점이 생겨나기 시작하던 터라 노점을 해 보자는 생각을 하게 되었다. 2005년 5월 28일에 청계천 8가 삼일아파트의 4동과 5동 사이

15) 일요일에 노점판매가 잘 될 때에는 40~60만원씩 수익을 올렸다. 이러한 돈을 모아서 뭔가 했어야 하는데 양고문이 가져가 써버렸다. 정감사는 자신이 이것을 제대로 감사했어야 했는데 못했다고 후회하였다. 정O용 면담기록.

빈 터를 무단점거하고 노숙인 자활의 뜻을 알리면서 기증 받은 물품을 판매하기 시작했다. 재활용품을 기증받는다는 문건을 만들어 배포하기도 하였다. '더불어사는집'의 노점을 개설한 것이다.

'더불어사는집' 노점에서는 김 집행위원장이 트럭 10대 분량의 중고 물품을 갖다 주어 1년 반 정도 그것을 팔았다. 당시 김O걸은 '더불어사는집'의 집행위원장을 맡았다. 물론 물건 수거와 관련하여 임O택(당시 사무국장)이 몇 번 다른 사람들로부터 물건을 받은 적이 있었다. 그러나 '더불어사는집'에서는 노점판매를 위한 재활용품을 직접 수집하지는 않았다.

김 집행위원장은 동대문운동장 쪽에서 노점을 해 왔었고 노점에서 팔 물건들을 하남 밭에 비닐하우스를 만들어 보관했는데, 땅주인이 땅을 내놓으라 해서 트럭 10대 분량의 물건을 '더불어사는집'에서 판매하도록 가져왔다. '더불어사는집' 사람들이 열흘 정도에 걸쳐서 가져올 정도로 물건이 많았고 종류는 옷을 비롯하여 다양하였다. 정감사는 물건을 팔고 일정액을 가져온 물건값으로 양고문을 통해 김 집행위원장에게 전달하도록 주었으나, 양고문이 그것을 전달하지 않아 김 집행위원장이 정감사에게 달라고 자꾸 요구하거나 불만을 드러냈다.

노점 장사는 일요일에는 잘 되었지만 평일에는 잘 되지 않았다. 노점은 상가 사이에 있었다. 평일에는 상가에 드나드는 사람들이 지나다녔고, 주말에 노점을 찾는 손님들이 왔다. '더불어사는집' 사람들이 2~3명, 많을 때는 4명이 나가서 옆 창고에 싸놓은 물건을 펴고 장사를 하였으며 판매대금은 '더불어사는집' 수입금으로 하고 판매자는 일당 2만원씩을 받았다.

나중에 김 집행위원장이 가져온 물건들이 바닥이 나자 양고문은 자신이 하던 신발을 이곳으로 가져와 판매하게 하고 판매금을 자신이 가져갔다.

그래서 '더불어사는집' 식구들 일부는 자신들이 '더불어사는집'을 위해 일하는 것이 아니라 양고문을 위해서 일한다고 느끼며 불만을 토로하였다. 이러한 구도 속에서 (꼭 이것 때문만은 아니지만) '더불어사는집' 성원들 가운데 일부는 판매금을 갖고 사라져 버리는 일들이 종종 발생했다.

4) 무료급식

2005년 5월 말부터 노점을 하면서 '더불어사는집'은 자신을 알리는 방법을 생각하게 되었다. 4월부터 토론회를 여는 등 활동을 해 왔으나 좀 더 확실하게 외부 사람들에게 '더불어사는집'의 존재를 각인시킬 방법을 찾고 있었다. 그러나 무료급식 이야기가 나왔을 때 내부에서는 '더불어사는집' 성원들도 먹고살기 어려운데 무료급식은 천천히 해도 되지 않겠느냐는 의견이 있었다. 하지만 양고문이 워낙 강하게 밀어붙였고, 무료급식은 '더불어사는집'을 상징하는 사업이 되었다.

7월 들어서면서 노숙인들을 위한 무료급식을 계획하고 구체적인 방안들을 생각해 나갔다. 100여 명을 예상하고 '더불어사는집' 식구들 10명이 담당하여 '더불어사는집' '생업공동체' 점포 앞에서 매주 월요일 12에서 오후 2시 사이에 '노숙인급식사업(점심)'을 계획하였다. 준비작업을 통해 2005년 8월 22일부터 매주 월요일에 노숙인들에게 점심 무료급식을 시작했다. 20일 준비모임에서는 급식홍보와 반찬준비, 밥준비, 국준비, 그릇·가스 등 준비물을 미리 챙기고 일요일에 시장을 봤다. 준비논의를 하면서 '더불어사는집' 식구들은 "우리가 노숙인들에게 급식을 한 건 세계적으로 처음 시작한다"고 자부심을 느끼고 힘들어도 이겨내자고 결의를 다졌다. '더불어사는집' 식구들도 과거 노숙인들이다. 이들은 스스로 '잠자리, 일자리, 먹거리'를 해결해 왔고 현재 노숙을 하는 사람들에게 '점심과 담배 한 갑'을 제공하였다. 노숙인에게 제공되는 무료급식은 매우 많지만 '더불어사는집'의 급식은 "노숙인이 스스로 벌어서 노숙인을 먹인다"는 자율성을 강조한 최초의 급식 사례이다.

참여자들은 각자 한 두 가지 일을 나누어 맡았고 시간이 되면 죽 늘어서서 배식을 하였다. 두 번째 급식을 하면서부터 급식에 왔던 노숙자들이 '더불어사는집'에 들어오게 되었다.[16)]

제공한 음식은 대부분 한식이었으며, 때로는 자장면과 같은 음식도 있었다. 밥을 먹으러 온 노숙인의 수는 적게는 40~50명, 많은 날은 100명이 넘어서 몇 번 밥이 모자란 적이 있었다. 한두 번 무료급식을 거른 적이 있지만, 계속 매주 월요일 점심에 2년 동안 진행했다.

이 당시 급식을 하면서 웃음을 잃지 않았던 '더불어사는집' 식구들의 모습은 신문과 방송의 보도로 더욱 알려지게 되었다. 이미 5월경부터 '더불어사는집'은 언론 매체에 많이 소개되었다. 신문과 방송에서는 복지나 자선에 의한 것이 아니라 당사자들의 자발적인 활동에 크게 호응을 했으며, '더불어사는집'의 생활 모습뿐만 아니라 무료급식 사업의 의의가 널리

16) 2005년 8월 29일. 오늘 두 번째 급식을 시작했다. 오늘은 아침에 8시에 일어나서 준비하고 반찬하고, 감자 여러 개 썰어서 준비하고, '더불어사는집' 식구들 다 통합해서 만들었다. 송씨 아저씨는 국 당번 하시고, 조씨 아저씨는 김치하고 채소들을 썰었다. 박씨 아저씨는 가스하고 기름으로 연결해서 그런 일 하셨다. 나머지 사람들은 모두 다 일을 했다. 그렇게 만들어서 드디어 시작했다. 생각보단 사람들이 많이 안 왔다. 다 드시고 끝나고 나서 두 사람이 새로 들어오셨다. 우리의 가족이 많이 생겼다. 무지 기분이 좋다. 나중에 사람이 더 들어오신다고 한다. 기분이 좋았다. 이걸로 우리의 하루 생활이다. 조금은 힘들었어도 그래도 기분이 좋았다. 사람들이 많이 모여서 함께 살았으면 합니다. 임O희의 일기.

알려지게 되었다.

그러나 무료급식 사업을 지속할 수 있는 경제적 지원이나 노점 활동은 늘 어려움에 부딪혔다. 특히 그해 5월에 문을 열었던 노점은 종로구청의 행정조치로 영업이 중단된 상황이었기 때문에 무료급식 경비를 다른 방식으로 조달해야만 했다. 이에 '더불어사는집'은 보다 적극적으로 동대문 풍물시장 등의 노점상들에게 '더불어사는집'의 무료급식 사업의 의의를 설명하고 기부를 받아 급식 사업을 지속할 수 있었다.[17)]

또한 '더불어사는집'은 무료급식 사업을 하면서 종로구 창신1동에 무료급식단체로서 정부미공급을 요구하였다. 이 과정에서 '더불어사는집'은 동사무소에 몇 번 찾아가 "무료급식을 하는데 정부가 도와주어야 하는 것 아니냐"며 농성하였다. 그 결과 정부로부터도 쌀지원을 받아서 중간에 노점이 중단된 상태에서도 계속해서 급식을 할 수 있었다.[18)]

5) 대외활동

2005년 초반에 '더불어사는집'은 당시 스쾃운동을 전개하고 있던 김윤환, 김강 등(오아시스팀)[19)]과 연결되었다. 양고문 쪽에서 오아시스팀을 알고[20)] 먼저 수소문하여 만나게 되었고 서로 협력방안을 찾기로 하였다. 양고문의 연락을 받고 오아시스 프로젝트팀의 김윤환이 삼일아파트를 방

---

17) '노숙인 생산공동체 '더불어사는집' 후원회 가입' 문건.
18) 2005년 10월 10일 420kg을 요청하여 사용하였다.
19) 스쾃운동을 제기하고 목동 예술인회관점거 프로젝트를 수행한 팀이다. 오아시스팀 활동에 대해서는 오아시스팀(2007)을 참조.
20) TV에서 목동점거활동에 대해 방송하는 것을 보고 알았다고 한다.

문하여 함께 할 방안을 논의하였다. 양고문 쪽에서는 오아시스팀의 이슈 파이팅을 부러워하였다. 그리고 자신들이 원하는 것을 오아시스 팀에서 채워주길 바랐다. 양고문 쪽은 행사도 하고 점거 계획을 세워 함께 하자고 제안하였고, 김윤환은 '천천히 가자'고 하였다.[21)]

이후 '더불어사는집'과 오아시스팀이 주축이 되어 2005년 4월 16일 토요일 5시에 민주노총 1층 사무실에서 사회운동단체인 '평등연대'[22)]와 함께 '노숙인들의 반란, 빈집점거' 토론회를 열었다. 노숙인에 대한 근본적인 대책을 촉구하기 위한 취지였다. 오아시스 프로젝트의 김강씨가 '점거에 대한 국내외 역사적 사례와 평가 및 점거운동의 의의'를, 역시 오아시스 프로젝트의 김윤환씨가 자신들의 활동에 대한 의의를, "'더불어사는집' 준비모임'에 노숙인 당사자 임O택('더불어사는집' 사무국장) 씨가 '우리들의 이야기'를, 한국도시연구소 연구원 남원석 씨가 '노숙인 주거문제와 해소방안'을, 양고문은 발제문 없이 그간 경과와 계획을 발표하였다. '더불어사는집'에 실질적인 지원을 하고 있던 양고문은 당시 민주노동당 빈민위원회(준) 위원장으로서 이날 토론회에서 "노숙인들을 이 사회에서 분리시키려는 정부의 정책이나 시혜의 대상으로만 바라보는 시각은 결코 문제해결에 도움이 되지 않는다, 정부의 노숙인에 대한 대책은 거리에서 눈에 띄지 않게 하는 것이 핵심일 뿐"이라고 말했다. 따라서 이들이 "마음 편하게 잠잘 곳, 일자리를 마련하고, 따뜻한 가족의 품만이 문제 해결에 도

21) 김윤환은 몇 번 방문하면서 (양고문이) 대단하다고 생각했다. 양고문 쪽에서 적극적으로 함께 활동하자고 끌어당겼으나 오아시스 팀에 집중하느라 충분히 함께 하지 못했다고 한다.

22) '평등세상을 위한 노동자·민중 실천연대'(약칭 평등연대)는 2000년 12월 16일 창립되었으며, 김대중 정권 시절 노동운동, 민중운동, 민주노동당의 혁신을 선도할 것을 제창하였다.

움이 된다"고 강조했다. 또한 '더불어사는집'을 염두에 두고 "주거권 확보뿐 아니라 노숙인 자활공동체로 만들어가겠다"고 밝혔다.23)

또한 '더불어사는집' 성원들은 2005년 5월 들어서는 각종 집회에 나가고 시위 등을 직접 조직하기도 하였다. 이러한 활동은 5월경부터 언론에 소개되기 시작하였다. 5월 31일에는 서울시 중구 구민회관에서 '더불어사는집 관련 토론회'를 개최하였다. 이 토론회는 '더불어사는집'에 대한 소개와 노숙인에게 잠자리, 일자리를 제공하고, 가족의 품(?)으로 돌아가게 하기 위한 과제와 전망을 논의하기 위한 자리였다. 토론회의 질의응답시간에 양고문은 윽박지르듯이 말하면서 다른 조직들은 왜 도와주지 않느냐고 강박하는 듯 발언했다.

더욱이 6월 23일(목) 오전 9시 반에는 '더불어사는집'에 대해서 보다 더 적극적으로 알리고 노숙인에 대한 대책을 촉구하는 기자회견을 시청 앞에서 열었다. 문건에서 주최측은 '정신장애 3급 2명, 임신부 1명, 지체장애 3명, 노인 등 20여 명이 모여 우선 먹고사는 문제를 자립적으로 해결하기 위하여 못쓰거나 버려지는 물건을 수리, 개조, 다듬어서 재활용품을 만들어 파는 생업공동체를 운영하기로 하여 6월 초부터 재활용품 장터를 개설하여 기증품 등을 팔고 있습니다'고 하면서 '더불어사는집'의 점유권의 정당성을 강조하였다. 또한 피케팅을 하면서 '더불어사는집'의 존재를 알렸다.

6월 30일에는 명동입구 향린교회에서 민주노동당 중구 지부가 주최한 교육에 '더불어사는집' 모든 식구들이 함께 참가했다. 마침 '무상의료 가능한가'라는 교육을 심상정이 하였는데, '더불어사는집'에 일시적으로 거

---

23) '노숙인들의 반란, 빈집점거', 토론회 자료.

주하였지만 미혼임산부였던 '해선'의 치료와 박O석 씨의 입원 등의 문제가 있어서 의료문제는 초미의 관심사였다. 이와 관련하여 성폭력상담소나 민주실천의사회 등과 연결되었으며 노숙인의 의료문제에 대한 지원을 확인받았다.

또한 종로구청과는 빼앗아간 물건을 되돌려달라고 요청하여 물건을 회수하기도 하였지만 동사무소 사회복지과 직원과는 쌀 지원 문제로 신경전을 벌였다. 7월 13일에는 정부미(쌀) 60kg 3포대를 인수하게 되었고 그 이후 노숙인 무료급식이라는 명목으로 쌀 지원을 받게 되었다.

7월 들어서는 이미 '더불어사는집'에 들어온 구성원들이 을지로 입구 지하도 및 무료급식소, 서울시청 지하도 및 을지로 입구 만남의 광장 지하도 등에서 노숙인과 접촉하면서 '더불어사는집'에 들어올 것을 권유하는 사업을 벌였으나 쉽지는 않았다.

오아시스팀과는 7월 들어서 좀 더 밀접하게 접촉하게 되었다. 2005년 7월 26일~27일에는 오아시스팀이 연결해줘 '더불어사는집' 사람들 4명이 한국민족예술인총연합회 전시장에 디스플레이 설치 작업을 하였으며, 28일에는 전시장 오픈 행사에 참석하였다. 오아시스 프로젝트에서 운영하던 포장마차의 철거에도 동참하였다(7월 31일). 7월 30일(토)에는 '인권운동사랑방'이 주최한 행사 '반딧불'(늦은 7시 30분, 서울역 구역사 앞 광장)에서 집 없는 사람들의 애환을 그린 영화 "점거하라! Squat"을 감상하고 '더불어사는집'(노숙인의 희망만들기 생산공동체)과의 대화에 참석하여 내가 꿈꾸는 집을 만들며 이야기를 나누는 시간을 가졌다.

3. 새로운 점거

삼일아파트의 철거 시한인 2005년 9월 30일이 임박해 오면서 '더불어 사는집'은 새로운 거처를 마련해야 했다. 오아시스팀으로부터는 점거에 대한 다양한 정보를 듣고 방법에 관해서 이야기를 들었다. 그러한 과정에서 양고문은 프랑스의 점거운동, 피에르 신부의 활동, 브라질의 무토지농민점유운동 등에 대해서 알게 되었다. 그리고 점거계획을 세우고 점거지를 물색하였으며, 비어 있는 동사무소 건물 두 곳을 염두에 두기도 하였다. 그러던 와중에 서울시가 하는 매입임대주택사업에 대한 이야기가 나왔다. 그리고 인권운동사랑방 등에서도 이와 관련하여 논의가 되고 있었다. 매입임대주택사업이란 서울시가 매입하여 도시개발공사(SH공사, 이하 도개공)에 임대사업을 위탁하는 사업이었다.

이 과정에서 양고문은 민주노동당 쪽에 임대주택사업에 관한 정보를 요청하였다. 양고문은 2000년 민노당 중구 국회의원 후보로 출마한 적이 있었다. 이때 민노당 당원 김O철 씨는 양고문 지원활동을 하였다. 당에서는 당시 양고문을 빈민쪽을 대표하는 사람으로 인식하고 있었다. 민노당에서는 운동방식에 대해서는 이견이 있었으나, 점거방식에 대한 호의를 가지고 있었다. 2004~2006년 김O철은 민주노동당 의정지원부장을 하면서 민주노동당 서울시의회 심O옥 의원 보좌관 시절, 양고문으로부터 연락을 받았다. 서울시 의회에서 당시 민노당 심O옥 시의원이 의원자격으로 서울시가 매입한 임대주택의 지번, 매입상황, 임대상황 등의 자료공개를 요청하여 받았다. 처음에는 안 주려고 하였지만 SH공사에서 관리하고 서울시에서 위탁을 준 것이라 서울시의 요구에 의해 SH공사로부터 받아낸 것이다.[24] 특히 지번 등을 알려주려고 하지 않았지만, 자료를 받게 되었

고 실무를 보던 김O철이 양고문에게 넘겼다.[25)]

양고문은 처음에는 임대아파트나 임대주택 입주에 대해 문의하였다. 그런데 당시 '더불어사는집' 노숙인들은 임대아파트나 임대주택을 받을 조건이 안 되었다. 양고문은 넘겨받은 자료에서 매입임대주택 가운데 공가(빈집)의 지번과 평수, 지역 등을 확인하여 점거지를 정하였다. 서울 곳곳에 매입임대주택이 2~3천 세대 정도였는데, 빈집이 200개 정도 있었다. 서울 중심부에는 빈집이 없었고, 집이 있다고 하더라도 임대되었거나 거주하기에 좋은 상태가 아니었다.[26)] 주로 빈집은 서울 중심부보다는 주변 지역에 있었으며, 그러다 보니 삼일아파트나 노점과는 거리가 먼 정릉을 점거지로 정하게 되었다.

2005년 9월 29일 저녁 7시 박대표와 양고문, 그리고 김 집행위원장이 선발대로 삼일아파트를 떠나고 다른 식구들은 짐을 싸놓고 대기하다가 연락을 받고 나중에 떠났다. 그들이 도착한 곳은 서울시 성북구 정릉동의 한 다가구주택이었다. 4층짜리 7세대가 살 수 있는 곳으로 자물쇠가 채워져 있던 빈 건물이었다. 양고문과 박대표가 준비해간 장비로 자물쇠를 절단하고 들어갔다. 주변의 관심이 모이는 것을 방지하기 위해 어둠을 틈타 조용하고 신속하게 짐을 날랐다.

점거하려던 건물에 들어갔을 때 구들장이 파헤쳐져 있어서 다른 동으로

24) 서울시로부터 공교롭게 지번까지 확인하여 요청하였는데 그 자료를 사용한 것 아닌가 하고 의심하였고, 의원에게 준 자료를 공개해서는 안 된다고 하여 심O옥 의원이 힘들어 하였다.

25) 김O철 면담 자료.

26) 점거대상이 될 만한 곳으로 쌍문2동, 수유동, 성수2가, 정릉, 중곡동, 장위동(번지 생략)이 있었다.

점거하러 갔는데 거기에 한 가구가 살고 있어서 결국 구들장이 파헤쳐진 동을 점거하였다. 도둑들이 동파이프를 훔쳐가느라고 구들장을 파놓았던 것이다. SH공사의 관리의 허술함을 여실히 보여주는 것이었다. 방바닥이 다 파헤쳐져서 시멘트 덩어리들이 방마다 가득 쌓여 있었고, 수도와 전기, 그리고 난방 장치가 온전하지 않았다. '더불어사는집' 식구들이 가장 먼저 한 것은 방을 만드는 일이었고 전기와 수도를 연결하는 것이었다. 이 정릉집에 '더불어사는집' 식구들 일부가 이사함으로써 이것은 대한민국에서 빈민(노숙인)에 의한 최초의(?) 점거 사례로 기록된다.

SH공사 측에서는 저소득층 주택정책 중 하나인 매입임대주택 일부를 방치한 행정적 직무 유기가 알려지게 될까봐 '더불어사는집'에 협상을 제안했다. 29일에는 이 임대주택의 관리를 맡고 있는 도시개발공사 실무자와의 면담에서 입주계획서를 제출해 달라는 요구를 받고 이에 응하기로 하는 등 사실상 합의에 이르렀다.

10월 3일에는 '더불어사는집'의 조직 확대를 고려하여 주변 다른 다세대건물 중 3세대를 추가로 점거했다. 그러나 사람 수가 적고 그곳까지 지켜내기는 버거웠다. 그리고 그 건물에는 주민들이 살고 있었고 그들의 지지를 끌어내기가 어려웠다. 거기서는 점거 이틀 만에 퇴거하고 말았다.

그러나 경찰이 연이어 찾아와서 철거를 요구하는 등 상황이 악화되기 시작했다. '더불어사는집'은 도시개발공사 관계자와 면담을 하고 항의를 제기했으나, 이전 면담과는 달리 상부의 지시라며 철거를 요구했다. 낮 동안에 동사무소, 구청, 경찰, 공사 등에서 다섯 번이나 찾아와 퇴거하라고 협박하였다. 다른 한편으로는 담당 경찰서를 통해 사유지 침입이므로 당장 퇴거하라는 명령을 내렸다.

'더불어사는집' 식구들은 점거 후 집을 지키기 위해 공권력에 맞서 싸워야 할 수도 있음을 예상하고 있었지만, 실제로 경찰들이 퇴거 명령을 내리자 불안감이 생겨났다. 이때 민주노동당 중앙당 김O진 변호사가 법률상 점거자들을 강제로 끌어낼 수 없다는 의견서를 써 줬다. 그리고 해방연대(준), 중노련이 관심을 가지고 도와주었고, 민주노동당 지역위에서도 다녀갔다. 경찰 몇 명이 용접기와 보안망을 가지고 와서 '더불어사는집' 식구들을 내쫓고 문을 용접해서 출입을 금지하려 했다. 그때 연대하러 온 사람들과 함께 싸워서 경찰들을 몰아냈다.

10월 5일(수) 양고분과 '더불어사는집' 식구들 20여 명은 오전 9시 20분경 서울시청 항의 방문을 가서 시위를 벌였다. 시장 면담을 요구하며 시장실로 향하다가 끌려 내려온 '더불어사는집' 식구 20여 명이 시청 앞에서 연좌시위를 벌였다.[27] '더불어사는집' 식구들은 피켓팅을 했다. 오후까지 농성하는데 해방연대 식구들이 연대하여 참석하였다. '더불어사는집' 사업계획서를 내기로 합의하여 일단 퇴거는 저지하고 협상할 수 있는 토대를 만들었다. 이 시위에서 피켓에 쓴 구호는 "주거는 소유가 아니라 생존의 권리이다", "노숙인에게 잠자리를 보장하라", "노숙인 빈집점거는 정당하다"였다.

27) 모이자마자 곧바로 시장실로 올라갔는데 끌려 내려왔다. 한참 다투고 있는데 정릉 '더불어사는집' 식구들이 다 모여들었다. 정문을 곧바로 봉쇄해버렸다. 소리치고 밀고 땡기고 하다가 다시 후문으로 갔다. 거기도 봉쇄해버렸다. 그래서 비닐 깔고 이불 깔고 항의하니 시청관리자들이 우르르 몰려와 이리 땡기고 저리 땡기고 했다. 경찰들이 연행하겠다고 계속 위협하면서 노숙인들을 뒤로 밀치며 소리쳤다. 그렇게 옥신각신하면서 오전을 다 보냈다. 그러고 나니 시청 관리자들이 물러났다. 그래도 시청관리자들이 계속해서 이불과 돗자리를 치우라며 시끄럽게 해대다가 갔다. 임O희의 일기에서.

10월 6일 경찰들과 SH공사 사람들이 와서 집을 비우라고 협박하면서 고발장을 내밀고 소리치는 등 한바탕 설전이 오갔다. 해방연대 사람들이 와서 함께 싸워주었다. 경찰과 SH공사 직원들은 문을 폐쇄하려고 용달차에 용접기와 철문을 비롯한 쇳덩이를 가득 싣고 문 앞에 와서 대기하고 있었다. 경찰과 SH공사 사람들을 물리치고 나서 '더불어사는집' 사람들은 일단 정릉의 점거한 집을 사수하기로 하고 SH공사가 요구하는 임대 방법도 마련하면서 기타 선전전과 함께 SH공사와 시청, SH공사 사장집 항의 방문 등의 투쟁을 하였다.

10월 7일 오전 11시 비가 내리는 가운데 서울시청 앞에서 기자회견을 열어 '더불어사는집'의 현황을 알렸다. 지금 살고 있는 정릉 '더불어사는집'의 주거를 보장하라는 것이었다. "노숙자의 자활을 가로막는 서울시는 각성하라!"는 구호가 울려 퍼졌다(기자회견문에서). 당시 국감 중이라 시청에는 많은 경찰이 나와 있었다. 요구를 전달하기 위해 시청입구에서 한참 실랑이를 하다가 대표단을 보내 시장 면담신청을 하고 돌아왔다. '더불어사는집' 식구들과 해방연대동지들이 함께 하였다.

10월 11일 정릉의 점거한 주택에 전기와 수도가 끊겼다. 한전에 따지러 갔고 13일에는 제기동에 있는 수도국을 찾아갔다. 수도국 직원들에게 왜 정릉 주택의 수도관을 빼 갔느냐고 따졌다.[28)]

그러나 정릉점거 소식이 알려지면서 많은 노숙인들이 들어왔다. 쌀이 부족하여, 10월 16일에는 종로구청장실에 몰려가 쌀을 달라고 농성하였다.

10월 18일에는 점거해 들어간 정릉집에 대해 SH공사로부터 2005년

28) 수도국 직원들은 자신들이 하지 않았다고 하였다. '더불어사는집' 사람들은 SH공사 사람들의 소행이라고 생각했다.

10월부터 2006년 2월 말까지 5개월 동안 무상사용 합의를 얻어냈다. SH공사의 주택팀장과 양고문, '더불어사는집' 집행위원장 간에 3층 건물 7세대가 사용하는 것으로 합의하였다. '더불어사는집' 사람들은 SH공사에 가서 정릉 점거한 집에 살 수 있는 허가증을 받아 왔다. 한전은 뜯어버렸던 방바닥에 전기 판넬을 깔아주었고, '더불어사는집' 식구(성원)들은 집을 임대료 없이 그리고 전기, 수도도 무상으로 사용할 수 있게 되었다. 5개월 동안 임대보증금을 마련하는 명목으로 유예기간을 얻은 것이다.

4. 점거공동체 '더불어사는집'

1) 성원

정릉에서 '더불어사는집' 성원들은 처음에는 20명이 채 안 되었다. 겨울이 되자 점차 사람들이 들어와 30여 명이 되었고, 이들은 다 거처에 머물지는 않았다. 건설현장 일용직(막노동), 공공근로 등을 하였고 대개 나가서 움직이다가 저녁에 들어왔다. 정릉 점거지역이 재개발 지역이라 철거가 진행되고 있어서, '더불어사는집' 사람들은 여러 가지 일을 하였고 철거가 예정된 건물에서 수도꼭지, 방바닥 뜯은 것 등을 갖다가 팔아서 쓰기도 하였다.

정릉 점거 이후 정O우(나중에 대표)가 "정릉집이 좋다"는 소문을 내서 노숙자들을 많이 데리고 왔다. 그는 용산역 뒤에서 천막치고 살아서 노숙자들을 많이 알고 있었다. 그래서 정릉 다가구주택에 머무는 사람이 35명까지 늘어났다. 방마다 꽉 찼다. 4층에 이어 옥탑방까지 사람들이 있었다.

처음에는 한 방에 2명 정도 있었는데 여러 명이 살게 되었다. "노숙자의 천국이다"라는 소문이 나고 별다른 통제가 없자 노숙자들이 서로 끌어들이곤 했다. 그러나 늘어나는 것에 대해서 양고문은 크게 개의치 않았고 발전이라고 생각한 것 같다.

2006년 11월, 12월 들어서면서부터는 "먹을 것도 안 주고 양고문이 귀찮게 한다"고 하면서 중간에 들어왔던 사람들이 더 편한 곳으로 간다면서 떠나갔다. 특히 양고문이 약속은 하지만 지키지 않고, 자신들에게 일자리를 연결해주지 못하는 것에 대해서 불만을 품고 새로 들어왔던 사람들이 많이 나가게 되었다. 더욱이 양고문과 박대표의 갈등이 증폭되고 술이 넘쳐나면서 성원들은 점차 정릉집을 빠져나갔다. 2006년 2월 말 임대계약을 맺을 때에는 10여 명만 남아 있었다.

2) 생활

정릉집이 안정화되면서 '더불어사는집'을 법인체로 만들려고 구상하였고, 점거하고 살게 된 직후인 2005년 10월 18일에 임O희 등이 과천 보건복지부에 법인체 일로 다녀왔다. 양고문은 '더불어사는집'의 법인화를 추진했다. 법인화는 점거 당시부터 고려했던 일로서, 법인의 자격으로 복지시설에 등록하여 정부로부터 지원혜택을 받기 위해서였다. '더불어사는집'은 이미 삼일아파트에 살 때에 무료급식지정단체로 지정되어 정부미를 공급받아 왔으며 노숙인 보호시설 명목의 사회복지시설 등록을 도모했다. 생계의 전망이 밝지 못한 상황에서 정부의 지원체계를 활용해 보려고 한 것이었다.

그런데 복지시설로 등록하기 위해서는 안정된 공간에 대한 법적 점유(소유 혹은 임대계약)를 증명해야 한다. 그리고 SH공사에서도 임대보증금을 마련할 유예기간을 준 것이기 때문에 SH공사와 추가적인 협상의 내용은 임대계약 여부였다. 법인체 등록건은 계속 이야기되었고, 2006년 3월 이후에는 양고문의 다양한 구상 속에 계속 논의는 되었지만 진전되지 못하였다. 점차 '더불어사는집'의 실체가 사라지면서 그 이름만 풍성해져 갔다.

정릉으로 점거해 간 뒤에는 양고문의 영향력이 줄어든 것으로 보인다. 박대표를 중심으로 몇 사람이 양고문에게 반기를 들었던 것이다. 박대표가 내부를 장악해 가고 있었고 양고문에게 싫다고 오지 말라고 하였다. 평소 종교적 심성을 지니고 있던 몇 사람은 양고문이 종교에 대해 무차별적인 공격을 하고 독선적으로 하는 것에 대해서 반감을 가지고 있었다. 이들은 거의 끝까지 남아있었고 점거지에 머물면서 무슨 일이든 찾아보려고 하였다.

특히 박대표는 급식, 데모, 투쟁지원, 구청 청원, 한전과 전기 싸움 등을 하느라 바빴다. 전기연결하고, 수도국에 쫓아가서 무상으로 수도를 사용하도록 허가받았다. "사람이 오갈 데가 없는데 어쩔거냐" 하면서 압박을 가하여 얻어낸 결과였다. 구청 복지담당자와 SH공사 팀장과 협상하고 요구하는 일이 많았다.

11월, 12월이 되면서 '더불어사는집'에는 내부문제가 생겨났다. 노점은 계속했지만 수입이 많지 않았고 부식 값과 밥값을 감당하기에도 힘겨웠다. 특히 겨울에는 장사도 잘 안 되었다. 그리고 정릉으로 가면서 후원이 끊겼다. 종로 사람들(청계천노점상들)에게 평가가 안 좋아졌기 때문이다. 특히 김 집행위원장이 종로지역 지역장이었는데 지역장에서 물러나면서 후원이 더욱 줄었다. 그러면서 무료급식과 관련해, "우리 먹을 것도 없는데 급식이나 한다"고 반발이 나왔다. 양고문이 전혀 협의와 타협을 하지 않자 여기저기서 불협화음이 생겨났다. 김 집행위원장과 양고문이 서로 안 좋아지고, 박대표가 대표를 그만둔다고 하니까 그것에 대한 비난도 있었다. 특히 정릉 식구들은 "먹을 것도 안 주고 맨날 지나가는 노숙자들한테나 밥해준다"고 불만을 터뜨렸다. 그런 가운데 안에 있는 사람들 먼저 먹고 살게 해야 하며 남을 우선하는 것은 잘못이라는 박대표의 요구에 대해, 양고문은 명분을 내세우며 급식을 계속해야 한다고 주장하였다.

또한 양고문은 삼일아파트 부근의 방에 머물렀고 "여기 와서 같이 생활해야 되는 것 아니냐"고 박대표가 요구한 적도 있었다. 결국 양고문은 노점개척에 집착하고 나중에 식당주막에 집중하면서 정릉 '더불어사는집' 식구들 일부와 멀어지게 되었다.

그리고 양고문은 투쟁을 해야만 권리를 찾을 수 있다고 생각하고 항상 투쟁적인 자세와 행동을 요구하였다. 그런데 정릉에서 '더불어사는집' 사람들은 싸움보다는 뭔가 일자리를 찾고 싶어 했다. 그러나 '더불어사는집' 사람들의 바람과는 달리 양고문은 외부에서 일거리를 가져오는 것을 꺼려하였으며, 점차 사람들의 불만은 높아져갔다. 결정적으로 양고문이 가스를 사라고 3만원을 박대표에게 주었는데 그 돈으로 박대표가 소주를 마시는 일이 발생했다. 이 일을 계기로 박대표를 몰아내려는 양고문의 움직임이 시작되었다. 결국 박대표가 사임을 했고[29] 정릉집 식구들은 구심점

29) 일거리, 먹거리 문제로 불만이 쌓여 있던 상황에서, 양고문이 박대표에게 LPG가스 사라고 3만원을 줬는데 박대표가 가스가 아직 남아 있어서 그 다음날 넣겠다고 하고는 그 돈으로 소주를 사 먹었다. 이것에 대해서 양고문이 엄청 나무랐고 박대표는 불만이 쌓여 대표직을 사임하였다.

없이 흩어졌으며 대표 자리를 공석으로 비워두는 시간이 길어졌다.

점거 직후부터 박대표 사임 때까지 새로운 식구들이 들어오지 않(으므로 점점 줄어들)다가 사임 후에는 다시 식구들을 받아들이기 시작했다. 사람들이 늘어나면서 겨울을 맞이했는데, 일거리를 찾지 못하자 집에서 술을 먹기 시작하였다. 그러면서 성원들 간에 싸움도 하고 난동을 부리는 일이 벌어지곤 하였다. 그 과정에서 난동을 부린 사람을 '더불어사는집'에서 내보내자는 논의도 있었다. 무료급식도 하고 노점도 했지만 늘어가는 사람들이 일할 곳이 없었다. 술은 더욱 더 소비되었다. "술 때문에 망해가고 있었다."[30] 양고문은 정릉 '더불어사는집'에서 밀려나는 분위기였고 삼일아파트 부근에서도 여러 다툼에 휘말렸다.

2006년 1월 4일 낮에는 12명[31]이 참여하여 정릉 '더불어사는집' 신년회를 개최하였다.[32] '더불어사는집' 규약을 통과시키고, 분란을 일으킨 박대표와 성원 한 사람, 그리고 슈퍼 관련[33] 사안 등을 다루었다.[34] 그리고 내부논의를 하여 주민들의 반응이 좋지 않다는 이유로 박대표를 제명, 추방하기로 하였다. 그리고 쌀과 김치분배를 적절히 해 나가기로 하였다.

다시 2006년 1월 16일 월요일 저녁(오후 8시~9시)부터 학습을 시작하였다. 이날은 기자회견문("노숙자의 자활을 가로막는 서울시는 각성하라!")에

30) 임O희의 증언.

31) 참가자 이O기, 변O수, 김O환, 차O선, 염O형, 한O희, 주O관, 송O도, 한O종, 김O원, 양고문, 임O희.

32) 그리고 오아시스 프로젝트 팀의 김윤환과 김강이 함께 했고 다큐멘타리 감독 이현정도 함께 했다. SH공사 시설관리소 김O술 팀장은 10만원을 기증하였다.

33) 박대표가 인근 수퍼에서 '더불어사는집' 대표라고 하면서 외상으로 물건을 사고 갚지 않아 문제가 된 사안이다.

34) 그리고 '더불어사는집' 운영과 관련하여 염O형 조직부장이 책임자로 내정되었고 변O수가 보조책임자로 나섰다.

대해 논의하고 '더불어사는집'의 역사, 투쟁, 노숙인의 미래 등에 대해 논의하였다.[35] 그 이후에는 영화보기를 하였으며 노실사 회원들, 인권운동사랑방 사람들이 참여하기도 하였다.[36]

3) 노점개척

정릉으로 점거해 들어간 이후에도 정감사를 비롯한 2~3명은 청계천 삼일아파트 옆과 이면도로의 노점관리를 위해 정릉으로 가지 않고 삼일아파트 주변에 방을 얻어 살면서 장사를 하였다. 그러나 이 역시 종로구청의 행정조치로 영업을 하지 못하는 상황에 처하게 되었다.

그러면서 10월 중반 이후 새로운 노점을 개척해 나갔다.[37] 아파트 건물 사이에 있던 기존의 노점과는 달리 삼일아파트 뒤쪽 이면도로(뒷길)에 자리가 있었다. 그곳은 좁은 뒷골목으로 토요일, 일요일에는 상가들이 일을 안 해서 이곳에 있던 쓰레기를 치우고 노점자리를 정비하였다.

2006년 1월 하순 들어서면서 청계천 삼일아파트 3동과 4동 사이에 있

35) 참여자는 김O환, 송O도, 주O관, 김O원, 정O우, 이현정, 임O희.

36) 1월 23일에는 이현정 작가가 준비한 '동막골'을 보았다. 2월 13일(월)에도 영화를 상영하였고, 노숙인 당사자 모임, 노실사 회원 등이 와서 '노숙인 인권', 최근 40대 노숙인 경찰에 의한 사망사건에 대해 이야기하였다. 2월 20일(월) 저녁 7시에는 정릉집에서 영화 "다섯은 너무 많아"를 보았다. 여기에 노실사('노숙인 복지와 인권을 실천하는 사람들') 2명, 인권사랑방 3명, 이현정 작가, 이O석, 임O희가 참석하였다.

37) 10월 22일(토). 청계천 빈터를 점거하여 다시 노점 개시. 이른 아침에 '더불어사는 집' 식구들이 삼일아파트 빈 공간에 장사자리를 점거하였다. 아침에 투쟁이 전개되었다. 공사장 차장과 책임자가 와서 따져들어 한참 실랑이를 했다. 또 예당 사람들이 경찰을 데리고 와서 시끄럽게 했는데 맞서 투쟁하였다. 오후에는 종로구청 단속반이 와서 시끄럽게 하지 말고, 장사하지 말라고 갔다. 종일 투쟁하느라 식구들이 고단해했다. 저녁에 다 같이 모여 식사했다. 이날 22만원이나 팔았다 한다. 임O희의 일기.

는 빈공간을 확보하려고 하였다. ‘더불어사는집’ 사람들이 노점을 할 수 있는 자리를 확보하고자 한 투쟁이었다. 삼일아파트 철거가 거의 다 끝나, 3동~4동 사이 빈공간 청소가 1월 18일(수) 오후 5시쯤에 이루어졌다. ‘더불어사는집’ 식구들[38]이 먼저 빈공간을 점거하자, 그곳 상가 주인들과 트럭, 용달 주차자들이 그 빈공간을 차지하려고 ‘더불어사는집’ 식구들을 공격하였다. 그 때문에 몸싸움과 말싸움이 있었다. 상가주인들과 용달 트럭 주인들도 결코 그 빈공간을 빼앗기지 않으려고 격렬한 싸움을 걸어왔다. 그렇게 한 시간 남짓 자리싸움을 하다가 그곳 상가회장이란 사람이 타협하자고 이야기해서 ‘더불어사는집’ 사람들이 물건을 쌓고 덮개를 덮어 놓고 빠레트를 펴놓았다.

그 다음날(1월 19일 목요일) 오전 11시~12시에 다시 자리싸움이 벌어졌다. 3동~4동 사이 자리에 놓아둔 빠레트를 쓰레기차로 치웠다. 청소부(환경미화원) 아저씨가 잘 모르고 그렇게 했던 것이다. 항의해서 내려놓으라고 하는데 어제 싸웠던 상가주인들이 나와 실어가라고 거들고 있었다. 그 후 다시 그 청소부 아저씨가 찾아와 그 빠레트를 내려줘 3동~4동 사이 자리에 깔아놓게 되었다.

자리확보싸움은 24일(화) 오전 10시~11시에 다시 벌어졌다. 아침 10시 넘어 4동~5동 사이 빈 공간에서 아파트 철거 공사가 끝나고 자재와 기계들을 실어가는 일이 끝나, 그 자리를 차지하려고 하자 상가 사람들이 자기들 자리라고 우기며 막았다. 말다툼과 싸움이 있고 나서 ‘더불어사는집’ 식구들이 빈 공간에 물건을 펼쳐놓게 되었고, 나중에 상가 사람들의 물건

---

38) 참가자는 조O철, 임O희, 정O용, 양고문.

놓을 자리도 마련해 준다고 하면서 싸움은 끝났다.[39)]

그리고 이어서 삼일아파트 1동과 2동 사이에 있는 자리를 확보하는 싸움도 전개하였다. 2006년 2월 18일(토요일) 저녁 9시~11시 반 사이에 1동과 2동 사이에 있는 창고쓰레기를 정리하였다.[40)] 주변 상가의 상인들이 문을 닫고 간 사이에 창고 안에 든 쓰레기를 퍼내고 그 앞에서 노점을 할 수 있도록 준비해 놨다.[41)] 20일 월요일 오후 3시 양고문, 임O희가 종로구청을 방문했을 때, 도시관리국장이 삼일아파트 1동과 2동 사이의 쓰레기를 치우라고 요구하였다. 25일(토) 저녁 8시~11시에 '더불어사는집' 사람들[42)]은 1동~2동 사이 자리에 일터를 마련하기 위해 쓰레기 치우기 작업을 하였다. 2월 26일(일) 저녁 8시~12시에는 4동과 5동 사이에 있는 빈창고 쓰레기 치우기 작업을 하였다. 삼일아파트 1동 쓰레기 더미에 쓰레기를 쌓는데 그 앞 가게 주인이 시비를 걸고 사진을 찍고 자신이 동사무소 직원이라 사칭하며 '더불어사는집' 사람들이 하는 일을 방해하였으나, '더불어사는집' 사람들은 이를 마저 다 끝내고 정리정돈을 하였다.

이 노점확보 투쟁은 새로운 노점을 개척하는 것이었으며, 양고문이 주도하였지만 '더불어사는집' 사람들이 함께 하지 않았다면 불가능하였을 것이다. 노점을 개척한다는 것은 일단 노점자리를 만들고 물건을 펴서 장

---

39) 참가자는 양고문, 임O희, 조O철, 김O원, 정O용. 나중 참가자는 주O관, 이O기, 차O선, 정O우.

40) 작업자는 양고문, 임O희, 김O원, 이O석. 이 사람들은 2월 17일(금)에 아침 9시~저녁 7시까지 신발 작업을 하였다. 만 오천 족을 정리하여 판매할 수 있도록 하였다. 신발판매는 양고문이 오랫동안 해온 것이다.

41) 작업자에게 일당을 6만원에서 7만원씩 주었다. 양고문의 신발 파는 자리로 삼으려 한 것 같다.

42) 작업자는 이O석, 김O원, 임O희, 양고문.

사를 한다는 것이다. 그러나 이 과정은 그리 순탄하지 않다. 노점자리를 안정적으로 확보하기 위해서는 구청과 주변 상가에서 못하게 하는 것을 이겨내야 한다. 이 과정은 한 사람의 힘이 아닌 여러 사람의 투쟁을 통해 가능한 것이며, 이를 이겨낸 뒤에야 노점자리를 안정적으로 확보할 수 있는 것이다.

4) 무료급식

'더불어사는집'은 2005년 8월 22일부터 노숙인을 위한 무료급식을 하였다. 다섯 번 정도 하고 정릉으로 점거해 들어갔다. 정릉에 점거하면서도 무료급식은 계속했다. '더불어사는집'의 정당성을 확보하기도 하고 또한 종로구청에 쌀 지원을 요구하는 근거가 될 수 있었기 때문이다.

정릉으로 점거해 들어간 2005년 10월 날씨가 추워지자 급식소를 찾는 노숙인들이 늘어났다. 100명이 넘게 와서 밥이 모자랐던 일, 정릉집에서 가스가 떨어져 밥과 국을 다 요리하지 못해 제 시간에 급식장소에 배달하지 못함으로써 밥 먹으러 왔던 노숙인들이 화를 내고 돌아간 일, 급식을 하지 않았던 그 다음 주에는 밥 먹으러 온 노숙인들이 아주 적어 반성한 일 등을 겪으면서, '더불어사는집' 식구들은 무료급식을 자기 일로 여기며 급식과 관련하여 많은 이야기를 나누었다.

'더불어사는집' 식구들이 대부분 적게는 7~8명, 많게는 10여 명[43]이

43) 예를 들어, 2006년 1월 16일 급식참가자—차O선, 정O우, 이O기, 한O석, 다케시, 주O관, 양O수, 임O희, 정O용, 조O철. 2006년 2월 20일 급식참가자—양O수, 임O희, 한O석, 한O석친구, 이O석, 한O희, 정O우.

밥과 국, 반찬을 미리 만들어오고 현장에서 국을 데워 급식하였다. 삼일아파트에 있을 때는 주로 '더불어사는집' 식구들 중심으로 하였으나, 노숙인들의 무료급식이 알려지면서 외부인들이 자원봉사로 동참하기도 하였다.

그리고 정릉으로 간 뒤에는 성북구청에 무료급식단체 지정을 요청하여 정부미를 공급받았다. 성북구청장 명의로 '더불어사는집'에 2005년 12월 15일부터 2006년 2월 28일까지 '공급자(무료급식단체) 지정승인서'를 발부받았다. 그리고 무료급식용도로만 사용한다는 조건으로 정부미를 공급받았다. 물론 쌀만 있다고 밥을 먹을 수 있는 것은 아니었다.

삼일아파트에 있을 때는 가까운 곳에서 조리했지만, 정릉에 점거해 들어간 뒤에는 거리가 멀어서 조리한 음식을 싣고 나르느라 고생이 많았다.

5) 대외활동

정릉 점거(9월 29일)를 한 뒤에 '더불어사는집' 성원들은 점거주택에 살도록 승인받은 날(10월 18일)까지 여러 곳에서 시위도 하고 항의농성도 하였다.

임시적이지만 2월 말까지 5개월간 점거지에서의 주거 권리를 획득한 '더불어사는집' 사람들은 신이 났다. 월요일 무료급식을 계속하였으며, 1월 9일(월)에는 급식 후 오후에 임O희를 중심으로 '더불어사는집'을 홍보하고 재활용품을 수집한다는 선전물을 들고 몇몇 사업장을 찾아 다녔다. 강남성모병원 노동조합, 연세의료원 노동조합, 서울대학교병원 노동조합 등 병원 노조와 전국교직원노동조합 서울지부를 찾아가 사무국장을 만났고 1월 13일에는 서울지하철 노동조합을 방문하여 '더불어사는집'을 알리고 도움을 요청하였다. 대부분 호의적인 반응을 보였다. 저녁 8시에 정릉집에서 좌담회를 개최하여 매주 월요일 오후 8시에 함께 공부하기로 하였다. 그 다음날(1월 10일)도 「김대중도서관」과 「한겨레신문사」를 찾아 '더불어사는집'을 알렸고 기사화를 부탁하였다. '더불어사는집' 식구들은 민주노동당 선거유세에 참여하기도 하였고,[44] 1월 20일 금요일 오후 3시~4시에는 한겨레신문사를 찾아가 홍세화씨를 만나서 '더불어사는집'을 신문에 기사화해서 기증품을 받을 수 있게 해달라고 하였다.

이렇게 홍보도 하고 알려지면서 KBS에서 정릉집을 취재해 갔다. 그 다음 날에는 노숙인 사활 근로의 문제점을 중심으로 '더불어사는집' 사람들에 대해 취재를 해 갔다. KBS의 취재 및 촬영은 2월 14일에도 이루어졌고 삼일아파트 가게(노점)에서 '더불어사는집' 식구들 몇 사람에 대한 인터뷰가 있었고 오후 늦게는 정릉까지 촬영하였다. 노숙인으로서 살아온 삶에 관한 이야기들이었고, 오후 7시 너머까지 촬영하고 또 인터뷰했다. 그 내용은 다음 날 아침 8시에 KBS2에 방영되었다.

2월 25일(토) 오후 4~5시에는 서울대 신문사 기자들이 '더불어사는집'과 청계천 8가 일터에 와서 인터뷰하였다. 촬영기사 4인이 방문 취재하였고, 이O석과 양고문, 일터 사진을 촬영해 갔다. 또한 금요일(2006년 2월24일)치 한겨레신문에 양고문의 노숙인들의 희망과 좌절 관련 기사가 실렸다. 이처럼 '더불어사는집'에 대한 매체의 관심이 높아지자 '더불어사는집'의 이름으로 무언가를 하려는 움직임이 일게 되었다.

'더불어사는집'의 정릉 다세대주택 점거 전후로 인권운동사랑방은 주거

---

44) 2006년 1월 19일, 참가자는 조O철, 정O용, 한O석.

권 문제를 제기해 나갔고 그 과정에서 당연히 주거권 문제를 실천적으로 해결해 나가려는 '더불어사는집'에 관심을 갖게 되었다. 이른바 '주거권 실현을 위한 기획논의팀'을 운영하면서 2005년 11월에서 2006년 6월까지 '더불어사는집'의 동태를 파악하고 연계를 맺으려고 노력하였다. 주거권기획팀에는 '더불어사는집'에서는 김O환과 다큐멘터리를 찍으면서 준성원이 된 이현정 감독이 합류하였다. 주거권기획팀에서의 논의는 '더불어사는집'이 당자자들이 주체가 되는 운동이 될 수 있을지에 대해 걱정하고 있었다. 인권운동사랑방은 급식현장을 방문하고 평가회의에도 참여해 보고 점거공동 기획에 대해서도 자신의 역할을 정했고, 정보공개청구를 통해 서울시의 비어있는 매입임대주택을 확인하기로 하였다. 점거직전에 송대표가 사라지고 사무국장이 바뀌는 등 변화가 있었고 인권운동사랑방에서도 그에 대한 대응의 혼란을 느끼고 있었다. 하지만 인권운동사랑방은 정릉 점거 이후 '더불어사는집'의 활동에 관심을 집중해 갔으며 성원들이 몇 차례 방문하고 다양한 지원방법을 고민하고 있었다.

'더불어사는집' 성원 가운데 김O환은 인권운동사랑방과 '노숙인인권을 실천하는 사람들'(노실사) 양 단체를 정기적으로 방문하였다. 인권운동의 꿈을 가졌던 김O환은 5차례 회의에 참석하여 의견개진을 하였고, 인권운동사랑방에서 논의하던 주거권 문제에 대해 관심을 두었다. 그러나 '더불어사는집'은 고립된 채 움직였다. 이는 운동하는 사람들 사이에서 양고문에 대해 독선적으로 활동한다는 평가와 함께, '더불어사는집'과 관련된 문제에 개입하는 것을 꺼려했던 것과도 관련이 있다.

5. 임대(합법화?) 이후

2월 말 이후 SH공사와 계약하는 문제가 남아 있었다. 2월 15일(수) 정오에 '더불어사는집'의 연대부장이 SH공사를 방문하여 직원들과 만났다. 식사하면서 정릉집을 2월 말까지 협의한 대로 비워주기로 하고 전세금과 월세를 내고 다른 집을 빌리기로 합의하였다. 2월 23일(목) 오후 3시에 양고문과 임O희가 다시 SH공사를 방문하여 임대팀장을 만났다. 정릉과 삼선동에 빈집을 얻기 위해 찾아 나섰으며, 처음 본 두 개는 지하와 1층짜리여서 함께 쓸 수 있었다. 다음 본 지하층은 사용할 수 없을 정도로 낙후되었고, 세 번째 삼선동은 방 두 개짜리인데 비좁았다. 그래서 처음 본 정릉 1동 227번지 빈집 지하와 1층(방 세 개)을 보증금 1백만 원(원래 1천만 원짜리 임대아파트)에 월세 15만 원으로 임대할 수 있었다.

2006년 3월이 되어 양고문은 SH공사와 임대계약을 맺었다. 애초에 점거해 살던 집이 아니라 근처의 다른 집 두 세대를 통상적인 가격의 1/10 수준으로 맺은 계약이었다. 임대계약자는 중국에 출장 중인 김 집행위원장으로 하고 대표 양고문 외에 입주자 대표 변O수와 회원 11명의 명의로 임대하였다.45) 이사 당시 정릉집에는 12명이 머물고 있었는데 양고문과 함께 새로운 집으로 이사한 사람은 실제로는 6명이었다. 이 중 최초의 점거부터 함께했던 사람은 한 명이고 박대표 사임 이후 새로 들어온 사람이 대부분이었다. 그리고 기존 정릉집에 남은 6명은 삼일아파트에서부터 있었고 정릉 점거 시에도 함께 했던 사람들이었다.46)

45) 대표 이사장 양고문, 임대계약자 김O걸, 입주자 대표(세대주) 변O수, 회원 오O도, 차O선, 김O동, 김O태, 정O우(이상 노숙인), 한O종(건설현장 일용직), 황O흠(정릉2동 공공근로자), 김O원(행상), 백O현(건설현장 일용직), 김O범(공공근로).

46) 이O기, 차O선, 현 씨, 김O명, 박O석 그리고 이름을 알 수 없는 한 사람, 모두 6명

기존의 정릉 점거 집에 남아 있던 6명은 애초에 점거했던 의의를 살려서 계속 그 집에서 살기로 했다. 그러면서 다시 공동체의 희망을 품고 자활의 뜻을 살려보자는 의견을 나누기도 했다. 그러나 문제는 양고문이 삼일아파트 점거시에 같이 했던 성원들을 배제하고 자신을 따르는 사람들 중심으로 임대주택으로 임대해 나가버린 것이다. 그리고 이사하는 날부터 SH공사에서는 점거했던 정릉집의 내부공사를 시작했다. 남아 있던 사람들은 오고 갈 곳이 없어졌다. 결국 남은 6명은 SH공사로부터 이사비용 명목의 돈을 받고 흩어졌다.[47]

그 후 임대한 두 곳 가운데 한 곳에서는 양고문이 살고, 나머지 사람들은 다른 한 곳에서 살았다. 2008년까지 임대한 집에는 몇 사람(처음에는 6명, 마지막에는 2명)이 거주하였으며 2008년 3월 1일 재계약 예정이었다. 새 집은 정식으로 계약을 맺은 합법적인 이사이기 때문에 도시가스공사에서 가스를 연결해 주는 등 여느 이사와 다를 것이 없었다. 새로운 집에서 새로운 생활을 한다는 기대에 부푼 사람들은 처음 정릉집에 점거해 들어갔을 때처럼 방을 쓸고 닦고 치우느라 바빴다. 다른 점이 있다면 난방과 수도와 전기가 정상적으로 가동되어서, 지하에서 물을 길어다 나를 필요도 없고 어두운 방에서 소곤거릴 필요도 없고 방 안에서 한겨울 점퍼를 껴입고 입김을 내뿜지 않아도 좋았다는 것이다.

'더불어사는집'은 새 대표(정O우)와 조직부장을 선출하고 새롭게 시작했다. 이미 계약 전인 2월 28일(화) 저녁에 새로운 집으로 이사할 사람들과 주도자들이 모여 회의를 하고 운영조직을 짰다.[48] 이 회의에서 앞으로

이 남았다.

47) 박대표에 의하면 150만원 정도를 받아 6명이 20만원씩 받고 헤어졌다.

살아가기 위한 다짐으로 '더불어사는집' 입소 '실천 약속'을 몇 가지 정하고, 실천 약속 준수사항에 대하여 만장일치로 통과시키고 서명 날인하였다. 그리고 식사당번제, 취침시간과 기침시간, 식사시간표를 채택하였다.

임대주택은 삼일아파트에서부터 주요 성원이었던 사람들은 거의 다 빠지고 양고문을 따르는 몇 사람이 임대해 사는 곳으로 변하고 말았다. 이 때부터는 '더불어사는집'의 실체는 없어지다시피 했지만 '더불어사는집' 이름은 여전히 사용되고 홍보되고 이용되어 갔다. 물론 뒤늦게 조직화를 시도하였다. '더불어사는집' 명단[49]을 확정하였고, 모든 성원에게 직책을 부여했다. 이사를 마친 뒤인 3월 6일(월)에 다시 회의를 하여[50] 행동약속을 정하는 등 공동체적인 생활을 위한 내부원칙 등을 정했다.[51] 그리고 발전노조로부터 후원금을 받기도 하였다.[52]

임대로 들어간 뒤에도 무료급식을 계속하였다. 무료급식에는 적게는 4~50명, 많게는 70명 정도가 왔다. 무료급식 후에 저녁에는 학습을 계속하였다. 학습은 임O희가 주도하였고 몇 사람이 참여하였다.[53] 이렇게 계속해 나갔지만 '더불어사는집'의 실체는 노숙인들의 점거공동체라기보다

48) 이사장-양고문, 대표-정O우, 서기-임O희, 집행위원장-김O걸, 운영위원-박O희, 참가자-김O원, 이O석, 정O우, 변O수, 양고문, 김O걸, 박O희, 임O희.

49) '더불어사는집' 가족명단-양고문(이사장), 정O우(대표), 임O희(교육부장), 한O종(질서부장), 변O수(배식부장), 이O석(조직부장), 김O원(시장부장), 김O걸(집행위원장), 박O희(운영위원), 이현정(문화부장), 황O흠(규율부장).

50) 참가자 : 한O종, 정O우, 변O수, 이현정, 이O석, 황O흠, 김O신(신규), 임O희, 양고문.

51) 그리고 여러 가지 생활관련 사항들도 정하여 시행하려고 하였다.

52) 유O현, 발전노조 50만원 기부.

53) 정대표, 황O흠, 변O수, 한O종 등이 주로 참여하였다. 학습은 비교적 쉽게 해 나가는 것으로 하였고, '노숙인들 학습방법' '화다의 처방' '노점상의 봄', '태평천국운동' '2마음-홍수전' '신동명 一三月' '이혼', 신동엽의 시 '종로5가', 임채희의 시 '노숙인 변화수', '거리가락', '철학이란 무엇인가', '장애인시인' 등을 다루었다.

는 점차 노점확보를 해 나가려는 집단으로 변해갔다. '더불어사는집' 성원들도 형식적으로는 조직적 체계를 만들어 갔지만, 양고문, 김 집행위원장, 임O희, 박O희(김O결 부인), 이현정(다큐 감독) 등은 외부자였던 것이다.

또한 2006년 9월 들어 삼일아파트 5동과 6동 사이에 천막을 치고 민속주점(식당 겸 포장마차) '청계천 아리랑'을 차렸다. 이것은 노숙자들을 위한 기금을 마련한다는 명목으로 이루어졌다. 양고문 주도하에 세 사람이 100만원씩 모아 식당을 시작하였다.[54] 운영과 관련하여 논란이 있었지만, 정릉으로 간 뒤 김 집행위원장이 청계천아리랑을 맡아서 운영하였다. 그런데 정릉에서 임대로 나갈 즈음에(2006년 2월 말) 양고문이 박O호[55]를 앞세워서 다시 밀고 들어왔다. 박O호가 대표('더불어사는집' 대표라고 하나 실은 포장마차 대표)를 맡아 운영할 즈음인 2006년 11월경에 4명이 식당에서 일하였는데 이들도 무료급식 일에 참여하였다.[56]

노숙인공동체의 성격을 점차 벗어나면서 '더불어사는집'은 노숙인을 위한 단체라는 명목으로 노점장사와 주점장사를 하는 데 이용되었다. 그러기 위해서는 대외적인 선전이 필요하였고 몇 가지 행사를 하게 되었다. 물론 가장 중요한 행사는 월요일 점심에 하는 무료급식이었다. 노숙인이 노숙인을 위해서 무료급식을 한다는 명목으로 구청에서 일부의 쌀을 지원

54) 양O수, 김O결, 이O희. 이O희 님(2009년 39세, 노점상)의 경우 청계천아리랑에서 양고문이 얼마 준다고 해서 일을 하였다. 함께 투자한 것으로 하고 일을 해서 얼마씩을 받기로 하였는데 잘 이행되지 않아 불만을 품고 그만두게 되었다. 그의 어머니(정O남)는 무료급식에도 참여하였고 식당에도 와서 일을 하였다.

55) 박O호는 전빈련 연대사업부장을 했다. 노점 건설하면서 양고문이 데려와 창신동노점상협회 대표를 시켰고 청계천아리랑도 운영하도록 했다. '더불어사는집'과는 무관하였다.

56) 박O호, 박O호 부인, 양O수, 양O수 고모. 이O숙 면담자료.

받았다. 겨울이 다가오자 2006년 11월 28일, 언론사 등에 보도자료를 보내고 주변의 자원봉사를 받아 '노숙인, 노점상을 위한 김장담그기 행사'를 하고 신문에 행사소식을 알렸다. 노숙인공동체로서의 '더불어사는집'의 실체는 사실상 없어져 가고 있는데, '더불어사는집'이라는 이름은 부풀려져 가고 있었던 것이다. 김장담그기 행사도 양고문이 일방적으로 추진하면서 성원들 사이에 갈등이 있었다.

이 시기에 동묘 부근에 노점상이 늘어나면서 삼일아파트 부근까지 노점들이 들어오기 시작하였다. '더불어사는집' 사람들은 양고문의 주도로 삼일아파트 상가들이 일요일 장사를 안 하는 동안에 상가 골목에 노점자리를 만들고 개척해 나갔다. 양고문은 그 과정에서 다른 사람들을 끌어들여 일정한 참가비를 받고 노점을 개척하여 자리를 주겠다고 하면서 노점확보 투쟁을 하였다.[57] 이들은 19명으로 이루어진 '창신동노점상협의회'를 만들고 삼일아파트 건물 옆 통로(이면도로)에 노점개척을 하였다. 그러나 이 과정에서 양고문은 그 협의회에서 주도권을 상실해 갔다. 양고문은 박O호를 끌어들여 협회 대표를 맡겼고, 민속주점도 운영하도록 하였다. 그러나 양고문이 일을 분명하게 처리하지 않거나 독단적으로 처리하면서 회원들과 크고 작은 다툼이 발생하였다.

---

57) 예를 들어 이O숙은 양고문과 아는 노동운동 선배가 노점을 할 수 있다고 하여 왔다가 연결되었다. 50만원씩 내면 노점을 할 수 있다고 해서 합류하였다. 9명의 일반회원들이 50만원씩 내고 노점에 참여하였다(창신동노점상협회). 삼일아파트 뒷길, 식당골목가 54m에 노점을 개발하여 자리를 정해서 장사를 하였다. 쓰레기 등이 쌓여 있던 장소를 치우고 판을 벌였다. 구청에서 노점을 못하게 하려고 화단을 중간 중간에 설치해 놓았다. 화단 사이사이에서 노점을 한다. 처음 물건 팔아서 '더불어사는집'에 주기도 하였다. 양고문은 1년반 동안 비워두었다가 자기 자리라고 밀고 들어왔다. 식당 있던 곳에 자리를 펴고 장사하고 있다.

2006년 12월 들어서 '창신동노점상협의회'에서 참가비를 받고 끌어들인 사람들에게 주도자인 양고문이 노점 자리를 주지 않으려고 함으로써 다툼이 발생하고, 주점에서 술을 먹으면서 자주 폭력이 발생하였다. 양고문의 독단적인 일처리 방식에 대해서 다른 사람들의 문제제기가 계속되었고 그것을 둘러싸고 토론회를 하게 된다. 이 시점부터 '더불어사는집'에 사는 사람들은 한두 명에 불과하고 창신동노점상협의회가 주도하는 삼일아파트 노점자리 확보를 위한 활동이 전개된다. 그럼에도 여전히 '더불어사는집'이라는 이름으로 여러 가지 활동이 진행되고 있기는 했다.

'더불어사는집' 문제가 '창신동노점상협의회'(노점개척을 위해 양고문이 끌어들인 사람들과 일부 '더불어사는집' 사람들, 그리고 기존의 노점상들로 구성) 문제로 불거지면서 '빈민연대' 회의에서도 이 문제가 논의되었다. 양고문의 활동방식에 대한 문제제기가 있었고, 여기서 '더불어사는집'과 창신동노점상협의회의 분리 여부에 대한 이야기가 나오기 시작하였다. '더불어사는집'의 활로를 개척하려는 방향에서 시도된 노점확보 과정에서 참여구성원들은 노점개척이 '더불어사는집'을 위한 것인지에 대해 의문을 제기했다. (사실은 양고문을 위한 것으로 가고 있다고 생각했다). 그러는 와중에 3월 중순경부터 양고문이 노숙인들을 불러들였고 창신동노점상협의회로 편입해 들어온 사람들을 노골적으로 배제하였다. 노점이 새로이 생기자 구청의 단속이 시작되었고 그에 대한 대응과정에서도 양고문은 주도권을 쥐려고 하였다.

2007년 들어서 삼일아파트 부근에 노점이 확대되면서 이를 막으려는 구청의 단속이 점점 더 심해졌다. 더욱이 5동과 6동 사이를 거의 막다시피 하여 식당을 운영하였기 때문에 주변 상가에서 구청에 민원을 넣었다. 노점은 주로 일요일에 열렸기 때문에 구청의 단속도 일요일 아침에 있었다. 단속을 나와서는 물건을 빼앗아 가기도 하였다. 그리고 아파트 사이와 이면도로에는 중간 중간 화단블록을 설치해서 노점을 하지 못하게 하였다. 그래서 기존의 노점(4동과 5동 사이에 있던 노점)은 거의 하지 못하게 되었다. 그리고 삼일아파트 1동 앞에서 하던 무료급식은 4동 옥상(건물이 1,2층밖에 없었다)에서 하였고 겨울에는 민속주점 '청계천 아리랑'에서 하였다.

2007년 2월 말 들어 '더불어사는집'의 집세문제가 불거지고 노점자리 문제로 옥신각신 하면서 양고문이 정릉집에 와서 행패를 부리는 일까지 벌어졌다. 구청에서 급식 쌀도 나오지 않았다. 그러면서 노점은 별도 조직으로 가자는 의견이 개진되었다. 2007년 3월 4일(일)에는 양고문 쪽 이외의 사람들58)이 정릉 '더불어사는집'을 방문하여 집세문제에 대해 논의한 결과 '더불어사는집'에 사는 사람들이 20만원씩 내고 창신동노점상협의회 회원 가운데 가능한 사람이 내기로 했다. 그리고 '더불어사는집'과 창신동노점상협의회가 서로 달리 가기로 하였다.

유관 조직들(빈민연대, 해방연대 등)에서도 양고문 문제를 논의하게 되었다. 노점을 하려는 사람들은 양고문과 함께 하지 않으려는 태도를 보였고 양고문은 구청의 단속에 대응하여 함께 싸워나가자고 하면서 같이 할 것을 종용하였다. 그러나 이미 다른 사람들은 양고문과의 활동에 대해 부정적인 태도를 지니고 있었다.

2007년 3월 22일(목) 저녁에 청계 8가 종가집 식당에서 노점을 하려는 사람들 중심으로 친목회를 결성하게 된다. 노점을 개척하고 자리싸움을 하면서 거의 6개월을 보내온 과정에 대해서 이야기 하고, 양고문이 다른 사람을 끌고 들어와 조직하려는데 대응해서 독자적으로 나가자는 데 합의

---

58) 참가자는 이O숙, 김O자, 김O걸, 임O희.

한다. 그리고 그들은 '청계천노점상협회'라는 명칭을 만들고 10명이 매달 회비를 내면서 노점을 해 나갔다. 양고문도 몇 사람(자신이 동대문운동장에서 데리고 온 여성과 정대표, 변O수, 박O호)을 데리고 옆에서 노점을 했다.

그리고 이미 4동과 5동 사이에서 양고문이 주도하고 몇 사람을 끌어들여서 하고 있던 민속주점(청계천아리랑)과 (사용하고 있는) 창고에 대해서 구청에서 5월부터 철거 계고장을 붙이면서 압박을 가해 왔다. 물론 청계천노점상협회 사람들과 양고문측 사람들이 함께 노점단속과 식당철거압박에 대응하여 집회도 열고 노점을 계속해 나갔다.

구청은 2007년 7월 18일에 그간 삼일아파트 4동 2층에서 하던 무료급식소를 철거하고 민속주점(청계천아리랑)도 철거하였다. 삼일아파트 상가사람들은 철거에 대해서 모른 척 하였고 노점하는 사람들과 '더불어사는 집' 쪽 사람들(결국은 양고문과 한두 사람)이 계속 일요일에 노점을 하면서 구청과 단속을 둘러싸고 쫓고 쫓기고 하였으나 노점은 점차 정착되어 갔다. 노점을 하던 청계천노점상협회 사람들은 18명이 '삼일벼룩시장'이라는 명칭으로 삼일아파트 주변에서 노점을 하게 되었다. 이렇게 하여 노점하는 사람들은 '더불어사는집' 사람들과 더욱 멀어지게 되었다.

무료급식은 2005년 8월 22일에 시작해서 2007년 7월 말까지 2년여에 걸쳐서 진행된 사업이었다. 삼일아파트 1동 앞 사람들이 많이 지나다니는 곳에서 하다가 나중에는 4동 옥상에서, 그리고 식당겸 포장마차인 '청계천 아리랑'에서 하기도 하였다. 그리고 임대로 나간 뒤에는 노점개척에 참여했던 분들과 '청계천 아리랑'에서 일하던 분들이 주축이 되어 급식을 진행하였다. 즉 2006년 11월에 급식을 할 때에는 '창신동노점상협회' 회원들이 배식에 참여하였다. 처음에는 일반 회원들 대부분이 참여하였는데,

한두 명씩 돌아가면서 참여하였다. 이때는 '더불어사는집' 노숙인들은 정릉에 살고 있었다. 즉 노숙인들은 더 이상 무료급식에 참여하지 않고 있었다. 사실 후반부로 갈수록 '노숙인에 의한 노숙인 무료급식'의 의미는 퇴색되어 갔다. 그러나 '노숙인을 위한 무료급식'이라는 명분으로 계속 급식참여자들이 있었고, 더욱이 노점개척과 민속주점 운영을 위해 들어들인 사람들이 급식에 참여하였다. 최종적으로 2007년 7월 18일 5동과 6동 사이에 있는 '청계천아리랑'이 철거되면서 급식도 끝나게 되었다.

그리고 임대해 들어간 정릉2동 206번지에서는 처음에는 방 3개에 2명씩 6명이 거주하였으나 이 즈음에는 2명만 거주하다가 그 후 쪽방으로 가거나 흩어졌다.

실체 없는 '더불어사는집'의 근거지인 급식소와 민속주점이 철거되면서 '더불어사는집' 사람들 가운데 일부(정O우, 변O수)는 노점자리를 확보하여 장사를 계속 해오고 있다.

다시 정리하자면, 정릉 점거를 한 뒤에 새로이 노숙인들이 들어오고 다양한 불만을 토로하면서 문제를 제기하는 것을 양고문은 자신에 대한 불만으로 받아들이고 자신의 말을 따르는 사람들만을 끌고 임대해 나가버렸다. 그리고 임대한 곳에서 살던 사람들을 청계천 노점에 끌어들이고 다른 사람들을 노점개척에 끌어들이면서 불화를 자초하였다. 결국은 서로 노점자리를 나누어 가지고 노점장사하는 것으로 귀결되었다. 그리고 마지막까지 실체가 없어져 가던 '더불어사는집'의 청계천 근거지였던 급식소와 식당이 철거되면서 조직적인 활동을 하기가 어려워졌고, 결국은 '더불어사는집' 사람 두 사람만이 노점을 하는 것으로 머물고 있다. 물론 정릉에 임대해 갔던 '더불어사는집'도 해체되었다.

6. 점거운동과 주체 문제

'더불어사는집'의 활동은 한국의 점거운동에서 가장 두드러진 사례로 기록될 것이다. 사적 소유권이 강하게 뿌리내리고 있는 자본주의 사회 한복판에서 빈공간을 찾아 스며들고 점거해간 '더불어사는집' 사람들의 활동은 그 자체로 눈부시다. 사적 소유권을 침범하는 주거권을 실천한 운동이라고 규정할 수 있을 것이다.

하나의 점으로서, 하나의 게토로서 이러한 사례가 증식되고 전염된다면 커다란 폭발력을 지닐 수 있을 것이다. 물론 그렇게 되지 않더라도 그 자체로 하나의 코뮨을 만들어가려는 실험으로 볼 수 있을 것이다. 사회에서 가장 주변으로 몰린 사람들이 무언가를 하려고 꿈틀댈 때, 그 사회는 진정 변화할 것이다.

그러나 주변으로 몰린 사람들이 움직인다고 해서 변화가 보장되는 것은 아니다. 그 움직임 속에 여전히 현존사회의 위계구조와 권력구조가 재생산되기도 하며, 자본주의 사회의 이익논리가 관철되기도 하기 때문이다.

다시 말해서 점거운동 자체가 진보적일 수는 없을 것이다. 사회 전체의 진보의 방향에 동참하면서 스스로 그 운동 자체, '더불어사는집' 자체의 진보적 진전이 있어야 할 것이다. 특히 이 사례에서처럼 강력한 지도자에 의해 형성된 주변자들의 결집형태에서 주변자들이 스스로의 역능을 결집하고 숙성시켜 내부민주주의를 만들어 가고 나아가 외부와의 관계도 변형시켜 나갈 때, 진보적이라고 할 수 있겠다.

지도자의 독재나 파시즘의 우두머리를 욕할 것이 아니라, 빌헬름 라이히가 제기하듯이 왜 대중은 복종을 원하는지, 왜 대중(또는 주변자들)은 파시즘적 구조를 변형해 나갈 수 있는 스스로의 역능을 키워가지 못했는지를 질문해야 할 것이다.

양고문의 강력한 지도력이 점거집합체를 만들어 냈지만 그 집합체가 전진해 나가는 데서는 제약조건이 될 수도 있었다. 그러나 더 중요한 문제는 박대표로 대변되는 그 반대세력들이 왜 스스로의 움직임을 만들어 내면서 색다른 방향과 방식들을 만들어 가지 못했는가에 있을 것이다.

'더불어사는집'의 사례는 소수자들을 포괄하는 대중(multitude)이 어떠한 방향과 방식으로 운동해 나가야 할 것인지에 대해서 생각하게 한다.

◆ 참고문헌 ◆

김강, 2008, 「한국의 스콰: 판잣집, 달동네, 그리고 스콰!」, 『삶과 예술의 실험실 Squat!)』, 문화과학사, 2008.

김선애, 2005, "서울시, 자립하려는 노숙인 다시 거리로 내쫓나", <데일리 서프라이즈>, 2005. 10. 07.

김선애, 2006, "신자유주의 허상이 만들어낸 노숙인, 돌아갈 수 있다", <데일리 서프라이즈>, 2006. 01. 29.

김선애, 2006, "우리가 당신들 설특집거리요?!", <데일리 서프라이즈>, 2006. 1. 28.

김숙현, 2005, 「노숙자들의 빈집점거운동」, ≪시사법률≫ 2005년 5월호.

김윤지, 2004, 「싸움 없이 얻을 수 있는 것은 없다.—양연수, 빈민운동가」, *ECONOMY 21*, 2004. 11. 23.

김윤환, 「예술스콰 오아시스 동숭동점거의 경과와 전망」, ≪충북민족예술 정기웹진≫ 통권 25호.

박종연·김백선, 2005, “[인터뷰] 박충석 ‘더불어사는집’ 대표”, <사회주의정치신문 해방>, 5호. 2005. 10. 19.

양연수, 1992, 『여기 새땅 만들 때까지—노점상 · 철거민들의 삶과 투쟁』, 새길.

오아시스팀, 2007, 『점거 매뉴얼북, Art of Squat』, 오아시스프로젝트.

유선희, 2005, “‘많이 드세요’ 희망 퍼준다”, <한겨레>, 2005. 08. 29.

윤수종, 2003, 「넝마공동체의 성격과 그 변화」, ≪진보평론≫ 15호.

윤수종, 2010, 「이탈리아의 사회센터운동」, ≪지중해연구≫ 10권 2호.

윤수종, 2012, 「영국의 사회센터운동」, ≪민주주의와 인권≫ 12권 1호.

윤운식, 2005, 「집, 집, 집은 놀라웠다.—어느 장애인 노숙자가 아직 철거되지 않은 삼일아파트에 들어가 희망을 품게 되기까지」, ≪한겨레 21≫, 559호.

이현정, 2006, 『192-399 : ‘더불어사는집’ 이야기』(영화).

이현정, 2007, 「노숙인공동체 ‘더불어사는집’의 빈민 점거 시도 사례」, 『점거 매뉴얼북, Art of Squat』, 오아시스프로젝트.

장은아, 2003, 『로베르네집』, 시공사.

조약골, 2005, 「더불어사는집—‘더불어 사는 넉넉함’」, 『녹색평론』 84호(2005년 9~10월).

지우, 2005, “‘더불어사는 집’에 사는 희망”, <인권하루소식>, 2891호, 인권운동사랑방, 2005.09.08.

최은아, 2005, “‘점유’와 ‘사용’을 통해 배타적 소유에 균열을 내다”, <인권하루소식>, 제2842호, 2005년 06월 30일.

카치아피카스, 윤수종 옮김, 2000, 『정치의 전복』, 이후.

영상자료. EBS, 똘레랑스, ‘스쾃 Squat, 도시의 공간을 다시 생각한다,’ 2006년 12월 20일 방영.

◈ 색 인 ◈

잡 지

가이드북

도 서(보고서)

용 어

중원문화 아카데미 新書

1 한국근대 사회와 사상
• 일본 교토대학교 연구소 엮음

2 걸어다니는 철학
• 황세연 저

3 반듀링론
• F.엥겔스/김민석 역

4 헤겔 법철학 입문
• 꼬우즈미 따다시 지음

5 이성과 혁명
• H.마르쿠제/김현일 외 역

6 정치경제학 교과서 I-1
• 짜골로프 외/윤소영 엮음

7 정치경제학 교과서 I-2
• 짜골로프 외/윤소영 엮음

8 정치경제학 교과서 I-3
• 짜골로프 외/윤소영 엮음

9 이탈리아 맑스주의
• K.프리스터/윤수종 옮김

10 걸어다니는 경제사
• 황세연 편저

11 자본론에 관한 서한집
• K.마르크스와 F.엥겔스 저

12 지배와 사보타지
• 안토니오 네그리/윤수종 옮김

13 과학기술사
• 석동호 편저

14 저개발과 의약품
• M. 벨러/우연재 옮김

15 맑스주의의 세 갈래길
• W. 레온하르트/하기락 옮김

16 역사적 맑스주의
• R.알뛰세르/서관모 옮김

17 경제학의 선구자들
• 일본경제신문사/김종호 옮김

18 근현대 사회사상가 101
• 이마무라 히도시/안효상 옮김

19 맑스를 넘어선 맑스
• 안토니오 네그리/윤수종 옮김

20 교육과 의식화
• P.프레이리/채광석 역

21 정치경제학 교과서 II-1
• 짜골로프 외/윤소영 엮음

22 정치경제학 교과서 II-2
• 짜골로프 외/윤소영 엮음

23 청년 마르크스의 휴머니즘
• H.포피츠/황태연 역

24 사회를 어떻게 볼 것인가?
• 황세연 편저

25 헤겔연구②
• 임석진 외저 (절판)

26 칸트 철학입문
• W.O.되에링/김용정 역

27 노동조합 입문
• 양원직 편저

28 마르크스에서 쏘비에트 이데올로기로
• I.페처/황태연 역

29 소유의 위기
• E.K.헌트/최완규 역

30 변증법의 현대적 전개①
• W.뢰트/임재진 역

31 변증법의 현대적 전개②
• W.뢰르/임재진 역

32 모순의 변증법
• G.슈틸러/김재용 역

33 헤겔연구③
• 임석진 외저 (절판)

34 국제무역론
• 久保新一/김선기 역

35 칸 트
• 코플스톤/임재진 역

36 자연과학과 철학
• H.라이헨바하/김회빈 옮김

37 철학 입문
• 황세연 편역

38 맑스주의의 역사 ①
• P. 브르니츠기/이성백 옮김

39 맑스주의의 역사 ②
• P. 브르니츠기/이성백 옮김

40 한국사회와 자본론
• 황태연 저

41 정치경제학 비판을 위하여
• K.마르크스/김호균 역

42 과학기술 혁명시대의 자본주의와 사회주의
• 황태연 저/허상수 엮음

43 혁명운동의 문제들
• S. P.노보셀로프/이창휘 옮김

44 마키아벨리의 고독
• 루이 알튀세르/김민석 역

45 들뢰즈와 가타리
• 로널드 보그/이정우 옮김

46 과학적 사회주의
• G.그로서/송주명 옮김

47 맑스-레닌주의 철학의 본질
• F. V. 콘스탄티노프/김창선 역

48 철학의 기초(1)
• A. 라키토프/김신현 옮김

중원문화 아카데미 新書

49 철학의 기초(2)
• A. 라키토프/김신현 옮김

50 소수자 운동의 새로운 전개
• 윤수종 외 지음

51 한눈에 들어오는 서양철학사
• 타케다 세이지/홍성태 옮김

52 마르크스즘과 유로코뮤니즘
• 산티아고 까리요/김유향 옮김

53 맑스주의와 프랑스인식론
• P. 토미니크 르쿠르/박기순 옮김

54 논리의 오류
• 에드워드 데이머/김회빈 역

55 프랑스 문화와 예술
• 마르크 블랑팽 · 장 폴 쿠슈/송재영 옮김

56 개발과 파괴의 사회학
• 홍성태 지음

57 인민의 벗이란 무엇인가
• V. 레닌/김우현 역

58 예술 · 정보 · 기호
• 가와노 히로시/진중권 역

59 담론의 질서
• 미셸 푸코 지음/이정우 해설

60 사회학의 명저 20
• 김진균 외 지음

61 철학사(1)
• Akademiya Nauk SSSR 편

62 철학사(2)
• Akademiya Nauk SSSR 편

63 철학사(3)
• Akademiya Nauk SSSR 편

64 철학사(4)
• Akademiya Nauk SSSR 편

65 철학사(5)
• Akademiya Nauk SSSR 편

66 인격의 철학, 철학의 인격
• 김종엽 저

67 담론의 질서
• 푸코 지음/이정우 옮김

68 교육자의 길
• 이오덕 외 저

69 정치경제학
• 짜골로프 저

70 박정희 시대-5.16은 쿠데타다
• 이상우 저

71 박정희 시대-민주화운동과 정치주역들
• 이상우 저

72 박정희 시대-5.16과 한미관계
• 이상우 저

73 박정희와 유신체제 반대운동
• 이상우 저

74 세계사 (제국주의 시대)
• 김택현 편

75 세계사 (제1차세계대전)
• 김택현 편

76 세계사 (제2차세계대전과 파시즘)
• 김강민 역

77 세계사 (현대)
• 조진원 편/이춘란 감수

78 근현대 형성과정의 재인식①
• 안종철 외 저

79 근현대 형성과정의 재인식②
• 정근식 외 저

80 시몬느 베이유 철학교실
• 앙느레느/황세연 역

81 소크라테스에서 미셸 푸코까지
• 기다 캔/김석민 역

82 상식 밖의 세계사
• 가바야마 고아치/박윤명 역

83 들뢰즈와 카타리
• 로널드 보그 저/이정우 옮김

84 새로운 예술을 찾아서
• 브레이트 저/김창주 역

85 역사 유물론의 궤적
• 페리 앤더슨/김필호 외 옮김

86 철학적 맑스주의
• 루이 알튀세르/서관모 역

87 생산의 발전과 노동의 변화
• 마이클 피오르 외/강석재 외 역

88 항일과 혁명의 한길에서
• 김운선 지음

89 지배와 사보타지
• 안토니오 네그리/윤수종 역

90 헤겔철학 서설
• 오토 푀겔러/황태연 역

91 과학적 공산주의란 무엇인가
• 빅토르 아파나시예프/최경환 역

92 페레스트로이카 논쟁(서독)
• 에케르트 외/송주명 역

93 페레스트로이카 논쟁(동독)
• 모르겐슈테른 외/신현준 역

94 페레스트로이카 논쟁(프랑스)
• 프랑시스 코엥/신현준 역

95 페레스트로이카 논쟁(소련)
• 야코블레프 외/신현준 역

96 마르크스주의와 개인
• 아담 사프/김영숙 역

중원문화 아카데미 新書

97 **변증법이란 무엇인가**
• 황세연 지음

98 **지역 민주주의와 축제의 관계**
• 정근식 외 저

99 **왜 인간인가?**
• 강대석 지음

100 **왜 철학인가?**
• 강대석 지음

101 **왜 유물론인가?**
• 강대석 저

102 **경제학의 선구자들 20**
• 일본경제신문사 엮음/김종호 역

103 **남 영 동**
• 김근태 저

104 **다시하는 강의**
• 이영희, 한완상 외 저

105 **철학의 명저 20**
• 한국철학사상연구회 엮음

106 **민족문학의 길**
• 구중서 저

107 **맑스, 프로이트, 니체를 넘어서**
• 서울사회과학연구소 저

108 **일본적 생산방식과 작업장체제**
• 서울노동정책연구소 저

109 **근대성의 경계를 찾아서**
• 서울사회과학연구소 지음

110 **헤겔과 마르크스**
• K. 베커/황태연 역

111 **헤 겔**
• 나까야 조우/황세연 역

112 **탈현대 사회사상의 궤적**
• 비판사회학회 지음

113 **역사가 말 못하는 것**
• 민상기 지음

114 **동성애 욕망**
• 기 오껭겜 지음/윤수종 옮김

115 **성(性) 혁명**
• 빌헬름 라이히 지음/윤수종 옮김

116 **성(性) 정치**
• 빌헬름 라이히 지음/윤수종 옮김

117 **성(性) 자유**
• 다니엘 게링 지음/윤수종 옮김

118 **분열과 혁명의 영토**
• 신승철 지음

119 **사랑과 욕망의 영토**
• 신승철 지음

120 **인동의 세월:1980~1985**
• F. 가타리 지음/윤수종 옮김

남영동

김근태 지음/신국판 고급인쇄/양장본/
정가 20,000원

이제 영화로 만들어지다!

박정희시대와 전두환시대를 넘어 새역사를 조국에 선사한 김근태 전(前)장관!

고문 기술자 이근안! 그리고 또 하나의 고문기술자 추재엽 등 상식적으로 용서할 수 없는 군상들이 우리주변에 널려 있다. 이번 정지영 영화감독이 고문의 진상을 적나라하게 폭로한 김근태 전(前)장관의 고문기록을 담은 책이다. 고문이 남긴 육체적 · 정신적 아픔을 추스르고 다시 깨어 일어난 한 인간의 회생의 과정도 밝히고 있다. 특히 옥중서신 등을 통해 고문의 진상을 신랄하게 파헤친다.